Soziales Gedächtnis, Erinnern und Vergessen – Memory Studies

Herausgegeben von
PD Dr. Oliver Dimbath, Universität Augsburg
Dr. Michael Heinlein, Ludwig-Maximilians-Universität München
Prof. Dr. Jörg Michael Kastl, PH Ludwigsburg
PD Dr. Nina Leonhard, Zentrum für Militärgeschichte und Sozialwissenschaften der Bundeswehr Potsdam
Dr. Marco Schmitt, Georg-August-Universität Göttingen
PD Dr. Gerd Sebald, Universität Erlangen-Nürnberg
PD Dr. Peter Wehling, Geothe-Universität Frankfurt am Main

Weitere Bände in dieser Reihe http://www.springer.com/series/11470

Hanna Haag · Pamela Heß
Nina Leonhard
(Hrsg.)

Volkseigenes Erinnern

Die DDR im sozialen Gedächtnis

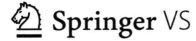

Herausgeber
Hanna Haag
Universität Hamburg
Hamburg, Deutschland

Nina Leonhard
Zentrum für Militärgeschichte und
Sozialwissenschaften der Bundeswehr
Potsdam, Deutschland

Pamela Heß
Goethe-Universität Frankfurt am Main
Frankfurt, Deutschland

Soziales Gedächtnis, Erinnern und Vergessen – Memory Studies
ISBN 978-3-658-17547-4   ISBN 978-3-658-17548-1   (eBook)
DOI 10.1007/978-3-658-17548-1

Die Deutsche Nationalbibliothek verzeichnet diese Publikation in der Deutschen Nationalbibliografie; detaillierte bibliografische Daten sind im Internet über http://dnb.d-nb.de abrufbar.

Springer VS
© Springer Fachmedien Wiesbaden GmbH 2017
Das Werk einschließlich aller seiner Teile ist urheberrechtlich geschützt. Jede Verwertung, die nicht ausdrücklich vom Urheberrechtsgesetz zugelassen ist, bedarf der vorherigen Zustimmung des Verlags. Das gilt insbesondere für Vervielfältigungen, Bearbeitungen, Übersetzungen, Mikroverfilmungen und die Einspeicherung und Verarbeitung in elektronischen Systemen.
Die Wiedergabe von Gebrauchsnamen, Handelsnamen, Warenbezeichnungen usw. in diesem Werk berechtigt auch ohne besondere Kennzeichnung nicht zu der Annahme, dass solche Namen im Sinne der Warenzeichen- und Markenschutz-Gesetzgebung als frei zu betrachten wären und daher von jedermann benutzt werden dürften.
Der Verlag, die Autoren und die Herausgeber gehen davon aus, dass die Angaben und Informationen in diesem Werk zum Zeitpunkt der Veröffentlichung vollständig und korrekt sind. Weder der Verlag noch die Autoren oder die Herausgeber übernehmen, ausdrücklich oder implizit, Gewähr für den Inhalt des Werkes, etwaige Fehler oder Äußerungen. Der Verlag bleibt im Hinblick auf geografische Zuordnungen und Gebietsbezeichnungen in veröffentlichten Karten und Institutionsadressen neutral.

Gedruckt auf säurefreiem und chlorfrei gebleichtem Papier

Springer VS ist Teil von Springer Nature
Die eingetragene Gesellschaft ist Springer Fachmedien Wiesbaden GmbH
Die Anschrift der Gesellschaft ist: Abraham-Lincoln-Str. 46, 65189 Wiesbaden, Germany

Inhaltsverzeichnis

Volkseigenes Erinnern. Die DDR als Gegenstand sozialer Erinnerungs- und Vergessensprozesse 1
Nina Leonhard, Hanna Haag und Pamela Heß

Teil I Theoretische Überlegungen zur Erforschung sozialer Gedächtnisse

Etwas Boden unter den Füßen. Auf dem Weg zu einer postkonstruktivistischen Gedenkanalytik......................... 13
Kristina Chmelar

Teil II Die DDR im Familiengedächtnis

„Die Leute, die so eine DDR-Nostalgie haben, denen wünsch ich, dass es einen Knall gibt und es ist wieder, wie's war, mit allem Furchtbaren." Die DDR im familialen Gedächtnis von Übersiedler-Familien 39
Laura Wehr

„Da war plötzlich alles nicht mehr gut, was mal gut war." Die DDR und ostdeutscher Rechtsradikalismus zwischen Diskurs und Familiengedächtnis................................ 61
Gerd Sebald und René Lehmann

Teil III Soziale Gedächtnisse und Gedächtnispolitik nach 1989/90

„Dann kam die Wende und auf einmal war ich wer." Erinnerungen ostdeutscher Parlamentarierinnen an ihr Leben in der DDR. Eine biografieanalytische Betrachtung 87
Cornelia Hippmann

Die DDR-Psychiatrie und deren Transformation nach 1989 im Gedächtnis ihrer Akteure 111
Kathrin Franke

Teil IV Raum als Medium sozialer Gedächtnisse

Ortsbezogene Bindung und Erinnerung(skultur) unter den Bedingungen des Stadtumbaus in Ostdeutschland 141
Karen Sievers

Kollektives Erinnern im konzeptionellen Dreieck von Raum, Norm und symbolischen Grenzziehungen am Beispiel des Berliner Stadtteils Prenzlauer Berg 159
Henrik Schultze

Teil V Marginalisierte Erinnerungen

Ausgeblendet. ‚Okkulte' Wissens- und Erfahrungsbestände in der DDR. 181
Andreas Anton, Ina Schmied-Knittel und Michael Schetsche

Das Gedächtnis tabuisierter Erinnerungen. Zum Wandel von Erinnerungen in der und an die DDR. 205
Katinka Meyer und Anna-Christin Ransiek

Teil VI Biografischer Epilog

Sozialwissenschaftliche Praxis in der DDR und BRD: ein biografischer Rückblick. 239
Eckhard Priller

Personenindex 249

Sachverzeichnis. 255

Zu den Autorinnen und Autoren

Andreas Anton M.A. Studium der Soziologie, Geschichte und Kognitionswissenschaft an der Albert-Ludwigs-Universität in Freiburg. Derzeit Promotion im DFG-Projekt „Im Schatten des Szientismus – Zum Umgang mit heterodoxen Wissensbeständen, Erfahrungen und Praktiken in der DDR" am Institut für Grenzgebiete der Psychologie und Psychohygiene in Freiburg.

Kristina Chmelar Dipl.-Pol. Diplomstudium der Politikwissenschaft in Erlangen und Budapest; Wissenschaftliche Mitarbeiterin am Institut für Pädagogik und am Institut für Politische Wissenschaft der FAU Erlangen-Nürnberg; Mitglied des DFG-geförderten wissenschaftlichen Netzwerks „Trans|Wissen. Übersetzung von Wissen in transnationalen Kontexten"; Promotionsstipendiatin der Studienstiftung des deutschen Volkes mit einem Projekt zur Inszenierung staatlich organisierter Sozialismus-Erinnerung in Deutschland und Tschechien.

Kathrin Franke M.A. Studium der Politikwissenschaft, Soziologie und Osteuropawissenschaften an der Universität Leipzig, FU Berlin und University of Sussex; Doktorandin am Institut für Politikwissenschaft der Universität Leipzig, derzeit wissenschaftliche Mitarbeiterin am Hochschuldidaktischen Zentrum Sachsen (HDS).

Dr. Hanna Haag Studium der Soziologie, Politikwissenschaften, Journalistik und Osteuropastudien an der Universität Hamburg. Seit 2010 wissenschaftliche Mitarbeiterin am Fachbereich Sozialwissenschaften in Hamburg. Promotion zur Tradierung DDR-bezogener Orientierungen in ostdeutschen Familien.

Dr. phil. Pamela Heß Studium der Politikwissenschaft, Soziologie und Statistik in Frankfurt am Main und an der University of Essex; Promotion in

Politikwissenschaft mit einer Arbeit zu den geschichtspolitischen Kontroversen um die Deutung der DDR-Vergangenheit; derzeit freiberuflich tätig in Lehre, Beratung und Forschung der Sozialwissenschaften sowie in der Erwachsenenbildung für verschiedene Träger der politischen Bildung.

Dr. phil. Cornelia Hippmann Studium der Soziologie, Politikwissenschaften und Erziehungswissenschaften in Magdeburg und Maynooth/Irland. Promotion am Institut für Soziologie an der Otto-von-Guericke-Universität Magdeburg zum Thema „Ostdeutsche Frauen in der Politik. Eine qualitative Analyse". Derzeit wissenschaftliche Mitarbeiterin an der RWTH Aachen University am Institut für Erziehungswissenschaften mit dem Schwerpunkt Heterogenität. Habilitation über das Thema „Die Konstruktion von (Nicht)Zugehörigkeit und Differenz. Bildungschancen und -orientierungen von Jugendlichen in intersektionaler Perspektive".

René Lehmann M.A. Studium der Soziologie, Theater- und Medienwissenschaften und Psychologie, derzeit Mitarbeiter am Research Institute for Labour and Social Affairs – RILSA, Prague/Výzkumný ústav práce a sociálních věcí, v.v.i. – VÚPSV, Praha.

PD Dr. Nina Leonhard Studium der Politikwissenschaft in Berlin und Paris; deutsch-französische Promotion in Politikwissenschaft mit einer Arbeit zum Wandel der Erinnerung an den Nationalsozialismus in ost- und westdeutschen Familien; Habilitation im Fach Soziologie an der Westfälischen Wilhelms-Universität Münster mit einer Arbeit zur Integration von Berufsoffizieren der DDR im vereinigten Deutschland. Derzeit Projektleiterin im Forschungsbereich Militärsoziologie am Zentrum für Militärgeschichte und Sozialwissenschaften der Bundeswehr in Potsdam.

Katinka Meyer M.A. Studium der Soziologie, Geschlechterforschung und Pädagogik in Göttingen. Derzeit Promovendin im Fach Soziologie mit einer Arbeit zu Konstitution und Wandel des Familiengedächtnisses von in der DDR angesiedelten ‚Umsiedler'-Familien.

Dr. sc. Eckhard Priller studierte von 1970 bis 1974 Wirtschaftswissenschaften und Soziologie an der Humboldt-Universität zu Berlin. Nach der Tätigkeit als wissenschaftlicher Assistent an der Humboldt-Universität war er von 1978 bis 1991 wissenschaftlicher Mitarbeiter am Institut für Soziologie und Sozialpolitik an der Akademie der Wissenschaften der DDR in Berlin. Von 1992 bis 2014 war er als wissenschaftlicher Mitarbeiter und zuletzt als Leiter der Projektgruppe Zivilengagement am Wissenschaftszentrum Berlin für Sozialforschung tätig. Seit

Ende 2014 ist er Wissenschaftlicher Co-Direktor des Maecenata Instituts für Philanthropie und Zivilgesellschaft in Berlin.

Anna-Christin Ransiek Dipl.-Soz. Studium der Sozialwissenschaften in Göttingen und Łódź. Derzeit Promovendin in der Soziologie mit einer Arbeit zur Wahrnehmung und Bearbeitung rassistischer Diskurse und Praktiken durch Schwarze Menschen in Deutschland. Wissenschaftliche Mitarbeiterin im Drittmittelprojekt „Geschlechter – Wissen – Macht – Körper" am Institut für Sportwissenschaften der Universität Göttingen.

Prof. Dr. Michael Schetsche Studium der Politikwissenschaft (FU Berlin), Promotion und Habilitation an der Universität Bremen; lehrt als Außerplanmäßiger Professor Soziologie und Anthropologie an der Albert-Ludwigs-Universität Freiburg und arbeitet als Forschungskoordinator am Institut für Grenzgebiete der Psychologie und Psychohygiene.

Dr. phil. Ina Schmied-Knittel Studium der Soziologie und Politikwissenschaft in Konstanz; Promotion in Soziologie mit einer Arbeit zur wissenssoziologischen Diskursanalyse. Wissenschaftliche Angestellte am Institut für Grenzgebiete der Psychologie und Psychohygiene in Freiburg und derzeit Projektleiterin im DFG-Projekt „Im Schatten des Szientismus – Zum Umgang mit heterodoxen Wissensbeständen, Erfahrungen und Praktiken in der DDR".

Henrik Schultze Dipl.-Soz. Studium der Sozialwissenschaften in Berlin; Promotion (im Verfahren) in Soziologie mit einer Arbeit zu sozialen und räumlichen Grenzziehungsprozessen in einer Berliner Nachbarschaft; derzeit tätig als wissenschaftlicher Mitarbeiter am Institut für Sozialwissenschaften (Lehrbereich Stadt- und Regionalsoziologie) der Humboldt-Universität zu Berlin.

PD Dr. Gerd Sebald Studium der Soziologie, Geschichte und Buchwissenschaft in Erlangen. Promotion zur Wissenssoziologie der Free/Open Source-Bewegung; Habilitation im Fach Soziologie zum Thema „Generalisierung und Sinn. Überlegungen zur Formierung sozialer Gedächtnisse und des Sozialen" (Konstanz: UVK 2014); derzeit wissenschaftlicher Mitarbeiter am Institut für Soziologie in Erlangen.

Dr. phil. Karen Sievers Studium der Sozialwissenschaften in Oldenburg, anschließend wissenschaftliche Mitarbeiterin am Institut für Soziologie der TU Berlin; Promotion in Soziologie zum Thema Raumbezogene Bindungen und Stadterneuerungsmaßnahmen. Derzeit Studiengangskoordinatorin an der Universität zu Lübeck.

Dr. phil. Laura Wehr Studium der Europäischen Ethnologie, Geschichte und Kunstgeschichte in Regensburg, Wien und München; Promotion in Europäischer Ethnologie mit einer Arbeit zur Zeitpraxis von Kindern im Kontext generationaler Ordnungen. Derzeit Projektleiterin im DFG-Projekt „Geteiltes Land, geteilte Familien? Die Ausreise aus der DDR im familialen Gedächtnis von ÜbersiedlerInnen und Zurück-Gebliebenen" an der Ludwig-Maximilians-Universität München.

Volkseigenes Erinnern. Die DDR als Gegenstand sozialer Erinnerungs- und Vergessensprozesse

Nina Leonhard, Hanna Haag und Pamela Heß

1987 erhielt eine Gruppe westdeutscher Historiker(innen), bestehend aus Lutz Niethammer, Alexander von Plato und Dorothee Wierling, die für die damalige Zeit außergewöhnliche Genehmigung, lebensgeschichtliche Interviews mit Arbeiterinnen und Arbeitern in der DDR durchzuführen. Die Ergebnisse dieses Oral History-Projektes, mit dem an die einige Jahre zuvor durchgeführte Studie *Lebensgeschichte und Sozialkultur im Ruhrgebiet 1930–1960* (Niethammer und von Plato 1989) angeknüpft werden sollte, wurden allerdings erst nach dem Ende der DDR publiziert (Niethammer et al. 1991). Damit waren die noch vor dem Systemwechsel erhobenen Lebensgeschichten in doppelter Weise zu ‚Geschichte' geworden: Sie handelten nicht nur von ostdeutschen Alltagserfahrungen während der Kriegs- und Nachkriegszeit, die in den Gesprächen mit der westdeutschen Forschergruppe kommunikativ erinnert wurden, sondern spiegelten zugleich die spezifischen sozialen Bedingungen wider, unter denen sich bis 1989 (auto)biografische Erinnerung in der DDR konstituierte. Die von Niethammer, von Plato und Wierling in Gestalt 30 biografischer „Eröffnungen" rekonstruierte „volkseigene Erfahrung" lieferte Einblicke in die Art

---

N. Leonhard (✉)
Zentrum für Militärgeschichte und Sozialwissenschaften der Bundeswehr,
Potsdam, Deutschland
E-Mail: ninaleonhard@bundeswehr.org

H. Haag
Universität Hamburg, Hamburg, Deutschland
E-Mail: hanna.haag@uni-hamburg.de

P. Heß
Universität Frankfurt am Main, Frankfurt am Main, Deutschland
E-Mail: hess@soz.uni-frankfurt.de

und Weise, wie sich vor 1989 individuelle und kollektive Erinnerungen zu einem „Gedächtnis der DDR" formierten (Niethammer 1991, S. 71). Die dabei zusammengetragenen „Ausblickspunkte" (Halbwachs 1967, S. 31) auf dieses Gedächtnis wichen mitunter deutlich von der offiziellen Geschichtsschreibung ab und konterkarierten die Selbstdeutung des DDR-Staates in vielerlei Hinsicht – und waren doch zugleich von den damaligen gesellschaftlichen Gegebenheiten durch und durch geprägt.

30 Jahre später sind die mit dem Sozialismus in der DDR verknüpften Arten der Welterfahrung und Sinnbildung schon lange ‚Geschichte': Aus der DDR als einem realexistierenden gesellschaftlichen Rahmen, innerhalb dessen Erfahrungen gemacht und als ‚Erinnerung' (beispielsweise in lebensgeschichtlichen Interviews) kommuniziert wurden, ist ein Gegenstand geworden, über den gestritten und gerichtet, gelacht und geweint, geredet und geforscht wird – und zwar entsprechend der gesellschaftlichen Bedingungen, die im vereinigten Deutschland gelten. Wie dies im Einzelnen geschieht, ist Thema des vorliegenden Bandes. Bis auf eine Ausnahme – der Text von Henrik *Schultze* – sind die Beiträge alle aus einer Tagung zur „DDR im sozialen Gedächtnis" hervorgegangen, die im März 2015 am Wissenschaftszentrum Berlin für Sozialforschung (WZB) stattfand (Kinzler 2015).

Wie bei der Studie von Niethammer, von Plato und Wierling stehen auch bei den hier versammelten Analysen weniger die ‚offiziellen', das heißt die institutionell abgesicherten Sichtweisen auf die DDR (siehe hierzu zusammenfassend Heß 2016) im Fokus der Betrachtung. Vielmehr nehmen die Autorinnen und Autoren Formen der sozialen Aneignung (oder auch: der Nicht-Aneignung) dieser sowie anderer, teilweise noch wenig untersuchter DDR-bezogener Wissensbestände ‚von unten' in den Blick. Anders als bei Niethammer et al. spielen neben der Zeit vor 1989 – natürlich – auch das Ende der DDR und die Zeit danach eine zentrale Rolle. Die Aufmerksamkeit gilt darüber hinaus nicht nur der Frage, welche Bilder und Vorstellungen in Bezug auf die DDR aktualisiert werden (und welche nicht), sondern hebt insbesondere auf die Regeln und Muster ab, nach denen diese Aktualisierung erfolgt. Gedächtnissoziologisch formuliert (vgl. hierzu allgemein Sebald und Weyand 2011; Sebald et al. 2013; Dimbath und Heinlein 2014, 2015), zielen die hier präsentierten Beiträge zum „volkseigenen" Erinnern also darauf ab, die Modalitäten der selektiven Inanspruchnahme von DDR-bezogenen Wissensbeständen für individuelle wie kollektive Sinnbildung zu untersuchen, wie sie sich im Verlauf der letzten zweieinhalb Jahrzehnte im vereinigten Deutschland herausgebildet haben. Die in den Beiträgen herausgearbeiteten Einsichten hierzu differieren je nach methodischem Zugang, der gewählten inhaltlichen Schwerpunktsetzung und der dabei betrachteten Personengruppe beziehungsweise des untersuchten sozialen Feldes. Drei zentrale gemeinsame Erkenntnisse hinsichtlich der Formierung der DDR als Gegenstand sozialer Erinnerungs- und Vergessensprozesse im vereinigten Deutschland kristallisieren sich gleichwohl beitragsübergreifend heraus:

Aus der sozial- wie kulturwissenschaftlichen Forschung zu Gedächtnis, Erinnern und Vergessen ist bekannt, dass Individuen, soziale Gruppen, Organisationen ebenso wie soziale Systeme unterschiedliche Gedächtnisse ‚haben' und/oder sich ‚machen', die wiederum unterschiedliche Arten des Erinnerns und Vergessens bedingen. Wie nicht zuletzt die Beiträge in diesem Band verdeutlichen, und das ist der *erste* Punkt, tritt diese Pluralität im Fall der DDR besonders anschaulich zutage, über die bis heute – über zweieinhalb Jahrzehnte nach ihrem Ende als realexistierendes Gesellschaftssystem – kontrovers in der politischen Öffentlichkeit diskutiert wird.[1] Mit seiner Unterscheidung zwischen „Diktatur"-, „Arrangement"- und „Fortschrittsgedächtnis" als Bezeichnung für konkurrierende Deutungsmuster hat der Historiker Martin Sabrow (2009, S. 18 ff.) schon vor einigen Jahren einen prägnanten Vorschlag zur Typologisierung der vielfältigen Bilder und Vorstellungen im Hinblick auf die DDR unterbreitet, der aus einer gedächtnissoziologischen Perspektive gleichwohl einer Erweiterung beziehungsweise Vertiefung bedarf. Soziale Gedächtnisse umfassen nicht nur explizite Wissensbestände und somit das, was in öffentlichen Diskursen oder biografischen Erzählungen als ‚Vergangenheit' reflexiv verhandelt wird (vgl. hierzu und im Folgenden auch Dimbath 2014, S. 131 ff.). Eine (Nicht)Aktualisierung von Vergangenheitsbezügen erfolgt auch auf der Ebene impliziter, non-deklarativer Wissensbestände, wie sie etwa in Routinen und habituellen Gewohnheiten zum Ausdruck kommen, aber nur eingeschränkt reflexiv zugänglich sind. Schließlich weist vergangenheitsbezogenes Wissen häufig eine materielle Grundlage auf – sei es, dass bestimmte Vergangenheitsdeutungen materiell (etwa als Denkmal, Gedenkmünze oder persönlicher Talisman) objektiviert werden, oder sei es, dass materielle Objekte oder räumliche Gegebenheiten Anhaltspunkte für Erinnerungsprozesse beziehungsweise, wenn sie verschwinden oder zu existieren aufhören, zu Generatoren für Vergessen werden.

Eine derartige Differenzierung nach Wissensebenen vorzunehmen, ist für eine Analyse der Funktionsweise sozialer Gedächtnisse gerade mit Blick auf die

---

[1] Als ein Beispiel von vielen sei die Berliner Debatte um die sogenannte Stasi-Vergangenheit des im Dezember 2016 neu bestellten und im Januar 2017 zurückgetretenen Baustaatssekretärs Andrej Holm genannt. Siehe hierzu www.zeitgeschichte-online.de/kommentar/eine-vertane-chance: www.zeitgeschichte-online.de/kommentar/eine-vertane-chance sowie www.bpb.de/geschichte/deutsche-geschichte/stasi/240047/einmal-stasi-immer-stasi (letzter Zugriff: jeweils 13.01.2017).

DDR wichtig, um für die gesellschaftliche Zäsur von 1989/1990 sowohl Kontinuitäten als auch Diskontinuitäten und damit Möglichkeiten wie Grenzen der Konstitution sowie Kommunikation von Erfahrung im Kontext politischer Umbrüche genauer bestimmen zu können (siehe hierzu unter anderem die Beiträge von *Meyer/Ransiek, Hippmann, Sievers* sowie *Anton/Schmied-Knittel/Schetsche*). Insbesondere lassen sich auf diese Weise Wechselwirkungen zwischen diesen Ebenen herausarbeiten. Als ein Beispiel hierfür sei Kathrin *Frankes* Analyse des Umgangs mit der DDR-Vergangenheit im sozialen Feld der Psychiatrie genannt, die aufzeigt, wie die intensive öffentliche Debatte um die Psychiatrie in der DDR in den 1990er-Jahren eine Auseinandersetzung mit den zu DDR-Zeiten eingeübten professionellen Praktiken auf Seiten des ostdeutschen Klinik-Personals be- oder mitunter sogar (ganz) verhinderte.

Die Relevanz delegitimierender öffentlicher Diskurse über die DDR, die sich an dieser Stelle zeigt, zieht sich – *zweitens* – wie ein roter Faden durch alle Beiträge. Sie verweist auf ein zentrales Strukturmerkmal der Kommunikation im vereinigten Deutschland, das im Anschluss an Horst Stenger (1998, S. 318 ff.) als „Ost-West-Kontext" bezeichnet werden kann. Stenger versteht darunter ein kollektiv geteiltes Auslegungsschema, mit dem Unterschiede zwischen Ost- und Westdeutschen beziehungsweise zwischen der DDR und der Bundesrepublik „ausgewählt, hervorgehoben und bewertet werden" (ebd., S. 321). Als Ursprung dieser Ost/West-Unterscheidung führt Stenger die auf ost- wie westdeutscher Seite im Zuge des Vereinigungsprozesses entstandenen Erwartungsenttäuschungen an, die eine „Umstellung der Erwartungen von Ähnlichkeit auf Unterschiedlichkeit" (ebd., S. 319) zur Folge hatten. Gleichzeitig wurden damit, so ist hinzuzufügen, die zur Zeit der deutsch-deutschen Teilung bestehenden staatlich sanktionierten Interpretationsmuster, die auf die Aufwertung des je eigenen und die Abwertung des je anderen deutschen Gesellschaftssystems abhoben, aufgegriffen und reaktualisiert. Kollektive Auslegungsschemata wie der Ost-West-Kontext ermöglichen es, Erlebnisse sinnhaft einzuordnen, und schaffen so Vertrautheit und soziale Zugehörigkeit. Darin liegt ihre soziale Geltungskraft, die – im hier interessierenden Fall – die Kommunikation über die DDR zwar nicht inhaltlich determiniert, aber strukturell dennoch prägt (vgl. Leonhard 2016, Kap. 8; siehe hierzu auch den Beitrag von Eckhard *Priller*).

Öffentliche Diskurse über die DDR waren im vereinigten Deutschland lange Zeit durch diese Ost/West-Unterscheidung gekennzeichnet – und sind es zu einem guten Teil noch immer, auch wenn viele Konfliktlinien, seien sie politischer, sozialer oder generationeller Art, quer dazu verlaufen (vgl. zum Beispiel Karstein und Schmidt-Lux 2006; siehe hierzu auch die Beiträge von *Wehr* und *Schultze*). Ein zentraler Grund für den ‚Erfolg' und die Persistenz dieses Deutungsschemas liegt in der Art und Weise begründet, wie die Herstellung der staatlichen deutschen Einheit erfolgte. Mit der Vereinigung der beiden deutschen Staaten am 3. Oktober 1990, die im Modus des Beitritts der DDR zum Geltungsbereich des Grundgesetzes nach Artikel 23 durchgeführt wurde, wurden zwei getrennte, aber negativ aufeinander bezogene Gesellschaftssysteme zusammengeführt. Ziel des damit verbundenen Institutionentransfers von West nach Ost war es, eine einheitliche, also in Ost- wie Westdeutschland gültige Ordnung nach bundesrepublikanischem Vorbild zu etablieren. Dies ging mit einer Entwertung und Umdeutung DDR-spezifischer Wissensbestände einher, die praktisch alle Lebensbereiche betraf und zu einer Neuordnung der gesellschaftlichen Relevanzsysteme führte. Auf ostdeutscher Seite führte dies unter anderem in Form von Ostalgie – verstanden als Renaissance der „Produkt"- wie „Symbolkultur" der DDR (Ahbe 2001, S. 781) – zur Konstruktion und Aufwertung eines eigenen ostdeutschen Wirgefühls. Auf westdeutscher Seite begegnete man dieser „ostdeutschen Selbstermächtigung" (Ahbe 1997), die ‚westdeutsche' Selbstverständlichkeiten (wie den Glauben an die Leistungsfähigkeit des eigenen Wirtschaftssystems oder an die Vorrangigkeit individueller Freiheitsrechte gegenüber sozialen Gleichheitsansprüchen) infrage stellte, wiederum mit einer Bekräftigung der eigenen Grundannahmen, die sich nicht zuletzt in delegitimierenden Diskursen über den „Ossi" (beziehungsweise ‚die' Ostdeutschen) niederschlugen (vgl. Ahbe 2004; Ahbe et al. 2009; Kollmorgen et al. 2011; Pates und Schwochow 2013).

Dieser konfliktreiche Aushandlungsprozess darüber, wer und was im vereinigten Deutschland als ‚gültig', ‚gut' und ‚richtig' (beziehungsweise als ‚ungültig', ‚schlecht' und ‚falsch') anzusehen ist, zeigte und zeigt sich auch und gerade in der Auseinandersetzung um die Frage, was die DDR ‚wirklich' war und wie sie entsprechend vergegenwärtigt (‚erinnert') werden soll(te) – und wie nicht. Dies verweist darauf, dass es bei Vorgängen sozialen Erinnerns und Vergessens – *drittens* – immer auch um die Verhandlung von Macht geht, bei der ‚Gewinner' und ‚Verlierer' materiell wie symbolisch produziert werden. Im Kontext eines politischen Systemwechsels kann und muss die Etablierung neuer Regeln und Standards der Welterfahrung durch spezifische Maßnahmen als politische Notwendigkeit gelten, um die neue politische Ordnung gegenüber der bis vor dem politischen Umbruch gültigen Ordnung zu etablieren und zu legitimieren (vgl. hierzu ausführlicher Leonhard 2016, S. 57 ff.). Entsprechend ist der die DDR delegitimierende und von Sabrow als „Diktaturgedächtnis" bezeichnete öffentliche Diskurs als Beispiel für die nach 1990 etablierte Gedächtnispolitik im vereinigten Deutschland zu verstehen. Die Etablierung eines hegemonialen Diskurses geht allerdings stets mit Gegendiskursen einher beziehungsweise ruft diese hervor, wie Kristina *Chmelar* im Rekurs auf die Arbeiten von Michel Foucault unter theoretischen Vorzeichen sowie Gerd *Sebald* und René *Lehmann* empirisch für die Familie als (H)Ort für ein solches ‚Gegengedächtnis' herausarbeiten (vgl. hierzu auch Haag 2017). Vor diesem Hintergrund mag man die angesprochene Pluralität von Bildern und Vorstellungen in Bezug auf die DDR als Zeichen eines im Vergleich zur Zeit nach 1945 grundlegend gewandelten Geschichtsbewusstseins deuten, das Erinnerungsbereitschaft gegen ‚Schlussstrich'-Mentalität setzt (Sabrow 2009, S. 23 f.). Man kann darin jedoch auch die nicht intendierten Folgen einer Gedächtnispolitik sehen, die eine Neuordnung der gesellschaftlichen Relevanzstrukturen bedingte, mit der auf der individuellen Ebene gleichzeitig Anknüpfungspunkte für die sinnhafte Einordnung bestimmter Erfahrungen verloren gingen (Leonhard 2014, S. 211 f.). Die nicht zuletzt in den Beiträgen dieses Bandes zusammengetragenen Einsichten in die Funktionsweise sozialer Gedächtnisse geben in jedem Fall Auskunft darüber, wie sich die soziale Inanspruchnahme von Wissensbeständen – hier: mit Blick auf die DDR – konkret vollzieht und welche Mechanismen hierbei zum Tragen kommen. Die so entstehenden Bilder und Vorstellungen verweisen auf die soziale Wirklichkeit, die die DDR – als Gesellschaftssystem *und* Alltagswelt für die dort lebenden Menschen – bis 1989 darstellte und wie sie etwa von Niethammer, von Plato und Wierling zu rekonstruieren versucht wurde. Wie diese vergangene Wirklichkeit drei Jahrzehnte später vergegenwärtigt wird, folgt allerdings den Regeln und Mustern, die im Hier und Heute soziale Gültigkeit besitzen. Diese gilt es somit im Einzelnen zu bestimmen, wenn man das Fortbestehen bestimmter Wissensbestände und das Verschwinden anderer – auch im zeitlichen Vergleich, beispielsweise im Hinblick auf die Zäsur von 1945 – erklären will.

Zu den Beiträgen in diesem Band
Den Auftakt des Buches liefert Kristina *Chmelar* mit ihrer einführenden theoretischen Erörterung des Verhältnisses von einer möglichen, materiell verfassten historischen Realität und deren kultureller Repräsentation am Beispiel von Gedenktagen wie dem 9. November.

Laura *Wehr* sowie Gerd *Sebald* und René *Lehmann* nehmen in den beiden folgenden Aufsätzen die DDR aus der Perspektive des Familiengedächtnisses in den Blick. Am Beispiel einer in den 1980er-Jahren von der DDR in die Bundesrepublik übergesiedelten Familie untersucht *Wehr* die familiale Auseinandersetzung mit der DDR aus der Perspektive der damit verbunden Migrationserfahrung. Sie erläutert dabei nicht nur unterschiedliche inter- wie intragenerationale familiale Verarbeitungsstrategien, sondern zeigt auch auf, dass die Vergegenwärtigung der Vergangenheit familiale Einheit und Zugehörigkeit unter bestimmten Bedingungen unterminiert. *Sebald & Lehmann* analysieren auf der Basis von Einzel- und Gruppendiskussionen mit Angehörigen ostdeutscher Familien die familiale Kommunikation über das Thema ‚Rechtsradikalismus in Ostdeutschland' und arbeiten insbesondere heraus, in welcher Weise hierzu Bezüge zu den öffentlichen medialen Diskursen zum selben Thema hergestellt werden.

Mit den Implikationen der vereinigungsbedingten Gedächtnispolitik beschäftigen sich die beiden daran anschließenden Beiträge von Cornelia *Hippmann* und Kathrin *Franke*. Aufbauend auf eine Studie zu ostdeutschen Politikerinnen ‚der ersten Stunde' zeichnet *Hippmann* den politischen Umbruch von 1989/1990 für diese Personengruppe als zentralen beruflichen Wendepunkt nach, der eine Auseinandersetzung mit der Zeit davor und der eigenen Haltung zur DDR und den Zielen der Partei erforderlich machte. Dabei wird nicht nur deutlich, welche Chancen (und Hindernisse) mit den objektiven gesellschaftlichen Rahmenbedingungen verbunden waren, sondern auch, welche subjektiven Anpassungsleistungen angesichts des nun geltenden Legitimationsrahmens erbracht werden mussten. Der 1989/1990 erfolgte Rahmenwechsel für die Wahrnehmung und Bewertung DDR-bezogener Wissensbestände ist auch für die Analyse von *Franke* zentral. Wie schon kurz angedeutet, untersucht sie den Umgang mit der DDR-Vergangenheit für den Bereich der Psychiatrie und zeigt auf der Grundlage von Interviews mit Klinikmitarbeiter(inne)n auf, welche Wissensbestände dadurch neu thematisiert und welche dagegen aus der sozialen Kommunikation ausgeschlossen wurden.

Karen *Sievers* und Henrik *Schultze* nehmen ihrerseits die räumliche Dimension von Erinnerungs- und Vergessensprozessen in Bezug auf die DDR in den Blick. *Sievers* unterzieht die Maßnahmen des Städtebauprogramms ‚Stadtumbau Ost' einer kritischen Analyse. Ausgehend von der Relevanz der materialen Raumstruktur als Medium von und für Erinnerungen und daran geknüpfte Bindungen deutet sie die in Ostdeutschland nach der Vereinigung implementierte Städtebaupolitik als „Dememoralisierung" und zeigt die damit verbunden sozialen Kosten auf. Während *Sievers* den stadträumlichen Wandel als Ursache für soziales Vergessen problematisiert, untersucht *Schultze* die Veränderungen eines Stadtviertels durch den Zu- und Wegzug ihrer Bewohner als Auslöser für Erinnerung. Am Beispiel des Berliner Stadtviertels Prenzlauer Berg zeigt er die Verbindung zwischen stadträumlichen Zugehörigkeitszuschreibungen und sozialer Abgrenzung auf, die maßgeblich auf dem vergangenheitsbezogenen Bild von Prenzlauer Berg als einem bereits zu DDR-Zeiten ‚anderen', besseren Ort beruht.

Unter der Rubrik „Marginalisierte Erinnerungen" zeichnen Andreas *Anton*, Ina *Schmied-Knittel* & Michael *Schetsche* die Entwicklung paranormaler Wissensbestände nach, die trotz des offiziell verordneten Szientismus auch in der DDR – wenn auch nur informell – existierten, und diskutieren die Gründe, warum es auch im vereinigten Deutschland für diese Form von Wissen keinen ‚Ort' zu geben scheint. Katinka *Meyer* & Anna-Christin *Ransiek* untersuchen an zwei unterschiedlichen Fällen – einer nach 1945 in die DDR Vertriebenen und einer in der DDR geborenen Schwarzen Deutschen –, wie sich die biografische Kommunikation über öffentlich tabuisierte Wissensbestände mit der Veränderung der gesellschaftlichen Rahmenbedingungen und den damit verknüpften Regeln für das Sag- und Nichtsagbare wandelt und welche sozialen Identitäten dadurch geschaffen beziehungsweise unterdrückt werden. Mit Blick auf den jeweiligen systemrelevanten hegemonialen Diskurs geht es bei *Anton, Schmied-Knittel & Schetsche* also um die systemübergreifende Kontinuität einer Marginalisierung bestimmter – hier: paranormaler – Wissensbestände. Demgegenüber zeigen *Meyer* und *Ransiek* den system- und damit epochenbedingten Wechsel von Erinnern und Vergessen ein- und derselben biografischen Erfahrungen auf und illustrieren damit auf anschauliche Weise die Auswirkungen des Wandels der sozialen Rahmenbedingungen für eine sozial legitime Inanspruchnahme von Wissensbeständen für individuelle wie kollektive Sinnbildung.

Der Band schließt mit einem Beitrag von Eckhard *Priller*. Als langjähriger Wissenschaftler an der Akademie der Wissenschaften der DDR wie auch am Wissenschaftszentrum Berlin für Sozialwissenschaften tätig, liefert dieser einen biografischen Rückblick auf ein Wissenschaftlerleben in beiden deutschen Staaten und führt auf diese Weise nicht zuletzt vor Augen, dass die soziale Bedingtheit jeglicher Sinnbildung auch für den Bereich der Wissenschaft, einschließlich der Forschung zu sozialen Gedächtnissen im Hinblick auf die DDR, gilt.

Literatur

Ahbe, Thomas (1997): Ostalgie als Selbstermächtigung. Zur produktiven Stabilisierung ostdeutscher Identität. In: DeutschlandArchiv, 30 (4), S. 614–619.

Ahbe, Thomas (2001): ‚Ostalgie' als eine Laien-Praxis in Ostdeutschland. Ursachen, psychische und politische Dimensionen. In: Timmermann, Heiner (Hrsg.): Die DDR in Deutschland: ein Rückblick auf 50 Jahre. Berlin: Duncker & Humblot, S. 781–802.

Ahbe, Thomas (2004): Die Konstruktion der Ostdeutschen. Diskursive Spannungen, Stereotype und Identitäten seit 1989. In: Aus Politik und Zeitgeschichte, B 41–42, S. 12–22.

Ahbe, Thomas/Gries, Rainer/Schmale, Wolfgang (Hrsg.) (2009): Die Ostdeutschen in den Medien. Das Bild von den Anderen nach 1990. Leipzig: Leipziger Universitätsverlag.

Dimbath, Oliver (2014): Oblivionismus. Vergessen und Vergesslichkeit in der modernen Wissenschaft. Konstanz: UKV.

Dimbath, Oliver/Heinlein, Michael (2014): Arbeit an der Implementierung des Gedächtniskonzepts in die soziologische Theorie – eine Einleitung. In: dies. (Hrsg.), Die Sozialität des Erinnerns. Beiträge zu einer Arbeit an einer Theorie des sozialen Gedächtnisses. Wiesbaden: Springer VS, S. 1–23.

Dimbath, Oliver/Heinlein, Michael (2015): Gedächtnissoziologie. Paderborn: Wilhelm Fink/UTB.

Haag, Hanna (2017, im Erscheinen): Im Dialog über die Vergangenheit. Eine qualitativ-rekonstruktive Studie zur Tradierung DDR-spezifischer Orientierungen in ostdeutschen Familien. Wiesbaden: Springer VS.

Halbwachs, Maurice (1967) [1950]: Das kollektive Gedächtnis. Stuttgart: Enke.

Heß, Pamela (2016): Zur gesellschaftlichen Organisation von Erinnerung. Eine Annäherung am Beispiel der kontroversen Debatten um die Aufarbeitung der DDR-Vergangenheit. In: Leonhard, Nina/Dimbath, Oliver/Haag, Hanna/Sebald, Gerd (Hrsg.): Organisation und Gedächtnis. Über die Vergangenheit der Organisation und die Organisation der Vergangenheit. Wiesbaden: Springer VS, S. 249–266.

Karstein, Uta/Schmidt-Lux, Thomas (2006): „Ossis" und „Wessis" als ‚imagined communities'. Über die kommunikative Prägung kollektiver Grenzen in ostdeutschen Familien. In: Deutschland Archiv, 39 (5), S. 875–883.

Kinzler, Anja (2015): Tagungsbericht: Die DDR im sozialen Gedächtnis – theoretische und empirische Zugänge, 12.03.2015 – 13.03.2015 Berlin. In: H-Soz-Kult, veröffentlicht am 16.07.2015, verfügbar unter: www.hsozkult.de/conferencereport/id/tagungsberichte-6071 (letzter Zugriff: 11.12.2016).

Kollmorgen, Raj/Koch, Frank Thomas/Dienel, Hans-Liudger (Hrsg.) (2011): Diskurse der deutschen Einheit. Kritik und Alternativen. Wiesbaden: VS Verlag für Sozialwissenschaften.

Leonhard, Nina (2014): Gedächtnis, Wissen und soziale Integration. In: Dimbath, Oliver/Heinlein, Michael (Hrsg.): Die Sozialität des Erinnerns. Beiträge zu einer Arbeit an einer Theorie des sozialen Gedächtnisses. Wiesbaden: Springer VS, S. 199–216.

Leonhard, Nina (2016): Integration und Gedächtnis. NVA-Offiziere im vereinigten Deutschland. Konstanz: UVK.

Niethammer, Lutz (1991): Glasnost privat 1987. In: Niethammer, Lutz/Plato, Alexander von/Wierling, Dorothee (1991): Die volkseigene Erfahrung. Eine Archäologie des Lebens in der Industrieprovinz der DDR. 30 biographische Eröffnungen. Berlin: Rowohlt, S. 9–73.

Niethammer, Lutz/Plato, Alexander von (Hrsg.) (1989) [1983–1985]: Lebensgeschichte und Sozialkultur im Ruhrgebiet 1930 – 1960. 3 Bände. Berlin: Dietz.

Niethammer, Lutz/Plato, Alexander von/Wierling, Dorothee (1991): Die volkseigene Erfahrung. Eine Archäologie des Lebens in der Industrieprovinz der DDR. 30 biographische Eröffnungen. Berlin: Rowohlt.

Pates, Rebecca/Schwochow, Maximilian (Hrsg.) (2013): Der „Ossi". Mikropolitische Studien über einen symbolischen Ausländer. Wiesbaden: Springer VS.

Sabrow, Martin (2009): Die DDR erinnern. In: ders. (Hrsg.): Erinnerungsorte der DDR. München: C.H. Beck, S. 11–27.

Sebald, Gerd/Lehmann, René/Öchsner, Florian (2013): Zur Gedächtnisvergessenheit der Soziologie. Eine Einleitung. In: dies. (Hrsg.): Formen und Funktionen sozialen Erinnerns. Sozial- und kulturwissenschaftliche Analysen. Wiesbaden: Springer VS, S. 7–24.

Sebald, Gerd/Weyand, Jan (2011): Zur Formierung sozialer Gedächtnisse. In: Zeitschrift für Soziologie, 40 (3), S. 174–189.

Stenger, Horst (1998): „Deshalb müssen wir uns noch fremd bleiben..." Fremdheitserfahrungen ostdeutscher Wissenschaftler. In: Münkler, Herfried (Hrsg.): Die Herausforderung durch das Fremde. Berlin: Akademie Verlag, S. 305–400.

Teil I
Theoretische Überlegungen zur Erforschung sozialer Gedächtnisse

Etwas Boden unter den Füßen. Auf dem Weg zu einer postkonstruktivistischen Gedenkanalytik

Kristina Chmelar

1   2014, ein Super(ge)denkjahr?!

„Vor 100 Jahren begann der Erste Weltkrieg, vor 75 Jahren der Zweite, vor 25 Jahren fiel die Mauer. Karl der Große ist im Supergedenkjahr 1200 Jahre tot, Michelangelo 450, der Marquis de Sade 200, Kurt Cobain 20 und die FDP vier Monate. (…) [2014] müssen wir ganz viel an 1314 denken, jenes Jahr, in dem in China ein Sack Reis umfiel." Der *Zeit*-Redakteur Peter Dausend (2014) fand das ganze Gedenken offenkundig so gar nicht super: Wir kämen „vor lauter Gedenken gar nicht mehr zum Denken" (ebd.), lautet seine Bilanz. Den sogenannten *memory studies* geben Gedenkereignisse wie die von Dausend beschriebenen indes sehr großen Anlass zum Denken. In ihnen kristallisiert sich kollektives Erinnern an ‚Denkwürdiges'. Sie werden von verschiedenen Akteur(inn)en systematisch dazu genutzt, um bestimmte Geschichtsbilder und -deutungen öffentlich darzubieten und nach Möglichkeit im kollektiven Gedächtnis zu verankern. So geschehen nicht zuletzt am 9. November 2014. Der „Mythos des ‚Mauerfalls'" (Nekula 2015) war staatlich opulent organisiert worden und fand seine strahlende Konkretion im Lösen der sogenannten Lichtgrenze: Tausende Luftballons stiegen gen Himmel, Hunderttausende Menschen jubelten, Millionen folgten dem Spektakel im Fernsehen. Doch: Wie kann die Forschung Gedenktage wie den

K. Chmelar (✉)
Friedrich-Alexander-Universität Erlangen-Nürnberg, Nürnberg, Deutschland
E-Mail: kristina.chmelar@fau.de

© Springer Fachmedien Wiesbaden GmbH 2017
H. Haag et al. (Hrsg.), *Volkseigenes Erinnern,* Soziales
Gedächtnis, Erinnern und Vergessen – Memory Studies,
DOI 10.1007/978-3-658-17548-1_2

9. November theoretisch überhaupt greifen? Wie lässt sich erklären, warum manches es ‚wert' scheint, erinnert zu werden, und anderes nicht? Wie sind die damit verbundenen, einzelnen historischen Repräsentationen und wie das kollektive Gedächtnis als Gesamtes zu denken? Und welche Fragerichtungen und analytischen Kategorien leiten sich aus alledem ab? Im Folgenden soll ein skizzenhafter Versuch unternommen werden, Antworten auf diese Fragen zu formulieren und einen gangbaren Weg zu weisen in einem bisweilen polarisierten Forschungsfeld.[1] Dieser Weg führt zunächst über die moderat konstruktivistischen Überlegungen zur Trias Gedenken, Gedächtnis und Geschichte von Jan und Aleida Assmann über die radikaler konstruktivistische Genealogie Michel Foucaults zu einem postkonstruktivistischen Verständnis historischer Repräsentationen basierend auf Ernst Cassirer und Roland Barthes.

2 Gedenken denken in ägyptologischer Tradition

Die Feststellung, *dass* Kollektive im Rahmen und in Form von Gedenktagen regelmäßig gemeinsam erinnern (und vergessen), scheint trivial; die Erklärung, *warum, wie* und *was* genau, schon weit diffiziler. Das Gros der deutschsprachigen Forschung nähert sich dem Phänomen ‚Gedenktag' in enger Verbindung mit

---

[1]Die *memory studies* lassen sich entlang unterschiedlicher Konfliktlinien differenzieren wie der zwischen Realismus und Konstruktivismus, Akteur und Struktur oder Ideen und Materie. Die für den vorliegenden Beitrag wichtigste Linie ist die Erstgenannte bzw. der Konflikt um das Verhältnis von Erinnerung und historischer Realität. Idealtypisch nehmen Forscher(innen) unterhalb des bisweilen dominanten realistischen Paradigmas die Existenz einer historischen Realität nicht nur an. Sie sind dazu der Überzeugung, Sinneseindrücke und Zeichensysteme wie die Sprache seien hinreichend kontrollierbar, um sie zu erschließen bzw. genau genug darzustellen. Ontologisch entsprechend klar unterscheidbar sind aus dieser Perspektive auch richtige Erinnerungen von falschen, mit der sogenannten Realgeschichte nicht korrespondierenden: exemplarisch siehe Wierling (2002). Demgegenüber argumentieren Konstruktivist(inn)en, Erinnerungen seien ob ihrer sozialen Bedingtheit und Abhängigkeit von medialer Vermittlung mehr oder minder selbstreferenziell. Weil abseits der Konstruktion meist auch keine bedeutsame historische Realität angenommen wird, ist die ontologische Unterscheidung zwischen Erinnerung und Geschichte obsolet. Das Erkenntnisinteresse zielt nur mehr auf Bedeutungsgebungsprozesse samt Funktionslogiken und (ebenfalls konstruierten) Konstitutionsbedingungen: exemplarisch siehe Mehler (2015). Beide Einstellungen sind stellenweise unbefriedigend. Allerdings ist die Forschung unterhalb des konstruktivistischen Paradigmas insbesondere wegen ihrer größeren Sensibilität für eine Standpunktepistemologie grundsätzlich überzeugender und wird hier deshalb prominent aufgegriffen.

historischem Denken per se unter dem Aspekt des Rituellen. Einen geeigneten Anknüpfungspunkt sehen viele Forscher(innen) in den Arbeiten von Jan Assmann, die im Zuge der Beschäftigung insbesondere mit der frühen Hochkultur Ägyptens entstanden sind und als moderat konstruktivistisch eingestuft werden können. Assmanns Kernthese lautet: Nachdem Kollektive zur Stabilisierung neigen, sind *"Repetition und Interpretation (…) Verfahren in der Herstellung kultureller Kohärenz"* (J. Assmann 2005, S. 89, Hervorhebung im Original). Einen geeigneten Rahmen dafür bieten einerseits Räume, da sie im Zeitverlauf relativ identisch erscheinen und als Bühnen der Vergangenheit erkannt werden können; andererseits sind es Tage des Jahres, die in einem bestimmten Turnus wiederkehren und ortsunabhängig vergangene Ereignisse präsent zu halten helfen (Pethes 2008, S. 83 f.). In praxi gehen beide Dimensionen häufig Hand in Hand, sodass sie als Zeit|Raum-Einheit in Ritualen aufgehen und zu Objektivationen werden, „in denen der Sinn in feste Formen gebannt ist" (J. Assmann 2005, S. 58).

Rituale dienen hierbei vor allem einem Zweck: Sie „sorgen im Regelmaß ihrer Wiederkehr für die Vermittlung und Weitergabe des identitätssichernden Wissens und damit für die Reproduktion der kulturellen Identität. Rituelle Wiederholung sichert die Kohärenz der Gruppe in Raum und Zeit" (ebd., S. 57). In Ritualbegriffen wie dem von Assmann greifen nicht nur Zeit und Raum aufs Engste ineinander, sondern auch die Identität und Erinnerung eines Kollektivs. Soziale Kohärenz respektive kollektive Identität wird von Aleida Assmann (2007, S. 231) in Fortführung der Überlegungen ihres Mannes durch ein „Wieder-Holen", das heißt durch einen sinnhaft erinnernden, repetitiven Rückgriff auf ein nicht erlebtes historisches „Geschehen" (A. Assmann 2001, S. 105) oder „reale (…) biographische (…) Erfahrungen" (ebd., S. 115) dargeboten und konstituiert. Nicht zuletzt liegt ja im „Wesen des Ritus, daß er eine vorgegebene Ordnung möglichst abwandlungsfrei reproduziert" (J. Assmann 2005, S. 89). Deshalb unterliegen Riten – als Bestandteile des sogenannten kulturellen Gedächtnisses und damit des Ortes, an dem das für ein Kollektiv als relevant empfundene Historische ‚gespeichert' ist – auch bestimmten Regeln: Abwandlungen gelten weniger als Gewinn oder willkommene Innovation denn als tendenzielle Gefährdung bisheriger Tradition (Pethes 2008, S. 84 f.). Gewissermaßen oberhalb des fundierenden kulturellen Gedächtnisses siedelt Jan Assmann das sogenannte kommunikative Gedächtnis an und beschränkt es inhaltlich auf die jüngste, bislang nicht kanonisierte Historie. Im Rahmen dieses kommunikativen Gedächtnisses ist der Kampf um die Deutungshoheit (noch) nicht ausgefochten; es ist bisweilen unklar, was letztendlich im kulturellen Gedächtnis gerinnt.

Nachdem mit Blick auf die Mannigfaltigkeit des Historischen auf der Hand zu liegen scheint, dass nicht allem gedacht werden kann beziehungsweise dass Vergessen konstitutiver Bestandteil von Erinnern ist, stellt sich die Frage, nach welchen Kriterien das individuelle wie kollektive Gedächtnis auswählt. Aleida Assmann (o. J., S. 2) hält in diesem Kontext fest, dass grundsätzlich das erinnert werde, „was als auffällig wahrgenommen wurde, was einen tiefen Eindruck gemacht hat, was als bedeutsam erfahren wurde (…) [und] die Identität der Gruppe stärk[t]". Beispielhaft hierfür spricht sie an anderer Stelle über Ereignisse, die als Zäsuren gelten oder Zeiten, die einen Wandel mit sich brachten (A. Assmann 2008), was stark an die klassischen strukturfunktionalistischen Überlegungen des Ethnologen und Ritualforschers Turner erinnert.[2] Turner (1971, 2008) verknüpft Rituale, wie sie sich etwa in Form von Jahrestagen wie dem 9. November realisieren, grundsätzlich mit Liminalität. Vereinfacht gesprochen geht es dabei um die Vorstellung, dass Menschen insbesondere biografische Übergänge als prekär erfahren und nicht zuletzt über symbolische Sinnsysteme wie Riten derart zu bearbeiten suchen, dass sich ein ausreichendes Maß an Stabilität (erneut) einstellt. Vom Individuum gemünzt auf das Kollektiv verläuft die Argumentation ähnlich; schließlich binden Riten die Erinnerung eines Kollektivs vor allem zurück an wichtige Übergänge, die den Anfang des aktuellen und künftigen Wir markieren (Pethes 2008, S. 86) und dem kollektiven Gedächtnis einen „perspektivischen Charakter" (A. Assmann 2008) verleihen. Hinter dem Rituellen steht bei Turner wie bei den Assmanns damit stets etwas Nichtrituelles, konkret: das Bedürfnis nach Stabilität, Identität und Vergemeinschaftung in einem vom Menschen unabhängig sich vollziehenden historischen Kontinuum.[3]

Vor dem Hintergrund von „mit der Moderne verbundenen Bruch- und Verlusterfahrungen" (A. Assmann 2014, S. 97) im Allgemeinen beziehungsweise im Zuge großer Umordnungsprozesse, wie sie sich im Speziellen um das Schwellenjahr 1989 abzeichnen, trachten auch moderne säkulare Ordnungen danach, die Identität des entsprechenden, meist national verfassten Kollektivs über rituelles Gedenken dar- und herzustellen: Neben beispielsweise „ruhmreiche[n] Siegen (…) [werden] auch tragische Niederlagen (…) im nationalen Gedächtnis

---

[2]Explizit beeinflusst zeigt sich Jan Assmann (2005) von der strukturalistischen Ethnologie Lévi-Strauss'.

[3]In Vorstellungen dieser Art gilt das Ritual zwar nicht mehr als religiöser Ausdruck oder Praxisvollzug wie noch zu Beginn der Ritualforschung; trotzdem bleibt es „ein ‚sekundäres' Phänomen, dessen wirkliche Bedeutung außerhalb der rituellen Handlung selbst lokalisiert" (Krieger et al. 2008, S. 7) wird. Primär gilt das Ritual hier als „Gemeinschaftsgenerator" (Wulf et al. 2004a, S. 12).

kommemoriert, wo eine Nation ihre Identität auf ein Opfer-Bewusstsein gründet, das wachgehalten werden muss, um Widerstand zu legitimieren und heroische Gegenwehr zu mobilisieren" (A. Assmann 2008). Was schließlich kollektiv erinnert wird und in das gemeinsame Gedächtnis übergeht, erschließt sich in einer moderat konstruktivistischen und ethnologisch informierten Perspektive wie der Assmannschen weniger aus dem Wert einer Tatsache als aus deren sozialen Konsequenzen und geht einher mit Macht, denn: Ob etwa der Ereignisse von 1989 überhaupt gedacht wird und falls ja, ob im Rahmen eines Jubiläums oder Trauertags, ist für das Selbstverständnis einer (Groß)Gruppe maßgeblich und genauso für die Handlungsspielräume nicht zuletzt von Eliten.

Vor dem Hintergrund von akademischen Positionierungszwängen bewusst zugespitzt lässt sich der Kern der bis zu dieser Stelle skizzierten Forschungseinstellung folgendermaßen zusammenfassen: Rituale gehören dem kulturellen Gedächtnis als dem im Gegensatz zum kommunikativen Gedächtnis festeren Teilgedächtnis eines Kollektivs an und dienen den entsprechenden Mitgliedern zur Sinn- und Kohärenzstiftung. Für deren Vergemeinschaftung ist Erinnerung als Modus des Rückrufens respektive Wieder-Holens von Inhalten des kollektiven Gedächtnisses bestimmt. Selbst im Rahmen des tendenziell umstritten(er)en kommunikativen Gedächtnisses gilt die an Selbstvergewisserung geknüpfte Erinnerung von (Groß)Gruppen wie Nationen als hochgradig empfänglich für „homogenisierende Impulse (…), die ein normatives Raster über die heterogenen individuellen Erinnerungen legen" (A. Assmann 2007, S. 157).[4] Das wohl größte Verdienst von Jan und Aleida Assmann ist die Konzeption des kollektiven Gedächtnisses als einem entscheidenden Phänomen für die Bildung kultureller Identität (Manzeschke 2005, S. 87). Insbesondere deshalb wurden ihre moderat konstruktivistischen Überlegungen von weiten Teilen nicht nur der

---

[4]An dieser Stelle sei erwähnt, dass sich auch in Aleida Assmanns jüngeren Arbeiten Stellen finden lassen, die Abstand nehmen von der stabilitäts- und kohärenzorientierten Position ihres Mannes. In *Geschichte im Gedächtnis* etwa schreibt sie: „Geschichte ist nicht mehr (…) das geschlossene Gebilde einer großen Meistererzählung, sondern zerfällt in ein Repertoire anschaulicher Episoden und erinnerungskräftiger Bilder (…). Charakteristisch für dieses (…) ist, dass es grundsätzlich offen, allgemein zugänglich und immer wieder neu verhandelbar ist" (A. Assmann 2014, S. 29 f.). Dabei resultiert die gewandelte Argumentation dem Anschein nach weniger aus einer Verschiebung der ontologischen und epistemologischen Annahmen der Autorin als aus einem ethischen Standpunkt, denn was Assmann im selben Kontext auch schreibt, ist: „Größe und Einheit können nicht mehr die Fluchtpunkte deutscher Nationalgeschichte sein, denn je größer Deutschland wurde, desto aggressiver wurde die Politik. (…) [J]e kleiner die Einheit, die sich erinnert, desto langfristiger die historische Perspektive" (ebd., S. 29).

deutschsprachigen Wissenschaft adaptiert. Allerdings neigen die Assmanns trotz konstruktivistischer Annahmen Essenzialismen und Schließungen mindestens zu und haben auf Mikro- und Makroebene Ideen zu verfestigen geholfen wie die, dass Erinnerungen „zum eigensten Wesen und Bedürfnis des Menschen" (Droysen 1977, S. 45 zit. n. A. Assmann 2014, S. 25) gehören oder dass sich kollektive Gedächtnisse von primordialen, relativ festen Gruppen ableiten (Feindt et al. 2014, S. 26; vgl. auch Manzeschke 2005, S. 88), die nicht zuletzt über rituell begangene Jahrestage als „Denkmäler in der Zeit" (A. Assmann 2005) Stabilität erzeugen.[5]

Irritieren lässt sich die Assmannsche Perspektive auf mit Gedenktagen wie dem 9. November verbundene historische Repräsentationen zunächst durch die Frage, inwieweit wir heutzutage nicht mit einem entscheidenden Bruch konfrontiert sind, verursacht „durch die Abschiebung eines bislang grundsätzlich ‚traditional' verfassten, auf Gedächtnis beruhenden Kultursystems, durch ein kapitalistisch grundsätzlich über Innovationen (oder Pseudoinnovationen) lukrierendes, und daher auf ‚Inszenierung' beruhendes System von ökonomisch definierten Bedeutungen" (Blume 2014, S. 16). In eine ähnliche Richtung weist auch das medientheoretische Argument, insbesondere Digitalisierung und sogenannte Neue Medien führten dazu, dass gegenwärtige Kollektive nicht wie noch vornehmlich oral verfasste darauf angewiesen seien, historisches Wissen über rituelle Objektivationen zu ‚speichern'. Folglich komme es zu einer „Entmächtigung monopolisierter Bühnen durch den *open access* auf elektronische Medien", mit denen Akteure aus unterschiedlichen Sphären nahezu ungehindert in ihrem Sinne disponieren (ebd., S. 33, Hervorhebung im Original). Entsprechend zu verschieben wäre diesem Einwand gemäß die wissenschaftliche Aufmerksamkeit: von einem Konzept kollektiven Gedächtnisses als Speicher zu einer dynamischen Vorstellung von Erinnerung als Übersetzung der jeweiligen Inhalte in Zeit und Raum und zwar ganz gleich, ob jene zu einer weit zurückliegenden oder zur jüngsten Historie zählen. Die Assmannsche Unterscheidung eines festen kulturellen und eines flüssigen kommunikativen Gedächtnisses scheint dadurch mindestens ins Wanken zu geraten.

Die schärfste Kritik an einer tendenziell realistischen Geschichtsontologie und -epistemologie samt einer kohärenz- und kontinuitätsorientierten Perspektivierung kollektiven Gedächtnisses im Allgemeinen und rituellen Gedenkens im

---

[5]Für diesen Trend in den *memory studies* mitverantwortlich sind die *invented traditions* von Hobsbawm (2000) oder Anderson (2006) *imagined communities,* leisten sie doch gleichsam einem nationalen Denken bzw. „der Essenzialisierung von Untersuchungsgruppen und -räumen Vorschub" (Feindt et al. 2014, S. 13).

Speziellen kommt aus den Reihen differenzorientierter, meist poststrukturalistisch und/oder postkolonial informierter Forscher(innen). Sie verweisen darauf, dass gerade heutzutage Kollektive äußerst hybride, global hochgradig verflochtene und zugleich binnendifferenzierte Entitäten seien (Bhabha 2011), im Rahmen derer eine Fülle von unterschiedlichen Gemeinschafts- und Geschichtsentwürfen um mediale wie öffentliche Beachtung wetteifere (Pethes 2008, S. 19 f.). In der Konsequenz stellen Ansätze wie der Assmannsche, die mindestens tendenziell Kultur als Container hypostasieren, nicht zufrieden:

> For memory studies, the old-fashioned container-culture approach is not only somewhat ideologically suspect. It is also epistemologically flawed, because there are too many mnemonic phenomena that do not come into our field of vision with the ‚default' combination of territorial, ethnic and national collectivity as the main framework of cultural memory (Erll 2011a, S. 8).

Auch das Rituelle, wie es in der skizzierten Einstellung gedacht wird, ist mit den verknüpften expliziten und impliziten Annahmen über das Historische beziehungsweise dessen Tradierung kaum aufrechtzuerhalten. Unterhalb des konstruktivistischen Paradigmas lohnt deshalb eine Konfrontation mit einer poststrukturalistischen Programmatik, die Überlieferungszusammenhänge jenseits von Homogenität und Stabilität als durch und durch partikular, kontingent und dazu hochgradig durchmachtet fasst.

3 Gedenken sprengen im genealogischen *terrain vague*[6]

Eine poststrukturalistische Perspektive ist in vielerlei Hinsicht eine Radikalisierung, in mancherlei Hinsicht gar ein Gegenstandpunkt zu den Überlegungen von Jan und Aleida Assmann, stellt sie doch gleich einmal deren Relevanzordnung – die Form des Rituals diene der Funktion der Vergemeinschaftung – von den Füßen auf den Kopf. Die Bedeutung der Form akzentuierend mahnt sie an, bei der Beschäftigung mit Erinnerungsprozessen Differenz und Veränderung stärker einzubeziehen. Entsprechend anders zu denken ist von solch einer *radikaler* konstruktivistischen und tendenziell *idealistischeren* Position die historische Reprä-

---

[6]Dieser Ausdruck ist Sarasin (2014) entlehnt, der ihn verwendet, um die Genealogie erkenntnistheoretisch „im eigentlich unmöglichen Ort zwischen Geschichte und Philosophie" zu verorten.

sentation. Während die Assmanns den Konstruktcharakter Letzterer und damit auch den des kollektiven Gedächtnisses zwar anerkennen, gehen sie gleichsam von einer historisch-wahrhaften, faktischen Realität aus, auf die sich Konstruktionen sinnhaft beziehen (A. Assmann 2008 und 2011, S. 273). Das sich vollziehende Historische – etwa die Ereignisse von 1989 – und historisches Denken werden damit als zwei voneinander zu unterscheidende, tendenziell aber eng miteinander verflochtene Entitäten konzipiert. Und nachdem diese Verflechtung maßgeblich charakterisiert ist durch das Wieder-Holen, liegt die Betonung des Assmannschen Standpunkts auf dem Präfix von Repräsentation. Ganz im Gegenteil dazu akzentuiert eine poststrukturalistische Position den Wortstamm: Nachdem bereits Kant (1998) im Zuge des „epistemological turn" (Wight 2006, S. 24) den abbildtheoretischen Repräsentationsbegriff in die Krise gestürzt hatte, indem er über das berühmte Ding an sich nichts mehr sagen mochte, und Nietzsche (1984) aus seinen Gedanken über die Historie und das Leben die Figuren Sinn und Teleologie vollkommen herausgestrichen hatte, waren Tür und Tor geöffnet für eine differenz- und kontingenzorientierte, konstruktivistische Vorstellung, in der Geschichte und historisches (Ge-)Denken in bestimmter Hinsicht zusammenfallen.

Die Phänomene, die Jan und Aleida Assmann in ihren Arbeiten unter Kultur subsumieren, fasst prominent der Genealoge und Machtanalytiker Michel Foucault[7] als Diskursives breiter und neu: Für das Soziale und unser Denken, so sein Argument, seien Macht/Wissen-Komplexe (Foucault 2014, S. 103) ausschlaggebend. Das historische Wissen, das wir haben respektive qua Erinnerung etwa im Rahmen von Gedenktagen oder im Zuge der Geschichtsschreibung vergegenwärtigen, entspringt von seiner Warte aus keiner von unserem Denken unabhängigen,

---

[7]Obgleich Foucault Gedächtnis als Topos kaum verwendet, scheint es dennoch legitim, gerade seine Überlegungen kritisch auf die der Assmanns zu beziehen, befragt er doch zeit seines Lebens intensiv die Funktionsweisen und Konstitutionsbedingungen der sogenannten Geschichte bzw. der „gesellschaftlichen Vorstellungen von Vergangenheit" (Nowicka 2014, S. 3). Als Machtanalytiker bereitet Foucault den Nährboden für eine konstruktivistisch grundierte, kulturwissenschaftlich informierte und machtorientierte Differenz- und Kontingenzperspektive (Reckwitz 2006, S. 27) auf das, was wir als historisch denken. Entgegen der gängigen Meinung, Foucault sei radikaler Konstruktivist gewesen, wird hier mit Sarasin (2008a) angenommen, dass Foucault trotz seines vordergründigen Interesses an Konstruktionsprozessen ein Realist war. Nicht zuletzt mochte Foucault „bei Wissenschaften, die weniger zweifelhafte Gegenstände behandelten als die Psychopathologie oder die Sexualpathologie, durchaus von der Wahrheit sprechen, die auch außerhalb des Diskurses einer Epoche liegen konnte, ohne deshalb unwahr zu sein" (ebd.). Trotzdem ist seine Genealogie insofern radikaler konstruktivistisch als das Denken der Assmanns, als sie den arglosen Glauben an realitätsbedingte „Fakten der erforschten Vergangenheit" (J. Assmann 2007, S. 211; vgl. auch A. Assmann 2007, S. 273) zu unterbinden sucht.

wahr- und wesenhaften historischen Realität. Es hat lediglich Macht[8] als Fundament und ist allem voran nominalistisch und historisch kontingent: „[W]as erfährt der Genealoge, wenn er aufmerksam auf die Geschichte hört statt der Metaphysik zu glauben? Dass es hinter den Dingen ‚etwas ganz anderes' gibt: nicht deren geheimes, zeitloses Wesen, sondern das Geheimnis, dass sie gar kein Wesen haben oder dass ihr Wesen Stück für Stück aus Figuren konstruiert wurde, die ihnen fremd waren" (Foucault 1971, S. 168 f.). Bis auf die Bereitstellung einer Arena samt speziellen Waffen erfüllen die Geschichte respektive das (kollektive) Gedenken keinerlei universelle Funktion: „Die Regeln [des historischen Diskurses] selbst sind leer, gewalttätig, nicht zweckbezogen; sie können jedem Zweck dienen und lassen sich von jedem für seine Zwecke nutzen" (ebd., S. 177). Die Beschäftigung mit Historischem ist damit immer eine mit historischen Repräsentationen und schafft laut Foucault (ebd., S. 173) „keine sichere Grundlage; sie erschüttert, was man für unerschütterlich hielt; sie zerbricht, was man als eins empfand; sie erweist als heterogen, was mit sich übereinzustimmen schien."[9] Ähnlich fragil wie der historische ist der identitäre Diskurs eines Kollektivs, denn auch der erinnernden Gruppe ist keinerlei Essenz mehr zugedacht.

Die Diskurs- beziehungsweise Machtanalyse in Foucaultscher Spielart stellt sich damit der traditionellen Ideengeschichte entschieden entgegen: „Sie führt die Singularitäten der einzelnen Aussagen nicht auf eine ‚tiefere' Wahrheit oder ein Allgemeines zurück (…) [, w]eil sie ihr historisches Erscheinen als Diskursereignis *erklären* kann" (Sarasin 2007, S. 208, Hervorhebung im Original). Sie kann dies nicht zuletzt, weil sie Singularitäten als Teil einer Serie ähnlicher, „mit einem

---

[8]Unter Macht fasst Foucault (2014, S. 113 f.) in *Der Wille zum Wissen* „die Vielfältigkeit von Kräfteverhältnissen, die ein Gebiet bevölkern und organisieren; das Spiel, das in unaufhörlichen Kämpfen und Auseinandersetzungen diese Kräfteverhältnisse verwandelt, verstärkt, verkehrt; die Stützen, die diese Kräfteverhältnisse aneinander finden, indem sie sich zu Systemen verketten – oder die Verschiebungen und Widersprüche, die sie gegeneinander isolieren; und schließlich die Strategien, in denen sie zur Wirkung gelangen und deren große Linien und institutionelle Kristallisierungen sich in den Staatsapparaten, in der Gesetzgebung und in den gesellschaftlichen Hegemonien verkörpern." Klar hervor geht aus dieser Passage, dass es dem Machtanalytiker dabei nicht darum gehen kann, nur Sprachförmiges zu analysieren. Vielmehr geht es darum, eine „komplexe[] strategische[] Situation" (ebd., S. 114), die sich neben Sprache auch in menschlichen Praktiken und in Materialität realisiert, in ihrer Gesamtheit als „Bündel" (ebd., S. 43) oder „Netz" (ebd., S. 97) in den analytischen Blick zu bekommen.
[9]Zugleich wird der (Geschichts)Wissenschaft kein privilegierter Zugang zu Historischem eingeräumt. Sie gilt als eines unter vielen auf Historisches bezogenen Genres (wie Literatur oder staatliche Erinnerungspolitik), die historisches Denken und damit auch kollektives Gedächtnis prägen (Erll 2011b, S. 45).

Wahrheitswert geladen[er]" (Foucault 2014, S. 8) Repräsentationen erkennt und am Schnittpunkt von Macht und Wissen die Frage zu beantworten sucht, *wie* es jeweils dazu kommt, dass etwas – nachdem sich eine hegemoniale Strategie der Macht dieses Etwas angenommen hat – zu einem historischen Zeitpunkt X als Wahrheit gilt (Sarasin 2005, S. 12). Auch wenn der Genealoge die sogenannte Geschichte grundsätzlich nicht universal denkt, ihr eo ipso keinerlei Sinn zuspricht und ihm Topoi wie Tradition oder Wieder-Holung analytisch ungeeignet scheinen, heißt das für ihn nicht, die Geschichte sei zusammenhangslos oder gar absurd (Foucault 2003, S. 192). Ganz im Gegenteil: Auch im Anschluss an Foucault kann von Entitäten wie einer historischen Epoche oder dem kollektiven Gedächtnis gesprochen werden; allerdings erschließen sich diese nur in einem diskursiv verfassten, je spezifischen historischen Kontext. Der analytische Ausgangspunkt ist stets ihre diskursive Repräsentation[10], der analytische Zielpunkt stets die Macht.

Diese Macht – von Foucault im Gegensatz zur Assmannschen Vorstellung nicht nur als Folge sondern als *die* Ursache von Bedeutungsprozessen begriffen – wirkt auf historisches Wissen zwar regelmäßig homogenisierend, aber nicht nur. Sie produziert Gegenmacht zu jedem Zeitpunkt mit:

> Wo es Macht gibt, gibt es Widerstand. Und doch oder vielmehr gerade deswegen liegt der Widerstand niemals außerhalb der Macht. (…) Dies hieße den strikt relationalen Charakter der Machtverhältnisse zu verkennen. Diese können nur kraft einer Vielfalt von Widerstandspunkten existieren (…) [, s]ie sind in den Machtbeziehungen die andere Seite, das nicht wegzudenkende Gegenüber (Foucault 2014, S. 96).

Widerstand ist aus diesem Grund auch kein Paradoxon, sondern ein notwendiger „Instrument-Effekt" (ebd., S. 64) des Hegemonialen. Diesem Denken folgend erhalten Entitäten den Status von Abstraktionen beziehungsweise dienen vornehmlich als heuristische Kategorien, die sich bei näherer Betrachtung allerdings alles andere als einheitlich zeigen, das heißt *in der Regel* kleine Brüche und Fissuren offenbaren (ebd., S. 96).

Auf die im Rahmen und in Form von Gedenktagen wie dem 9. November erkennbaren Repräsentationen kollektiven Gedächtnisses lässt sich das Foucaultsche Machtdenken folgendermaßen adaptieren: Individuen werden durch sie getriggert (zum

---

[10]Obwohl der analytische Ausgangspunkt bei Foucault die R*epräsentation* ist, geht es ihm nicht um die Beschäftigung mit der Form um der Form willen. Seine Arbeiten interessieren sich weder für ein freies und unendliches „Spiel des Bezeichnens", wie es Derrida (1972, S. 424) getan hat, noch hypostasieren sie ein „Primat der Form" (Angermüller 2007, S. 27). Siehe für diese Einschätzung auch Sarasin (2004, 2008b, S. 17 f.). Vielmehr dient die Untersuchung der Formen dem Zweck, etwas über Macht sagen zu können.

Beispiel: ‚Erinnert euch an 1989.') und gemäß dem hegemonialen Macht/Wissen im historischen Diskurs gleichzeitig zu subjektivieren und zu vergemeinschaften gesucht (zum Beispiel: ‚Die Ereignisse waren ein Meilenstein auf dem Weg zur Freiheit für jede(n) einzelne(n) und für uns Deutsche.'). Allerdings räumt Foucault Subjekten in seiner mittleren Werkphase die Möglichkeit der Abweichung ein: Sie sind „auch im Rahmen von Macht- und Diskursordnungen gleichsam beweglich genug (…), um die taktischen Machtverhältnisse umzukehren und in ihrem Sinne einzusetzen" (Sarasin 2006a, S. 130). Sie können widersprechen (zum Beispiel: ‚Nein, 1989 deute ich anders.') und ihre Praktiken anders gestalten. Gedenktage sind in dieser Perspektive schließlich keine funktionalen Gemeinschaftsgeneratoren wie bei den Assmanns, sie sind Zeit|Raum-Einheiten der *„Differenzbearbeitung"* (Wulf und Zirfas 2004a, S. 23 f., Hervorhebung im Original).

Ja, aber ist nicht ein Argument, das häufig gegen den Poststrukturalismus ins Feld geführt wird, das Subjekt sei tot? Das mag so sein. Tot oder besser dezentriert ist in der hier skizzierten poststrukturalistischen Einstellung allerdings lediglich das autonome, bewusst und intentional handelnde Subjekt. Quicklebendig ist hingegen eines, das sich zwar ähnlich dem *animal symbolicum* (Cassirer 1996, S. 51) diskursiven Macht/Wissen-Komplexen nicht entziehen kann, in ihrem Rahmen allerdings durchaus fähig ist sich zu widersetzen. Damit bleibt einer differenzsensiblen Analyse der Repräsentationen kollektiven Gedächtnisses genügend Raum, um Subjekte und ihre Praktiken[11] als macht- und diskursbedingt, nicht aber entsprechend determiniert zu begreifen. Der *relativen* Freiheit, abweichen zu können, wird Rechnung getragen (Sarasin 2006a, S. 130). Gleichsam fruchtbar können auch Strategien, wie sie prominent von staatlichen Akteuren auf dem erinnerungskulturellen Feld realisiert werden, abseits des akteurszentriert gedachten Intentionalen beforscht werden.

Bei der wissenschaftlichen Beschäftigung mit Entitäten wie dem kollektiven Gedächtnis geht es der Genealogie in Verlängerung der Nietzscheanischen Argumentationslinie – und dies sei noch einmal als grundlegender Unterschied zu Positionen wie der Assmannschen akzentuiert – schließlich nicht darum, das abseits des Kampfes aller gegen alle fundamentlose und prozesshafte, das permanent sich verschiebende historische Geschehen respektive sogenannte kollektive

---

[11]Einem mittelstarken Subjekt entsprechend werden Praktiken zwischen strukturdeterminiertem Verhalten und intentionalem Handeln verortet und gelten als kulturell vorgeformte, regelhafte, von unterschiedlichen Subjekten getragene Aktivitäten, in denen „sich kulturelle Codes ausdrücken (und die damit unter anderem *auch* typisierte Intentionen enthalten)" (Reckwitz 2006, S. 38, Hervorhebung im Original).

Identitäten nach Sinn und einer extradiskursiven Wahrheit zu befragen und hermeneutisch aufschließen zu versuchen.[12] Denn:

> Regelmäßigkeiten als die generativen Strukturen von Diskursen treten erst hervor, wenn man Texte *nicht* zu ‚verstehen' trachtet, sondern sie als materielles ‚Monument' beschreibt, also als Serie ordnet, von allen Besonderheiten einzelner Aussagen abstrahiert und ihre Ähnlichkeiten herausarbeitet (Sarasin 2007, S. 207, Hervorhebung im Original; vgl. auch Sarasin 2014, S. 64).

Letztere Analysestrategie – konkret: die Operation der Dekonstruktion[13] – scheint das einzig probate Instrument zu sein, um mehr oder minder funktionierende Diskurse abseits essenzialistischer und universalistischer Prämissen in den Blick zu bekommen und ihre Möglichkeitsbedingungen und Funktionsweisen mit einem kritischen Anspruch zu untersuchen.

Zusammenfassend präsentiert Foucault das Historische als grundsätzlich kontingent und partikular. In den Blick zu nehmen ist es in seiner Ereignishaftigkeit – was bei der Beschäftigung mit Gedenktagen wie dem 9. November durchaus trägt – und zu erklären weder unter Berufung auf ein individuelles Bewusstsein noch in Rekurs auf eine realistische Epistemologie, die unmittelbar auf die Dinge in der Welt rekurriert (Sarasin 2007, S. 203). Entsprechend deutlich von der Assmannschen Konzeption unterscheidet sich auch die ontische und epistemische Qualität des als historisch Gedachten: Es leitet sich nicht etwa von einer extradiskursiven historischen Realität ab, sondern lässt sich in seinem Sein lediglich auf Macht zurückführen. Letztere wirkt laut Foucault ihrer Konstitution nach nicht nur repressiv beziehungsweise auf hegemoniale historische Wahrheitsdiskurse rein stabilisierend; vielmehr ist sie gleichsam durchdrungen von Widerstand und destabilisiert auch. Analog zu diesem Mechanismus gehen mit dem kollektiven Gedächtnis immer auch Gegengedächtnisse einher, die dem hegemonialen zum einen als Vehikel dienen für die Produktion von Ein- und Ausschlüssen, zum anderen aber auch permanent dazu fähig sind, jenes herauszufordern.

---

[12]Zur Einschätzung, die Genealogie sei antihermeneutisch, siehe Sarasin (2006b, S. 121, 2008b, S. 14 f., 2009, S. 204 ff.).

[13]Foucaults Dekonstruktion ist nicht zu verwechseln mit der von Derrida (siehe Anmerkung 10); sowohl die *différence* als auch der Textualismus gehören zu einer Position, von der sich Foucault (2002) zeit seines Lebens abgrenzte. Für eine ähnliche Einschätzung siehe Prinz (2014, S. 54) und Sarasin (2007, S. 204, 2008b, S. 17). Die Foucaultsche Dekonstruktion ist ein politisches Projekt, in dessen Rahmen das Diskursive radikal historisiert wird und dessen kritischer Anspruch darin besteht, entsprechende Homogenitäts- und Stabilitätsbehauptungen als „konstitutive[n] Schein" (Reckwitz 2008a, S. 37) offenzulegen und nach damit verbundenen Strategien zu befragen.

Es mag den Anschein erwecken, die Genealogie sei in Verbindung mit Foucaults machtanalytischen Überlegungen hervorragend dazu geeignet, der Assmannschen Tendenz zu Essenzialisierungen und Homogenitätsannahmen im Kontext von Gedenktagen zu begegnen, zugehörige historische Repräsentationen zwischen Differenz und Kohärenz respektive zwischen Akteur und Struktur als relativ stabil in den kritischen Blick zu bekommen und dabei nicht mehr die inhaltliche Sinnstiftung, sondern die „Formen der Ordnunkstiftung [sic!]" (Sarasin 2004, S. 8) anzuvisieren. Was bei näherer Betrachtung und vor dem Hintergrund von Foucaults entschiedenem antiessenzialistischen Plädoyer allerdings mindestens irritiert, ist der Umstand, dass er speziell in Bezug auf Macht selbst essenzialistisch argumentiert und damit das, was er dem historischen Denken analog zu Nietzsche eigentlich auszutreiben sucht, durch die Hintertür wieder einführt: Macht wird von ihm nicht nur als in gewisser Weise stabilisierend gefasst, sondern auch als wesenhaft beschrieben. Mit dem „Temperament [eines] glückliche[n] Positivis[ten]" wäre Foucault (1993, S. 44) um eine Antwort auf die sich anschließende erkenntnistheoretische Frage danach, woher er denn das alles wisse mit Blick auf die postulierte Unumgänglichkeit der Macht, vielleicht nicht lange verlegen. Für die hier noch weiter zu skizzierenden, antipositivistischen Überlegungen zu einer Gedenkanalytik scheint seine Position jedoch nicht aufrecht zu halten zu sein: Das Diskursive gilt ohne Einschränkung als unhintergehbar. Wenn nun aber die primordiale Vorstellung des Kampfes aller gegen alle als „Sackgasse[]" (Reckwitz 2006, S. 27) erkannt und gemieden werden soll, wo führt der Weg stattdessen entlang? Und wie lässt sich die zeitweise Stabilität von kollektivem Gedächtnis dann erklären, möchte man sich nicht auf einen unter Poststrukturalist(inn)en durchaus beliebten „Flirt" mit der Psychoanalyse (Stavrakakis 2007, S. 77; vgl. auch Glynos und Howarth 2007) einlassen oder in eine naiv realistische Ontologie zurückfallen, wie wir sie mindestens tendenziell bei den Assmanns finden?

4 Vom Dingdenken zu *etwas* Boden unter den Füßen

Ein möglicher Weg führt über die nähere Beschäftigung mit Materialität beziehungsweise Dingen. Um etwas Anlauf zu nehmen, müssen wir jedoch noch einmal kurz zurück zu Kant und seinem transzendentalen Idealismus, demzufolge über das Ding an sich nichts gesagt werden könne. Es war Wittgenstein (2006, S. 7), der aus dieser Idee einen Imperativ machte und empfahl, über das, worüber man nichts aussagen könne, lieber zu schweigen. Im Zuge der entsprechenden epistemologischen und eng mit ihr verbundenen linguistischen Wende als dem „‚Mega'-*Turn*" (Bachmann-Medick 2010, S. 44, Hervorhebung im Original) des 20. Jahrhunderts sowie den unterschiedlichen kulturwissenschaftlichen Wenden, die im Windschatten dieses *turns* seit den 1970er-Jahren entstanden sind, radikalisierte ein nicht unbeträchtlicher Teil der Kultur- und Sozialwissenschaftler(innen) die Kantsche Erkenntnis, sodass dem Ding an sich letztendlich jeglicher Einfluss auf seine Bedeutung abhandenkam. Die Krise der abbildtheoretischen Repräsentation hatte in dieser Einstellung nur eine logische Konsequenz: das Verschwinden einer jedweden bedeutsamen extradiskursiven Referenz.

Nach wie vor gilt der ontologische und epistemologische Realismus vielen als überstrapaziert. En vogue ist insbesondere unter Diskursanalytiker(inne)n der diametrale Standpunkt, an dem entweder – wie im Fall von Foucault – nur das *reale Diskursive* interessiert oder – noch radikaler im Fall sogenannter Kulturalist(inn)en – nur mehr das Diskursive beziehungsweise hier synonym gedachte *Kulturelle real* ist. Letztere meinen längst dahintergekommen zu sein, dass selbst Naturwissenschaften nur nackte Diskurse seien, weil auch das „Wissen über die Natur sich unrettbar in den Netzen der Sprache und der Medien verfange" (Sarasin 2009, S. 10). Gefragt wird von Kulturalist(inn)en ausschließlich „nach der *kulturellen Bedingtheit des Sozialen*" (Reckwitz 2008b, S. 162, Hervorhebung im Original). Außerhalb des Kulturellen kennen sie weder etwas Sinnhaftes (was plausibel erscheint) noch etwas auf Kultur Einflussreiches (was nur allzu anthropozentrisch anmutet und dementsprechend zu verneinen ist). Besonders virulent wird das mit dieser Perspektivierung verbundene Problem an folgendem Punkt: Nachdem sich alles Reale im Zeichenhaften erschöpft und andere Zugänge unter dem „Verdacht der naturalistischen oder realistischen Naivität" (Gertenbach 2014, S. 107) stehen, wird Materialität tendenziell auf den Platz einer „passive[n] Einschreibungsfläche von Kultur" (ebd., S. 109) verbannt oder gerät nur noch in Form von Artefakten in den Blick (Reckwitz 2002). Im Rahmen von Gedenktagen wie dem 9. November oftmals adressierte historische Orte, Gebäude, Fotografien und andere Dokumente können demnach vollkommen willkürlich gedeutet werden. Kollektives Erinnern und das entsprechende Gedächtnis sind damit rein selbstreferenziell, haben keinerlei Bezug zu einer extradiskursiven Realität.

Ein alternatives Angebot, das sich dem konstruktivistischen Paradigma zwar verpflichtet sieht, extradiskursive und dabei insbesondere materielle Einflüsse aber nicht negieren möchte, kann indes bei Ernst Cassirer ansetzen, der in seiner *Philosophie der symbolischen Formen* folgendermaßen argumentiert:

> Wenn man die Sprache, den Mythos, die Kunst als ‚symbolische Formen' bezeichnet, so scheint in diesem Ausdruck die Voraussetzung zu liegen, dass sie alle, als bestimmte geistige Gestaltungsweisen, auf eine letzte Urschicht des Wirklichen zurückgehen, die in ihnen nur wie durch ein fremdes Medium erblickt wird. Die Wirklichkeit scheint für uns nicht anders als in der Eigenart dieser Formen fassbar zu werden; aber darin liegt zugleich, dass sie sich in ihnen ebenso verhüllt wie offenbart (Cassirer 2010, S. 1; vgl. auch Cassirer 1996, S. 50).

In der zitierten Passage klingt etwas Elementares an: Auch wenn das Diskursive beziehungsweise Kulturelle als für unsere Wirklichkeit konstitutiv und für uns unumgänglich angenommen wird, heißt dies weder, dass es das einzig Reale sein muss, noch dass es vollkommen unabhängig ist von einem anderen, nicht zuletzt materiell verfassten Realen außerhalb der Konstruktion. Zwar ist letzteres Reale für Cassirer nur über symbolische Formen beziehungsweise Medien erfahrbar, doch es existiert – und ist darüber hinaus einflussreich. Es

> ist klar, daß jedes dieser Symbole – ein Gebäude, ein Kunstwerk, ein religiöser Ritus – eine materielle Seite hat. Die Menschenwelt ist keine von allem losgelöste Entität, keine Wirklichkeit für sich. Der Mensch lebt in einer materiellen Umgebung, die ihn ständig beeinflußt und seinen Lebensformen ihren Stempel aufdrückt. Wenn wir seine Schöpfungen – sein ‚symbolisches Universum' – verstehen wollen, dann müssen wir diesen Einfluß stets berücksichtigen (Cassirer 1996, S. 308).

Etwas von der materiellen Umgebung offenbart sich uns also im Kulturellen. Und damit besteht dessen fundamentale Leistung darin, nicht nur herzustellen, sondern auch darzubieten (Warnke 2013, S. 105). Kultur ist gleichsam Fundament und Form.

In bemerkenswert ähnlichem Duktus argumentiert der – in den Geschichts- und Sozialwissenschaften allem voran wegen seiner *Mythen des Alltags* meist als radikaler Konstruktivist, in der fototheoretischen Debatte aufgrund seiner *Hellen Kammer* nicht selten als naiver Realist rezipierte – Semiologe Roland Barthes, wenn er am plastischen Beispiel der Fotografie zeigt, wie einerseits an ihr als Aufzeichnung des Realen festgehalten werden kann, ohne andererseits eine selbsterklärende Eindeutigkeit dieses Aufgezeichneten zu beschwören. Ausgangspunkt seiner postkonstruktivistischen Einstellung ist hierbei die Überlegung, dass es keine Fotografie geben kann ohne natürliche Referenz, weil die Fotografie nicht nur selbst ein „natürliches physikalisch-chemisches Phänomen" ist, sondern auch ein „fotochemischer Transmitter natürlicher Phänomene (Licht, Radioaktivität, Röntgenstrahlung etc.)" (Geimer 2002, S. 340). Im Entstehungsprozess entzieht sich die Fotografie teil- und zeitweise dem unmittelbaren Einfluss der oder des Fotografierenden (Geimer 2014, S. 59), der fotografischen Platte ist schließlich alles gleich: Sie muss aufgrund ihrer Eigenschaften *etwas* Existentes aufzeichnen.

Vor diesem Hintergrund unterscheidet Barthes theoretisch zwischen Konnotation und Denotation: Während die konnotierte Botschaft einer Fotografie sich erst durch diskursive beziehungsweise kulturelle Prozesse entfaltet und die einzige Botschaft ist, die wir aufgrund unseres spezifischen epistemologischen

Standpunkts je erkennen können, nimmt Barthes jenseits des Kulturellen einen Ort an, der zwar nicht einsehbar ist, trotzdem aber „*kontinuierlich*" existiert und das „photographische Analogon" (Barthes 2015a, S. 81, Hervorhebung im Original) birgt. Obwohl ein Mensch noch nie eine denotierte Fotografie samt ihrer – nicht sinnhaft zu denkenden – „*Botschaft ohne Code*" (ebd., S. 79, Hervorhebung im Original; vgl. auch Barthes 2015b, S. 103) gesehen hat, ist jene doch das unsichtbare Fundament, oberhalb dessen eine bedeutungsstiftende Konnotation überhaupt erst zur Entfaltung kommt: „Nur der Gegensatz zwischen dem kulturellen Code und dem natürlichen Nichtcode kann, so scheint es, dem spezifischen Charakter der Fotografie gerecht werden" (ebd., S. 105).[14]

Was Barthes in Auseinandersetzung mit der Fotografie formuliert hat, wird hier übertragen auf sämtliche Bedeutungsprozesse[15] – wie es auch Cassirer in den vorausgehend skizzierten Überlegungen zu einer zwar außerhalb des Kulturellen anzusiedelnden, auf Letzteres aber einflusshaften Realität tut. Im kleinen, aber feinen Unterschied zu Cassirer ontologisiert Barthes (2015b, S. 103) jene andere Realität allerdings nicht im Sinne einer Seins-Behauptung, sondern im Sinne einer Seins-Utopie. Für manche mag dies nur eine unwichtige Nuance sein, doch sie ist im engeren Wortsinn wesentlich! Während Cassirer – obwohl er das Kulturelle als unhintergehbar taxiert – eine andere, materielle Realität ohne Zweifel als existent setzt und davon ausgeht, sich ihr hermeneutisch nähern zu können, *spekuliert* Barthes – in konsequentem Bewusstsein für die eigene Standpunktbezogenheit – lediglich darüber, dass es Botschaften ohne Code gibt und favorisiert semiologische Forschungsverfahren. Mit Blick auf die bereits geäußerte Kritik an Foucaults glücklichem Positivismus und ‚harten' Essenzialisierungen erscheint es von einer insbesondere an historischen Repräsentationen interessierten, Konstruktivismus-affinen Position aus überzeugend und dazu auch redlicher, mit Barthes in basaler, relativ ‚weicher' Art und Weise über eine einflussreiche

---

[14]An den Stellen, an denen Barthes (2014, S. 90) von der fundamentalen Eigenschaft der Fotografie spricht, eine „Emanation des Referenten" zu sein, meint er immer zweierlei: „ein materielles Kontinuum zwischen Fotografie und Objekt" *und* „dessen tatsächliches Verschwundensein, sein Entzug und seine Unwiederholbarkeit. Die Emanation geht vom Gegenstand aus, aber sie lässt ihn zugleich auch hinter sich zurück" (Geimer 2014, S. 34).

[15]Mit einer generalisierten Denotation in Bedeutungsprozessen geht keinesfalls einher, dass zugleich jedem Genre oder Medium die gleichen Potenziale unterstellt würden. Vielmehr geht es an dieser Stelle um das Argument, dass jede Semiose einen gewissen realen Rest birgt. Beispielhaft mit Barthes gesprochen, ist „die Denotation der Zeichnung (…) *weniger* rein als die Denotation der Photographie, da es nie eine Zeichnung ohne Stil gibt; und schließlich muss das Zeichnen, wie alle Codes, erlernt werden" (Barthes 2015b, S. 104, eigene Hervorhebung).

Realität außerhalb unserer Bedeutungshorizonte zu spekulieren.[16] Dadurch gewinnen Gedenktage als Ereignisse dar- und herstellende, das heißt doppelt ereignishafte Bezugspunkte eines möglichen kollektiven Gedächtnisses wenigstens *etwas* Boden unter den Füßen und der Mythos des Mauerfalls samt einer gewissen freiheitlichen Implikation gilt weder als relativ statischer Gedächtnisinhalt (J. und A. Assmann) noch als bloß machtbasierte Konstruktion (Foucault).

Aufbauend auf diesen Überlegungen und dem Menschenbild eines – von Cassirer inspirierten und dem Denken Barthes' angepassten – *animal semioticum* kann schließlich das dynamische Wechselspiel adressiert werden, wie es sich auf dem erinnerungskulturellen und hochgradig politischen Feld 2014 im Zuge des Gedenkens an den 9. November vollzog. Mit Sprache (zum Beispiel der Rede des Berliner Bürgermeisters Klaus Wowereit), Praktiken (zum Beispiel dem Bürgerfest am Brandenburger Tor) und Materialität (zum Beispiel den Überresten der Berliner Mauer) umfasst es alle drei Dimensionen eines weit gedachten Diskursiven beziehungsweise Kulturellen. Als heuristische Kategorie lenkt ein postkonstruktivistisch grundierter Gedächtnis- bzw. Gedenkbegriff unseren Blick auf weitgehend kontingente, zeitweise aber doch relativ stabile (Bedeutungs)Netze. Anstatt jene nach einer ursprünglichen und uns zugleich unmittelbar zugänglichen Präsenz beziehungsweise nach Sinn zu befragen, sensibilisiert er für die Präsentation, das heißt für die mediale *Inszenierung* von Historischem samt machtvollen diskursiven Strategien. Das Bewusstsein für das In-Szene-Setzen (Rössner 2014, S. 46) von Ereignissen wie dem Mauerfall durch jemanden für jemanden geht dabei nicht nur mit der Erkenntnis der Performativitätsbedingtheit kollektiven Gedächtnisses einher. Dazu impliziert es – trotz der Spekulation über einen realen Rest –, dass historische Repräsentationen keine Abbilder eines möglichen historischen Realen sind. Sie haben mindestens Transformationscharakter und das nicht zuletzt ob der unterschiedlichen Medien (zum Beispiel Texte oder Bilder) und semiotischen Modi (zum Beispiel Narrativität oder Visualität), derer sie sich etwa im Zuge kollektiven Gedenkens bedienen.

Jenes Gedenken wird dabei als ein *transrituelles* Phänomen begriffen (Wulf/Zirfas 2004b, S. 379). Es ist eine Melange aus unterschiedlichen diskursiven Formationen und birgt Anknüpfungspotenzial für eine „Vielzahl von Instituti-

---

[16] Ausführlichere Gedanken zur hier profilierten Art der Spekulation im Kontext historischer Jahrestage finden sich bei Chmelar (2017). Zu einer Rückbesinnung auf eine materielle Realität jenseits der Bedeutungsgebung kommt es auch im Zuge der sogenannten spekulativen Wende (Bryant et al. 2011) und unter dem Dach des *Critical Realism*. Letzterer spekuliert jedoch in breiterer, ‚härterer' Form als dieser Beitrag, erheben kritische Realist(inn)en doch den Anspruch, ähnlich einer Hermeneutik des Verdachts zu tieferliegenden Schichten der Realität vorzudringen (Griebel 2015), und sind häufig (post-)marxistisch unterlegt (Dean et al. 2006).

onen, Organisationen, Gemeinschaften und Individuen" (Wulf und Zirfas 2004b, S. 380). Für Großgruppen wie Nationen hat transrituelles Gedenken folglich allenfalls „partielle Übergangsqualitäten" (ebd., S. 379); primär dient es der Bearbeitung von Differenz. Bezogen auf Gedächtnis zeichnet es sich nicht durch ein sinnhaftes Wieder-Holen von Inhalten im Assmannschen Sinne aus, sondern durch den Modus der *Übersetzung*[17] als einem zeitlichen, räumlichen und symbolischen Verrücken von Bedeutung (ebd., S. 380). Insofern geraten transrituelle Zeit|Raum-Einheiten wie der 9. November zu dynamischen und spannungsreichen Kristallisationspunkten kollektiven Gedenkens, die simultan eine „performative[] Gemeinschaft" (ebd., S. 382)[18] und ein kollektives Gedächtnis hervorbringen beziehungsweise darstellen können, beileibe aber nicht müssen, und die im Zuge der Vergegenwärtigung von Historischem stets etwas Neues kreieren (ebd., S. 364). Schließlich sind Gedächtnis und das zugehörige transrituelle Gedenken nichts Sekundäres mehr, das unter dem Verdacht steht, etwas primär Wesentliches zu verdecken. Sie sind „Phänomen[e] sui generis" (Krieger und Belliger 2008, S. 7), die eigenständiger Klärung bedürfen.

5 Unterwegs zu einer postkonstruktivistischen Gedenkanalytik

Dieser Beitrag unternahm den Versuch, eine semiotisch informierte, postkonstruktivistische Perspektive für die *memory studies* auszuloten und ist nicht zuletzt Resultat der Bemühung, sich auf keines der sich stellenweise dogmatisch gegenüberstehenden Lager im Forschungsfeld verpflichten zu lassen, um kollektives

---

[17]Wulf und Zirfas (2004a, S. 22) verwenden selbst den Wiederholungsbegriff, allerdings denken sie ihn im Unterschied zu den Assmanns weit differenz- und kontingenzsensibler: Rituale seien „nie so ‚geschlossen' und nie so ‚unwandelbar', als das [sic!] sich nicht durch den Modus der Wiederholung selbst Veränderungen ergeben. Paradox formuliert, entwickelt sich das Ritual deshalb weiter, weil es niemals kongruent aufgeführt werden kann, sondern immer mimetisch ist und weil in diese mimetischen Prozesse die kreativen Potentiale durch die Wiederholung schon eingebaut sind." Der begrifflichen Klarheit halber und mit Blick auf die äußerst fruchtbare Diskussion von Übersetzung im kulturwissenschaftlichen Kontext (Buden 2005; vgl. auch Bachmann-Medick und Buden 2008) wird hier letztere als Modusbezeichnung favorisiert.

[18]Die Attribuierung einer Gemeinschaft als performativ stellt sich hierbei einem primordialen Gemeinschaftsdenken entgegen und akzentuiert, dass Gemeinschaften nicht einfach da sind, sondern sich abhängig zeigen von Performativität, d. h. von einer steten sozialen Erzeugung, Bestätigung und Restituierung (Wulf und Zirfas 2004a, S. 24) innerhalb eines ritualisierten Erfahrungs- und Praxisraums, den Elemente der Inszenierung, Mimesis, des Spiels und der Macht kennzeichnen (Wulf und Zirfas 2004b, S. 382).

Gedenken mitsamt seinen politischen Implikationen zwischen Realismus und Konstruktivismus, zwischen Struktur und Akteur sowie zwischen Ideen und Materie denken zu können. In einem ersten Schritt wurde darüber reflektiert, wie der Mainstream der deutschsprachigen Forschung im Anschluss an die Assmanns kollektives Gedenken im Kontext historischer Jahrestage mitsamt den sich dabei realisierenden Formsprachen diskutiert. Nachdem diese Einstellung ein spannungsreiches Verhältnis zu Realität offenbarte, Homogenität und Stabilität überbetonte und zu funktionalistisch erschien, führte ein zweiter Schritt zu Michel Foucault. Sein historisches Denken eröffnete gepaart mit seiner Machtanalytik eine Möglichkeit, mittels derer die genannten Unzulänglichkeiten der Assmannschen Argumentation weitgehend umschifft werden konnten. Nachdem hier jedoch weder einer realistischen noch einer allzu radikal konstruktivistischen Ontologie und Epistemologie das Wort geredet werden sollte und Foucaults Essenzialisierung von Macht einen Weg dazwischen blockierte, galt es in einem dritten Schritt, seine Position von ihrem Machtfundament zu lösen und sie stattdessen – in Rekurs auf Cassirer und Barthes – spekulativ auf eine extradiskursive, materielle Realität zu beziehen.

Weiter nachzudenken wäre in Fortsetzung der hier nur rudimentär vorgetragenen gedenkanalytischen Überlegungen etwa darüber, welche konkreten method(olog)ischen Implikationen sie haben, denn: Obwohl beispielsweise darüber spekuliert wurde, dass sämtlichen Bedeutungsprozessen ein realer Rest innewohnt, wird zugleich vermutet, dass unterschiedliche mediale Bedeutungsträger unterschiedliche „funktionale Potenziale" (Erll 2011b, S. 124) haben – bedingt durch ihre je spezifische Materialität und Modalität. Allem Nachdenken zum Trotz bleibt am Ende jedoch eine Paradoxie auszuhalten – und hier gilt das, was Didi-Huberman (2007, S. 234) in Bezug auf Fotografien konstatiert, für jedwede historische Repräsentation:

> Sie sind uneindeutig und lückenhaft, sie bestätigen die Abwesenheit des Gezeigten, sind zugleich aber dessen physische Hinterlassenschaft (…). Etwas bleibt zurück, aber es ist nicht die Sache selbst, sondern ein Fetzen ihrer Ähnlichkeit. (…) Es geht hier weder um eine vollständige Anwesenheit noch um eine absolute Abwesenheit, weder um Auferstehung noch um einen restlos sich verlierenden Tod.

Literatur

Anderson, Benedict (2006) [1983]: Imagined Communities: Reflections on the Origin and Spread of Nationalism. London: Verso.

Angermüller, Johannes (2007): Nach dem Strukturalismus. Theoriediskurs und intellektuelles Feld in Frankreich. Bielefeld: transcript.

Assmann, Aleida (2001): Wie wahr sind Erinnerungen? In: Welzer, Harald (Hrsg.): Das soziale Gedächtnis. Geschichte, Erinnerung, Tradierung. Hamburg: Hamburger Edition, S. 103–122.
Assmann, Aleida (2005): Jahrestage – Denkmäler in der Zeit. In: Münch, Paul (Hrsg.): Jubiläum, Jubiläum... Zur Geschichte öffentlicher und privater Erinnerung. Essen: Klartext, S. 305–314.
Assmann, Aleida (2007): Der lange Schatten der Vergangenheit. Erinnerungskultur und Geschichtspolitik. Bonn: Bundeszentrale für politische Bildung.
Assmann, Aleida (2008): Kollektives Gedächtnis. Verfügbar unter: http://www.bpb.de/geschic hte/zeitgeschichte/geschichte-und-erinnerung/39802/kollektives-gedaechtnis?p=all (letzter Zugriff: 17.10.2015).
Assmann, Aleida (2014): Geschichte im Gedächtnis. München: C.H. Beck.
Assmann, Aleida (o. J.): Soziales und kollektives Gedächtnis. Verfügbar unter: www.bpb.de/system/files/pdf/0FW1JZ.pdf (letzter Zugriff: 17.10.2015).
Assmann, Jan (2005): Das kulturelle Gedächtnis. Schrift, Erinnerung und politische Identität in frühen Hochkulturen. München: C.H. Beck.
Assmann, Jan (2007): Religion und kulturelles Gedächtnis. Zehn Studien. München: C.H. Beck.
Bachmann-Medick, Doris (2010): Cultural Turns. Neuorientierungen in den Kulturwissenschaften. Reinbek bei Hamburg: Rowohlt Taschenbuch.
Bachmann-Medick, Doris/Buden, Boris (2008): Kulturwissenschaften – eine Übersetzungsperspektive. Verfügbar unter: http://eipcp.net/transversal/0908/bachmannmedick-buden/de (letzter Zugriff: 17.10.2015).
Barthes, Roland (2014) [1980]: Die Helle Kammer. Frankfurt a. M.: Suhrkamp.
Barthes, Roland (2015a): Die Photographie als Botschaft. In: ders.: Auge in Auge. Kleine Schriften zur Fotografie, hrsg. von Peter Geimer und Bernd Stiegler. Berlin: Suhrkamp, S. 77–92.
Barthes, Roland (2015b): Rhetorik des Bildes. In: ders.: Auge in Auge. Kleine Schriften zur Fotografie, hrsg. von Peter Geimer und Bernd Stiegler. Berlin: Suhrkamp, S. 93–111.
Bhabha, Homi (2011): Die Verortung der Kultur. Tübingen: Stauffenburg.
Blume, Hermann (2014): Frau ohne Schatten? Inszenierung als Kategorie kulturwissenschaftlicher Analyse. In: Blume, Hermann/Grossegger, Elisabeth/Sommer-Mathis, Andrea/Rössner, Michael (Hrsg.): Inszenierung und Gedächtnis. Soziokulturelle und ästhetische Praxis. Bielefeld: transcript, S. 15–41.
Bryant, Levi/Srnicek, Nick/Harman, Graham (Hrsg.) (2011): The Speculative Turn. Continental Materialism and Realism. Melbourne: re.press.
Buden, Boris (2005): Der Schacht von Babel. Ist Kultur übersetzbar? Berlin: Kadmos.
Cassirer, Ernst (1996) [1944]: Versuch über den Menschen. Einführung in eine Philosophie der Kultur. Hamburg: Felix Meiner.
Cassirer, Ernst (2010) [1929]: Philosophie der symbolischen Formen III. Hamburg: Felix Meiner.
Chmelar, Kristina (2017, im Erscheinen): Gedenken denken im *terrain vague*. Ein postkonstruktivistischer Weg für die Erinnerungsforschung. In: Zeitschrift für Diskursforschung, 5 (2).

Dausend, Peter (2014): Krieg & Kurt. Woran wir im Supergedenkjahr 2014 alles denken müssen. Verfügbar unter: http://www.zeit.de/2014/05/supergedenkjahr-2014 (letzter Zugriff: 17.10.2015).

Dean, Kathryn/Joseph, Jonathan/Roberts, John/Wight, Colin (Hrsg.) (2006): Realism, Philosophy and Social Science. New York: Palgrave Macmillan.

Derrida, Jacques (1972): Die Struktur, das Zeichen und das Spiel im Diskurs der Wissenschaften vom Menschen. In: ders.: Die Schrift und die Differenz. Frankfurt a. M.: Suhrkamp, S. 422–442.

Didi-Huberman, Georges (2007): Bilder trotz allem. München: Fink.

Droysen, Johann (1977) [1858]: Unsere Aufgabe. In: ders.: Historik, hrsg. von Peter Leyh. Stuttgart-Bad Cannstatt: Frommann Holzboog, S. 43–64.

Erll, Astrid (2011a): Travelling Memory. In: Parallax, 17 (4), S. 4–18.

Erll, Astrid (2011b): Memory in Culture. Basingstoke: Palgrave Macmillan.

Feindt, Gregor/Krawatzek, Félix/Mehler, Daniela/Pestel, Friedemann/Trimçev, Rieke (2014): Europäische Erinnerung? Erinnerungsforschung jenseits der Nation. In: dies. (Hrsg.): Europäische Erinnerung als verflochtene Erinnerung. Vielstimmige und vielschichtige Vergangenheitsdeutungen jenseits der Nation. Göttingen: Vandenhoeck & Ruprecht, S. 11–36.

Foucault, Michel (1971): Nietzsche, die Genealogie, die Historie. Verfügbar unter: http://duepublico.uni-duisburg-essen.de/servlets/DerivateServlet/Derivate-15231/2xnfmfte/129_foucault_nietzsche.pdf (letzter Zugriff: 07.06.2015).

Foucault, Michel (1993) [1971]: Die Ordnung des Diskurses. Frankfurt a. M.: Fischer.

Foucault, Michel (2002) [1994]: Mein Körper, dieses Papier, dieses Feuer. In: ders.: Schriften II, hrsg. von Daniel Defert. Frankfurt a. M.: Suhrkamp, S. 300–331.

Foucault, Michel (2003) [1994]: Gespräch mit Michel Foucault. In: ders.: Schriften III, hrsg. von Daniel Defert. Frankfurt a. M.: Suhrkamp, S. 186–213.

Foucault, Michel (2014) [1976]: Der Wille zum Wissen. Frankfurt a. M.: Suhrkamp.

Geimer, Peter (2002): Ordnungen der Sichtbarkeit. Fotografie in Wissenschaft, Kunst und Technologie. Frankfurt a. M.: Suhrkamp.

Geimer, Peter (2014): Theorien der Fotografie zur Einführung. Hamburg: Junius.

Gertenbach, Lars (2014): Kultur ohne Bedeutung. Die Grenzen der Hermeneutik und die Entgrenzung der Kultursoziologie. In: Fischer, Joachim/Moebius, Stephan (Hrsg.): Kultursoziologie im 21. Jahrhundert. Wiesbaden: Springer VS, S. 103–115.

Glynos, Jason/Howarth, David (2007): Logics of Critical Explanation in Social and Political Theory. London: Routledge.

Griebel, Tim (2015): Zwischen Taschenmesser und Tiefbohrer. Eine korpuslinguistische kritisch-realistische Diskursanalyse von Solidarität in der deutsch-amerikanischen Sicherheitsbeziehung. In: Zeitschrift für Diskursforschung, 3 (3), S. 273–294.

Hobsbawm, Eric (2000) [1983]: The Invention of Tradition. Cambridge: Cambridge University.

Kant, Immanuel (1998) [1781]: Kritik der reinen Vernunft. Hamburg: Felix Meiner.

Krieger, David/Belliger, Andréa (2008): Einführung. In: dies. (Hrsg.): Ritualtheorien. Ein einführendes Handbuch. Wiesbaden: Springer VS, S. 7–34.

Manzeschke, Arne (2005): Kanon Macht Transdifferenz. In: Allolio-Näcke, Lars/Kalscheuer, Britta/Manzeschke, Arne (Hrsg.): Differenzen anders denken. Bausteine zu einer Kulturtheorie der Transdifferenz. Frankfurt a. M.: Campus, S. 86–103.

Mehler, Daniela (2015): Serbische Vergangenheitsaufarbeitung. Normwandel und Deutungskämpfe im Umgang mit Kriegsverbrechen 1991–2012. Bielefeld: transcript.
Nekula, Marek (2015): Mauerfall als erfundene Tradition. Vortrag auf dem internationalen Workshop zum 25. Jahrestag der Wiedervereinigung Deutschlands an der Karlsuniversität Prag.
Nietzsche, Friedrich (1984) [1874]: Vom Nutzen und Nachteil der Historie für das Leben. Zürich: Diogenes.
Nowicka, Magdalena (2014): Zur Diskurs- und Dispositivanalyse des kollektiven Gedächtnisses als Antwort auf einen öffentlichen Krisenzustand. Zwischen Habermas und Foucault. In: Forum Qualitative Sozialforschung, 15 (2). Verfügbar unter: http://nbn-resolving.de/ur n:nbn:de:0114-fqs1401228 (letzter Zugriff: 30.10.2015).
Pethes, Nicolas (2008): Kulturwissenschaftliche Gedächtnistheorien zur Einführung. Hamburg: Junius.
Prinz, Sophia (2014): Die Praxis des Sehens. Über das Zusammenspiel von Körpern, Artefakten und visueller Ordnung. Bielefeld: transcript.
Reckwitz, Andreas (2002): The Status of the "Material" in Theories of Culture: From "Social Structure" to "Artefacts". In: Journal for the Theory of Social Behaviour, 32 (2), S. 195–217.
Reckwitz, Andreas (2006): Das hybride Subjekt. Eine Theorie der Subjektkulturen von der bürgerlichen Moderne zur Postmoderne. Weilerswist: Velbrück Wissenschaft.
Reckwitz, Andreas (2008a): Generalisierte Hybridität und Diskursanalyse: Zur Dekonstruktion von ‚Hybriditäten' in spätmodernen populären Subjektdiskursen. In: Kalscheuer, Britta/Allolio-Näcke, Lars (Hrsg.): Kulturelle Differenzen begreifen. Das Konzept der Transdifferenz aus interdisziplinärer Sicht. Frankfurt a. M.: Campus, S. 17–39.
Reckwitz, Andreas (2008b): Die Transformation der Kulturtheorien. Zur Entwicklung eines Theorieprogramms. Weilerswist: Velbrück Wissenschaft.
Rössner, Michael (2014): Inszenierung übersetzen, Übersetzung inszenieren. Zur Rolle des Theaters für das kulturelle Gedächtnis. In: Blume, Hermann/Grossegger, Elisabeth/Sommer-Mathis, Andrea/Rössner, Michael (Hrsg.): Inszenierung und Gedächtnis. Soziokulturelle und ästhetische Praxis. Bielefeld: transcript, S. 43–50.
Sarasin, Philipp (2004): War Michel Foucault ein Kulturwissenschaftler? Verfügbar unter: http://dtserv3.compsy.uni-jena.de/ws2009/allgsoz_uj/53968258/content.nsf/Pages/6E80581 169EACFABC12576B9003DD027/$FILE/FoucaultKulturLüneburg%20(2).pdf (letzter Zugriff: 02.10.2015).
Sarasin, Philipp (2005): Michel Foucault zur Einführung. Hamburg: Junius.
Sarasin, Philipp (2006a): Ordnungsstrukturen. Zum Zusammenhang von Foucaults Diskurs- und Machtanalyse. In: Casale, Rita/Tröhler, Daniel/Oelkers, Jürgen (Hrsg.): Methoden und Kontexte. Historiographische Probleme der Bildungsforschung. Göttingen: Wallstein, S. 120–131.
Sarasin, Philipp (2006b): „Une analyse structurale du signifié". Zur Genealogie der Foucault'schen Diskursanalyse. In: Eder, Franz (Hrsg.): Historische Diskursanalysen. Genealogie, Theorie, Anwendungen. Wiesbaden: Springer VS, S. 115–129.
Sarasin, Philipp (2007): Diskursanalyse. In: Goertz, Hans-Jürgen (Hrsg.): Geschichte. Ein Grundkurs. Reinbek bei Hamburg: Rowohlt, S. 199–217.

Sarasin, Philipp (2008a): Das Reale der Diskursanalyse. In: Recherche, 3 (3). Verfügbar unter: http://www.recherche-online.net/michel-foucaul.html (letzter Zugriff: 03.12.2014).

Sarasin, Philipp (2008b): Wie weiter mit Michel Foucault? Hamburg: Hamburger Edition.

Sarasin, Philipp (2009): Darwin und Foucault. Genealogie und Geschichte im Zeitalter der Biologie. Frankfurt a. M.: Suhrkamp.

Sarasin, Philipp (2014): Der paradoxe Ort der Diskursanalyse. In: Zeitschrift für Kulturphilosophie, 8 (1), S. 61–73.

Stavrakakis, Yannis (2007): The Lacanian Left: Psychoanalysis, Theory, Politics. Albany: State University of New York.

Turner, Victor (1971): Betwixt and Between: The Liminal Period in Rites de Passage. In: Helm, June (Hrsg.): Symposium on New Approaches to the Study of Religion. Proceedings of the 1964 Annual Spring Meeting of the American Ethnological Society. Seattle: University of Washington, S. 4–20.

Turner, Victor (2008): Liminalität und Communitas. In: Belliger, Andréa/Krieger, David (Hrsg.): Ritualtheorien. Ein einführendes Handbuch. Wiesbaden: Springer VS, S. 249–260.

Warnke, Ingo (2013): Diskurs als Praxis und Arrangement – Zum Status von Konstruktion und Repräsentation in der Diskurslinguistik. In: Viehöver, Willy/Keller, Reiner/Schneider, Werner (Hrsg.): Diskurs – Sprache – Wissen. Interdisziplinäre Beiträge zum Verhältnis von Sprache und Wissen in der Diskursforschung. Wiesbaden: Springer VS, S. 97–117.

Wierling, Dorothee (2002): Geboren im Jahr Eins: der Jahrgang 1949 in der DDR: Versuch einer Kollektivbiographie. Berlin: Ch. Links.

Wight, Colin (2006): Agents, Structures, and International Relations. Cambridge: Cambridge University.

Wittgenstein, Ludwig (2006) [1921]: Tractatus logico-philosophicus. Werksausgabe I, hrsg. von Joachim Schulte. Frankfurt a. M.: Suhrkamp, S. 9–85.

Wulf, Christoph/Zirfas, Jörg (2004a): Performative Welten. Einführung in die historischen, systematischen und methodischen Dimensionen des Rituals. In: dies. (Hrsg.): Die Kultur des Rituals. Inszenierungen, Praktiken, Symbole. München: Wilhelm Fink, S. 7–45.

Wulf, Christoph/Zirfas, Jörg (2004b): Bildung im Ritual. Perspektiven performativer Transritualität. In: Wulf, Christoph/Althans, Birgit/Audehm, Kathrin/Bausch, Constanze/Jörissen, Benjamin/Göhlich, Michael/Mattig, Ruprecht/Tervooren, Anja/Wagner-Willi, Monika/Zirfas, Jörg (Hrsg.): Bildung im Ritual. Schule, Familie, Jugend, Medien. Wiesbaden: Springer VS, S. 359–382.

Teil II
Die DDR im Familiengedächtnis

„Die Leute, die so eine DDR-Nostalgie haben, denen wünsch ich, dass es einen Knall gibt und es ist wieder, wie's war, mit allem Furchtbaren." Die DDR im familialen Gedächtnis von Übersiedler-Familien

Laura Wehr

1 Einleitung: Die Hierarchisierung der DDR-Erinnerung(en)

Alle Jahre wieder lässt sich in Deutschland dasselbe Phänomen beobachten: Rund um den 3. Oktober respektive den 9. November wird der breiten Öffentlichkeit der Jahrestag des Mauerfalls beziehungsweise das Annuarium der ‚Wiedervereinigung' in Erinnerung gerufen – mit Politikeransprachen, Gedenkveranstaltungen, Diskussionen, Ausstellungen, Spielfilmen, Dokumentationen et cetera. Begleitet werden die Jahrestage stets von einer ausgreifenden Medienberichterstattung, die die deutsche Teilungs- und Vereinigungsgeschichte noch einmal rekapituliert und anschaulich bebildert aufbereitet.

Beschäftigt man sich näher mit diesen medialen Inszenierungen, fallen zwei Aspekte auf: zum einen, dass es bestimmte Bild- und Erzählsequenzen zu den jeweiligen historischen Ereignissen gibt, die immer wieder medial recycelt werden und so das offizielle Bild vom Ende der DDR – quasi das „Lexikon" der

L. Wehr (✉)
Ludwig-Maximilians-Universität München, München, Deutschland
E-Mail: l.wehr@vkde.fak12.uni-muenchen.de

© Springer Fachmedien Wiesbaden GmbH 2017
H. Haag et al. (Hrsg.), *Volkseigenes Erinnern*, Soziales Gedächtnis, Erinnern und Vergessen – Memory Studies, DOI 10.1007/978-3-658-17548-1_3

‚Wende'-Erinnerung[1] – prägen: Dazu zählen die Leipziger „Montagsdemonstrationen", die Rede von Hans-Dietrich Genscher auf dem Balkon der Prager Botschaft oder die lange Trabbi-Schlange am Grenzübergang Bornholmer Straße am Abend des 9. November 1989.

Zum zweiten zeigen die medialen Darstellungen eindrücklich, dass sich in den letzten 25 Jahren divergierende Narrative über das Bestehen und Vergehen der DDR herausgebildet haben, die von verschiedenen Akteursgruppen, dito Erinnerungsgemeinschaften, (re)produziert und unterschiedlich vehement in der Öffentlichkeit vertreten werden. Dabei lässt sich nicht nur eine große Heterogenität der Erinnerung*en*, sondern auch deren Hierarchisierung feststellen: So wird zum Beispiel den ‚Wende'-Erinnerungen namhafter Politiker(inne)n breite mediale Aufmerksamkeit eingeräumt; an zweiter Stelle folgen die Narrative der Bürgerrechtler(innen) und der oppositionellen Kirchenleute. Den Tausenden namenlosen DDR-Bürger(innen), die im Herbst 1989 keineswegs nur montags und keineswegs nur in Leipzig auf die Straße gingen, kommt in der gesellschaftlichen Meta-Erzählung von der ‚Friedlichen Revolution' dagegen nur die Statistenrolle zu. Nahezu unsichtbar bleiben diejenigen, die sich nicht öffentlich beteiligten: Ihre ‚Wende'-Erinnerungen bekommen ebenso wenig Raum wie diejenigen der ‚Ewiggestrigen', die in der DDR bis heute keinen Unrechtsstaat sehen (können).

Offenbar gibt es in unserer Nachwende-Gesellschaft also ‚richtige' und ‚falsche', ‚wichtige' und ‚unwichtige' DDR-Erinnerungen; und offensichtlich gibt es in diesem Feld des ‚Rankings' der Erinnerungen soziale Akteure, die sich qua Biografie als mehr oder minder begabt für die Protagonisten-Rolle respektive die

---

[1] Der Begriff ‚Lexikon der Erinnerung' geht auf Welzer et al. (2002) zurück. Die Sozialwissenschaftler(innen) unterscheiden zwei Wissensbestände, die für die Interpretation der Vergangenheit bedeutsam sind: So existiere neben dem „Lexikon", das heißt dem maßgeblich über die Schule vermittelten kognitiven Geschichtswissen, immer auch ein emotional bedeutsameres Referenzsystem, das sogenannte „Album". Dazu gehören die Aussagen von Eltern, Großeltern, Verwandten ebenso wie Briefe, Fotos und persönliche Dokumente aus der Familiengeschichte. Im familialen Alltag stehen die Familienmitglieder vor der schwierigen „gemeinsamen Aufgabe, die sich widersprechenden Inhalte beider Bücher in Deckung zu bringen" (ebd., S. 10). Pamela Heß stellte im Rahmen ihrer Forschungen zur DDR-Erinnerung von Familien jedoch fest, dass sich beide Wissensbestände nicht zwangsläufig widersprechen müssen, sondern vielmehr kongruent sein können (vgl. Heß 2014).

Chronisten-Rolle auszeichnen – sowie Akteure, die die Deutungshoheit über die ‚richtige' DDR-Erinnerung innehaben.[2]

Der nachfolgende Beitrag widmet sich dem Erinnern und Vergessen einer Gruppe, die in den Debatten um die ‚wahre' DDR-Vergangenheit und die ‚richtige' DDR-Erinnerung kaum zu Wort kommt – obwohl sie doch nachhaltig zur Delegitimierung und Destabilisierung des SED-Regimes beigetragen hat[3] und ihre Akteure als Einzige alle drei Gesellschaftssysteme (also: die DDR, die alte BRD und das wiedervereinigte Deutschland) aus eigener Anschauung kennen: Die Rede ist von den DDR-Übersiedler(inne)n.

2 Die „Antragsteller(innen)" – eine ‚stumme' Gruppe unter den DDR-Migrant(inn)en

Zwischen 1949 und 1989 verließen mehr als 3,5 Mio. Menschen die DDR in Richtung Bundesrepublik (vgl. Effner und Heidemeyer 2005).[4] Die Ursachen für die Ost-West-Migration waren vielfältig: Angst vor Bespitzelung, Verfolgung und

---

[2]Der Historiker Martin Sabrow spricht von einem „tripolaren Kräftefeld", in dem die DDR-Vergangenheit täglich neu verhandelt wird: So gebe es 1) das „Diktaturgedächtnis", das das öffentliche Gedenken beherrscht und den Unterdrückungscharakter der SED-Herrschaft und ihre mutige Überwindung 1989/1990 betont; dann 2) das in Ostdeutschland dominante „Arrangementgedächtnis", das von alltäglicher Selbstbehauptung unter widrigen Umständen, von eingeforderter oder williger Mitmachbereitschaft und vom Stolz auf das in der DDR Erreichte erzählt; und 3) das vor allem im Feld der alten DDR-Eliten und der Linkspartei gepflegte „Fortschrittsgedächtnis", das die DDR von ihrem Anfang her denkt und an der Idee einer legitimen Alternative zur kapitalistischen Gesellschaftsordnung festhält (vgl. Sabrow 2009, S. 18 f.). Die Ergebnisse neuerer Studien zum DDR-Geschichtsbild ostdeutscher Jugendlicher legen allerdings nahe, dass neben diesen drei bestehenden Formen der DDR-Erinnerung derzeit eine weitere entsteht, die man als ‚Nicht-Gedächtnis' bezeichnen könnte: So verfügt ein hoher Prozentsatz der unmittelbar nach der ‚Wende' geborenen Ostdeutschen über kein bzw. über ‚falsches' Wissen zur DDR-Geschichte. Vgl. Deutz-Schröder und Schröder 2008 sowie Wehr (2015b).

[3]Zur Debatte um die historische Bedeutung der deutsch-deutschen Ost-West-Migration vgl. z. B. Hürtgen (2014); Wolff (2016).

[4]In der einschlägigen Literatur werden auch höhere und niedrigere Zahlen von DDR-Emigrant(inn)en genannt. Die Historiker Bettina Effner und Helge Heidemeyer verweisen darauf, dass die Statistiken, die den Zuzug aus der DDR abbilden, ungenau sind: Die von den Meldeämtern ermittelte Wanderungsstatistik bezieht nicht die Rückwanderung von

(Fortsetzung)

Inhaftierung, allgemeine Unzufriedenheit mit dem politischen und wirtschaftlichen System, Sorge um die Zukunft und das Wohl der Kinder zählten ebenso dazu wie der Wunsch nach Meinungsfreiheit, die Sehnsucht nach Reisefreiheit oder das Bedürfnis nach Familienzusammenführung (vgl. Kowalczuk 2009, S. 188).

In das kulturelle Gedächtnis[5] der Nation (zum Beispiel im Museum am Checkpoint Charlie) sind insbesondere die erzählten Erinnerungen der DDR-Emigranten eingegangen, die die deutsch-deutsche Grenze auf spektakulären Fluchtwegen überwanden, von Westreisen nicht mehr zurückkehrten oder aber von der BRD freigekauft wurden. Ihre Geschichten sind es auch, die zu den entsprechenden Jahrestagen medial wiederaufbereitet werden. Weniger öffentliche Aufmerksamkeit bekamen dagegen bis heute diejenigen, die die DDR

Fußnote 4 (Fortsetzung)

Flüchtlingen in die DDR ein; und sie zählt Menschen, die mehrfach in die BRD emigrierten und zwischenzeitlich wieder in der DDR lebten, mehrfach; zudem wird West-Berlin hier nicht berücksichtigt. Die Statistik des Notaufnahmelagers Berlin-Marienfelde wiederum umfasst nur die Aufnahmeanträge – und nicht die Zahl der an einem Antrag beteiligten Familienmitglieder. Zudem gab es bis Ende der 1950er-Jahre eine hohe Zahl von DDR-Flüchtlingen, die das Notaufnahmeverfahren umgingen und daher nicht von der Statistik berücksichtigt wurden (vgl. Effner und Heidemeyer 2005, S. 27).

[5]Der Begriff des kulturellen Gedächtnisses geht wesentlich auf Jan und Aleida Assmann zurück. Der Ägyptologe und die Anglistin erweiterten seit Anfang der 1980er-Jahre die Ausführungen des Soziologen Maurice Halbwachs zum kollektiven Gedächtnis, indem sie das kulturelle Gedächtnis als eine Metakategorie bezeichnen, die sowohl das kollektive wie das kommunikative Gedächtnis umfasse (vgl. J. Assmann 1988; A. Assmann 2006; J. Assmann 2007). Als entscheidendes Merkmal des kulturellen Gedächtnisses nennen sie seine Dauerhaftigkeit: Anders als das kommunikative Gedächtnis, das auf den Zeithorizont von drei bis vier Generationen beschränkt ist und somit als „Kurzzeitgedächtnis einer Gesellschaft" fungiert, sei das kulturelle Gedächtnis „von seinen Trägern abgelöst und auf materielle Datenträger übergegangen", d. h. in externalisierten Erinnerungen verankert (vgl. J. Assmann 2007, S. 48 ff.). Daniel Levy verweist in Rekurs auf Assmann/Assmann darauf, dass sich das kulturelle Gedächtnis durch seine Alltagsferne auszeichnet und – basierend auf Ritualen, materieller Kultur und wiederholten Bildern – als Grundlage für kollektives Selbstverständnis dient. Seine Dauerhaftigkeit beruhe auf externen Medien und Institutionen, in die Erinnerungen und Wissen eingeschrieben werden – wie beispielsweise Museen, Archive oder Bibliotheken (vgl. Levy 2010, S. 93).

auf bürokratischem Wege, das heißt per Ausreiseantrag[6], verließen: Diese Nichtbeachtung erscheint umso verwunderlicher, als die ‚erfolgreichen' Antragsteller(innen), die sogenannten „Übersiedler(innen)", mit einer behördlich verzeichneten Zahl von über 380.000 Menschen im Zeitraum von 1961 bis 1988 das Gros der DDR-Emigrant(inn)en stellten (vgl. Ritter und Lapp 1997, S. 167).

Im Prozess der Auf-, Be- und Verarbeitung der DDR-Vergangenheit spielen die Ausreise-Geschichten bis heute nur eine untergeordnete Rolle: In den Überblicksdarstellungen und Quellensammlungen zur DDR-Geschichte werden die Erfahrungen und Erinnerungen der Antragsteller(innen) kaum thematisiert, und auch in den Medien wird selten davon berichtet – wohl, weil die entsprechenden Narrative weniger spektakulär als die Fluchtgeschichten erscheinen. In den dinghaften Manifestationen des kulturellen Gedächtnisses – Museen, Denkmälern, Gedenkstätten – wird den Übersiedler(inne)n ebenfalls nur eine kleine Nische

---

[6]Das Recht auf Ausreise war in den DDR-Gesetzen bis 1988 nicht vorgesehen. Der Begriff ‚Ausreiseantrag' kursierte aber schon seit Mitte der 1970er-Jahre in der DDR-Bevölkerung. Auch wenn die zuständigen Behörden dies negierten, erfuhren Ausreisewillige immer öfter von Bekannten und Kollegen, die in die BRD emigriert waren. Die „Übersiedler" hatten sich auf ihr Recht auf Freizügigkeit berufen und mit der UN-Erklärung über die Allgemeinen Menschenrechte und der KSZE-Schlussakte von Helsinki (1975) argumentiert. Partei und Staat reagierten mit harten Gegenmaßnahmen: Viele Antragsteller verloren ihre Arbeitsplätze, wurden als „Asoziale" oder „Staatsfeinde" tituliert, vom Ministerium für Staatssicherheit (MfS) überwacht oder sogar verhaftet und verurteilt. Langfristig zwang die wachsende Zahl der Antragsteller die DDR-Führung aber zu Zugeständnissen. Im September 1983 trat die „Verordnung zur Regelung von Fragen der Familien-Zusammenführung" in Kraft: Demnach durfte, wer Rentner oder Invalide war oder Verwandte ersten Grades im Westen hatte, einen Antrag auf Ausreise stellen; alle anderen Antragsteller handelten aus Sicht der Behörden rechtswidrig. Trotzdem gaben die Behörden den Anträgen seit den frühen 1980er-Jahren immer wieder massenhaft statt, um Druck auf den Staat abzubauen. Die Sogwirkung der Ausreisebewegung nahm dadurch jedoch zu: Seit Mitte der 1980er-Jahre organisierten sich die Antragsteller zunehmend und entwickelten öffentlichkeitswirksame Protestformen. Polizei, MfS und SED reagierten mit Verhaftungen und Abschiebungen in den Westen, zeigten sich aber zunehmend machtlos gegenüber der neuen Massenbewegung, die 1989 noch 50.000 Ausreisegenehmigungen erstritt und im Sommer 1989 mit der Massenflucht über Ungarn und den Botschaftsbesetzungen wesentlich zum Niedergang der DDR beitrug. Vgl. Kowalczuk (2009, S. 188 ff.).

zugeteilt: Diese beschränkt sich zumeist auf die konkrete Ausreisesituation.[7] Die Erinnerungen der Emigrant(inn)en an den DDR-Alltag und den Neubeginn in der BRD, an die ‚Wende' und die Nachwende-Zeit fanden – von einigen wenigen Ausnahmen abgesehen – bislang kaum öffentliche Beachtung.

3 Im Schatten der Forschung: Die Übersiedler-Familien

Nach der ‚Wende' haben Medienberichte über Oppositionelle und Künstler(innen) das Bild vom ausreisenden DDR-Bürger geprägt. Dabei handelte es sich jedoch um eine zahlenmäßig marginale soziale Gruppe der DDR-Gesellschaft, die vorwiegend in den größeren Städten ansässig war. Realiter kam die Mehrheit der Antragsteller(innen) aus der Provinz und zählte nicht zur künstlerischen oder technischen Intelligenz. Jenseits der Großstädte stellte den Ausreiseantrag „nicht der Liedermacher oder der Pfarrer (…), sondern die Kellnerin aus der Bahnhofsgaststätte, die Krankenschwester aus der Poliklinik, der Kraftfahrer, der Lagerarbeiter aus dem VEB (…) Fleisch- und Wurstwaren" (Hürtgen 2014, S. 79).

Seit den beginnenden 1980er-Jahren nahm die Zahl der Paare mit minderjährigen Kindern, die einen „Antrag auf Entlassung aus DDR-Staatsbürgerschaft" stellten, stark zu: Wie die Historikerin Renate Hürtgen jüngst zeigen konnte, machten in den kleineren Städten der DDR die „familialen Antragsgemeinschaften" bald das Gros der Ausreisewilligen aus (vgl. ebd., S. 74). Von der geschichts- und der sozialwissenschaftlichen Forschung blieb dieses Faktum jedoch bis heute nahezu unbeachtet.[8] Ebenso wie in der sozial- und kulturwissenschaftlichen

---

[7]Prominentestes Beispiel für eine derartige Repräsentation der DDR-Erinnerung ist die im September 2011 mit großem Medien-Echo eröffnete neue Dauerausstellung des Hauses der Geschichte im Berliner „Tränenpalast", ehemals *die* zentrale Abfertigungshalle für Ausreisende aus der DDR. Vgl. Stiftung Haus der Geschichte der Bundesrepublik Deutschland (2011); Wehr (2015b).

[8]Lediglich der Psychologe Lutz Goldbeck fokussiert auf die Übersiedler-Familien, lässt in seiner qualitativen Studie aber die Kinder-Perspektive außer Acht (vgl. Goldbeck 1993). Der Soziologe Manfred Gehrmann untersucht zwar die Bedeutung sozialer Netzwerke für die Ost-West-Migration, zitiert in seinen Analysen aber nur Einzelpersonen bzw. Ehepaare (vgl. Gehrmann 2009). Und die Historikerin Renate Hürtgen bedauert, die (heute erwachsenen) Übersiedler-Kinder in ihre Untersuchung über die Geschichte der Ausreise im Kreis Halberstadt nicht einbezogen zu haben (vgl. Hürtgen 2014).

Migrationsforschung generell war auch in der überschaubaren Übersiedler-Forschung, die ihren Schwerpunkt in den 1990er-Jahren hatte, übersehen worden, dass Migration zumeist ein Familienprojekt ist – und insofern direkte Auswirkungen auf die entsprechenden Familienbiografien, auf familiale Dynamiken und familiale Identitäten hat: Die wenigen qualitativen Studien zum Thema ‚Ausreise aus der DDR', die im Gefolge der großen Ausreisewellen Mitte der 1980er-Jahre begonnen und in ihrem Erscheinen größtenteils von der ‚Wende' überholt worden waren, hatten sich auf die Ausreise-Motive und die „Integrationsleistungen" erwachsener Einzelpersonen (vgl. Ronge 1985; Sell-Greiser 1993; Schumann et al. 1996) respektive auf den biografischen Stellenwert der Migration (vgl. Vollbrecht 1993; Welzer 1993) konzentriert. Anfang der 2000er-Jahre wurde das Ausreise-Thema dann von einigen politik- und geschichtswissenschaftlichen Arbeiten aufgegriffen, die aus der Makroperspektive die historischen und politischen Voraussetzungen der Ausreisebewegung nachzeichneten (vgl. Mayer 2002; Bertram et al. 2003) und deren Einfluss auf Mauerfall und ‚Wende' diskutierten (vgl. Schwabe et al. 2003; Deutscher Bundestag 1995/2001): Die Akteursperspektive war damit weitgehend aus dem Blick geraten.

Vor diesem Hintergrund lässt sich als ein erstes Zwischenfazit festhalten, dass die Übersiedler-Familien bis heute eine Art doppelte Schattenexistenz führen – von der Forschung unbeachtet und im öffentlichen Bewusstsein nicht präsent.

Der vorliegende Beitrag nimmt diesen ‚blinden Fleck' im sozialen Erinnerungsprozess der Nachwende-Gesellschaft zum Anlass, den Blick gezielt auf die Gruppe der Übersiedler-Familien zu richten und nach ihren Erinnerungen an die DDR, an die Ausreise und den Neubeginn in der BRD zu fragen: Was und wie erzählen die Übersiedler-Familien über die Zeit in der DDR und den Migrationsprozess – und welche Unterschiede lassen sich hierbei zwischen der Eltern- und der Kinder-Generation feststellen? Was wird im inter- und intragenerationalen Dialog der familialen Akteure thematisiert, was wird ausgeblendet? Bevor sich das Augenmerk dem Erinnern und Vergessen der Übersiedler-Familien zuwendet und mithilfe der „dichten Beschreibung" (vgl. Geertz 2003) eines beispielhaften Familienfalls ein vertiefter Einblick in die Mechanismen und Strategien des familialen Umgangs mit der Erinnerung an die DDR gegeben wird, soll zunächst das zugrunde liegende Forschungsprojekt mit seinen Fragestellungen, methodischen Vorgehensweisen und theoretischen Bezugnahmen skizziert werden.

4 Das Forschungsprojekt: Ost-West-Migration im familialen Gedächtnis

Anders als in den vorliegenden raren Studien zu DDR-Übersiedler(inne)n stehen im kulturwissenschaftlichen DFG-Projekt „Geteiltes Land, geteilte Familien?"[9] die „familialen Antragsgemeinschaften" im Fokus, das heißt (Ehe)Paare mit (zum Zeitpunkt der Ausreise minderjährigen) Kindern[10], die in den 1980er-Jahren gemeinsam in die BRD emigriert sind. Ausgangspunkt des Projekts ist die These, dass die familial geteilte Migrationserfahrung[11] die biografischen Entwürfe, die familialen Beziehungen und die identitären Verortungen der Akteure nachhaltig geprägt hat und als familienbiografische Zäsur im familialen Gedächtnis bis heute be- und verarbeitet wird.

Ziel des laufenden Forschungsprojektes ist es, mithilfe eines multiperspektivischen und multimethodischen qualitativen Ansatzes zu rekonstruieren, 1) wie die Ausreise aus der DDR und der Neubeginn in der BRD von den betroffenen Familienmitgliedern respektive den unterschiedlichen Generationen erlebt wurde, 2) wie sich die Ost-West-Migration auf die familialen Beziehungen auswirkte, 3) welche Identitätskonstruktionen in den Ausreise-Geschichten getätigt werden und 4) auf welche Art und Weise die Erinnerung an die Migration bis heute im familialen Gedächtnis tradiert wird.

Indem das Erinnern und Vergessen der ‚familialen Antragsgemeinschaften' beleuchtet und der Prozess der innerfamilialen Weitergabe und Aneignung von Erinnerung an die DDR und die Emigration erkundet wird, sollen im Rahmen des

---

[9]Nähere Informationen zum DFG-Forschungsprojekt „Geteiltes Land, geteilte Familien?" finden sich unter http://www.volkskunde.uni-muenchen.de/forschung/forsch_projekte/geteiltes_land/index.html.

[10]Im Sinne der besseren Vergleichbarkeit gilt als ein Kriterium bei der Auswahl der Familien, dass die Kinder zum Zeitpunkt der Ausreise mindestens sechs Jahre alt waren und sich heute aktiv an die Ausreise erinnern können. Der Erstkontakt zu den Familien wurde über einen ersten privaten Kontakt und weiterführend über das sogenannte Schneeball-Prinzip realisiert.

[11]Entsprechend der Befunde der neueren Migrationsforschung soll ‚Migration' im Forschungsprojekt nicht als ein einmaliger, linearer und raumzeitlich begrenzter Prozess zwischen Herkunfts- und Zielland verstanden werden. Vielmehr gilt es in Anlehnung an den transnational approach (Basch et al. 1997; Schmidt-Lauber 2007; Hess 2010) die Ost-West-Migration als gesellschaftliches Phänomen und individuelle Erfahrung in ihrer Dynamik, Komplexität und Widersprüchlichkeit zu beleuchten und dabei sowohl den Herkunfts- als auch den Zielkontext einzubeziehen. Vgl. dazu auch Wehr (2015a).

DFG-Projekts neue Erkenntnisse zur Theorie des familialen Gedächtnisses generiert und ein Beitrag zur Erforschung einer bislang unbearbeiteten Facette der deutschen Teilungs- und Vereinigungsgeschichte geleistet werden.

4.1 Erinnerungstheoretische Grundlagen der Untersuchung

Das hier angesprochene Konzept des familialen Gedächtnisses, an das die Studie anknüpft, geht im Ansatz auf den Soziologen Maurice Halbwachs zurück (vgl. Halbwachs 1985) und wurde seit Mitte der 1990er-Jahre zunächst von Angela Keppler und nachfolgend unter anderem von Harald Welzer, Sabine Moller und Karoline Tschuggnall weiterentwickelt (vgl. Keppler 1995, 2001; Welzer et al. 2002). Die Sozialwissenschaftler(innen) verweisen darauf, dass sich das familiale Gedächtnis aus der kommunikativen Vergegenwärtigung von Episoden konstituiert, die in Beziehung zu den Familienmitgliedern stehen: Jede Familie hat also ihre eigene/n Geschichte/n (im vorliegenden Fall: Migrationsgeschichte/n), die durch die Familienmitglieder erlebt, bewahrt und durch Erzählungen innerfamilial weitergegeben werden – und zwar sowohl beiläufig und absichtslos, als auch intentional. Dennoch ist das Familiengedächtnis, wie die Historikerin und Erziehungswissenschaftlerin Carola Groppe in Anlehnung an Halbwachs pointiert zusammenfasst, bei weitem keine statische Größe, das heißt, es umfasst kein umgrenztes, abrufbares Inventar von Geschichten: Vielmehr wird es laufend verändert durch die nachfolgenden Generationen und deren neue biografische Erfahrungen, die wiederum von individuell-biografischen Ereignissen sowie übergreifenden politischen, ökonomischen und soziokulturellen Entwicklungen beeinflusst werden (vgl. Groppe und Carola 2007, S. 407).

Dieser Prozesscharakter des familialen Gedächtnisses zeigt sich auch in den rekonstruierten Ausreisegeschichten der Übersiedler-Familien. In Bezug auf das Themenfeld ‚Familiale Transmission von Erinnerung' geht die vorliegende Untersuchung aber konzeptionell und methodologisch neue Wege: Anders als etwa in der prominenten Studie *Opa war kein Nazi* (Welzer et al. 2002) steht hier keine historische Epoche im Mittelpunkt, die von einem Generationenvertreter erlebt wurde und von den nachfolgenden familialen Generationen in einer Forschungssituation erzählerisch (re)konstruiert wird. Vielmehr richtet sich der Fokus auf eine familial und intergenerationell geteilte Migrationserfahrung, die eine einschneidende familienbiografische Zäsur darstellt und nun – mehr als dreißig Jahre später – aus der Perspektive aller beteiligten familialen Akteure – der Ausgereisten und der Zurückgebliebenen, der Eltern und der Kinder – erinnert und erzählt werden soll. Neben den leitfadengestützten Interviews mit narrativem Erzählimpuls kann insbesondere die im Forschungsprojekt eingesetzte Methode des Familiengesprächs[12] dazu beitragen, den Prozess der familialen Weitergabe und Aneignung von Erinnerung an die Migration in situ zu dokumentieren und den migrationsbezogenen konjunktiven Erfahrungsraum der Familie weiter auszuleuchten.

5 Die DDR im familialen Gedächtnis der Übersiedler-Familien

Nachfolgend soll zunächst auf der Basis erster kategoriengestützter Interview-Auswertungen ein Überblick darüber gegeben werden, *was* von der familial geteilten DDR-Vergangenheit in den Übersiedler-Familien heute noch erinnert wird. In einem zweiten Schritt soll dann anhand eines Familien-Fallbeispiels untersucht werden, *wie* sich die inter- beziehungsweise intragenerationale Auseinandersetzung über die DDR im familialen Alltag gestaltet, das heißt, wie die Erinnerung an die DDR innerfamilial – auf der inter- und intragenerationalen Ebene – geteilt, weitergegeben, angeeignet, ausgeblendet oder verweigert wird.

5.1 DDR-Erinnerungen im Generationenvergleich

Lässt man die Interviews mit den Angehörigen von Übersiedler-Familien vergleichend Revue passieren, so fällt als erstes auf, dass nahezu alle Übersiedler-Kinder von einer harmonischen Kindheit in der DDR berichten, die sich größtenteils in Institutionen (zum Beispiel in Kindergarten, Schule, Hort, Kirchengemeinde) oder aber ‚draußen' (auf den Straßen, Hinterhöfen, an den Flussauen, im Wald und so weiter) abspielt. Die Familienwohnung erscheint in den Erzählungen der Kinder als ein familialer Treffpunkt und Ort der geteilten Freizeit, in den Erzählungen der Eltern dagegen als ein Schutzraum vor den Zumutungen der Außenwelt.

Fast alle Übersiedler-Eltern berichten von Konflikten und Schikanen am Arbeitsplatz, häufig stellt die daraus resultierende Unzufriedenheit einen starken

---

[12]Die Familiengespräche orientieren sich am methodischen Verfahren der Gruppendiskussion (vgl. Bohnsack 2003) und sollen durch den Einsatz von Familienfotos und persönlichen Erinnerungsgegenständen der Befragten angeleitet und gestützt werden.

push-Faktor[13] für den Ausreiseantrag dar. Dass der Staat massiv auf die eigene Bildungsbiografie einwirkte, dass berufliche Träume und Ziele in der DDR kaum verwirklicht werden konnten, ist häufig Gegenstand der erzählten Erinnerungen. Die Schule wird in den Narrativen der Übersiedler-Eltern – und auch der älteren Kinder – als eine bedrohliche Gegenwelt zur behüteten Welt der Familie respektive des (kirchlichen) Kindergartens entworfen. In mehreren Fällen wird die Einschulung der Kinder als ein weiterer zentraler *push*-Faktor für die Ausreise benannt; im Zuge dessen werden von den Eltern oft unangenehme Erinnerungen an die eigene Schulzeit rekapituliert. Die jüngeren Kinder erzählen dagegen, dass sie gerne zur Schule gegangen seien: Sie erinnern sich an ihre schulischen Erfolge, an die mit großem Ernst ausgefüllten schulischen Ämter und Verpflichtungen, an die feierliche Atmosphäre des Fahneneids, den Stolz auf das Pionier-Halstuch – und die besten Freunde.

Auch viele Übersiedler-Eltern betonen in ihren erzählten Erinnerungen den Stellenwert von ‚echter Freundschaft' in der DDR und erinnern sich gerne an die Unternehmungen im Freundeskreis: an geteilte Freizeitaktivitäten, Feste und gemeinsame Reisen in die sozialistischen ‚Bruderstaaten'. Insgesamt lässt sich für das Sozialverhalten der Übersiedler-Familien von einer „Verinselung des Lebensraums" (Zeiher und Zeiher 1994) sprechen: Neben der Familienwohnung existieren am Herkunftsort verstreute soziale Inseln, an denen sich vertrauenswürdige Menschen aufhalten und ‚offen' gesprochen werden kann. Auch die Kinder der Antragsteller hatten durch ihre familiale Sozialisation in eher regimekritischen Familien schon früh ein Sensorium dafür entwickelt, was in der Öffentlichkeit (zum Beispiel in der Tram oder im Hausflur) geäußert werden kann – und was nicht.

Aufgrund der vielen Unwägbarkeiten, die mit dem Ausreiseantrag verbunden waren, hielten die meisten Antragsteller ihre Migrationsabsichten zunächst geheim und versuchten, ihren Alltag nach außen hin wie gewohnt fortzuführen. Die erzählten Erinnerungen der Eltern zeugen von der Anstrengung, über Monate – oder gar Jahre – ein Leben im mentalen Transit zwischen Ost und West zu führen.

---

[13] Die Migrationsforschung unterscheidet bei der Frage nach den Migrationsmotiven zwischen „Push"- und „Pull"-Faktoren: Als „Push"-Faktoren gelten Umstände, die im Herkunftsland ihre Ursachen haben und Migrationsdruck entstehen lassen, wie Krieg oder Verfolgung, instabile politische Verhältnisse, schlechte Arbeitsmarktchancen, widrige Lebensbedingungen. Die sogenannten „Pull"-Faktoren üben hingegen eine Sogwirkung aus und stehen für die Attraktivität des Aufnahmelandes, z. B. durch stabile politische Verhältnisse, gute Arbeitsmarkt- oder Ausbildungschancen, ein hohes Lohnniveau, Religionsfreiheit etc. Meist entstehen Migrationsprozesse durch eine Kombination verschiedener Push- und Pull-Faktoren (vgl. Han 2000, S. 13).

In den Erzählungen der Kinder erscheint die Szene, in der die Eltern erstmals von ihren Ausreiseabsichten sprechen, als ein ‚Schlüsselmoment' der intergenerationell geteilten Migrationsgeschichte: Die Befragten können sich nach eigenem Bekunden noch genau an ihre Gefühle und Reaktionen erinnern; dabei reicht das Spektrum von Begeisterung und Abenteuerlust über Indifferenz und Ratlosigkeit bis hin zu Trauer und Rückzug in die innere Emigration. Für die Kinder haftete dem Zielpunkt ‚Westen' bis zuletzt etwas Nebulöses an: Zwar erinnern sie sich heute noch an ihre Vorfreude auf die Verwandten und das in Aussicht stehende üppige Warenangebot. Wie sich das gemeinsame Leben in der BRD gestalten würde, konnten zum damaligen Zeitpunkt aber nicht einmal die Eltern abschätzen.

Nachdem sie den Ausreiseantrag offiziell verlautbart hatten, sahen sich viele Familien drastischen Repressionen und Schikanen ausgesetzt (wie Verlust des Arbeitsplatzes, Verhöre durch die Staatssicherheit, Ausgrenzung in der Schule und so weiter). In den entsprechenden Aussagen von Eltern und Kindern spiegeln sich allerdings nicht nur Wut und Traurigkeit ob der erfahrenen Kränkungen, sondern auch Trotz und Ironie: Über die DDR-Behördenvertreter und die Mitarbeiter der Staatssicherheit werden Anekdoten erzählt, ihre Methoden als lächerlich und durchschaubar charakterisiert.

Nachdem die Ausreise (endlich) bewilligt war, konnte der Migrationsentschluss auch im erweiterten sozialen Umfeld kundgetan werden. Eltern wie Kinder erinnern sich an sehr unterschiedliche Reaktionen wie Freude, Trauer, Neid, Verachtung oder Ratlosigkeit. Die Auseinandersetzung damit wurde jedoch schnell überlagert von den immensen organisatorischen Anforderungen, die es aufgrund des kurzfristig angesetzten Ausreisedatums in äußerst knapper Zeit zu erledigen galt. Als schikanös und belastend beschreiben die Angehörigen der Eltern-Generation die Anforderungen der DDR-Behörden: Zahlreiche Behördengänge mussten erledigt, Stempel und Unterschriften für diverse Formulare eingeholt, Pässe beantragt und Fahrkarten beschafft werden; zugleich galt es, eine Spedition für das Umzugsgut zu finden und Verpackungsmaterial zu ‚organisieren'. Vor allem aber mussten die Familien ihr gesamtes Hab und Gut fünffach in Inventarlisten verzeichnen, die dann wiederum von den Behördenvertretern genehmigt werden mussten. Nicht zuletzt mussten beim Verladen der Spedition alle Kisten wieder geöffnet und ihr Inhalt gegenüber den DDR-Zollbeamten verteidigt werden. Die damit verbundene innere Anspannung der Ausreisenden wich häufig erst weit nach dem deutsch-deutschen Grenzübertritt.

Der konkrete Tag der Ausreise steht allen Befragten – Eltern wie Kindern – heute noch deutlich vor Augen. Insbesondere die tränenreichen Abschiedsszenen am Bahnhof haben sich allen Beteiligten tief eingeprägt und werden teilweise als bis heute traumatisierend und als bis in die Enkel-Generation nachwirkend beschrieben (vgl. Radebold et al. 2009).

Auch Maria Fink, die im März 1981 mit ihren beiden Kindern Henriette und Daniel aus einer ostdeutschen Mittelstadt ausreiste, erinnert sich noch gut an den „herzzerreißenden Abschied" und die „absolut gespenstische Fahrt" Richtung Westen. An ihrem Familien-Fallbeispiel soll nachfolgend verdeutlicht werden, wie die Erinnerung an die DDR bis heute im familialen Kontext inter- und intragenerational ausgehandelt wird.

5.2 Der Familienfall Fink – eine rekonstruierte Ausreisegeschichte

Maria Fink wird 1950 als jüngstes von sechs Kindern in einem Dorf in der Oberlausitz geboren. Ihr Vater, ein Lateinlehrer und kirchenkritischer Katholik, stirbt, als sie zwei Jahre alt ist. Ihre Mutter arbeitet als Lehrerin an der Dorfschule. Als bekennende Katholikin gerät sie an ihrem Arbeitsplatz über die Jahre zunehmend in Schwierigkeiten. Mit 49 Jahren bekommt sie einen Schlaganfall und wird frühverrentet.

Trotz der systemkritischen Haltung der Eltern besuchen alle sechs Kinder die Erweiterte Oberschule (EOS), wo es allerdings immer wieder zu Konflikten kommt. An der Jugendweihe nimmt keines der Kinder teil. Als Erwachsene gehen die Geschwister sehr unterschiedliche Wege: Marias älteste Schwester wird früh zur überzeugten Kommunistin; auch ein Bruder wird Parteigenosse. Ein anderer Bruder von Maria setzt sich kurz vor dem Mauerbau in die BRD ab. Marias Lieblingsschwester Ruth lernt bei der Leipziger Messe einen Westdeutschen kennen und kann 1975 aufgrund ihrer Hochzeit ausreisen. Ein weiterer Bruder von Maria geht 1980 per Ausreiseantrag mit seiner Familie in den Westen. Marias Mutter reist 1977 als Rentnerin in die BRD aus.

Maria erinnert ihre Schulzeit als eine „Katastrophe an Unfreiheit und Diskriminierung". Als Einzige der Schule geht sie nicht zur FDJ. Nach dem Abitur studiert sie Medizin; den Studienplatz erhält sie nur, weil jemand die negative Beurteilung der Schule verschwinden lässt. Nach dem Abschluss arbeitet sie als Klinikärztin in einer sächsischen Kreisstadt.

1973 heiratet sie einen Ingenieur, der auch aus einer christlichen Familie kommt und ebenfalls eine widerständige Bildungsbiografie hat. 1974 wird Tochter Henriette geboren, 1977 Sohn Daniel. Immer wieder diskutiert das Paar die Option einer Ausreise in die BRD; neben der wachsenden Unzufriedenheit mit den politischen Verhältnissen ist es vor allem die schulische Zukunft der Kinder, die sie antreibt. Marias Mann zögert jedoch: Seine Mutter hat mit Selbstmord gedroht, sollte die Familie die DDR verlassen. Als eine eng befreundete Familie im Januar 1980 ausreist und Marias Mann kurz darauf völlig überraschend mit 32 Jahren stirbt, beschließt Maria Fink, dass sie nun allein mit den Kindern ausreisen wird.

Über ihre Geschwister und Freunde in Westdeutschland und deren Kontakte zur österreichischen Regierung gelingt es Maria Fink innerhalb eines halben Jahres, die Ausreisegenehmigung zu erhalten. In der Zwischenzeit wird die Familie von der Polizei schikaniert; die sechsjährige Henriette wird in der Schule von der Stasi befragt.

Im März 1981 reist die Familie über Österreich in die BRD aus. Nach diversen Ortswechseln in der bayerischen Provinz lassen sich die Finks Ende 1982 in München nieder. Maria Fink arbeitet in der ersten Zeit als Krankenhaus-Ärztin im Schichtdienst. Tochter Henriette gelingt es mit viel Ehrgeiz, an ihre schulischen Erfolge aus DDR-Zeiten anzuknüpfen: Trotz mehrerer Schulwechsel zählt sie stets zu den Klassenbesten. Sie kämpft jedoch lange mit dem Gefühl kultureller Fremdheit und schließt sich infolgedessen noch enger an den jüngeren Bruder an. Daniel wird in der Anfangszeit von der Großmutter mütterlicherseits betreut, die bei der Familie wohnt, was jedoch immer wieder zu Konflikten führt. Nach dem Umzug nach München nimmt Maria Fink eine halbe Stelle im Ärztlichen Dienst einer Behörde an, um nachmittags selbst zu Hause bei den Kindern sein zu können.

Henriette studiert nach dem Abitur ein geisteswissenschaftliches Fach; während des Studiums, der Promotion und der Habilitation wechselt sie mehrfach die Stadt und absolviert einige Auslandsaufenthalte. Heute ist sie Professorin an einer ostdeutschen Universität. Daniel arbeitet als Journalist in einer westdeutschen Großstadt; er ist mit einer Ostdeutschen verheiratet. Maria Fink lebt mit ihrem zweiten Mann, einem westdeutschen Pfarrer, in einer bayerischen Kleinstadt. Gerne besucht sie von Zeit zu Zeit ihre Tochter; sie selbst kann sich jedoch nicht mehr vorstellen, in Ostdeutschland zu leben.

5.3 Eine Familie, unterschiedliche Modi der Erinnerung

Mittlerweile liegt die Ausreise für die befragten Übersiedler-Familien mehr als drei Jahrzehnte zurück. Wie gestaltet sich nun die inter- und intragenerationale Auseinandersetzung über die DDR im Fall der Familie Fink?

Ähnlich wie in anderen Übersiedler-Familien lässt sich auch im Fall Fink festhalten, dass die familialen Akteure sehr unterschiedlich mit dem Thema

‚DDR-Erinnerung' umgehen. „In meiner Familie gibt's ne recht interessante Aufgabenteilung, was Erinnerung angeht", erzählt Henriette,

> mein Bruder ist derjenige, lustigerweise, der sich am besten erinnert, also, der sich am meisten an Details erinnert, viel mehr als ich, und der auch am ehesten immer mal wieder Fragen stellt, wie irgendwas früher war. Meine Mutter spricht nicht gerne über früher, und ich hab das immer auch so akzeptiert, also ich hab eigentlich fast nie Fragen gestellt. Und wenn, dann sehr genau zugehört, wenn sie mal im Nebensatz doch was erzählt hat.

Über die Jahre hat sich in der Familie eine feste Rollenverteilung im Umgang mit der DDR-Erinnerung etabliert: Henriette akzeptiert den unausgesprochenen Wunsch der Mutter, nicht über ‚früher', sprich: die gemeinsame DDR-Vergangenheit, zu sprechen, und rührt von sich aus nicht an das Thema. Sohn Daniel stört dieses Arrangement jedoch immer wieder bewusst, denn er will sich erinnern. In seinem Bestreben, sich ein genaues Bild seiner frühen Kindheit und der sie umgebenden Umstände zu machen, bringt er das Gespräch immer wieder auf das Thema DDR. Indem er seine Kindheitserinnerungen laut Revue passieren lässt und Mutter und Schwester über ‚früher' befragt, ‚zwingt' er die Familienmitglieder, sich der Erinnerung an die geteilte Vergangenheit in der DDR zu stellen.

Die altersbedingten Lücken in seiner Erinnerung sucht der Journalist durch Rechercheeifer wettzumachen; mit Vorliebe reist er an die Orte seiner Kindheit und besucht Familientreffen: „Mein Bruder, der lässt wirklich kein Verwandtentreffen aus!", erzählt Henriette, „das ist für ihn so ein ganz Wichtiges, beheimatet zu sein und ganz viele Erinnerungen der anderen zu hören, und sozusagen sich im Kreis der Verwandtschaft aufgenommen fühlen." Anders als die ältere Schwester, die der intergenerationellen Auseinandersetzung über die gemeinsame Zeit in der DDR aus dem Weg zu gehen sucht, arbeitet Daniel kontinuierlich daran, die entsprechenden (familien)biografischen Erinnerungssplitter, die ihm von den unterschiedlichsten familialen Akteuren präsentiert werden, zu einem kohärenten biografischen Ganzen zusammenzusetzen: Aus dieser Syntheseleistung bezieht er laut Henriette maßgeblich familiale Zugehörigkeit und familiale Identität.

Für Henriette selbst dagegen sind Familientreffen „extrem schwierig". Wie das Interview offenbart, hat dieses Unbehagen, das sich sogar in körperlichen Symptomen wie hohem Fieber niederschlägt, mehrere Ursachen: Zum einen ist es die Angst vor einem etwaigen Verlust der Deutungsmacht über die eigene Biografie:

> So, dieses, mit ganz viel Vergangenem konfrontiert zu werden und [mit] Erinnerungen, die die anderen von einem haben, die man aber selber gar nicht hat, also, die einem so zugeschrieben werden.

Neben den „übergestülpten" Erinnerungen ist es vor allem ihre innere Distanz zum sozialen Gebilde ‚Familie', die Henriette von Familientreffen fernhält. Das genealogische Moment von ‚Familie' erscheint ihr als ein kulturelles Konstrukt, die damit verbundenen Anforderungen an soziale Zugehörigkeit empfindet sie als eine Zumutung:

> Mit Menschen verbunden zu sein, mit denen ich nicht befreundet bin, wo es keinen Austausch gibt, sondern wo ich nur über die Vergangenheit verbunden bin oder über den gemeinsamen Familienursprung, find ich ganz schwierig, fühl ich mich extrem unwohl!

Vor allem aber ist es Henriettes tief verankerter Modus, die Vergangenheit abzuspalten, die sich nicht mit dem sozialen Ereignis Familientreffen vereinbaren lässt. Anders als ihr Bruder Daniel, der in der intergenerational erzählten (DDR-)Erinnerung Halt sucht, hat sich Henriette schon früh antrainiert, den Blick nach vorn zu richten: „Ich muss[te] vergessen, was hinter mir liegt, um das Neue bewältigen zu können." Dieser Schutzmechanismus hilft Henriette lange Zeit, sich gegen die Verletzungen zu wappnen, die der plötzliche Tod des Vaters, die nachfolgende Ausreise und der Verlust der vertrauten Umgebung hervorrufen. Zwischen den Zeilen wird jedoch deutlich, dass die migrationsbedingten Beschädigungen, die Henriette schon als Kind vor der Mutter verborgen gehalten hat, noch immer nachwirken.

Das Interview mit Mutter Maria Fink changiert zwischen explizitem Stolz auf die jahrelang problemlos funktionierende Tochter und deren Bildungserfolge einerseits und implizitem Wissen um deren Versehrtheit andererseits. Offenbar haben Mutter und Tochter die stillschweigende Übereinkunft getroffen, die miteinander verflochtenen Themen ‚Alltag in der DDR', ‚Tod des Vaters' und ‚Ausreise' nicht mehr anzurühren. Stattdessen betonen beide die Leistungen der jeweils anderen: Während Maria Fink stolz von der Universitätskarriere der Tochter berichtet, rühmt die Tochter den Mut und die Tapferkeit der Mutter und betont, dass die eigene erfolgreiche Bildungsbiografie erst durch die Ausreise überhaupt möglich wurde.

Die leidvollen Erfahrungen in der Anfangszeit im Westen werden von Mutter und Tochter nur am Rande thematisiert. So erwähnt Henriette Fink zwar vage die monatelangen Konflikte im familialen Zusammenleben mit der Großmutter, bemüht sich aber zugleich zu betonen, wie sehr die Großmutter sie, Henriette, in ihrem Bildungseifer unterstützte. Auch die schulischen Anpassungsschwierigkeiten werden von Henriette im Interview zwar erinnert, durch den Verweis auf die eigene Leistungsbereitschaft aber sofort wieder relativiert.

In den erzählten Erinnerungen von Mutter Fink werden die problematischen Erfahrungen der Anfangszeit ebenfalls ausgeblendet beziehungsweise durch den Verweis auf die eigenen Leistungen und Erfolge zu kaschieren versucht: Die zunächst erfolglose Arbeitsplatzsuche und die daraus resultierenden mehrfachen Schul- und Wohnortwechsel werden nur am Rande erwähnt, die damit verbundenen Gefühle verborgen gehalten. In kurzen Anekdoten handelt Mutter Fink ihre – damals durchaus vorhandenen – Existenzängste und kulturellen Irritationen ab.

Gänzlich ausgeklammert werden in den erzählten Erinnerungen die monatelangen Konflikte zwischen Sohn und Großmutter, die in der ersten Zeit mit im Familienhaushalt lebt und die Kinder betreut. Die Sorgen um das seelische Wohlbefinden von Tochter Henriette, die in ihrer Grundschulzeit drei Mal die Schule wechseln muss, werden von Mutter Fink durch soziale Distinktion positiv umgedeutet („Da wären andere schon beim Psychiater gewesen, beim Kinderpsychiater!") respektive nivelliert und verallgemeinert („wo sie ein bisschen gekränkt hat und Bauchschmerzen, typisches Symptom von bissel psychischer Irritiertheit in dem Alter."). Weitaus mehr Raum nimmt im Interview dagegen der Topos der glücklichen Kindheit auf dem Land ein, die sich – wie bereits in der DDR auch – weitgehend ‚draußen' abspielt: Dass das Stadtkind Henriette rasch Skifahren lernt und schon nach kurzer Zeit die steilsten Hügel hinuntersaust, entspricht dem habitualisierten Leistungsethos der Familie Fink und lässt sich von daher gut in die familiale Erfolgserzählung einpassen.

Mutter Fink berichtet im Interview also nicht etwa von ihren Fremdheitserfahrungen oder ihrer Trauer um das Verlorene, sie erzählt nicht von den Mühen der Arbeitssuche, der latent aufscheinenden Frage der Vereinbarkeit von Beruf und Familienleben und dem damit verbundenen inneren Druck als alleinerziehende Mutter. Stattdessen stellt sie das gute Verhältnis zu den neuen westdeutschen Kollegen in den Vordergrund. Regelrecht ins Schwärmen gerät sie, wenn sie sich an Gesprächssituationen am Arbeitsplatz oder in der Schule zurückerinnert:

> Da konnte ich sagen, was mich erfreut oder stört oder irgendwas, sachlich. Aber da war SONST WEITER NICHTS, was ich beachten musste. Das war für mich UNGLAUBLICH! Das war unglaublich!

Die durch die Ausreise erlangte Meinungsfreiheit ist für Maria Fink noch heute ein hohes Gut. Insofern wird sie auch sehr wütend, wenn sie bei Begegnungen in Ostdeutschland eine Schieflage der kollektiven Erinnerung feststellt:

> Was uns auch immer wieder gesagt wird: ‚(…) Jetzt hier, da lebt man eben so anonym! Jeder ist bloß mit seinem Glück und Reichtum beschäftigt.' Und: ‚In der DDR hat man eben zusammengehalten!' Da hab ich gesagt: ‚Wo hat man denn da zusammengehalten??' Dort war's SO klar: Diejenigen, die sich GANZ vertraut haben, schon. Aber sonst war SO VIEL MISSTRAUEN! Wenn ich wo eingezogen bin, mit meinen Nachbarn und meinen Kollegen, SO VIEL MISSTRAUEN! Und das war jetzt hier, bei Kollegen, wenn ich irgendwo hinkomme, da brauch ich ja auf politischer, irgendeiner Ebene, NULL Misstrauen haben. Ich kann doch SAGEN, was ich will! Und das war doch für mich super! Dass ich jetzt nicht so ein Grundmisstrauen hab.

Entsprechend ist es für Maria Fink unvorstellbar, nach Ostdeutschland zu remigrieren:

> Die Vorstellung, dass dort so viele Leute in meiner Umgebung sind, die so eine DDR-Nostalgie haben – das bringt mich um den Verstand! (…) Die haben aus meiner Sicht einen Rückschaufehler. Denen wünsch ich dann, dass es einen Knall gibt und es ist wieder, wie's war, mit allem Furchtbaren.

6 Fazit und Ausblick

An dieser Stelle klingt bereits an, dass die innere wie äußere Auseinandersetzung mit der DDR für die Übersiedler-Familien bis heute – also mehr als 30 Jahre nach der Ausreise – keinesfalls abgeschlossen, sondern weiterhin in Bewegung ist. Dieser Prozess der Auf-, Be- und Verarbeitung von DDR-Vergangenheiten und -Biografien wird durch das Auftauchen der Forscherin noch forciert: Wie in jeder ethnografischen Feldforschung lässt sich auch in diesem Fall konstatieren, dass die Forschung das Feld beeinflusst und verändert. Vor allem aber ist zu konzedieren, dass bereits die Teilnahme an der Forschung auf die große Bereitschaft, sich erinnern zu wollen, verweist – und dass umgekehrt diejenigen, die aktiv von einer Teilnahme absehen, nicht an den Themenkonnex ‚Alltag in der DDR/Ausreise/Neubeginn in der BRD' erinnert werden wollen.

In allen untersuchten Familien hat die familienbiografisch einschneidende Zäsur der Ost-West-Migration jeweils unterschiedliche, bis heute sichtbare Spuren hinterlassen. Vielfach waren die Risiken und die ‚Kosten' der Ausreise hoch – in psychischer, sozialer, familialer, bildungsbiografischer und materieller Hinsicht. Dennoch erzählen die meisten Übersiedler ihre Migrationsgeschichte als Erfolgsgeschichte: Im Fall Fink geschieht dies auch in Hinblick darauf, dass die habituell verankerten Bildungserwartungen der Eltern-Generation eingelöst werden konnten.

Abschließende Ergebnisse zu den Wirkungs- und Funktionsweisen des familialen Gedächtnisses im Kontext der Ost-West-Migration zu liefern, ist zum gegenwärtigen Projekt-Zeitpunkt noch nicht möglich. Nichtsdestotrotz lassen sich aus der explorativen Fallstudie zur Familie Fink – und im Abgleich mit weiteren, in der Auswertung befindlichen Fälle[14] – bereits erste aufschlussreiche Erkenntnisse zum Wechselverhältnis von Migration, Familie und Erinnerung ableiten:

So verdeutlicht das Familienfallbeispiel zunächst einmal, dass der Umgang mit der Erinnerung an die Zeit in der DDR individuell unterschiedliche Ausprägungen innerhalb einer Familie finden kann und die Vergegenwärtigung von Erinnerung an die Migration unterschiedlich hohen Stellenwert für die familialen Akteure hat: Die Geschwister Fink haben diametral entgegengesetzte Wege gefunden, mit den migrationsbedingten Brüchen ihrer (Familien)Biografie umzugehen – Erinnern versus Verdrängen. Deutlich wurde aber auch, dass das individuelle und das familiale Erinnern an die Migration dynamische Prozesse darstellen und im Zuge dessen auch immer wieder familiale Beziehungen (neu) justiert werden: So arbeitet Daniel Fink aktiv daran, dass seine Schwester Henriette anders mit den als gemeinsam angenommenen Erinnerungen umgeht – und diese nicht als ‚Ballast‘, sondern als ‚Anker‘ zur Vergangenheit wahrnehmen kann.

Vor allem aber konnte der Fall Fink exemplarisch veranschaulichen, dass die gelebte Erfahrung der Migration und die geteilte Erinnerung daran die Familie sowohl verbindet als auch spaltet: So berichtet Henriette Fink mit gewissem Erstaunen, dass erst eine gemeinsame Reise an die Orte ihrer Kindheit, die ihr Bruder initiierte, dazu beitrug, dass in ihr viele verschüttete Erinnerungen an die Zeit in der DDR wach wurden – und sie diese Erinnerungen dann gerne mit ihm teilte. Dagegen ringt Mutter Maria Fink noch immer mit ihrer eigenen Schwester, der überzeugten Parteigenossin, um die ‚richtige‘ Deutung der DDR-Geschichte – ein Prozess der innerfamilialen Auseinandersetzung um Erinnerung, der von Enttäuschung, von Wut und oft auch von Schweigen begleitet ist. Insofern handelt es sich wohl um keine Übertreibung, wenn man feststellt, dass die gemeinsame Erfahrung der Ost-West-Migration und die (nicht) geteilte Erinnerung daran bis heute direkte Auswirkungen auf den sozialen Zusammenhalt und die familiale Identität Tausender Familien in Deutschland haben.

Für das Forschungsprojekt gilt es weiter zu erforschen, wie sich die Praxis des familialen Erinnerns im intergenerationellen Alltag konkret gestaltet und welche sozialen und kulturellen Mechanismen beim inter- und intragenerationellen Transfer von Erinnerung wirksam werden. Analytisch zu klären ist zudem die

---

[14] Vgl. dazu auch Wehr (2015b).

Frage nach den identitären Verortungen der unterschiedlichen Generationen der ÜbersiedlerInnen (ostdeutsch? westdeutsch? Leipziger? Münchner? Oder: nichts davon? Und: was dann?) und deren Auswirkungen auf familiale Erinnerungspraktiken und inter- und intragenerationelle Dynamiken.

Insgesamt haben die vorangegangenen Ausführungen bestätigt, welch immense Bedeutung der Mehrgenerationen-Familie als historische und soziale Erfahrungs-, Erinnerungs- und Vermittlungseinheit zukommt (vgl. Rosenthal et al. 2011; Lehmann 2007, S. 59) – und sich insbesondere an der Schnittstelle der Themenbereiche Familie, Migration und Erinnerung noch große Forschungsdesiderate auftun.

Deutlich geworden ist zugleich aber auch, dass die große gesellschaftliche Gruppe der ehemaligen DDR-Übersiedler mit der Zeit der deutsch-deutschen Teilung – und sicherlich auch mit der ‚Wende' und der ‚Vereinigung' – eine spezifische Bewusstseins- und Erfahrungsgeschichte verbindet. Die Erfahrungen und Erinnerungen dieser – keinesfalls homogenen – Gruppe zu rekonstruieren, sollte im Interesse unserer erinnerungsfreudigen Gesellschaft liegen: Im besten Fall könnte so nicht nur ein facettenreicheres Bild der DDR-Geschichte entstehen, sondern auch das Zusammenwirken von individuellem, familialem und sozialem Gedächtnis weiter erhellt werden.

Literatur

Assmann, Aleida (2006): Der lange Schatten der Vergangenheit. Erinnerungskultur und Geschichtspolitik. München: C.H. Beck.

Assmann, Jan (1988): Kollektives Gedächtnis und kulturelle Identität. In: Assmann, Jan/Hölscher, Tonio (Hrsg.): Kultur und Gedächtnis. Frankfurt a. M.: Suhrkamp, S. 9–19.

Assmann, Jan (2007): Das kulturelle Gedächtnis. Schrift, Erinnerung und politische Identität in frühen Hochkulturen. München: C.H. Beck.

Basch, Linda/Glick Schiller, Nina/Szanton Blanc, Cristina (1997): Nations unbound. Transnational projects, postcolonial predicaments and deterritorialized nation-states. Langhorne: Gordon & Breach.

Bertram, Andreas/Planer-Friedrich, Jens/Sarstedt, Regine (2003): Wein mit zuviel Wermut. Die soziale, individuelle und wirtschaftliche Situation der ehemaligen Antragsteller auf Ausreise aus der DDR und die Frage ihrer Identität. Berlin: Bürgerbüro.

Bohnsack, Ralf (2003): Gruppendiskussionsverfahren und Milieuforschung. In: Friebertshäuser, Barbara/Prengel, Annedore (Hrsg.): Handbuch Qualitative Forschungsmethoden in der Erziehungswissenschaft. Weinheim/München: Juventa, S. 492–502.

Deutscher Bundestag (Hrsg.) (1995/2001): Materialien der Enquete-Kommission „Aufarbeitung von Geschichte und Folgen der SED-Diktatur in Deutschland (= 12. Wahlperiode des Deutschen Bundestages). Band VII/1. Baden-Baden: Nomos.

Deutz-Schröder, Monika/Schröder, Klaus (2008): Soziales Paradies oder Stasi-Staat? Das DDR-Bild von Schülern – ein Ost-West-Vergleich. Stamsried: Vögel.

Effner, Bettina/Heidemeyer, Helge (2005): Die Flucht in Zahlen. In: dies. (Hrsg.): Flucht im geteilten Deutschland. Erinnerungsstätte Notaufnahmelager Marienfelde. Berlin: be.bra, S. 27–31.

Geertz, Clifford (2003) [1973]: Dichte Beschreibung. Beiträge zum Verstehen kultureller Systeme. Frankfurt a. M.: Suhrkamp.

Gehrmann, Manfred (2009): Die Überwindung des „Eisernen Vorhangs". Die Abwanderung aus der DDR in die BRD und nach West-Berlin als innerdeutsches Migranten-Netzwerk. Berlin: Ch. Links.

Goldbeck, Lutz (1993): Übersiedlerfamilien aus der DDR. Eine qualitative psychologische Untersuchung zu den Aspekten DDR-Sozialisation, Migration und Familiendynamik. Berlin: maschinenschriftliche Dissertation, ohne Verlag.

Groppe, Carola (2007): Familiengedächtnisse und Familienstrategien. In: Ecarius, Jutta (Hrsg.): Handbuch Familie. Wiesbaden: VS Verlag für Sozialwissenschaften, S. 406–423.

Halbwachs, Maurice (1985) [1950]: Das kollektive Gedächtnis. Frankfurt a. M.: Fischer Taschenbuch.

Han, Petrus (2000): Soziologie der Migration. Stuttgart: Lucius & Lucius.

Heß, Pamela (2014): Geschichte als Politikum. Öffentliche und private Kontroversen um die Deutung der DDR-Vergangenheit. Baden-Baden: Nomos.

Hess, Sabine (2010): Aus der Perspektive der Migration forschen. In: Hess, Sabine/ Schwertl, Maria (Hrsg.): München migrantisch – migrantisches München. Ethnographische Erkundungen in globalisierten Lebenswelten. München: Utz, S. 9–25.

Hürtgen, Renate (2014): Ausreise per Antrag: Der lange Weg nach drüben. Göttingen: Vandenhoeck & Ruprecht.

Keppler, Angela (1995). Tischgespräche. Über Formen kommunikativer Vergemeinschaftung am Beispiel der Konversation in Familien. Frankfurt a. M.: Suhrkamp.

Keppler, Angela (2001). Soziale Formen individuellen Erinnerns. Die kommunikative Tradierung von (Familien)Geschichte. In: Welzer, Harald (Hrsg.): Das soziale Gedächtnis. Geschichte, Erinnerung, Tradierung. Hamburg: Hamburger Edition, S. 137–159.

Kowalczuk, Ilko-Sascha (2009): Endspiel. Die Revolution von 1989 in der DDR. Bonn: Bundeszentrale für politische Bildung.

Lehmann, Albrecht (2007): Reden über Erfahrung. Kulturwissenschaftliche Bewusstseinsanalyse des Erzählens. Berlin: Reimer.

Levy, Daniel (2010): Das kulturelle Gedächtnis. In: Gudehus, Christian/Eichenberg, Ariane/Welzer, Harald: Gedächtnis und Erinnerung. Ein interdisziplinäres Handbuch. Stuttgart/Weimar: J.B. Metzler, S. 93–101.

Mayer, Wolfgang (2002): Flucht und Ausreise. Botschaftsbesetzungen als Form des Widerstandes gegen die politische Verfolgung in der DDR. Berlin: Tykve.

Radebold, Hartmut/Bohleber, Werner/Zinnecker, Jürgen (Hrsg.) (2009): Transgenerationale Weitergabe kriegsbelasteter Kindheiten. Interdisziplinäre Studien zur Nachhaltigkeit historischer Erfahrungen über vier Generationen. Weinheim/München: Juventa.

Ritter, Jürgen/Lapp, Peter (1997): Die Grenze. Ein deutsches Bauwerk. Berlin: Ch. Links.

Ronge, Volker (1985): Von drüben nach hüben. DDR-Bürger im Westen. Wuppertal: 84 Hartmann + Petit.

Rosenthal, Gabriele/Stephan, Viola/Radenbach, Niklas (2011): Brüchige Zugehörigkeiten. Wie sich Familien von „Russlanddeutschen" ihre Geschichte erzählen. Frankfurt a. M.: Campus.

Sabrow, Martin (2009): Die DDR erinnern. In: ders. (Hrsg.): Erinnerungsorte der DDR. München: C.H. Beck, S. 11–27.

Schmidt-Lauber, Brigitta (2007): Ethnizität und Migration als ethnologische Forschungs- und Praxisfelder. Eine Einführung. In: dies. (Hrsg.): Ethnizität und Migration. Einführung in Wissenschaft und Arbeitsfelder. Berlin: Reimer, S. 7–27.

Schumann, Karl F./Dietz, Gerhard-Uhland/Gehrmann, Manfred/Kaspras, Heidi/Struck-Möbbeck, Olaf (1996): Private Wege der Wiedervereinigung. Die deutsche Ost-West-Migration vor der Wende. Weinheim: Deutscher Studien-Verlag.

Schwabe, Uwe/Eckert, Rainer (Hrsg.) (2003): Von Deutschland Ost nach Deutschland West: Oppositionelle oder Verräter? Leipzig: Forum.

Sell-Greiser, Christiane (1993): Aus- und Übersiedler in der Bundesrepublik Deutschland. Determinanten ihres Ausreiseprozesses und ihrer lebensweltlichen Strukturen. Münster/Hamburg: Lit.

Stiftung Haus der Geschichte der Bundesrepublik Deutschland (2011): museumsmagazin. Ausstellung im „Tränenpalast": Grenzen. Alltag der deutschen Teilung.

Vollbrecht, Ralf (1993): Ost-westdeutsche Widersprüche. Ostdeutsche Jugendliche nach der Wende und Integrationserfahrungen jugendlicher Übersiedler im Westen. Opladen: Leske & Budrich.

Wehr, Laura (2015a): Ihre Verbindung wird gehalten?! Die Ausreise aus der DDR als transnationales Familienprojekt. In: Klückmann, Matthias/Sparacio, Felicia (Hrsg.): Spektrum Migration. Zugänge zur Vielfalt des Alltags. Tübingen: Tübinger Vereinigung für Volkskunde e. V., S. 235–252.

Wehr, Laura (2015b): Und zum 30. Ausreisejahrestag haben wir die Großfamilie eingeladen und die Stasiakte noch mal zusammen angeschaut. Ost-West-Migration im familialen Gedächtnis von DDR-ÜbersiedlerInnen. In: Götz, Irene/Moser, Johannes/Ege, Moritz/Lauterbach, Burkhart (Hrsg.), Europäische Ethnologie in München: Ein kulturwissenschaftlicher Reader. Münster: Waxmann, S. 383–404.

Welzer, Harald (1993): Transitionen. Zur Sozialpsychologie biographischer Wandlungsprozesse. Tübingen: edition diskord.

Welzer, Harald/Moller, Sabine/Tschuggnall, Karoline (2002): „Opa war kein Nazi". Nationalsozialismus und Holocaust im Familiengedächtnis. Frankfurt a. M.: Fischer.

Wolff, Frank (2016): Deutsch-deutsche Migrationsverhältnisse: Strategien staatlicher Regulierung 1945–1989. In: Oltmer, Jochen (Hrsg.): Handbuch Staat und Migration in Deutschland seit dem 17. Jahrhundert. Berlin/Boston: De Gruyter Oldenbourg, S. 773–814.

Zeiher, Hartmut/Zeiher, Helga (1994): Orte und Zeiten der Kinder. Soziales Leben im Alltag von Großstadtkindern. Weinheim/München: Juventa.

„Da war plötzlich alles nicht mehr gut, was mal gut war." Die DDR und ostdeutscher Rechtsradikalismus zwischen Diskurs und Familiengedächtnis

Gerd Sebald und René Lehmann

Die DDR und mit ihr das sozialistische Gesellschaftsprojekt sind Vergangenheit. Aber sie tauchen immer wieder in aktuellen politischen Auseinandersetzungen auf, etwa in folgendem Kommentar zur sogenannten „Flüchtlingskrise":

> Es stimmt, es ist verstörend, wie schnell Europa sein Gesicht verändert – und wie dünn die Kruste ist, die über das Nachwende-Deutschland gewachsen ist. (…) Der Umgang mit Minderheiten sei im Kommunismus eben nicht geübt worden wie im Westen, sagt Gauck. Das stimmt, aber es reicht nicht. Es ist auch darüber zu reden, wie gründlich der Realsozialismus jeden Glauben ans Soziale zerstört hat, an die beglückende Kraft des Teilens, den Schutz Schwächerer durchs Kollektiv. Solche Werte, ausgerechnet, wurden vom SED-Staat verhöhnt (von Bullion 2016).

Der „SED-Staat" wird im öffentlichen Diskurs delegitimiert und gleichzeitig werden aktuelle Probleme auf ihn und die ihm zugeschriebenen Defizite auch Jahrzehnte danach noch als Ursache für aktuelle Problemlagen identifiziert. Die DDR wird zur Wunde, die erst leicht verkrustet ist und immer wieder aufbricht. Damit werden aber auch die Biografien und Erfahrungen einer großen Anzahl von Menschen in Ostdeutschland diskursiv entwertet. Ein solcher Diskurs ist

---

G. Sebald (✉) · R. Lehmann
Friedrich-Alexander-Universität Erlangen-Nürnberg, Erlangen, Deutschland
E-Mail: gerd.sebald@fau.de

R. Lehmann
E-Mail: seminar.lehmann@yahoo.de

eine Form von sozialem Gedächtnis, eine Form, das Vergangene selektiv in die gegenwärtigen Konstruktionen einzubauen. Aber er ist nicht die einzige Form des sozialen Erinnerns an die DDR. Gerade Erinnerungsweisen, die jenseits des öffentlichen Diskurses liegen, finden ihren Platz in anderen sozialen Gedächtnissen, etwa den familialen. Vor diesem Hintergrund möchten wir im Folgenden das Verhältnis von Familiengedächtnis und öffentlichem Diskurs in Bezug auf die Thematisierung der DDR untersuchen. Das geschieht unter der Fragestellung, wie sich in diesen familialen Gedächtnissen die Bezüge zu öffentlichen Diskursen gestalten und welche Formen der Übersetzung, des Einbaus oder auch der Ablehnung der diskursiven Inhalte beziehungsweise der expliziten Gegenpositionen sich im empirischen Material aus den von uns untersuchten Familien finden.

Wir tun das anhand von Ausschnitten aus narrativen Interviews und Gruppendiskussionen in ostdeutschen Familien, die im Rahmen des Forschungsprojektes „Soziale Erinnerungen in differenzierten Gesellschaften" (vgl. dazu Sebald et al. 2011) zwischen 2006 und 2010 geführt und ausgewertet wurden. Unser Datenmaterial aus Ostdeutschland ist voll von Bezugnahmen und Positionen zu Diskursen, die die DDR thematisieren und (de)legitimieren. Wir mussten also eine Auswahl treffen und haben uns in der Ausarbeitung entschieden, die Untersuchung anhand der thematischen Sonde ‚gegenwärtiger Rechtsradikalismus' zu führen.

In einem ersten Schritt werden wir kurz die begrifflichen und methodischen Probleme erörtern, die mit einer solchen Analyseperspektive verbunden sind, um dann in einem zweiten Schritt den diskursiv hergestellten Zusammenhang zwischen dem aktuellen Rechtsradikalismus und der DDR zu rekonstruieren. In einem dritten Schritt werden wir auf Basis des empirischen Materials das jeweils konkrete Verhältnis von Familiengedächtnis und öffentlichem Diskurs am thematischen Leitfaden ‚Rechtsradikalismus' rekonstruieren.

1 Familiengedächtnis und Diskurs – begriffliche und methodische Probleme

Es ist nicht ganz einfach, ein familiales Gedächtnis begrifflich zu bestimmen. Familien fassen wir (in einer eigenwilligen Zusammenfassung der Bestimmungen von Nave-Herz) als stabile generationen- und gegebenenfalls geschlechtsdifferenzierte Kleingruppen beziehungsweise Interaktionssysteme, die meist auf biologischen und/oder sozialen Verwandtschafts- und/oder Solidaritätsbeziehungen gründen (vgl. Nave-Herz 2004, S. 30 f.). Diese sozialen Formen zeichnen sich durch spezifische und verdichtete Interaktions- und Kommunikationsformen aus, innerhalb derer sich spezifische Muster und Strukturen herausbilden:

emotionale, körperliche und kommunikative, die konsensuell oder konflikthafte angelegt sein können. Wenn in den familialen Interaktionen und Kommunikationen Vergangenheitsbezüge hergestellt werden, sei es auf emotionaler, körperlicher oder kommunikativer Ebene, reden wir von familialen Gedächtnissen. Kommunikativ geschieht dies meist über geteilte oder auch umstrittene Deutungen und Deutungsmuster. Es bilden sich thematische Zusammenhänge, die in den Familiengesprächen in unterschiedlichen Kontexten aufgegriffen werden. Das familiale Gedächtnis ist also in seinen Kommunikationsstrukturen über Themen organisiert (vgl. auch Kieserling 1999, S. 179 f.). Insofern sind die Themen und ihre jeweilige Be- und Verarbeitung selbst schon Teil des familialen Gedächtnisses.

Familiale Gedächtnisphänomene stehen jedoch nicht isoliert und abgeschottet in ihrem sozialen Kontext. Es gibt viele die Grenzen der familialen Gruppe überschreitende Interaktionen, viele Bezüge auf außerfamiliäre soziale Gegebenheiten. Das geschieht nicht zuletzt deshalb, weil statt der in allen anderen Ordnungsbereichen üblichen rollenspezifischen Teilinklusion in der Familie die „gesellschaftliche Inklusion der Vollperson" erfolgt (Luhmann 2009, S. 199). Entsprechend werden innerhalb der familialen Kommunikation auch permanent extrafamiliale Erfahrungen und damit entsprechende Deutungsmuster thematisch und vor dem Hintergrund der erinnerten bisherigen kommunikativen Strukturen gebraucht, gedeutet und eingebaut (vgl. etwa Keppler 1994; Welzer et al. 2003, S. 105 ff.).

Wichtige Zulieferer für die familiale Kommunikation und damit für das Familiengedächtnis in Bezug auf die Themenwahl ebenso wie als Quelle von Interpretationen und Bewertungen sind Diskurse. Diskurse werden im Folgenden als „abgrenzbare übersituative Zusammenhänge von Äußerungsformen (…) und Inhalten" gefasst (Keller 2001, S. 129). Diesen sehr weiten Begriff schränken wir im Weiteren auf die massenmedial verbreiteten symbolischen Sinnordnungen ein. Generell werden Diskurse als spezifische Formen symbolischer Sinnordnungen in der Foucaultschen Tradition als Wissens- und Machtkomplexe gefasst, die Subjektivitäten formen. Im Aussagenstrom der Diskurse werden „systematisch die Gegenstände [gebildet], von denen sie sprechen" (Foucault 1981, S. 74). Demgegenüber möchten wir festhalten, dass gesellschaftsöffentliche Diskurse zwar innerhalb der Familienkommunikation selektiv aufgegriffen, aber immer entsprechend der vor- und zuhandenen kommunikativen Muster be- und verarbeitet werden. Dabei wirken die diskursiven Angebote – das wird in narrativ-biografischen Interviews deutlich – keineswegs determinierend auf die Akteure, wovon eine strukturalistisch orientierte Diskursanalyse gemeinhin ausgeht (vgl. für das Verhältnis von biografischer Erzählung und Diskurs auch Leonhard 2016, S. 214 ff.).

Diskurse sind aber nicht als kausale Voraussetzungen von Subjektpositionierungen zu verstehen, sondern Diskurse und Subjektpositionierungen stehen in einer wechselseitigen Beziehung. (…) Denn auf der Basis von Diskursen und mittels eines spezifischen Vokabulars rahmt, vereindeutigt, formt und identifiziert die/der Autobiographin Gefühle und Erlebnisse, Wissen und Erinnerungen (Tuider 2007, S. 28).

Unser Material legt außerdem nahe, dass zum einen Diskurse Anlass für ausführliche Legitimationen sind, und zum anderen, dass die diskursiv nahegelegten Interpretationen mit den eigenen lebensweltlichen Erfahrungen und dem vor- und zuhandenen Wissensvorrat abgeglichen werden. Die Formen, in denen diskursive Inhalte Eingang ins Familiengedächtnis finden, sind vielfältig und die Resonanz, die sie auslösen, von den selektiven Mustern der Akteure und der Kommunikation abhängig.

Weil solche Bezüge aber selten explizit gemacht werden, sind sie im empirischen Material (in unserem Fall Einzelinterviews und Gruppendiskussionen) nicht leicht zu identifizieren. Neben expliziten Verweisen auftauchen in den ostdeutschen Interviews immer wieder stark ausgeprägte Rechtfertigungs- und Verteidigungssemantiken auf. Gelegentlich scheint es so, als ob auf nicht erhobene Vorwürfe Bezug genommen wird. (Hier ist allerdings auch die Konstellation der Datenerhebung nicht unerheblich: Die Interviewer kamen von einer westdeutschen Universität.) Diese Verweise und Rechtfertigungen lassen Rückschlüsse auf gegenwärtige gesellschaftliche Diskurse zu, welche als Konstitutionsbedingungen in die Deutungen der Vergangenheit eingehen (vgl. zu den Diskursen aus Sicht der Transformationsforschung Kollmorgen 2015). Das heißt, die in den Diskursen kursierenden Deutungen werden typischerweise nicht übernommen, sondern sie wirken als rahmende und strukturierende Faktoren für die jeweils im Redefluss vorgenommenen Selektionen, als strukturierende Selektionsbahnen. Sie wirken gleichsam als Unterwasserfelsen im Erzählstrom, der selbst direkt nicht sichtbar ist, aber für Richtungsänderungen und Strudel in der Erzählung sorgt.

Nicht nur die Bestimmung von nicht explizierten diskursiven Elementen in narrativ-biografischen Interviews oder Gruppendiskussionen stellt eine Herausforderung für die Analyse dar, auch die Abgrenzung von individuellen und familialen Gedächtnisphänomenen ist nicht einfach. Welche Erzählungen, welche Deutungen werden in der Familie geteilt, welche tauchen in der Familienkommunikation auf und welche sind als rein individuell beziehungsweise – wenn mit dem Halbwachs'schen Rahmenmodell gearbeitet wird – welche sind (ausschließlich?) an die sozialen Rahmen von außerfamilialen Gruppen gebunden? Unseres Erachtens ist es dabei wichtig, sich von einer Konzeptualisierung von Gedächtnissen zu lösen, die zwischen individuellen und sozialen Gedächtnissen entsprechend der Lokalisierung von Erinnerungselementen unterscheidet. Stattdessen favorisieren wir eine Zuordnung entlang der sozialen Prozesse, innerhalb derer Vergangenheitsbezüge hergestellt und aktualisiert werden. Das bedeutet, dass die in Interviews und Gruppendiskussionen geäußerten Erinnerungen zwar den einzelnen Personen zugeschrieben werden können, dass dabei aber durchaus familiale oder diskursive Rahmungen wirksam sein (vgl. zum Rahmenbegriff Dimbath 2013) und dementsprechend soziale Gedächtnisprozesse ablaufen können. Eine familiale Rahmung lässt sich deshalb am ehesten über die Gruppendiskussionen analysieren und zuordnen, denn wenn die entsprechenden Muster von mehreren Familienmitgliedern geteilt werden, kann man von Elementen des Familiengedächtnisses sprechen. Die Feststellung von diskursiven Rahmungen, sofern sie nicht expliziert oder konkret nachgewiesen werden, bleibt allerdings bis zu einem gewissen Punkt eine interpretativ abgesicherte und abzusichernde Vermutung.

Das gilt auch für die Thematisierung von Rechtsradikalismus in familialen Gedächtnissen. Hier sind nicht nur diskursive Deutungsmuster im Gebrauch, sondern auch solche des alltäglichen Handelns und alltäglicher Erfahrungen. Bevor wir jedoch zu der diesbezüglichen Interviewauswertung kommen, muss im nächsten Schritt kurz der im massenmedialen Diskurs vorherrschende Begründungszusammenhang zwischen DDR-Vergangenheit und Rechtsradikalismus rekonstruiert werden.

2 Diskursive Zuschreibungen: Die DDR als Ursache des Rechtsradikalismus in Ostdeutschland

Für die folgende Rekonstruktion haben wir keine eigenständige Diskursanalyse vorgenommen, sondern stützen uns neben einer losen Materialsammlung, die wir im Laufe des Projektes angelegt haben, vor allem auf andere Studien. Die DDR ist nach wie vor ein hochrelevantes geschichtspolitisches Thema (vgl. dazu auch Heß 2016). Entsprechend vermint ist das Feld auf dem wir uns bewegen. (Im Gegensatz zu den Minen an der Grenze zwischen den beiden deutschen Staaten sind die hier relevanten jedoch vor allem von westdeutscher Seite verlegt.) Nach wie vor wird die DDR dämonisiert (Wippermann 2009), das Glaubensbekenntnis vom ‚Unrechtsstaat' wird auf der politischen Bühne gefordert, prominent zuletzt bei der Amtseinführung der rot-rot-grünen thüringischen Landesregierung im Dezember 2014 (vgl. etwa Müller 2014). Wenn wir uns im Folgenden in diesem Gelände bewegen, geht es uns explizit nicht um Bewertungen der DDR, auch um keine Verantwortungszuschreibungen. Wir versuchen nur die Rekonstruktion der diskursiven Muster und in der Folge ihrer Echos in vier untersuchten Familiengedächtnissen.

Gerade der Rechtsradikalismus in Ostdeutschland wird im öffentlichen Diskurs häufig auf die sogenannte ‚zweite deutsche Diktatur' zurückgeführt, von den Plattenbauten bis hin zum Erziehungssystem in der DDR (vgl. für einen Überblick aus historischer Perspektive Poutrus et al. 2000; Behrends et al. 2003). Die Zahlen scheinen das nahe zu legen: Rechtsradikal motivierte gewaltsame Übergriffe kommen in Ostdeutschland „etwa dreimal häufiger vor als im Westen. Bezogen auf die Bevölkerungszahl ist die Zahl gewalttätiger rechtsextremer Jugendlicher, Skinheads und Neonazis ebenfalls dreimal so hoch" (Quent 2012, S. 39). Dazu kommen Phänomene wie Pegida und die Wahlerfolge rechter Parteien, aktuell die der Alternative für Deutschland (AfD). Ein Beispiel für eine DDR-bezogene Begründungsstrategie für diese rechtsradikalen Tendenzen liefert Christian Pfeiffer:

> Wer in Kindheit und Jugend einer autoritären Gruppenerziehung ausgesetzt ist und zu wenig an individueller Zuwendung und Förderung erfährt, ist in der Entwicklung eines gelassenen Selbstvertrauens behindert. Im Vergleich zu einem jungen Menschen, dem in seiner Sozialisation bessere Chancen zur freien Entfaltung seiner Persönlichkeit geboten wurden, wird er Fremde viel eher als bedrohlich erleben und als Feinde definieren. Wenn er dann noch erlebt, dass die Schuld an Missständen der eigenen Welt ständig einem externen Sündenbock zugeschrieben wird, verstärkt dies die Neigung, später selbst nach diesem Muster zu verfahren: Wer die Schülerinnen und Schüler zum Hass auf den politischen Gegner aufruft, darf sich nicht wundern, wenn solche Feindbilder auf alles Fremde übertragen werden (Pfeiffer 1999, S. 63).

Ähnlich lautete eine Schlagzeile der Frankfurter Allgemeinen Zeitung vom 7. Mai 2006: „Die Erziehung zum Haß – Fremdenfeindlichkeit und Rechtsextremismus im Osten haben mit der Wiedervereinigung nichts zu tun. Es gab sie schon in der DDR" (zitiert nach Kollmorgen und Hans 2011, S. 128). Heitmeyer (2009, S. 39) spricht vom Autoritarismus als „tiefsitzende[r] Sozialisationsfolge der DDR". Auch die Deutung des NSU-Terrors erfolgt im massenmedialen Diskurs nicht selten mit Rückgriff auf die autoritäre Verfasstheit der DDR:

> Es ist kein Zufall, dass die braune Mörderbande aus dem Osten kommt: In den neuen Ländern ließ man rechtsextremistische Milieus blühen. (…) Familie, das war wichtig in der DDR, Zuflucht vor staatlicher Drangsal, noch öfter Hort ideologischer Schulung. (…) Die Spurensuche führt zu Tugenden, die schon die erste deutsche Diktatur zusammenhielten: Überhöhung der Gemeinschaft, Einordnung in autoritäre Denkmuster, ins große Ganze, für dessen Erhalt persönliche Überzeugungen, weichliche Emotionen und Skrupel zurückzustellen waren (von Bullion 2011).

Die beispielhaft zitierten Passagen verdeutlichen den von Kollmorgen und Hans (2011, S. 136) festgestellten Befund, dass der „hegemoniale massenmediale Diskurs zu Ostdeutschland (…) eine Logik der Subalternisierung der Ostdeutschen und Ostdeutschlands" etablierte. Dabei werden immer wieder „Werte-, Einstellungs- und Handlungsdefizite der Ostdeutschen bezüglich Freiheit, Demokratie und Marktwirtschaft (…) *als Folge der DDR-Vergangenheit*" thematisiert (Kollmorgen und Hans 2011, S. 138, Hervorhebung im Original). Dieser wichtige Topos im Diskurs wertet gezielt die DDR und ihr gesamtes System ab. Die intensivste Phase dieses Subalternisierungsdiskurses verorten Kollmorgen und Hans in die Jahre 1995–2005. Die im Weiteren zitierten Interviews und Gruppendiskussionen wurden 2007 und 2008 geführt.

Zusammenfassend lässt sich festhalten, dass die Ursachen für gegenwärtigen Rechtsradikalismus, Fremdenfeindlichkeit und rechte Gewalt in den ostdeutschen Bundesländern in der öffentlichen medialen Deutung vor allem oder gar allein in der DDR-Vergangenheit gesucht werden. Diese Phänomene jedoch nur oder hauptsächlich auf die DDR-Vergangenheit zurückzuführen, ist eine unzulässige Verkürzung, nicht zuletzt deshalb, weil die rechten Einstellungen im Westen und im Osten durchaus ähnlich verteilt zu sein scheinen (vgl. etwa Decker et al. 2008). Quent (2011, S. 70 ff.) kommt in einer vergleichenden Untersuchung in Hessen und Thüringen zu dem Schluss, dass die „Herkunft aus Ost- oder Westdeutschland (…) keine bedeutsame Erklärungskraft für die Affinität zum Rechtsextremismus" hat. Zudem werden damit westdeutsche rechtsradikale Umtriebe, etwa die Anschläge auf Asylbewerberheime in Zirndorf, Lörrach und Hamburg der sogenannten „Deutschen Aktionsgruppe" um Manfred Roeder in den 1980er-Jahren und die gesamte westdeutsche rechtsradikale Bewegung verharmlost, die seit den 1990er-Jahren in Ostdeutschland sehr aktiv sind (vgl. für eine Darstellung der Entwicklung des Rechtsextremismus in Deutschland Klärner 2008, S. 11–38). Die Funktion der kausalen Verknüpfung von DDR und Rechtsradikalismus liegt einerseits in der Delegitimierung einer sozialistischen Alternative zum Kapitalismus und andererseits in einer Verdeckung transformationsbedingter und aktueller soziopolitischer Ursachen dieses Phänomens.[1] Andererseits wollen wir mit dieser Feststellung auch nicht den realexistierenden Sozialismus exkulpieren. Die autoritäre Staatsform und die nationalistische Ausrichtung der Ideologie scheinen durchaus Anknüpfungspunkte für rechte Ideologieelemente zu liefern beziehungsweise geliefert zu haben. Hier ist aber jenseits der diskursiven Zuschreibungen

---

[1] Vgl. Schubarth (1993) für eine kurze, aber differenzierte Diskussion der Kontinuitäten der rechtsextremen Jugendmilieus, aber auch der transformationsbedingten anomischen Zustände und dem damit verbundenen Zulauf zu den Rechten.

weitere Forschung zur Genese und auch zu der selektiven und intergenerationellen Tradierung solcher Semantiken und Praxen dringend vonnöten. Uns geht es im Folgenden jedoch nicht um einen Beleg oder eine Widerlegung der diskursiven Zuschreibungen, sondern wir nehmen diesen Diskurs als selektiven Rahmen für einen Teil der familialen Kommunikation und fragen nach den diesbezüglichen Deutungsmustern, wie sie sich in unserem Interviewsample gezeigt haben.

3 Falldarstellungen

Im Weiteren untersuchen wir das empirische Material aus vier ostdeutschen Familien auf die Auseinandersetzung mit dem Thema Rechtsradikalismus hin. Wir haben insgesamt sechs Familien in Ostdeutschland intensiv befragt, in den vier hier aufgeführten Fällen kam das Thema in allen Generationen zur Sprache.[2] Die Namen, personenbezogene Daten und Orte sind anonymisiert. Wir fragen dabei nach Formen und Inhalten, die aus dem öffentlichen Diskurs in das familiale Gedächtnis übernommen wurden beziehungsweise daraus stammen könnten sowie nach den Wechselwirkung und dem Verhältnis dieser diskursiven Elemente zu den familialen Gedächtnissen.

3.1 Familie Rambach

Herr Rambach wohnt in einer Kleinstadt im Vogtland. Sohn und Enkel leben in einer sächsischen Universitätsstadt. Herr Rambach (Jahrgang 1934) schildert sich selbst in der Kindheit als einen begeisterten Nationalsozialisten. Der Vater war ein Funktionär der NSDAP und Wehrmachtsoldat. Er starb kurz nach Kriegsende. In der Nachkriegszeit begann für den Jugendlichen ein „gegenläufiger Prozess" (O5-1, Z. 220), eine Hinwendung zum neu entstehenden sozialistischen Staat. Herr Rambach studierte nach der Schule Maschinenbau und arbeitete auch kurze Zeit in einer Fabrik. Danach absolvierte er in den 1950er-Jahren ein Lehramtsstudium. Er arbeitete dann als Deutschlehrer an einer Berufsschule im Vogtland und war von den 1960er- bis in die 1980er-Jahre als Sportfunktionär tätig.[3] Ab 1985

---

[2]Vgl. für eine ausführliche Darstellung der empirischen Grundlagen des Projektes Sebald et al. (2011, S. 217 ff.).
[3]In seinem Interview finden sich auch längere Passagen zum Dopingdiskurs im DDR-Sport.

war er stellvertretender Schulleiter an einer Oberschule, bevor er 1991 im Altersübergang seinen Ruhestand antrat.

Mit dem Tod des Vaters kurz nach Kriegsende setzt die in seiner Generation nicht selten als Konversion erzählte Hinwendung zum neuen Staat ein. Neben dem Tod des Vaters wird als zweiter Auslöser die Schulzeit benannt, insbesondere die Neulehrer, die an Stelle der nationalsozialistisch belasteten Lehrer in den Schulen eingesetzt wurden und die für ihn Vorbildfunktion erlangten.

> [Ein Lehrer] war Elektriker gewesen, mein Klassenleiter war Bäcker gewesen, und die hatten, also offensichtlich kein nationalsozialistisch belastetes Elternhaus, ham sich dann beworben und sind diese Neulehrer geworden. Genauso, die gleichen Entwicklungen gab's was Rechtsanwälte, Staatsanwälte und so anbetraf. Ich behaupte (…) dass da in der DDR mit weit eisernerem Besen gekehrt worden ist als in der Bundesrepublik, oder anders gesacht, in der Sowjetischen Besatzungszone (O5-1, Z. 235 f.).

In dieser Sequenz wird deutlich, dass Herr Rambach die politische Säuberung der staatlichen Institutionen von Nationalsozialisten in Ostdeutschland für weitaus effektiver einschätzt als im Westen. Dabei bezieht er sich auf das antifaschistische Selbstbild der DDR, das etwa so formuliert werden kann: „Im Unterschied zur BRD wurde im sozialistischen deutschen Staat der Faschismus mit allen seinen Wurzeln, mit Stumpf und Stiel ausgerottet" (zitiert nach Siegler 1991, S. 99). Insgesamt schreibt er der BRD, meist exemplifiziert an seiner westdeutschen Verwandtschaft, stärkere Tendenzen zu Antisemitismus und Faschismus zu. Seine Erklärung für die Durchsetzung der nationalsozialistischen Diktatur lehnt sich entsprechend an die bekannte Dimitroff-These an:

> Das Buch über'n Kriegsbeginn hab ich zurückgeschickt, da steht nämlich folgender Satz drin und mit der Begründung hab ich's auch zurückgeschickt: „Hitler gelang es … Hitler gelang es! … binnen vier Jahren die Arbeitslosigkeit in Deutschland zu beseitigen." Wörtliches Zitat aus dem Buch. (…) Das war nicht Hitler! Das is ne Lüge! Das is Geschichtsklitterei! Der war natürlich dabei. Aber ohne Abs und andere (…) hätten se keine Chance gehabt, und ohne die Rüstungsindustrie, ohne Krupp und Konsorten. Über solche Dinge ham wir diskutiert und diskutier ich natürlich auch immer wieder mit meinen Kindern (O5-1, Z. 1308 ff.).

Die Erinnerung an dieses und andere Welterklärungsmodelle des sozialistischen Gesellschaftsmodell wird hier (und in weiteren Familien unseres Samples) innerhalb der Familie von der älteren Generation weitergegeben. Trotz dieser positiven Bezugnahme auf den offiziellen Diskurs in der DDR übersieht Herr Rambach keineswegs die nach dem Anschluss der DDR an den Westen auftretenden Brüche und reflektiert das auch in Bezug auf seine Rolle als Lehrer:

> Ich frag mich manchmal, wie kommt es ausgerechnet in den neuen Bundesländern, die doch vorgeblich eine sehr antifaschistische Erziehung hatten, zu diesen rechtsradikalen Erscheinungen, also Neonazis (…) Aber ich, ich sag mir, ich hab mir wirklich eingebildet gehabt, dass wir und ich (!) … an meinen Schulen, an denen ich war, eine fundierte nicht fremdenfeindliche oder gar fremdenhassende Erziehung gemacht haben. Also keine, auf denen nu meinetwegen der Rassismus oder oder alle ethnischen Probleme fußen. Und stelle fest: Ich hab mich offensichtlich, ich fürchte, wir haben uns was vorgemacht! Ich hab mich fürchterlich getäuscht (O5-1, Z. 305 ff.).

Obgleich er konkrete Fehler auch im weiteren Interviewverlauf und auch in der Gruppendiskussion nicht benennt, sieht Herr Rambach sich und das Schulsystem der DDR in der Verantwortung in Bezug auf die rechtsradikalen Erscheinungen in Ostdeutschland. Er nimmt also, direkt oder indirekt, die diskursive Zuschreibung auf, kombiniert sie mit lebensweltlichen Erfahrungen und übernimmt Verantwortung dafür. Dabei stellt er sogar seine eigene pädagogische Leistung, ja letztlich sein Lebenswerk als Lehrer in Frage: „vorgeblich", „ich hab mir wirklich eingebildet gehabt", „ich hab mich fürchterlich getäuscht". Er liefert aber keine weitere Begründung für seine Einschätzung, dass das Erziehungssystem der DDR in dieser Hinsicht versagt hat. Weder erwähnt er frühere Schüler, noch kommt er auf eventuelle Defizite im Lehrplan oder in den Vermittlungsmethoden zu sprechen.

Sein Sohn (geboren 1960) wurde nach dem Abitur Berufsoffizier der Nationalen Volksarmee, reichte 1989 sein Entlassungsgesuch ein, arbeitete daraufhin im Handel als Selbstständiger und Angestellter und betreibt zur Zeit des Interviews ein kleines Handelsunternehmen. Er kommt gleich zu Beginn des Interviews auf das Thema Rechtsradikalismus zu sprechen.

> Zumal halt das Thema Rechtsradikalismus da doch auch grade in in Ostdeutschland und in X-Stadt 'ne Rolle spielt. Aber mich interessieren, also ich interpretier' es natürlich nicht anders als mein Vater, das ist klar. Das waren vor allem herrschaftspolitische Gründe, die dazu geführt haben, dass so'ne extreme Gesellschaft damals Fuß fassen konnte. Also das waren Auseinandersetzungen, Kapital in Deutschland historisch, das keine Kolonien hatten, weiß der Fuchs was alles in dieser Richtung. Aber mich interessiert an der Sache eigentlich immer dieser persönlich psychologische Aspekt: wie kommen Menschen dazu, ihre ganze Kinderstube, ihre ihre Erziehung, ihre eigenen Erfahrungen auch über den Haufen zu werfen für eine Idee. Und das betrifft nicht nur politische Systeme, sondern da hab ich auch die Frage an religiöse Systeme, heute Islam und Radikalisierung und ähnliches. Nur da, wenn ich mir nur angucke manche Kirchentage, wo dort Jugendliche scharenweise hinlaufen

und sich eintätowieren lassen: kein Sex vor der Ehe und ähnliche Sachen, was ja völlig dem entgegenläuft, was so in den letzten 20 30 Jahren sich in der Gesellschaft als, naja, akzeptabel entwickelt hat. Da entstehen eben die Fragen und das diskutiere ich auch gerne und oft mit meinen Kindern, weil die auch natürlich in in in X-Stadt schon mit solchen, also mit Rechtsradikalen und so weiter konfrontiert wurden (O5 Familieninterview 2, Z. 129 ff.).

Der gegenwärtige Rechtsradikalismus wird vom Sohn der Familie Rambach überhaupt nicht mit der DDR in Verbindung gebracht, sondern es wird von ihm – wie von seinem Vater – die aus dem diskursiven Selbstbild der DDR übernommene Dimitroff-These der Entstehung des Nationalsozialismus erwähnt. Damit wird in seinem Fall auch eine direkte Verbindung des heutigen Rechtsradikalismus zur Entwicklung des Nationalsozialismus gezogen, zumindest implizit in dem Sinne, dass eine rechte Diktatur aktuell nicht zur Debatte steht. Danach wird das Problem Rechtsradikalismus auf einer psychologischen Ebene diskutiert, die Gründe für eine Radikalisierung werden personalisiert und das Phänomen Radikalisierung als ein fast schon universales Phänomen in Bezug auf politische und/oder religiöse Ideen (Islam und Christentum) dargestellt. Damit lehnt der Sohn der Familie Rambach aber implizit die kausale Zuordnung des Rechtsradikalismus zum DDR-System ab und diagnostiziert eher so etwas wie einen gesellschaftlichen Trend (verstanden als eine Art kulturellen *backlash*). Insgesamt nimmt er eher die Rolle eines distanzierten und kritischen Beobachters der sozialen Entwicklungen ein. Was im Interview mit ihm jedoch deutlich wird, sind die häufigen familialen Diskussionen zu diesem Thema, sowohl mit seinem Vater als auch mit seinen Kindern.

Der interviewte Enkel der Familie Rambach ist 1987 geboren. Er wohnt in X-Stadt, in einer Wohngemeinschaft, und studiert ein künstlerisches Fach. Für ihn ist Rechtsradikalismus vor allem ein aktuelles gesellschaftliches Problem und eines, das in seinem sozialen Umfeld stattfindet. Er ist auch in der Antifa aktiv.

Meiner Meinung nach ist der heutige Rechtsradikalismus mehr aus unserer heutigen Gesellschaft als aus der damaligen [zu erklären]. Natürlich kommen da sicherlich Impulse und wenn man jetzt über NPD redet, die haben zwar rechtsradikale Verknüpfungen, aber die sind keine radikale Formierung an sich, deswegen ziehe ich da eigentlich ganz stark den Unterschied oder 'ne ganz starke Grenze. Ich [hab] auch eben viele Geschichten erlebt in X-Stadt. (…) Also zum Beispiel wurden hier Mosambikaner oder Kubaner angegriffen von Neonazis. Also ging so durch die Öffentlichkeit, dass es Neonazis sind, also neue Nationalsozialisten vom Begriff her, was aber absolut nicht der Fall ist, weil also ein paar davon kenne ich, also nicht persönlich, aber ich kenne sie eben so als Feindbild, ich bin auch öfter mit denen in negativen Kontakt geraten. Also einer von denen hat mir, um es grob zu sagen, eine auf's Maul gehauen. Und ich weiß, dass bei denen keine fundierte rechte Meinung dahinter steht, sondern das Rassismus ist. Also Ausländerfeindlichkeit, aber es ist ja eben nicht mit politischen Inhalten, einem NPD-Programm zum Beispiel zu koppeln, meiner Meinung nach. Es ist eben nur so eine bestimmte personelle Zugehörigkeit oder eine Zugehörigkeit, die auch durch deren Eltern definiert wird. Deswegen ziehe ich da eine Linie, eine Grenze, sage dass oftmals heutiger Rechtsradikalismus hat hier nichts mit dem damaligen Nationalsozialismus zu tun, sondern eher mit fehlender Bildung heutzutage (O5-Enkel, Z. 369 ff.).

Der Enkel der Familie Rambach sieht im Gegensatz zu seinem Vater keine direkte Verbindung des aktuellen Rechtsradikalismus zum historischen Nationalsozialismus und auch nicht direkt zur DDR, wie sein Großvater. Er betont einerseits die Abgrenzung der NPD zu „radikalen Formierungen" (vgl. zu einer differenzierten Beschreibung einer ostdeutschen rechten Szene wiederum Klärner 2008). Eine zweite Grenze zieht er zwischen Neonazis, die eine „fundierte rechte Meinung dahinter" haben, und ausländerfeindlichen rechtsorientierten Schlägern. Letzteren wird eine bloße Zugehörigkeit zu den Rechten zugeschrieben. Diese wird interessanterweise einerseits familiär erklärt und andererseits mit fehlender Bildung. Damit wird Rechtsradikalismus zu einem Phänomen der gegenwärtigen Gesellschaft, das allerdings über den nicht weiter erläuterten Nexus der Eltern bis in die DDR-Zeit zurückreichen kann. Der Enkel nimmt somit die diskursive Zuschreibung auf, lehnt die kausale Zuordnung zur DDR aber erst einmal ab und entwickelt, auch auf Basis seiner eigenen lebensweltlichen Erfahrungen, eigene (oder eventuell aus dem Antifa-Diskurs übernommene) Erklärungsmuster.

Insgesamt ist das Phänomen des Rechtsradikalismus im familialen Gedächtnis der Familie Rambach in allen drei Generationen thematisch sehr präsent, sei es durch Anstöße diskursiver oder lebensweltlicher Art. Das Thema taucht jeweils kurz nach Beginn der Interviews oder Gruppendiskussionen auf.[4] Bei Herrn Rambach und seinem Sohn bleibt das antifaschistische Selbstbild der DDR erhalten,

---

[4] Die Erzählaufforderung lautete für die erste Generation: „Ich möchte Sie bitten, mir Ihr Leben und das Ihrer Familie in der Zeit des Nationalsozialismus zu erzählen, all die Erlebnisse, die für Sie und Ihre Familie persönlich wichtig waren und vielleicht auch noch sind. Sie können sich so viel Zeit nehmen, wie Sie möchten. Ich werde Sie erstmal auch nicht unterbrechen, mir nur einige Notizen zu Fragen machen, auf die ich dann später noch eingehen werde. Und am Ende des Interviews kommen dann noch ein paar Fragen, die wir allen Personen stellen, die wir interviewen." Für die zweite Generation wurde der erste Satz durch diese beiden Sätze ersetzt: „Ich möchte Sie bitten, mir das Leben Ihrer Familie, ihrer Eltern/Großeltern in der Zeit des Nationalsozialismus zu erzählen, soweit es Ihnen bekannt ist. All die Erlebnisse, die für Ihre Familie wichtig waren und die in der Familie erzählt wurden und werden."

allerdings sieht zumindest der Vater auch Verantwortung im Erziehungssystem der DDR und übernimmt damit auch die kausale diskursive Zuschreibung. Der Sohn entwickelt eine psychologische Beobachtertheorie der Radikalisierung und ordnet den Rechtsradikalismus in einen allgemeinen gesellschaftlichen Trend ein. Beim Enkel sind dagegen die konkrete antifaschistische Praxis und die daraus resultierenden Differenzierungen relevant. Für ihn hat die DDR in dieser Beziehung keine große Relevanz, die aber über die nicht weiter erläuterte familiale Herkunft indirekt doch auf die Zeit der DDR zurückgeführt wird, jedoch nicht auf das politische System oder das Bildungssystem. Auffallend ist in diesem Fall die generationelle Differenzierung, die sich trotz grundsätzlicher Übereinstimmung bei diesem Thema zeigt.

3.2 Familie Müller

Frau Müller wohnt in Ostthüringen. Sie wurde 1954 geboren und ist zum Zeitpunkt des Erstinterviews 53 Jahre alt. Sie hat drei Töchter: eine Tochter im Alter von 31 Jahren und zwei Zwillingstöchter im Alter von 27 Jahren. Frau Müller war und ist Lehrerin an einer Hauptschule in einer thüringischen Kleinstadt. Eine Tochter, welche an der Gruppendiskussion teilnahm, siedelte nach der Wende nach Westdeutschland über und arbeitete zum Gesprächszeitpunkt als Krankenschwester in einer geriatrischen Abteilung.

In Interviewsequenzen sowie im Gruppengespräch mit ihrer Tochter verweist Frau Müller auf den Bildungsauftrag des Staates, Lehren aus der deutschen Geschichte zu ziehen, um einer Wiederholung des Nationalsozialismus vorzubeugen. Diesem Bildungsauftrag sei die DDR (eingeschränkt) nachgekommen; hingegen werde die gegenwärtige Gesellschaft dieser Aufgabe nur noch ungenügend gerecht. Kritik übt Frau Müller an der mit der politischen Wende verbundenen Entwertung des offiziellen antifaschistischen Gedächtnisses in Bezug auf die Zeit des Nationalsozialismus in der DDR:

> Unsere große Tochter, die ist ja noch zu DDR-Zeiten in die Schule gegangen, also die war auch in Buchenwald, die ham sich das damals noch angeschaut. Und die Zwillinge – weiß ich jetzt gar nicht. Das kann ich jetzt nicht mit Bestimmtheit sagen, ob die damals noch noch dort waren, das war dann schon nach 90 und da hat sich ja alles umgewendet, da war plötzlich alles nicht mehr gut, was mal gut war (lacht) (O2-1, Z. 478 ff.).

Als Lehrerin sieht sie ebenfalls das Bildungssystem in der Verantwortung für Rechtsradikalismus. Die antifaschistische Erziehung in der DDR und der Besuch in der Gedenkstätte Buchenwald sind für sie deutlich positiv konnotiert. Sie stellt ebenso wie Herr Rambach die Frage, ob die Lehrer mitverantwortlich dafür sein könnten, dass sich aktuell rechte Gewalt so stark entwickeln konnte.

> Und wenn ich dann [räuspert sich] im Fernsehen oder in der Zeitung lese, und na hier so Neonazis ham (…) zusammengeschlagen, oder das und das gemacht. Dann frag ich mich oftmals, was wir an der Schule eventuell schon falsch gemacht haben? Dass junge Leute sich dann so 'nen Weg suchen? (O2-1, Z. 595 ff.).

Frau Müller bleibt aber letztlich bei dieser Frage stehen. Im Interview und auch in der Gruppendiskussion ergibt sich für sie kein Punkt, an dem sie selbst als Lehrerin oder das Bildungssystem der DDR Verantwortung für die Entwicklung des Rechtsradikalismus übernehmen müsste. Sie stellt auch fest, dass es die Probleme des Rassismus und der Fremdenfeindlichkeit in der DDR nicht gegeben habe, und zieht dafür einen Vergleich der Erfahrungen mit damaligen ‚Vertragsarbeitern'[5] in der DDR und aktuellen fremdenfeindlichen Übergriffen heran:

> Wir haben ja in der Nähe ein Porzellanwerk, da wurden Mosambikaner geholt! Die ham hier 'nen ganzen Block gehabt. Und also da ist keiner auf die Idee gekommen, da mal einen zusammenzuschlagen oder was, nur weil der halt schwarz ist! (O2-1, Z. 611 ff.).

Das Problem der in Gewalt resultierenden fremdenfeindlichen Einstellungen und des Ausländerhasses wird demnach von der Sprecherin einzig in der Transformation und/oder im gegenwärtigen Gesellschaftssystem verortet. In diesem Zusammenhang kritisiert sie insbesondere das Fehlen eines restriktiveren Vorgehens seitens des Staates. Im Gruppengespräch mit ihrer Tochter nimmt sie das Thema am Beispiel eines zurückgenommenen Demonstrationsverbotes wieder auf und beide bringen ihr Unverständnis gegenüber entsprechenden gerichtlichen Entscheidungen zum Ausdruck.

> Mutter: Und was ich eben was jetzt in Jena wieder war, was ich halt überhaupt nicht verstehen kann, da wird 'ne Demonstration der Nazis verboten, die gehen zum Oberlandesgericht nach Gera, da wird das Demonstrationsverbot aufgehoben, die dürfen da demonstrieren [seufzt], da hab ich irgendwo immer 'nen Problem damit.

---

[5]Vgl. zur keineswegs unproblematischen Situation der Vertragsarbeiter in der DDR etwa Kuck (2003).

> Tochter: Naja das ist genauso wie mit der Partei, die NPD. Da soll es nie wieder so kommen wie in der Nazi-Zeit und da sind sie alle dagegen und heute sollen noch zig Opfer entschädigt werden und so weiter und dann gibt's aber doch wieder so 'ne Partei und die können schalten und walten, wie sie gerne wollen. Das ist so widersprüchlich irgendwo ne. Wo man so denkt, warum ist das jetzt warum kann da nicht einer sagen (…). oder warum wird das nicht wirklich verboten (O2-Familiengespräch: Z. 539 ff.).

Auch in dieser Passage wird das Problem des Rechtsradikalismus vor allem in den fehlenden oder ineffektiven staatlichen Verboten gesehen. Dabei wird auf öffentliche Diskurse und Schuldzuweisungen beziehungsweise -zuschreibungen an die DDR nicht Bezug genommen, im Gegenteil: Die antifaschistische Erziehung in der DDR wird für gut befunden und es wird explizit kein Rassismus und keine Ausländerfeindlichkeit in dieser Zeit festgestellt. Mutter und Tochter bringen immer wieder die eigene Betroffenheit über den aktuell in Ostdeutschland auftretenden Rechtsextremismus zum Ausdruck. Ursachen werden allenfalls in der mangelnden Schulbildung Einzelner gesucht. Offensiv und gewaltförmig vertretene Fremdenfeindlichkeit wird als Phänomen der gegenwärtigen Gesellschaft gedeutet, weil von staatlicher Seite das von den Interviewpartnerinnen erwartete und geforderte konsequente Entgegentreten ausbleibt.

3.3 Familie Ewald

Ein ähnliches Bild zeigt sich in der Familie Ewald. Frau Ewald wurde 1929 in Schlesien geboren. Nach der Umsiedlung in die sowjetische Besatzungszone engagierte sie sich beim Aufbau der DDR. Sie trat in die Freie Deutsche Jugend (FDJ) ein und später in die SED. In dieser Zeit schloss Frau Ewald einen Ingenieursstudiengang ab und arbeitete bis zur Rente in gehobener Leitungsposition im ökonomischen Direktionsbereich eines volkseigenen Betriebes (VEB) . Sie lebt zum Zeitpunkt des Interviews in einer Stadt in Sachsen-Anhalt.

> Ja, (…) der ganze Inhalt des Lebens war antifaschistisch! Würd ich schon sagen, (…) [die Nazis,] die hatten keine Chance, populär zu werden. Also das gab's in der DDR nicht. Die wurden dann auch, auch wenn se sich also bekannt haben, oder auch bekannt wurden gab's bestimmte Möglichkeiten, die eben wegzuschließen. Ja, unter unseren DDR-Bedingungen hätt's das nicht gegeben, dass Nazis in den Landtag kommen. Ne! Hätt's nicht gegeben, bin ich überzeugt. Und das sind ja auch alles

Westdeutsche, die im Landtag sitzen, d[ie] sind nicht in der DDR groß geworden. Alle namentlichen sind, Apfel und wie die alle heißen, die sind alle aus den westdeutschen Ländern hierher (O28-1, Z. 726 ff.).

Hier finden wir einen ungebrochenen Bezug auf das antifaschistische Selbstbild der DDR (vgl. auch Herf 1998) – auch wenn Frau Ewald das Phänomen des Rechtsradikalismus in der DDR nicht wirklich leugnet: Die „Nazis" hätten nur „keine Chance populär" zu werden gehabt und seien staatlichen Repressionen ausgesetzt gewesen.

Auch ihre Tochter (Jahrgang 1961) kritisiert die fehlende klare Position des Staates in Bezug auf den Umgang mit der NS-Vergangenheit sowie in Bezug auf das Verbot des Rechtsradikalismus. Die fehlende staatliche Repression und die legalen Möglichkeiten der in den Osten migrierten westdeutschen rechtsradikalen Parteien werden hier als die eine Seite genannt. In der Gruppendiskussion macht Frau Ewald noch einen zweiten Ursachenkomplex für den Anstieg der rechtsradikalen Tendenzen aus:

> Und die NPD muss verboten werden, die entwickelt sich immer mehr und unter den gesellschaftlichen Bedingungen ham sie alle Möglichkeiten. Wirklich, und das ist auch so ein Problem, was mich beschäftigt, seitdem es die DDR nämlich nicht mehr gibt, kann die Bundesrepublik eine soziale Maßnahme nach der anderen kaltstellen, beseitigen. Als es noch die DDR gab, wir hatten ja wirklich gute soziale Bedingungen, ham sie sich das nicht getraut ja. (…) Aber nun gibt's diesen Part nicht mehr und da können die nun hier Billiglohn und Rentenkürzung und alles Mögliche machen, stört keinen Menschen mehr. (…) Seit 1990 geht das mit sozialen Bedingungen immer immer rückwärts (O28-Familiengespräch, Z. 1291 ff.).

Frau Ewald macht hier noch einmal ihre Abgrenzung von der Bundesrepublik deutlich. „Unseren DDR-Bedingungen" im ersten Zitat wird der Abbau des Sozialstaats in der Bundesrepublik gegenübergestellt, der wiederum erst möglich war, als die DDR und damit die Systemkonkurrenz nicht mehr bestand. Hier zeigt sich eine nach wie vor starke Identifikation mit der DDR und ihren Semantiken und Diskursen, die auch hier im Familiengedächtnis tradiert werden. Dabei wirkt es nicht so, als ob sich Frau Ewald selbst der Bundesrepublik zugehörig fühlen würde. Indirekt wird auch hier der Westen für den Anstieg des Rechtsradikalismus verantwortlich gemacht, durch den Sozialabbau und die für die Verbreitung der Rechten optimalen gesellschaftlichen Bedingungen. Damit erfolgt eine persönliche Distanzierung vom Westen und damit auch von den vereinnahmenden und delegimierenden Diskursen. Wie bei Familie Müller zeigt sich die Forderung nach einem stärkeren Einschreiten staatlicher Organisationen gegen rechtsradikale Erscheinungen.

3.4 Familie Breitner

Herr Breitner ist 1926 geboren. Sein Vater war Sozialdemokrat und in der Zeit des Nationalsozialismus im Widerstand, er wurde von der Gestapo verhaftet; zu DDR-Zeiten war er von offizieller Seite her als ‚Opfer des Faschismus' anerkannt. Aufgrund einer Kriegsverletzung ist Herr Breitner schwerbehindert. Er war zu DDR-Zeiten und auch weiterhin nach der Wende sowohl im Versehrtensport und im Behindertenverband als auch politisch aktiv. Herr Breitner war Mitglied der SED, er ist gemeinsam mit seinem Vater sofort nach Kriegsende in die SPD eingetreten. Zentral für die Weitergabe seiner ausgeprägten antifaschistischen Einstellung ist für Herrn Breitner, dass diese nicht durch Belehrungen und Vorträge der Eltern gegenüber den Kindern erfolgte, sondern durch das Vorleben und Miteinbeziehen der Kinder in konkrete Lebensvollzüge und Praktiken. So habe er auch seine eigene Haltung von seinem Vater übernommen. Das könnte ein Hinweis auf eine Form des Familiengedächtnisses jenseits der sprachlichen Ebene sein, ein körperlich zu lokalisierendes, aber in konkreten Interaktionen gebildetes Gedächtnis (vgl. dazu auch Heinlein et al. 2016 und Sebald 2014, S. 97 ff.). Herr Breitner hat ebenfalls eine ungebrochen positive Einstellung zur DDR und ihrem Antifaschismus, während in seinen Augen in der BRD „die ehemaligen Leute überall noch versteckt in den Ämtern drinne[stecken]" (O23-1, Z. 747 f.). Im Familieninterview spricht er in diesem Zusammenhang auch von „braunem Gesocks".

Bei ihm und auch bei seiner Tochter (Jahrgang 1961), einer Lehrerin, wird der antifaschistische Grundkonsens und das antifaschistische Selbstbild der DDR stark gemacht, aber eine Auseinandersetzung mit aktuellen rechtsradikalen Tendenzen taucht in den Interviews nicht direkt auf. Beides ist jedoch beim Enkel vorhanden, und dieser verweist in diesem Zusammenhang immer wieder auf Diskussionen in der Familie. Berthold Büttner ist zum Zeitpunkt des Interviews 23 Jahre alt und studiert Geschichte und Politikwissenschaften an einer ostdeutschen Universität. Er ist sehr aktiv in der Antifa und setzt sich im Studium und auch außerhalb intensiv mit den Themen DDR, Erinnerungspolitik und aktuellem Rechtsradikalismus auseinander.

> Ich hatte jetzt 'n Projekt zur Reflexion der deutschen Geschichte in DDR und BRD [mhm] und der jüdischen Geschichte halt insbesondere, wo wir das durchgegangen

sind, und wo ich dann halt auch noch mal gemerkt hab, wie meine Mutter selber geprägt ist, von dem Bild der DDR, das die DDR quasi von sich selber entwickelt hat. Also der antifaschistische Staat, der im Grunde genommen alles ausgemerzt hat und wo die Entnazifizierung bis zum Endpunkt geklappt hat. In der BRD war's natürlich auch kritisch, also (lacht) man hat den Personalstamm halt übernommen (…) da hab ich das halt auch noch mal reflektiert, dass mein Opa ja auch in der DDR irgendwie aufgewachsen ist und dass das da auch so'n Verständnis da war (O23-3, Z. 253 ff.).

Die intensive Auseinandersetzung mit dem Selbstbild der DDR wird auf die familiale Konstellation bezogen und zur Erklärung bestimmter Muster in der familialen Kommunikation herangezogen. Zugleich wird das Selbstbild der DDR mit reflektiert und ins Verhältnis zu aktuellen erinnerungspolitischen Diskursen gesetzt:

Da hatt' ich ja einen Vortrag gehalten zu jüdischer Literatur und da seh' ich halt (…) wie enorm wenig dieses Thema in der DDR überhaupt aufgegangen ist und wie der im Grunde genommen heldenhafte Antifa-Kämpfer im Vordergrund steht (…) und Juden halt immer nur als Opfer dargestellt wurden, und jüdischer Widerstand zum Beispiel nicht mit einem Wort erwähnt wird. Und wenn ich mir so was angucke, dann denk' ich halt: (…) Da ist ideologisiert worden von vorn bis hinten. Und das ist Geschichtspolitik, das ist nicht irgendwie: wir lassen mal Fakten weg, weil wir zu viel zu tun haben. Das ist Geschichtspolitik und die richtete sich damals gegen Israel (O23-Familieninterview, Z. 760 ff.).

Während bei Herrn Breitner und seiner Tochter von einem beinahe ungebrochenen Bezug auf den Antifaschismus der DDR gesprochen werden kann, zeigt sich beim Enkel eine ausgesprochen reflektierte Haltung zur Erinnerungspolitik. Er setzt sich kritisch mit den im Familiengedächtnis reproduzierten und von ihm vor allem wohl dort rezipierten antifaschistischen Diskurs der DDR auseinander. Dieser wird vor dem Hintergrund neuerer, aber nicht explizit genannter wissenschaftlicher Diskurse diskutiert und kritisiert. Damit zeigt sich auch in der Familie Breitner eine deutliche generationelle Differenz im Umgang mit der DDR-Vergangenheit und den diskursiven Zuschreibungen in Bezug auf den Rechtsradikalismus.

4 Fazit

Was sich in den untersuchten Familien zeigt und was aus der bisherigen Forschung zu familialen Gedächtnissen auch schon bekannt ist, das ist der Bruch zwischen „Lexikon" – einem offiziellen, öffentlichen Gedächtnis an die DDR, wie es sich im Diskurs zeigt – und dem „Album" – einem privaten Familiengedächtnis (vgl. Welzer et al. 2003, S. 188 sowie Moller 2003, S. 189). Sabine Moller spricht von einer „Revitalisierung und Stärkung des inoffiziellen Gedächtnisses" (Moller 2003, S. 205). Wir sind nicht bei diesem Befund stehen geblieben, sondern haben die familiale Seite dieses Bruchs daraufhin untersucht, in welcher Weise der westlich geprägte öffentliche Diskurs zur DDR wahrgenommen, abgelehnt beziehungsweise möglicherweise auf- oder übernommen wird. Aufgrund unserer mit vier Familien sehr eingeschränkten Datenbasis sind keine generalisierenden Schlussfolgerungen im Hinblick auf die Verbreitung bestimmter Motive oder inhaltlicher Positionen möglich. Aber wir können doch erste Aussagen darüber treffen, ob und wie Diskurse in Familiengedächtnissen auftauchen, und erste Schlüsse darauf in Bezug auf die Zusammenhänge ziehen:

1. Diskurse scheinen immer wieder in den familialen Narrationen und Diskussionen auf. Sie konkret zu benennen, ist ein schwieriges methodisches Unterfangen, weil sie in generalisierender, selektiver und meist schon verarbeiteter Weise eingebracht werden. Hier ist noch fundierende methodologische Arbeit notwendig. Als ein Ansatzpunkt im Fall einer Ablehnung der diskursiven Zuschreibungen könnten Legitimationen und Argumentationen gegen nicht im Interview erhobene Vorwürfe sein oder aber die Übernahme einer von der sonstigen Positionierung abweichenden Position.
2. Diskurse als symbolische Praxen finden Resonanz vor dem Hintergrund eines erworbenen Wissens- und Relevanzsystems. Sie bestimmen zwar, was legitime Positionen in Diskursen selbst sind, aber sie determinieren keineswegs ihre Rezeption und den jeweils selektiven Einbau in andere Wissens- und Kommunikationsstrukturen. Sie werden sozusagen in die familialen Gedächtnisse übersetzt. Ob und wie Diskurse Resonanz in der familialen Kommunikation finden, scheint also von einem komplexen Geflecht von bedingenden Faktoren auf unterschiedlichen Ebenen des Sozialen abzuhängen.
3. Familiale Gedächtnisse scheinen auch ein potenzieller Rückzugsort für Positionen zu sein, die im offiziellen Diskurs nicht mehr zur Verfügung stehen. Das lässt sich auch für die Bundesrepublik in der Zeit nach dem Nationalsozialismus konstatieren.
4. Das Thema Rechtsradikalismus taucht (im Zusammenhang mit unserer Fragestellung nach der Zeit des Nationalsozialismus: selbstverständlich?) in allen von uns interviewten ostdeutschen Familien auf. Wir haben in unserem Sample keine sich politisch rechts verortenden Personen. Vor allem in den jüngeren Generationen ist das Problem nicht nur in Diskursen, sondern auch in der alltäglichen Lebenswelt lokalisiert.

5. Fast immer wird das antifaschistische Selbstbild der DDR in diesem Zusammenhang aufgerufen und die Verhältnisse in der DDR diesbezüglich idealisiert. Die konsequente Entnazifizierung der gesellschaftlichen Institutionen wird auch immer gegen die in dieser Hinsicht als defizitär erachteten Praktiken im Westen in Stellung gebracht. Dieses Selbstbild scheint stark in den Familiengedächtnissen vor allem der beiden älteren Generationen (Kriegs- und Nachkriegsgeneration) verankert zu sein.
6. In diesem Zusammenhang wird auch immer wieder die antifaschistische Erziehung in der DDR inklusive der Aufklärung über die nationalsozialistischen Verbrechen positiv erwähnt. Kritisiert wird, insbesondere von der jüngeren Generation, aber auch mehrfach der aufgebaute Mythos des heroischen antifaschistischen Widerstandskampfes und die entsprechend ausgerichtete Geschichtspolitik in der DDR.
7. In mehreren Fällen zeigen sich dezidierte Forderungen nach strikten Verboten, restriktivem staatlichen Eingreifen und generell nach einer eindeutigen Politik und exekutiven Praxis gegen rechtsradikale Tendenzen. Hier klingen durchaus (staats)autoritäre Tendenzen an. Diese finden sich jedoch vor allem in den beiden älteren Generationen.
8. In keinem Fall werden die kursierenden diskursiven Schuldzuweisungen für den Rechtsradikalismus an die DDR-Gesellschaft bejahend aufgegriffen. Nur Herr Rambach und Frau Müller deuten mögliche Irrtümer in der schulischen Praxis beziehungsweise der Bildung an.
9. In unserem Material zeigt sich auch eine ausgeprägte Generationendifferenz in Bezug auf die Positionen zum Rechtsradikalismus in Ostdeutschland. Während die beiden älteren Generationen sich sehr stark auf den antifaschistischen Diskurs und Grundkonsens der DDR beziehen, spielt für die Enkelgeneration (geboren ab 1975) die lebensweltliche Auseinandersetzung mit der politischen Rechten und von da ausgehend eine intensive Reflexion der Phänomene von Rechtsradikalismus und Fremdenfeindlichkeit eine große Rolle. Aber auch hier findet sich keine direkte Übernahme der diskursiven Verantwortungszuschreibung für diese Phänomene an die DDR.

Die von Leonhard (2016, S. 218 ff.) in anderem Kontext festgestellten drei Formen des Einbaus von ‚neuem' diskursivem Wissen über die DDR in die biografischen Sinnbildungsprozesse – Kompromiss, Verteidigung und Übernahme – haben wir in unserem Material nur zum Teil gefunden: nämlich Verteidigung des alten Wissens und Kompromisse beziehungsweise Andeutungen davon.

Insgesamt tritt eine deutliche Diskrepanz auf zwischen den diskursiv verhandelten Ursachenzuschreibungen auf der einen Seite und den von ostdeutschen

Interviewpartner(inne)n vollzogenen Bestandsaufnahmen hinsichtlich Rechtsextremismus und Fremdenfeindlichkeit in der Gegenwartsgesellschaft andererseits. Unser in Ostdeutschland erhobenes empirisches Material zeigt (trotz unseres Fokus auf die Erinnerung des Nationalsozialismus) intensive Auseinandersetzungen mit den generell als abwertend empfundenen Diskursen zur DDR. Angesichts dieser Befundlage könnte man mit Foucault von einem „Gegengedächtnis" (Foucault 2002, S. 186) der familialen Kommunikationen zu den offiziellen Diskurspositionen sprechen. Die Familiengedächtnisse bewahren die positive Erinnerung an die DDR gegen den vor allem als westdeutsch wahrgenommenen, die DDR delegitimierenden Diskurs. Das könnte auch daran liegen, dass es für diese Position keinen legitimen Ort auf der diskursiven Ebene gibt. Insofern zeigt sich gerade in den extradiskursiven Inhalten des Familiengedächtnisses die „Subalternisierung" (Kollmorgen 2011) des Ostens. Und es zeigt sich die Notwendigkeit, die Untersuchung sozialer Gedächtnisse auf unterschiedlichen Ebenen in die Transformationsforschung zu integrieren (vgl. für ein gelungenes Beispiel etwa Leonhard 2016).

Literatur

Behrens, Jan C./Lindenberger, Thomas/Poutrus, Patrice G. (2003): Fremde und Fremd-Sein in der DDR. Zu historischen Ursachen der Fremdenfeindlichkeit in Ostdeutschland. Berlin: Metropol.

Bullion, Constanze von (2011): Das Gift der Diktatur. In: Süddeutsche Zeitung vom 23. November.

Bullion, Constanze von (2016): Wie dünn die Kruste ist. In: Süddeutsche Zeitung vom 28. Februar.

Decker, Oliver/Kiess, Johannes/Brähler, Elmar (2008): Bewegung in der Mitte: Rechtsextreme Einstellungen in Deutschland 2008. Mit einem Vergleich von 2002 bis 2008 und der Bundesländer. Berlin: Friedrich-Ebert-Stiftung.

Dimbath, Oliver (2013): Soziologische Rahmenkonzeptionen. Eine Untersuchung der Rahmenmetapher im Kontext von Erinnern und Vergessen. In: Lehmann, René/Öchsner, Florian/Sebald, Gerd (Hrsg.): Formen und Funktionen sozialen Erinnerns. Sozial- und kulturwissenschaftliche Perspektiven. Wiesbaden: Springer VS, S. 25–48.

Foucault, Michel (1981) [1969]: Archäologie des Wissens. Frankfurt a. M.: Suhrkamp.

Foucault, Michel (2002) [1971]: Nietzsche, die Genealogie, die Historie. In: ders., Dits et Ecrits/Schriften, Bd. 2. Frankfurt a. M.: Suhrkamp, S. 166–191.

Heinlein, Michael/Dimbath, Oliver/Schindler, Larissa/Wehling, Peter (Hrsg.) (2016): Der Körper als soziales Gedächtnis. Wiesbaden: Springer VS.

Heitmeyer, Wilhelm (2009): Leben wir noch immer in zwei Gesellschaften? 20 Jahre Vereinigungsprozeß und die Situation gruppenbezogener Menschenfeindlichkeit. In: ders. (Hrsg.): Deutsche Zustände. Folge 7. Frankfurt a. M.: Suhrkamp, S. 13–49.

Herf, Jeffrey (1998): Zweierlei Erinnerung. Die NS-Vergangenheit im geteilten Deutschland. Berlin: Propyläen.

Heß, Pamela (2016): Zur gesellschaftlichen Organisation von Erinnerungen. Eine Annäherung am Beispiel der kontroversen Debatten um die Aufarbeitung der DDR-Vergangenheit. In: Leonhard, Nina/Dimbath, Oliver/Haag, Hanna/Sebald, Gerd (Hrsg.): Organisation und Gedächtnis. Über die Vergangenheit der Organisation und die Organisation der Vergangenheit. Wiesbaden: Springer VS, S. 249–266.

Keller, Reiner (2001): Wissenssoziologische Diskursanalyse. In: Keller, Reiner/Hirseland, Andreas/Schneider, Werner/Viehöver, Willi Viehöver (Hrsg.): Handbuch Sozialwissenschaftliche Diskursanalyse, Band 1: Theorien und Methoden. Opladen: Leske+Budrich, S. 113–143.

Keppler, Angela (1994): Tischgespräche. Über Formen der kommunikativen Vergemeinschaftung am Beispiel der Konversation in Familien. Frankfurt a. M: Suhrkamp.

Kieserling, Andre (1999): Kommunikation unter Anwesenden. Studien über Interaktionssysteme. Frankfurt a. M.: Suhrkamp.

Klärner, Andreas (2008): Zwischen Militanz und Bürgerlichkeit. Selbstverständnis und Praxis der extremen Rechten. Hamburg: Hamburger Edition.

Kollmorgen, Raj (2011): Subalternisierung. Formen und Mechanismen der Missachtung Ostdeutscher nach der Vereinigung. In: Kollmorgen, Raj/Koch, Frank Thomas/Dienel, Hans-Liudger (Hrsg.): Diskurse der deutschen Einheit. Kritik und Alternativen. Wiesbaden: VS Verlag für Sozialwissenschaften, S. 301–359.

Kollmorgen, Raj (2015): Diskursanalyse. In: ders. (Hrsg.) Handbuch Transformationsforschung. Wiesbaden: Springer VS, S. 265–275.

Kollmorgen, Raj/ Koch, Frank Thomas/Dienel, Hans-Liudger (2011): Diskurse der deutschen Einheit. Kritik und Alternativen. Wiesbaden: VS Verlag für Sozialwissenschaften.

Kollmorgen, Raj/Hans, Torsten (2011): Der verlorene Osten. Massenmediale Diskurse über Ostdeutschland und die deutsche Einheit. In: Kollmorgen, Raj/Koch, Frank Thomas/Dienel, Hans-Liudger (Hrsg.): Diskurse der deutschen Einheit. Kritik und Alternativen. Wiesbaden: VS Verlag für Sozialwissenschaften, S. 107–165.

Kuck, Dennis (2003): „Für den sozialistischen Aufbau ihrer Heimat"? Ausländische Vertragsarbeitskräfte in der DDR. In: Behrens, Jan C./Lindenberger, Thomas/Poutrus, Patrice G. (Hrsg.): Fremde und Fremd-Sein in der DDR. Zu historischen Ursachen der Fremdenfeindlichkeit in Ostdeutschland. Berlin: Metropol, S. 245–257.

Leonhard, Nina (2016): Integration und Gedächtnis. NVA-Offiziere im vereinigten Deutschland. Konstanz: UVK.

Luhmann, Niklas (2009): Sozialsystem Familie. In: ders., Soziologische Aufklärung 5. Wiesbaden: VS Verlag für Sozialwissenschaften, S. 189–209.

Moller, Sabine (2003): Vielfache Vergangenheit. Öffentliche Erinnerungskulturen und Familienerinnerungen an die NS-Zeit in Ostdeutschland. Tübingen: edition diskord.

Müller, Claus Peter (2014): Roter Freitag. In: Frankfurter Allgemeine Zeitung vom 5. Dezember.

Nave-Herz, Rosemarie (2004): Ehe- und Familiensoziologie. Eine Einführung in Geschichte, theoretische Ansätze und empirische Befunde. Weinheim: Juventa.

Pfeiffer, Christian (1999): Anleitung zum Hass. Der Kriminologe Christian Pfeiffer über das Erziehungssystem der DDR und die Folgen. In: Der Spiegel vom 22. März.

Poutrus, Patrice G./Behrens, Jan C./Lindenberger, Thomas (2000): Historische Ursachen der Fremdenfeindlichkeit in den neuen Bundesländern. In: Aus Politik und Zeitgeschichte, B 39, S. 15–21.

Quent, Matthias (2011): Mehrebenenanalyse rechtsextremer Einstellungen: Ursachen und Verbreitung in unterschiedlichen sozioökonomischen Regionen Hessens und Thüringens. Magdeburg: Meine Verlag.

Quent, Matthias (2012): Rechtsextremismus – ein ostdeutsches Phänomen? In: Aus Politik und Zeitgeschichte, B 16–17, S. 38–42.

Schubarth, Wilfried (1993): Rechtsextreme Einstellungen Jugendlicher vor und nach dem gesellschaftlichen Umbruch. Kontinuität und Diskontinuität des Rechtsextremismus in Ostdeutschland. In: Deutsches Jugendinstitut (Hrsg.): Gewalt gegen Fremde. Rechtsradikale, Skinheads und Mitläufer. München: DJI-Verlag, S. 149–159.

Sebald, Gerd (2014): Generalisierung und Sinn. Überlegungen zur Formierung sozialer Gedächtnisse und des Sozialen. Konstanz: UVK.

Sebald, Gerd/Lehmann, René/Malinowska, Monika/Öchsner, Florian/Brunnert, Christian/ Frohnhöfer, Johanna (2011): Soziale Gedächtnisse. Selektivitäten in Erinnerungen an die Zeit des Nationalsozialismus. Bielefeld: transcript.

Siegler, Bernd (1991): Auferstanden aus Ruinen … Rechtsextremismus in der DDR. Berlin: tiamat.

Tuider, Elisabeth (2007): Diskursanalyse und Biographieforschung. Zum Wie und Warum von Subjektpositionierungen. In: Forum Qualitative Sozialforschung/ Forum: Qualitative Social Research, 8 (2), Art. 6. Verfügbar unter: http://nbn-resolving.de/ urn:nbn:de:0114-fqs070268 (letzter Zugriff: 31.08.2016).

Welzer, Harald/Moller, Sabine/Tschuggnall, Karoline (2003): „Opa war kein Nazi". Nationalsozialismus und Holocaust im Familiengedächtnis. Frankfurt a. M.: Fischer.

Wippermann, Wolfgang (2009): Dämonisierung durch Vergleich. DDR und Drittes Reich. Berlin: Rotbuch.

Teil III
Soziale Gedächtnisse und Gedächtnispolitik nach 1989/90

„Dann kam die Wende und auf einmal war ich wer." Erinnerungen ostdeutscher Parlamentarierinnen an ihr Leben in der DDR. Eine biografieanalytische Betrachtung

Cornelia Hippmann

1 Einleitung

Die biografische Reflexion über die eigene DDR-Vergangenheit ist auch mehr als 25 Jahre nach dem Mauerfall im Leben und in den Erinnerungen vieler ostdeutscher Bürgerinnen und Bürger mit einer gewissen Brisanz verbunden. Gerade für in der Öffentlichkeit stehende Individuen und soziale Gruppen – wie Politiker(innen) – stellt(e) die eigene kritische Auseinandersetzung mit ihrem Leben in und ihrer Einstellung gegenüber der DDR – insbesondere in der Zeit des gesellschaftlichen Epochenwechsels 1989/1990 – eine zentrale und handlungsleitende Bedingung dar, um eine Politikkarriere im vereinten Deutschland einzuschlagen. Dies wirft die Frage auf, auf welche Weise sich ostdeutsche Politikerinnen an die DDR erinnern und mit welchen Erfahrungen diese Erinnerungen verknüpft sind. Vor dem Hintergrund, dass eine zu enge Verbundenheit mit dem DDR-Regime gerade in dieser Zeit ein Ausschlusskriterium für eine Tätigkeit als Parlamentarier(in) war, da für den Aufbau einer neuartigen Politikszene im Osten Deutschlands Frauen und Männer gefragt waren, die von ihrer Vita her politisch als unbelastet galten, war diese Frage von besonderer Relevanz.

C. Hippmann (✉)
RWTH Aachen University, Aachen, Deutschland
E-Mail: cornelia.hippmann@rwth-aachen.de

© Springer Fachmedien Wiesbaden GmbH 2017
H. Haag et al. (Hrsg.), *Volkseigenes Erinnern,* Soziales Gedächtnis, Erinnern und Vergessen – Memory Studies,
DOI 10.1007/978-3-658-17548-1_5

An dieser Stelle setzt der vorliegende Beitrag[1] an. Er konzentriert sich darauf, das Leben von Politikerinnen aus den neuen Bundesländern aus ihrer subjektiven Sichtweise zu betrachten und ihre Erinnerungen an die DDR und den gesellschaftlichen Umbruch zu entschlüsseln. Gerade weil sich diese soziale Gruppe aus prominenten öffentlichen Personen zusammensetzte, deren besondere Herausforderung unter anderem darin besteht, zu ihrer DDR-Vergangenheit Stellung zu nehmen und sich zu positionieren, lassen sich aufgrund ihrer häufig attestierten Systemferne sowohl Erleidensprozesse vor dem gesellschaftlichen Epochenwechsel als auch innere Wandlungsprozesse nach 1989/1990 herausarbeiten. Deshalb steht diese Personengruppe im Interessenfokus meiner Untersuchung.

Die Bedeutung unterschiedlicher Modi der Erinnerung an die DDR sowie die damit verbundenen lebensgeschichtlichen Erfahrungen der bis heute aktiven ostdeutschen Politikerinnen werden unter besonderer Berücksichtigung generationsspezifischer Aspekte herausgearbeitet. In dieser Hinsicht wird vor allem diskutiert: Wie lassen sich die Erinnerungen der Parlamentarierinnen an die DDR methodisch untersuchen? An welche Erfahrungen und Erlebnisse erinnerten sich die Politikerinnen nicht nur ungern, sondern versuchten sie während der Interviewsituation möglicherweise zu verdrängen oder gar auszublenden? Welchen Einfluss hat die strittige Frage der persönlichen (Nicht)Akzeptanz des DDR-Regimes auf die Präsentation ihrer lebensgeschichtlichen Erlebnisse? Welche Gemeinsamkeiten, aber vor allem auch Unterschiede lassen sich bei der Darstellung ihrer Erinnerungen zwischen *systemkonformen* und *systemdistanzierten* Politikerinnen erkennen?

Um sich diesen Forschungsfragen zu nähern, wird im Weiteren zunächst der theoretisch-methodische Rahmen der Untersuchung präsentiert. Im Anschluss daran wird aufgezeigt, wie systemkonforme und systemdistanzierte Mandatsträgerinnen ihren Werdegang vor und nach 1989/1990 beleuchten, einordnen und bewerten. Dies wird anhand einer Gegenüberstellung veranschaulicht. Auf diese Weise werden unterschiedliche ‚Lesarten' der DDR sichtbar, deren Gemeinsamkeiten und Unterschiede diskutiert werden. Weil die Methode des autobiografisch-narrativen Interviews besonders geeignet ist, der Formierung von Vergangenheitsbezügen nachzugehen, wurde sie als Ansatz für die vorliegende Forschung gewählt. Gerade anhand der Gegenüberstellung der Erzählungen von systemkonformen und systemdistanzierten Frauen aus der ehemaligen DDR lassen sich so einerseits unterschiedliche Erinnerungsmodi sowohl an die DDR als auch an die Wendezeit beleuchten. Andererseits lässt sich beobachten, wie die Interviewten ihre Karrieren in der Politik nach 1990 einordnen. Gleichfalls kann so aufgezeigt werden, welche kollektiven

---

[1] Er basiert auf meinem inzwischen abgeschlossenen Dissertationsprojekt *Ostdeutsche Frauen in der Politik. Eine qualitative Analyse.* Vgl. Hippmann (2013, 2014, 2016).

sinbildenden und identitätsstiftenden Elemente bei den Parlamentarierinnen trotz ihrer unterschiedlichen politisch-biografischen Herkunft, ihrer differenten Sozialisation sowie ihren verschiedenen Einstellungen gegenüber dem DDR-Staat bestehen.

2 Theoretisch-methodischer Rahmen der Studie

Die Erinnerungsmodi ostdeutscher Politikerinnen lassen sich im Kontext einer spezifisch biografischen Identitätsentfaltung und einer entsprechenden generationellen Prägung analysieren. Meine Studie knüpft theoretisch an das Generationskonzept von Karl Mannheim (1970) an. Durch die spezielle Verzahnung von Generation und Erinnerung lässt sich auf der Basis autobiografisch-narrativer Interviews mit Mandatsträgerinnen aus den neuen Bundesländern aufzeigen, dass diese Frauen den Grundstein für ihre Politikkarriere in der Zeit des gesellschaftlichen Epochenwechsels 1989/1990 legten. Die interviewten Politikerinnen können demnach als Generation *Erwachsengewordensein in der DDR* bezeichnet werden (Hippmann 2014, S. 405 ff.). Dabei handelt es sich um Frauen, die zwischen 1945 und 1971 in der sowjetischen Besatzungszone beziehungsweise in der DDR geboren wurden, dort aufwuchsen und zum Zeitpunkt des Untergangs des sozialistischen Herrschaftssystems mindestens 18 Jahre alt waren. Diese Gruppe von Frauen teilt – wie die Bezeichnung *Erwachsengewordensein in der DDR* verdeutlicht – ähnliche Erlebnisse und Erfahrungen in und mit dem realexistierenden Sozialismus. Als übereinstimmendes generierendes Merkmal haben die Frauen gemein, dass sie in der DDR sozialisiert wurden. Die überwiegende Zahl von ihnen war Mitglied in den Massenjugendorganisationen der DDR, bei den Pionieren und in der Freien Deutschen Jugend (FDJ), und sie erwarben ihren Schulabschluss vor dem gesellschaftlichen Epochenwechsel. Die befragten Frauen verbindet ferner der Umstand, dass sie in einer Phase relativen Wohlstandes in der DDR aufwuchsen. Divergierend zu ihrer Elterngeneration profitierten sie von den Bildungsprogrammen der DDR, von der Durchsetzung der Fördermaßnahmen zur Qualifizierung weiblicher Arbeitskräfte und den familienpolitischen Maßnahmen, die zur Erleichterung des Lebens von Frauen, zur Vereinbarkeit von Familie und Beruf ab 1971 beitrugen (Joost 2000, S. 25 f.).[2]

---

[2]Das Jahr 1971 leitete die letzte Phase der DDR-Frauenpolitik bis 1989 ein. Sie war durch zahlreiche Initiativen gekennzeichnet, die die Vereinbarung von Familie und Beruf verbessern sollten. Mit Unterstützung zahlreicher sozial- und familienpolitischer Maßnahmen wie des Ausbaus der institutionellen staatlichen Kinderbetreuung, der Einführung des Babyjahres oder der Senkung der Wochenarbeitszeit für Mütter sollte die Frau bei der Erfüllung ihrer familiären Pflichten besonders entlastet werden (Joost 2000, S. 25 f.).

Diese Gemeinsamkeiten legen einen kollektiv-geteilten Erfahrungshintergrund nahe, wie ihn Mannheim mit seinem Konzept des Generationszusammenhangs beschreibt.[3] Dementsprechend lässt sich mit theoretischem Rekurs auf Jan Assmann (1992) bei den ostdeutschen Parlamentarierinnen von einem Generationsgedächtnis sprechen. Ihr Erfahrungshintergrund an ihr Leben in der DDR bezieht sich insbesondere auf die Form, wie sie ihre Erinnerungen an die DDR verarbeiten. Auf diese Weise bestimmt die Zugehörigkeit zur Generation *Erwachsengewordensein in der DDR* die individuelle Wahrnehmung von Ereignissen wie beispielsweise auch des gesellschaftlichen Umbruchs, der aufgrund von Systemkonformismus und Systemferne unterschiedlich eingeordnet und an den sich unterschiedlich erinnert wird.

Mannheim geht bekanntlich davon aus, dass zentrale kollektiv-historische Ereigniskonstellationen und strukturelle Lebensbedingungen – wie beispielsweise die Wendezeit[4] – als jeweilige Generationslagerungen die biografische Identitätsentwicklung der Menschen prägen. Hierbei kommt es sowohl zur ‚innerdialogischen' als auch zur kommunikativen Auseinandersetzung über die Bedeutung der kollektiv-historischen Ereigniskonstellationen, die sich in spezifischen Formen der Erinnerung an die DDR niederschlägt und einen spezifischen Generationenzusammenhang aufweist. Hier spielt insbesondere die Form, wie Erfahrungen und Erinnerungen an die Vorwendezeit verarbeitet haben, eine besondere Rolle. Dementsprechend kommt dem kommunikativen Gedächtnis[5] (Assmann 1992) eine besondere Bedeutung zu, da sich mit Bezug darauf herausarbeiten lässt, ob und inwieweit Einstellungen zum DDR-System Einfluss auf die Erfahrungsverarbeitung haben.

---

[3]Mannheim geht davon aus, dass der „Generationszusammenhang" von der „Generationslagerung" zu unterscheiden ist. „Während die verwandte Generationslagerung nur etwas Potenzielles ist, konstituiert sich ein Generationszusammenhang durch eine Partizipation derselben Generationslagerung angehörenden Individuen am gemeinsamen Schicksal und an den dazugehörenden, irgendwie zusammenhängenden Gestalten" (Mannheim 1970, S. 313). Innerhalb eines Generationszusammenhangs sind Generationseinheiten aufzuspüren, die in unterschiedlicher Weise auf die den Generationszusammenhang stiftenden, gemeinsamen historisch-lebensgeschichtlichen Konstellationen antworten und damit gemeinsam Erlebtes jeweils verschieden verarbeiten (ebd.).

[4]Der Terminus ‚Wende' wurde als solcher erstmalig von Egon Krenz in seiner Antrittsrede als Honeckers Nachfolger zum 1. Generalsekretär der SED am 18. Oktober 1989 verwendet.

[5]Dementsprechend bestimmt der Erfahrungshintergrund der Generation auf diese Weise die individuelle Wahrnehmung und Einordnung von Ereignissen.

Um diesen Generationszusammenhang der Politikerinnen rekonstruieren zu können, erwies sich die Methode des autobiografisch-narrativen Interviews im Anschluss an Fritz Schütze (1983, 1987, 2008a u. b) als besonders geeignet.[6] Das autobiografisch-narrative Interview zielt darauf ab, durch weitgehend offene Fragen Erzählungen über das eigene Leben zu generieren, um so eine möglichst lückenlose Darstellung der biografischen Erfahrungsaufschichtung und damit der entsprechenden Erinnerungsmodi zu erhalten. Die Vergangenheitspräsentationen, die im autobiografisch-narrativen Interview immer wieder auftauchen, weisen spezifische Strukturierungsmerkmale auf. Dazu gehören die sogenannten Zugzwänge des Erzählens, der Gestaltungs-, Kondensierungs- und Detaillierungszwang, denen die oder der Befragte in der Narration ausgesetzt ist (Schütze 1994). Entscheidend ist dabei nicht nur, dass eine Narration eine Auflösung von Vagheiten sowie Ambivalenzen fordert (Rosenthal 1995, S. 85), sondern dass Erzählungen auch in einem sozialen Setting ablaufen, weshalb der Gestaltungsstatus von Erzählungen nicht von vornherein festgelegt ist, sondern vielmehr von diesem Setting abhängt (Sebald und Weyand 2011, S. 185). Die autobiografische Erzählung ist demnach als Bindeglied zwischen dem kollektiven und dem individuellen Gedächtnis zu verstehen, denn in der Autobiografie werden Ereignisse zu sinnstiftenden Identitätsnarrationen zusammengefasst, in denen das Individuum auf die eigene Vergangenheit und auf die damit verbundenen Ereignisse zurückblickt und dabei zugleich auf soziale Deutungsmuster zurückgreift (Giddens 1992, S. 24). Des Weiteren spielen „kognitive Figuren" (Glinka 1998), die für die Struktur des Handlungsablaufs in der Erzählung verantwortlich sind, für die

---

[6]Es wurden narrative Interviews mit Politikerinnen aus den neuen Bundesländern, die den fünf Parteien CDU, SPD, Bündnis 90/Die Grünen, FDP sowie Die Linke angehören und Mandate auf Kommunal-, Landes- oder Bundesebene haben, durchgeführt (Hippmann 2014, S. 328). Mit dem Fortschreiten und der Analyse der durchgeführten Interviews und angesichts der zu konstatierenden Komplexität sowie des Umfangs der jeweiligen Einzelfallstudien wurde die Erhebung der autobiografisch-narrativen Interviews bei einer Anzahl von 24 abgeschlossen. Diese Zahl von Interviewfällen wies vielfältige Prozessunterschiede innerhalb des Einzelfalls und zwischen den Fällen sowie eine so enorme inhaltlich-textuelle Tiefe auf, dass in Orientierung am methodischen Ideal der theoretischen Sättigung von einer maximalen Variation und angemessener theoretischer Reichweite der Fallinterpretation ausgegangen werden konnte (ebd., S. 354).

soziolinguistische Narrationsanalyse eine zentrale Rolle.[7] Durch den „Raffungscharakter" des Erzählvorgangs lassen sich die großen Linien des Erfahrungszusammenhangs herausarbeiten. Dabei kommen auch Erfahrungen zum Ausdruck, die der beziehungsweise dem Erzähler(in) selbst nicht voll bewusst sind oder zumindest unter der Schutzwand sekundärer Legitimationen nach außen verborgen bleiben sollen (Schütze 1983, S. 285).

Wie sich ostdeutsche Politikerinnen[8] an die DDR erinnern, lässt sich im Rahmen der hier durchgeführten Interviews anhand der Narrationen durch ihren offenen Stegreifcharakter also besonders gut herausarbeiten ebenso wie die Unterschiede in der Verarbeitung der Vergangenheit, die zur Entstehung divergenter Generationseinheiten führen, die in strittig-argumentativer Form einander gegenüberstehen und beispielsweise die unterschiedlich gelagerte persönliche Akzeptanz des DDR-Herrschaftssystems widerspiegeln. Die Darstellungstexte ermöglichen es, auch die Erinnerungen der Politikerinnen in den Blick zu nehmen, die nur verdeckt erwähnt wurden oder sogar der Tendenz nach ausgeblendet werden sollten. Insgesamt ließen sich so unterschiedliche Erinnerungsmodi von systemkonformen und systemdistanzierten Politikerinnen aus Ostdeutschland herausarbeiten, die einen aufschlussreichen Einblick in das Zusammenspiel von kommunikativem und kulturellem Gedächtnis (Assmann 1992) geben. Die DDR stellt ja sowohl für die befragten Politikerinnen als auch für die politische Öffentlichkeit die „rezente" Vergangenheit dar. In dieser Hinsicht anknüpfend ist das kulturelle Gedächtnis unter dem Blickwinkel der institutionalisierten Erinnerungen zu begreifen, das heißt, welches Bild vom Regime in den Medien transportiert wird wie beispielsweise Diktatur oder Unrechtsstaat. Kontrastierend dazu steht, inwie-

---

[7] „Kognitive Figuren gehen auf allgemeine Ordnungsprinzipien der Erfahrungsaufschichtung des Biographieträgers zurück, die in ihrem Entstehen und ihrer Durchformung wiederum nicht ohne die inaktive Einschränkung der elementaren Vorformen der Kommunikationsschemata der Sachverhaltsdarstellungen des Beschreibens, Argumentierens und des Erzählens in frühen Phasen der Ontogenese zu denken sind. Die kognitiven Figuren der Stegreiferzählung sind die elementarsten Darstellungs- und Orientierungsraster für das, was in der Welt an Ereignissen und entsprechenden Erfahrungen aus Sicht des persönlichen Lebens der Fall sein kann und was sich die Interaktionspartner als Plattform des gemeinsamen Welterlebens wechselseitig als selbstverständlich unterstellen" (Schütze 1984, S. 80).

[8] Der Feldzugang erfolgte in der Regel über zwei Wege, entweder telefonisch/schriftlich über das Wahlkreisbüro oder über Mitarbeiter(innen) im Parlament. Nachdem den potenziellen Interviewpartnerinnen das Forschungsanliegen geschildert wurde, das heißt, dass es sowohl um ihre aktuellen Karrierechancen in der Politik als auch um ihre Erfahrungen und Erinnerungen an die DDR geht und inwieweit diese ihre Politiklaufbahnen nach der Wende beeinflusst haben, war die Bereitschaft das Interview durchzuführen sehr hoch. Lediglich vier der 30 angefragten Frauen lehnten ein Interview ab.

weit inoffiziell und informell von den Einzelnen über die DDR gesprochen wird. Das heißt, die Erinnerungen der Politikerinnen über ihr Leben in der DDR, die sie in den Narrationen zum Ausdruck bringen, lassen sich als kommunikatives Gedächtnis begreifen. Gerade durch den besonderen Stegreifcharakter des methodischen Ansatzes des autobiografisch-narrativen Interviews ließ sich auf diese Weise ein besonderer Einblick über die inoffiziellen Erinnerungen an den SED-Staat gewinnen und rekonstruieren, ob und inwieweit diese mit dem kulturellen Gedächtnis konform gehen. Das heißt, den Befragten ist bei den Interviews immer bewusst, dass sie sich in ihren lebensgeschichtlichen Präsentationen von der DDR distanzieren und abgrenzen müssen, um ihren Status als Abgeordnete nicht zu gefährden.

Zusätzlich ist der Aspekt, wie die Erinnerungen an die DDR identitätskonstruierend wirken, entscheidend. Dabei ist das kollektive Gedächtnis der Politikerinnen, die in der DDR erwachsen wurden, wichtig, da dieses Gedächtnis bekanntlich aus gemeinsamen Bezugspunkten besteht, auf die sich die Individuen bei der Rekonstruktion ihrer Erfahrungen beziehen. Dementsprechend greifen die Frauen bei ihren Narrationen auf zentrale individuelle Erlebnisse zurück, die aus ihrer subjektiven Sichtweise für ihre Lebensgeschichte entscheidend waren. Das sind beispielsweise soziale Bereiche und Nischen wie ein prägendes kirchliches Milieu oder eine systemkonforme Einstellung zum Regime, die sie durch eine Mitgliedschaft in der SED bekundeten. Diese Erlebnisse, die sie mit anderen ähnlich eingestellten Individuen teilen, begründen einen Generationszusammenhang im mannheimschen Sinne. Sie sind zugleich Teil dessen, was sich unter dem kommunikativen Gedächtnis zusammenfassen lässt. Auf diese Weise ist rekonstruierbar, inwieweit die einzelne Politikerin ihre individuelle Vergangenheit in den Narrationen zum Ausdruck bringt und auf welche institutionellen Deutungsmuster sowie auf welche anderen sozial vermittelten Wissensbestände sie hierbei zurückgreift.

Da sich nur in Gegenwart anderer erinnert wird, was erlebt wurde, sind Erinnerungen immer ineinander verflochtene kollektive Denkweisen. Dabei ist das Gedächtnis nur in der Vergangenheit, die in einem Bezugsrahmen steht, rekonstruierbar. In dieser Hinsicht ist davon auszugehen, dass die Vergangenheit fortwährend von den sich wandelnden Bezugsrahmen der fortschreitenden Gegenwart her reorganisierbar ist. Da das Neue nur in der Form rekonstruierter Vergangenheit auftreten kann, wird plausibel, dass die Vergangenheit eine soziale Konstruktion ist, deren Beschaffenheit sich aus den Sinnbedürfnissen und Bezugsrahmen der jeweiligen Gegenwart ergibt und bei der Rekonstruktion wieder verformt wird. Diese Erkenntnis lässt sich besonders gut an der Personengruppe der Politikerinnen aus den neuen Bundesländern veranschaulichen. Weil die politischen Akteurinnen in der Öffentlichkeit stehen und sich im besonderen Maße mit ihrer DDR-Vergangenheit kritisch auseinandersetzen mussten (und mitunter immer noch müssen), um eine Karriere im vereinten Deutschland einzuschlagen, bedarf es eines enormen kritischen biografischen Reflexionspotenzials und einer Distanzierung zum damaligen Regime. Dies ist Voraussetzung, um nicht als ‚belastet' angesehen zu werden und als politische Mandatsträgerinnen tragbar zu sein. Gerade für die systemkonformen Bürger(innen) bedarf es auch während der Interviewsituation eines besonderen Fingerspitzengefühls, um ihre Lebensgeschichte aus eigener Sicht zu erzählen, sich dabei dennoch von den Machenschaften des Regimes zu distanzieren, wie es das „kulturelle Gedächtnis" im vereinigten Deutschland und damit die institutionalisierte Vergangenheitsdeutung bezüglich der DDR nahelegt.[9]

3 Die Rekonstruktion der Erinnerungen systemkonformer vs. systemdistanzierter Politikerinnen an das DDR-Regime

Die Frage, inwieweit der Epochenwechsel 1989/1990 Einfluss auf die Gestaltungs- und Partizipationschancen politischer Aspirantinnen aus der ehemaligen DDR hatte, aber auch wie dieses kollektiv-historische Ereignis in den Erinnerungen der Politikerinnen verankert ist, wird im Folgenden beleuchtet. Die Rekonstruktion der unterschiedlichen Erinnerungsmodi verdeutlicht, dass sich vor allem der politische und kulturelle Systemwechsel in der ehemaligen DDR sehr positiv auf die Karrierechancen der Frauen in der Politik ausgewirkt hat. Vor diesem Hintergrund ist der Zusammenbruch des DDR-Herrschaftssystems im Herbst 1989 als *die* zentrale Bedingung für die Karrieren ostdeutscher Parlamentarierinnen zu werten. In dieser Hinsicht zeigte sich, dass durch ihre Vita unbelastete – das heißt mit dem DDR-Regime nicht verflochtene – Frauen, die sich bereits in der frühen gesellschaftlichen Umbruchphase 1989/1990 in einer Partei engagierten und sich deshalb frühzeitig als Politikerinnen etablieren konnten, hervorragende Chancen für eine politische Karriere im vereinten Deutschland besaßen.

Meine Forschung zeigt, dass sich die ostdeutschen Politikerinnen der von mir untersuchten Generation *Erwachsengewordensein in der DDR* hinsichtlich auf

---

[9]Das kulturelle Gedächtnis zeichnet sich dadurch aus, dass in ihm unabhängig von den einzelnen Mitgliedern aufbewahrt wird, was einer sozialen Gemeinschaft für ihr Selbstverständnis und ihre Identität wichtig ist. Es wird über die Generationsfolge weitergegeben, was in Form kultureller Memotechnik, das heißt der Speicherung, Reaktivierung und Vermittlung von Sinn, geschieht (Vgl. Assmann 1992).

der einen Seite ihres staatsnahen und auf der anderen Seite ihres (zumeist) kirchlich-systemkritischen Sozialisationshintergrunds unterscheiden. Es handelt sich um ein für die Politikkarrieren der Frauen maßgebliches handlungs- und orientierungsleitendes Differenzierungsmerkmal, das auch in ihren Erinnerungen deutlich präsent ist. Die Analyse der Erinnerungsmodi[10] der interviewten Ostpolitikerinnen zeigt darüber hinaus, dass 1989/1990 die strittige Frage der persönlichen Akzeptanz des DDR-Herrschaftssystems von zentraler Relevanz war, um den Grundstein für eine Politiklaufbahn in der Wendezeit zu legen. Diese vergangenheitsbezogene Reflexion lässt sich als zentrales Erinnerungselement in den narrativen Präsentationen aufspüren. Sie zieht sich durch alle sozialen Schichten und politischen Parteien, was nicht zuletzt auf den Umstand zurückzuführen ist, dass alle Mandatsträger(innen) auf eine mögliche Zusammenarbeit mit der Staatssicherheit überprüft wurden.[11] An dieser Stelle zeigt sich der konstruktivistische Charakter von Erinnerungen, wie er von Halbwachs prominent herausgearbeitet wurde (Halbwachs 1991, S. 22 f.), besonders deutlich: Individuelle Erinnerungen sind demnach Rekonstruktionen, die sich auf soziale Bezugsrahmen der Gegenwart stützen. Unter Bezugsrahmen versteht Halbwachs „Instrumente", deren sich das Gedächtnis bedient, um ein Bild der Vergangenheit herauszuarbeiten, das sich für jede Epoche im Einklang mit den herrschenden Gedanken der Gesellschaft befindet (ebd.).

Dass die Politikerinnen der *ersten Stunde,* auch wenn der Großteil von ihnen systemdistanziert war, aber nicht als homogene Gruppe zu betrachten sind, sondern sich durch Systemferne vs. Systemkonformismus unterscheiden lassen, wird im Folgenden anhand der Gegenüberstellung zweier Fallbeispiele veranschaulicht. Gerade am Beispiel der Politikerin, die zu DDR-Zeiten SED-Mitglied war und damit ihre politische Anpassung(sbereitschaft) deutlich machte, lässt sich erkennen, wie wichtig die eigene biografische Reflexion und Positionierung zur DDR auch Jahre nach dem Epochenwechsel gerade für die in der Öffentlichkeit stehenden Individuen waren und wie schwierig sich der Vorwurf einer zu eng mit dem SED-Regime verflochtenen Biografie für eine Karriere als Politikerin erwies. Insofern hat die eigene kritische biografische Reflexion zu ihrer SED-Mitgliedschaft unter anderem damit zu tun, dass diese für eine Karriere als Parlamenta-

---

[10]Hier wird davon ausgegangen, dass die Erinnerungsmodi das soziale Geprägtsein individueller Erinnerungsprozesse beinhaltet, die für die Erinnerungen der ostdeutschen Mandatsträgerinnen untersuchbar sind.

[11]Da nicht nur ehemalige SED-Mitglieder, sondern auch einige Mitglieder der Blockparteien, Kirchenvertreter und ‚unpolitische' Bürger(innen) als Inoffizielle Mitarbeiter für die Staatssicherheit tätig waren, wird dies nachvollziehbar.

rierin nach der Wende in allen Parteien außer der PDS als ‚Makel' angesehen worden wäre. Die schmerzlichen Erinnerungen der befragten Politikerinnen an den öffentlichen Verdacht hinsichtlich einer möglichen Verstrickung mit der Stasi noch Jahre nach der Wiedervereinigung bestätigen, dass sie nach den Maßstäben des kulturellen Gedächtnisses im Assmannschen Sinn mit einer kritiklosen Auseinandersetzung mit der SED untragbar für eine Politikkarriere auch Jahre nach der deutschen Wiedervereinigung gewesen wäre.

Die Rekonstruktion der narrativen Präsentationen aller befragten Politikerinnen zeigt, dass sich der Rahmen ihrer Erinnerungen vornehmlich im Umgang mit anderen herausbildete. Damit sind sie Mitglieder partizipierender Gedächtnisgemeinschaften, in denen jeder Mensch im Laufe seines Lebens eingebunden ist. Dementsprechend sind bei den systemkonformen und systemdistanzierten Politikerinnen unterschiedliche Gedächtnisgemeinschaften wie Familie oder Religionsgemeinschaften für die unterschiedliche Einstellung zum Regime und auch für die divergenten Erinnerungsverarbeitungen, die mit dieser Zeit verknüpft sind, entscheidend, wie die folgende Gegenüberstellung beider Gruppen verdeutlicht.[12]

3.1 Die Rekonstruktion der Erinnerungsmodi *systemkonformer* Politikerinnen

Die zum DDR-Staat als systemkonform zu klassifizierenden Frauen sind in der vorliegenden Untersuchung unterpräsentiert. Dies verweist auf die Tatsache, dass die Parteien in Ostdeutschland bei dem Aufbau einer neuartigen politischen Szene nach westdeutschem Vorbild bevorzugt auf ‚unbelastete' und systemdistanzierte Bürger(innen) zurückgriffen. Die hier untersuchten systemkonformen Politikerinnen waren zu DDR-Zeiten häufig ‚passive' SED-Mitglieder. Direkt nach der Systemwende war für sie in der Regel nur in der PDS eine Karriere als Berufspolitikerin möglich. Dass dieser Umstand den Frauen bewusst ist, geht aus den lebensgeschichtlichen Narrationen hervor. Die Präsentation ihrer Lebensgeschichten gestaltet sich für die Zeit bis zum Mauerfalls am 9. November 1989 deshalb für sie oft problematisch. Diese Schwierigkeit spiegelte sich unter anderem darin wider, dass die Frauen entweder wenig elaborierend erzählen oder unter ‚Rechtfertigungsdruck' stehen und zu verstehen geben wollen, dass sie sich zu DDR-Zeiten nicht hundertprozentig systemkonform verhielten. Vor dem Hin-

---

[12]Das heißt, um den einzelnen Menschen in seinem individuellen Denken und individueller Erinnerung zu verstehen, muss man ihn in Beziehung zu seiner Position in der jeweiligen Gruppe verstehen, der er angehört.

tergrund, dass dieser heikle Aspekt zu einer möglichen Gefährdung ihres heutigen Status als Politikerin führen könnte, leuchtet dies ein. Besonders ausführlich werden in den Interviews daher diejenigen Erinnerungen präsentiert, die zeigen, dass auch innerhalb der PDS eine Distanz zur DDR unabdingbar war, um eine Karriere als Abgeordnete nach der Wende einzuschlagen. Weil aber viele Männer der Generation der in der DDR Aufgewachsenen mit dem SED-Regime verstrickt und als Funktionäre des Systems tätig waren, während Frauen im Funktionärsapparat nur eine marginale Rolle spielten, ergab sich für die Vertreterinnen des weiblichen Geschlechts während des politischen Neuanfangs in der Wendezeit eine besondere Chance, eine Laufbahn als Politikerin zu starten. Diese Erinnerung ist in den lebensgeschichtlichen Erzählungen der Frauen sehr präsent. Die besondere Betonung ihres eigenen unpolitischen Profils zu DDR-Zeiten hat sicherlich auch damit zu tun, dass sie sonst für eine Karriere als Parlamentarierin nach der Wende als belastet gegolten hätten. Nach den Maßstäben des kulturellen Gedächtnisses im vereinten Deutschland wäre ein kritikloses Bekenntnis zu einem früheren politischen Engagement schwierig gewesen.

Da die von mir interviewten Politikerinnen gegenüber dem DDR-Staat in der Regel unkritisch eingestellt waren, hatten sie vor 1989 kaum Schwierigkeiten bei der Durchsetzung ihrer biografisch-beruflichen Pläne und konnten ihre Vorstellungen und Wünsche ohne Sanktionen durch den SED-Staat realisieren. Trotzdem engagierten sie sich in der Übergangsphase 1989/1990 politisch und erlebten diese Aufbruchszeit als ein Stück Hoffnung und als Chance, die DDR und den Sozialismus zu reformieren. Auch in der aus der SED hervorgegangenen PDS und heutigen Partei Die Linke waren somit Bürger(innen) gefragt, die nicht zu der politisch kompromittierten Altherrenriege der Parteifunktionäre gehörten. Als sich die SED/PDS von ihrem alten Image befreien wollte, benötigte sie neue, unbelastete Personen. Die Aufbruchssituation 1989/1990 bot deshalb für politisch engagierte und interessierte Frauen – oft unverhofft – die Chance, eine Laufbahn als Parlamentarierin einzuschlagen.

Das zeigt beispielsweise der folgende Transkriptauszug aus dem Interview mit Frau D., einer Spitzenpolitikerin der Partei Die Linke. Bereits in der DDR war sie ‚passives' Mitglied der SED; in der Zeit des gesellschaftlichen Aufbruchs im Herbst 1989 begann sie sich aktiv zu engagieren:

> Ich hatte diese ehm Wendezeit als ein Stück Hoffnung, Aufbruch für eine neue Gesellschaft zu begreifen und mich da politisch mit einzumischen. Ich hatte also mit dem Kinderwagen immer losgezogen wie das so war, zu jeder Demo, zu jeder Diskussionsveranstaltung. Das war ja ne sehr offene, tabulose Zeit, in der viel diskutiert wurde und sehr viele Menschen politisch engagiert waren. Ich wünschte mir

> manchmal so eine Zeit zurück. Und hab dann am Runden Tisch in B. mit gesessen. Ahm ja und habe dann im Herbst für die Volkskammer kandidiert. Da gab es ein paar Einschnitte. Da ich vorher in der SED keine Funktion hatte. Und da kam so jemand auf die Idee. Du sitzt am Runden Tisch, die ist politisch engagiert. Bist jung, ne Frau. Ja, wie damals die Zeiten auch bei uns so waren, kamen Männer, die der Auffassung waren, die könnte auch für die Volkskammer kandidieren. Ich hab dann bei der ersten Kreisdelegierten. Wie hieß das denn damals? Kreisdelegiertenversammlung der SED mitgemacht. Die erste Bezirksversammlung, da ging es um die Aufstellung der Kandidaten, der Liste für die Volkskammer. Und die Liste war sehr männlich dominiert, so wie man sich die damals vorstellte. Und da hatten wir auch so ne Diskussion, überhaupt so zu Frauen in der Politik und so weiter. Es gab dann ein paar Dinge, die mich dann auch sehr beschäftigt haben. Und da bin ich da spontan aufgesprungen und hab dann aus dem Handgelenk einen Beitrag rausgeschüttelt, weil mich ziemlich aufgeregt hat, so, wie mit dem Thema Frauen und Politik umgegangen ist. Und das hat mir dann statt dem 10. Platz, war irgendwie vorgesehen für mich. Das brachte mir bei der Wahl den 4. Listenplatz ein. Der nicht vorgesehen war, also war ich dann doch auf einmal in der Volkskammer drinnen.

Wie die Narrationen verdeutlichen, spielte die kritische Reflexion der eigenen DDR-Vergangenheit und ihrer Haltung zum SED-Staat bei diesen Frauen eine große Rolle und vollzog sich unter besonderer öffentlicher Aufmerksamkeit. Obgleich sich die politischen Akteur(innen) in der PDS vom ‚alten Kader', den Funktionären, lösten und unter demokratischen Prinzipien einen ‚Neustart' ihrer Partei im vereinten Deutschland wagten, wurden sie häufig weder von den ehemaligen Ost-Bürger(innen), die gegenüber der SED bereits vor 1989 kritisch eingestellt waren, noch von den Politiker(innen) aus der alten Bundesrepublik toleriert, geschweige denn akzeptiert. Dass sie später zum Teil immer noch unter dem Stigma der kompromittierten ‚politischen Schmuddelkinder' leiden, geht ebenfalls aus dem Interview mit Frau D. hervor:

> Es war oft so gemeint, also irgendwo müssen die Verantwortlichen doch jetzt stehen können. Da kam man aus der SED, war 28 und es hieß: ‚Ja, 40 Jahre habt Ihr uns betrogen und belogen.' Na da hatten wir sehr viele dabei, die aus den alten Bundesländern kamen. Und die mit der SED nun auch überhaupt nichts mehr zu tun hatten.

Darüber hinaus lassen sich noch weitere Formen des Erinnerns an die DDR bei den Parlamentarierinnen ausmachen. Beispielsweise ist ihnen bewusst, wie sehr sie von der Bildungsoffensive in der DDR profitiert haben, die ab 1962 auf Weiterbildung und Qualifizierung der Frauen ausgerichtet war und dazu führte, dass die heutigen ostdeutschen Frauen genauso gut, meist akademisch, wie ihre männlichen Kollegen ausgebildet sind. Ihre sehr guten Bildungsabschlüsse und umfassenden Berufserfahrungen werten die Parlamentarierinnen als sehr positiv für ihre politische Arbeit.

Da sie aufgrund ihrer Systemkonformheit keine Schwierigkeiten bei der Durchsetzung ihrer beruflichen Pläne hatten, sind diese Erinnerungen für sie ebenso positiv, wie der Umstand, dass sie sich an dem von der DDR propagierten weiblichen Leitbild der vollzeitberufstätigen Mutter, die neben dem Beruf auch den Großteil der reproduktiven Pflichten zu leisten hatte, orientieren. Die daraus resultierenden Multitasking-Fähigkeiten, die für die immer vielschichtiger werdende Politik essenziell sind, rahmen die Frauen positiv mit ihren Erinnerungen an die DDR und konterkarieren auf diese Weise das institutionalisierte negative Bild des DDR-Staates.

Im Folgenden soll anhand einer Fallrekonstruktion einer systemkonformen Politikerin exemplarisch demonstriert werden, wie sie sich an die DDR erinnert und inwieweit ihre zunächst geringe Distanzierung zum Regime sich nachhaltig für ihre Politikkarriere auswirkte und beinahe deren Ende bedeutete.

3.2 Fallrekonstruktion von Frau H: „Ich bin zu DDR-Zeiten in der SED gewesen. Mich hat dazu keiner gezwungen, darin einzutreten"

Frau H. ist zum Zeitpunkt des Interviews Oberbürgermeisterin einer größeren Stadt in den neuen Bundesländern. Seit 2002 hat sie diese Position inne. Sie wurde in das institutionelle Ablaufmuster eines systemkonformen Elternhauses hineingeboren und war dementsprechend nicht systemkritisch eingestellt. Einsozialisiert in das institutionelle Ablaufmuster der DDR wird die Befragte aufgrund ihrer sehr guten Schulleistungen nach der 8. Klasse zur Erweiterten Oberschule delegiert, um dort Abitur zu machen. Frau H. beginnt 1974 mit dem Studium der Arbeitsökonomie an der Hochschule für Ökonomie, das sie erfolgreich abschließt.

Während der Studienzeit tritt sie in die SED ein, da sie die offiziell propagierte Leitideologie des Marxismus-Leninismus verinnerlicht hat. Zugleich verdeutlichen ihre Erinnerungen, die während der narrativen Präsentation lebendig werden, dass sie aber bereits vor der deutschen Wiedervereinigung wieder aus der SED austrat. Dass ihr Parteiaustritt bereits vor der Wendezeit ein freiwilliger Schritt war, bringt sie in diesem Zusammenhang ebenfalls deutlich zum Ausdruck. An die Gründe, die zu diesem Schritt führten, erinnert sich die Befragte folgendermaßen:

> Ehm ich habe da Erlebnisse gehabt, da wäre es auch an anderer Stelle Zeit, nicht nur darüber nachzudenken, sondern auch mal darüber zu sprechen. Also das war, dass ich damals ja in einer Direktorenrolle damals war. Hier in meiner Heimatstadt W. an der E. gab es damals Demonstrationen. Das war ja für uns völlig unwirklich.

> Wir hatten ja auch in unserer Firma eine Kampfgruppe mit Zivilverteidigung. Und mein Kollege – Direktor – möchte ich mal so bezeichnen, ohne es näher zu bezeichnen, war Chef der Kampfgruppe. Wir saßen dann in einer Runde zusammen, wo es darum ging, dass Mitglieder nicht in Uniform, sondern in Zivil in der Stadt aufhalten sollten. Der saß mir da so gegenüber und da habe ich dann nur gesagt: Würdest du wirklich auf deine eigenen Kollegen schießen? Und das war für mich ein so nachhaltiger Eindruck.

Die Wendezeit leitete einen beruflichen Wandlungsprozess von Frau H. ein, der in den berufsbiografischen Ressourcen begründet ist. Im Zuge der Privatisierung der volkseigenen Betriebe wurde ihr Arbeitsplatz, das Kombinat, von der Treuhand verkauft. Die Befragte war aber in der Lage, die kreative und schnelllebige Zeit für ihre Berufsbiografie zu nutzen. Sie engagiert sich in der Wendezeit für die Treuhand und verkaufte für sie das Kombinat.

In der gesellschaftlichen Umbruchsphase der DDR war Frau H. politisch nicht aktiv. Erst in ihrer Zeit als Unternehmerin entwickelte sie nach und nach die biografische Linie einer politischen Karriere. Vordergründig galt es während dieses Zeitpunkts, ihre Rolle als Firmeninhaberin zu festigen. Aus diesem Grund begann die Befragte, sich im Wirtschaftsrat e. V. ihrer Stadt zu engagieren. Da dieser, wie sie im narrativen Interview deutlich zum Ausdruck bringt, der CDU nahe stand, trat sie schließlich Mitte der 1990er-Jahre der CDU bei. Somit ist im Gegensatz zu zahlreichen anderen heutigen ostdeutschen Politiker(innen) ihr Zugangsweg zur Politik nicht in der frühen gesellschaftlichen Umbruchsphase der ehemaligen DDR auszumachen. Negativ auf ihr Engagement in der CDU wirkte sich eindeutig das Faktum aus, dass sie zu DDR-Zeiten SED-Mitglied war. Mit ihrem, wie sie als eindeutige Orientierung im Interview zum Ausdruck bringt, freiwilligen Eintritt in die SED während ihrer Studentenzeit, macht Frau H. deutlich, dass sie in einem systemkonformen DDR-Haushalt aufwuchs und stets dem institutionellen Ablaufmuster folgte. Somit war dieser biografische Schritt ihr eigener Wunsch und daher nicht vom DDR-Regime gelenkt. Sie weiß, dass sie durch ihr bewusstes Engagement in der SED nicht für eine Karriere in der CDU nach der deutschen Wiedervereinigung prädestiniert war, da diese in der Regel auf ‚unbelastete' Kandidatinnen und Kandidaten zurückgriff. Trotzdem ist erstaunlich, dass sie die Gründe für ihren Eintritt in die SED nicht beschönigt. Dass ihr früheres Engagement in der SED ihr enorme Schwierigkeiten bei der Kandidatur für das Amt der Oberbürgermeisterin 2001 einbrachte, zeigt die Erzählerin deutlich auf. Unberechtigterweise wurde ihr eine Mitarbeit in der Staatssicherheit vorgeworfen. Ihre Enttäuschung und ihr Unverständnis über die Vorwürfe, die eine schmerzliche Erfahrung für die Betroffene darstellte, werden spürbar:

Man hat mir auch versucht zu unterstellen, dass ich Beziehungen zur Staatssicherheit gehabt habe. Und das war für mich schon schwierig. Es wurde auch versucht, mir zu unterstellen, dass ich auch Mitarbeiter der Staatssicherheit gewesen bin. Und das sind so Bereiche und das sage ich deshalb, weil die Erfahrungen, die ich da gemacht hatte, in der Bewerbung um das Amt, die waren so fürchterlich, dass man die niemand wünscht.

Frau H. gelangte durch diese Vorwürfe während ihrer Kandidatur für das Amt der Oberbürgermeisterin zunehmend in eine schmerzhafte Verlaufskurve. Deutlich wird, dass die Erfahrung für sie einen schmerzlichen Prozess des Erleidens und beinahe das Ende ihres politischen Engagements bedeutete. Durch die Unterstützung ihrer Familie gelang es der Betroffenen nach einem ersten Orientierungszusammenbruch aber wieder, ihr Lebensarrangement zu stabilisieren. Da sie letztendlich belegen konnte, dass sie nicht inoffizielle Mitarbeiterin für die Staatssicherheit war, konnte sie letztlich ihre politische Arbeit trotz der Niederlage bei der Wahl fortsetzen. Die Gründe für ihre Kandidatur zur Oberbürgermeisterin macht die Erzählerin unmissverständlich deutlich. Sie betont, dass es ihr nicht um Macht und Einfluss gegangen sei. Vielmehr sei es ihr ausdrücklicher Wunsch gewesen, den Wirtschaftsstandort ihrer Heimatstadt zu verbessern. Da sie aufgrund ihres durch die akademische Ausbildung und Berufserfahrung erworbenen beruflichen Hintergrunds über die dazu erforderliche Handlungskompetenz verfügt, war sie überzeugt, die geeignete Kandidatin für dieses Amt zu sein.

3.3 Die Rekonstruktion der Erinnerungsmodi *systemdistanzierter* Politikerinnen

Die Frauen, die kritisch gegenüber dem DDR-System eingestellt und dadurch häufig staatlichen Sanktionsmaßnahmen ausgesetzt waren, sind in der vorliegenden Studie überrepräsentiert. In der Regel stammen diese Politikerinnen aus einem Elternhaus, das sich nicht oder nur (sehr) eingeschränkt mit der Ideologie der DDR identifizieren konnte. In diesem Sinne wurden auch ihre Kinder erzogen und sozialisiert, die oft einen biografischen Gegenentwurf zu der vom DDR-Regime vorgegebenen marxistisch-leninistischen Leitideologie entwickelten. Einige von ihnen erlebten die DDR-Zeit aufgrund dessen als schwere innerliche Sinnkrise. Seitens des Systems wurden sie beispielsweise bei der Durchsetzung ihrer biografisch-beruflichen Wünsche behindert, indem sie nicht zur EOS delegiert wurden oder keinen oder nicht den von ihnen gewünschten Studienplatz erhielten. So wird verständlich, dass diese jungen Frauen die Wendezeit als inneren Befreiungsschlag mit ungeahnten beruflichen Möglichkeiten erlebten.

Wenn sie sich frühzeitig einer Partei anschlossen, hatten sie aufgrund ihrer politisch ‚reinen' Biografien im vereinten Deutschland exzellente Startbedingungen für eine Karriere in der Politik. Auffällig ist, dass die überwiegende Zahl dieser Parlamentarierinnen der Stunde Null religiös gebunden ist. In Anbetracht dessen, dass die DDR-Bevölkerung – gemäß der marxistisch-leninistischen Ideologie des Arbeiter-und-Bauern-Staates – zu über 90 % keiner Kirche angehörte, verwundert dieses Faktum zunächst. Da eine religiöse Sozialisation auf eine gewisse ablehnende Haltung gegenüber der DDR beziehungsweise auf eine mögliche Distanzierung oder gar Ferne zu ihren soziokulturellen, politischen und nicht zuletzt ideologischen Regeln und Normen schließen lässt, lässt sich jedoch dies leicht nachvollziehen. Die Kirche war in der DDR als einzige Institution nicht dem direkten Machtsystem der SED untergeordnet und unterlag demzufolge nicht seiner Steuerung und Kontrolle. Die Kirche stellte eine Art Fremdkörper im System dar und wurde so zum Schutzraum für Andersdenkende. Obwohl im Artikel 41 der DDR-Verfassung die „volle Glaubens- und Gewissensfreiheit", die „ungestörte Religionsausübung" und das „Recht der Religionsgemeinschaft" (Schröder 1999, S. 104) verankert waren, hielt das DDR-Regime bis zu seinem Ende unbeirrt an der Marxschen These, Religion sei „Opium für das Volk", fest. Die Kirchen standen seit Beginn des SED-Herrschaftssystems unter argwöhnischer Beobachtung des Staates, und Sanktionen gegenüber den Christen waren deshalb vorprogrammiert. Gerade weil sich der Protest der Kirchen gegen das marxistisch-leninistische Erziehungsbild und die propagierte atheistische Weltanschauung richtete, wird plausibel, dass sich die Ostpolitikerinnen, denen im Laufe ihrer Primärsozialisation sowohl im Elternhaus als auch in der Kirchengemeinde ein religiöses Weltbild vermittelt wurde, von der vom DDR-Staat propagierten marxistisch-leninistischen Ideologie distanzierten. Darüber hinaus ist die gemeinsame Orientierung an der Verpflichtung auf Frieden und Gewaltlosigkeit, die sich als generationsstiftendes Merkmal bei den Politikerinnen ausmachen lässt, zu nennen. Darin ist auch eine Motivation für ihr politisches Engagement in der Wendezeit zu sehen. Da in der Zeit des gesellschaftlichen Umbruchs erstmalig die Möglichkeit bestand, ihre Kritik am System offen zu äußern und durch ein politisches Engagement zur Umgestaltung des Staates aktiv beizutragen, nutzten viele dieser Frauen diese Chance. Dies belegen beispielsweise die Erinnerungen von Frau S., einer Landtagsabgeordneten der Fraktion von Bündnis 90/ Die Grünen:

> Ich habe dann auch recht schnell angefangen, nicht nur schnell mitzulaufen, sondern mich auch zu engagieren. Wir haben dann in den Stadtteilen Versammlungen organisiert ab Oktober '89. Und das war schon sehr prägend. Insbesondere dafür, dass ich

dann auch in die Politik gegangen bin, denn Politik war für mich vorher etwas, wo man dagegen war. Weil eben einem nicht passte, wie die DDR organisiert war. Ja, und auf einmal kippte das eben und man hat das auch aktiv mitgestaltet. dass man nicht mehr gegen Politik war, sondern man war für eine andere Politik.

Eine weitere Motivation, sich für eine Karriere als Berufspolitikerin zu interessieren, resultierte unter anderem auch aus der Tatsache, dass die Befragten im Zuge der drohenden Schließung zahlreicher Betriebe den Risiken der individualisierten Gesellschaft im Beckschen Sinne (1986) vorausschauend der Arbeitslosigkeit entgehen wollten. Daher sahen einige in ihrem politischen Engagement die lukrative Möglichkeit einer neuer beruflichen Tätigkeit. Dies zeigen beispielsweise die Erinnerungen von Frau W., einer SPD-Landtagsabgeordneten:

> Und dann war, dann wurde im Oktober '90 der Landtag gewählt. Und da kam irgendwann mein Vater nach Hause. Der ja auch* mit bei der SPD gearbeitet hat. Und der im Stadtrat hier war und auch immer noch im Stadtrat ist. Und der hat gesagt: ‚Du, die reden darüber, dass sie jetzt die Kandidaten für den Landtag aufstellen. Das wäre doch was für dich.' ‚Ne, ich will meinen Ingenieur weitermachen.' ‚Ja, aber man weiß ja nicht, wie das mit den Betrieben weitergeht. Und dann wäre das doch auch mal 'ne Chance, was Neues zu machen.'

Die in den Interviews entworfenen Erzählungen verdeutlichen, dass innerhalb von ‚Nischen' – wie in der Familie und/oder in der Kirche – gelebt wurde, in denen sich die Betroffenen von der Ideologie des DDR-Staates abgrenzten und ihren Glauben ausüben konnten.

Eine Kirchenzugehörigkeit war für eine politische Karriere ein ‚Türöffner', weil sie in der öffentlichen (westlichen) Wahrnehmung als Beleg für die Distanzierung von der SED-Diktatur angesehen wurde. Demnach ist aus den kollektiven Erinnerungen der systemfernen Politikerinnen, die in das institutionelle Ablaufmuster der DDR hineingeboren wurden, zu entnehmen, dass sie sich von deren Ideologie distanzierten und dass ihre Erinnerungen an die Beeinträchtigungen vor dem Mauerfall – trotz individueller Verarbeitung – zum Teil immer noch schmerzlich sind.

Aber auch wenn die Eltern oder Großeltern bereits Mitglied in einer Blockpartei, der CDU oder bei den Liberalen, waren, engagierten sich die jungen Frauen in einer Partei nach der Wende und führten so die familiäre Traditionslinie fort. Dies belegt etwa der folgende Auszug aus dem Interview mit Frau L., einer Bundesabgeordneten der CDU:

Mein Opa war Ortsbegründer der CDU und mein Vati war auch mit Mitglied der CDU. Damals war er schon im Gemeinderat und im Chor ehm im Männerchor. Daher war klar, dass ich mich wenn ehm auch in der CDU engagiere. Etwas anderes kam von der Familientradition her nicht in Frage.

Um zu veranschaulichen, wie systemdistanzierte Parlamentarierinnen sich an ihr Leben in der DDR erinnern und wie sie diese in den Narrationen verorten, soll im Folgenden anhand einer Fallrekonstruktion einer Politikerin, Frau M., veranschaulicht werden.

3.4 Fallrekonstruktion von Frau M: „Und dann kam die Wende und auf einmal war ich wer."

Frau M. begann sich in der gesellschaftlichen Umbruchphase und Zeit des Untergangs des DDR-Herrschaftssystems politisch zu engagieren. Seit 1994 hat sie ein Mandat für die SPD-Fraktion im Bundestag inne. Die DDR erlebte sie – nicht zuletzt aufgrund ihrer Zugehörigkeit und starken Verwurzelung in der katholischen Kirche und ihres systemkritischen Elternhauses – als Erleidensprozess und schwierige biografische Sinnkrise vor allem in beruflicher Hinsicht. Ihre damit verbundenen Erlebnisse hat sie heute zum Teil verdrängt. Durch die Stegreiferzählung wird sie in der Interviewsituation ad hoc in die damalige Erlebnis- und Handlungssituation versetzt und die Erinnerungen daran werden wieder lebendig und verflüssigt. Sie laufen während der Stegreiferzählung wie ein innerer Film vor ihrem Auge ab. Teilweise stellen sie für Frau M. immer noch einen schmerzhaften Prozess dar. Ihre biografische Präsentation zeichnet sich so durch einen ausweglosen Prozess des Erleidens innerhalb ihrer Erinnerungen an die DDR-Zeit aus, ihre häufig zu ertragenen Behinderungen durch das Regime waren Folge ihrer Unangepasstheit. Ihre lebensgeschichtlichen Prozesse wie die Primärsozialisation im Elternhaus und die dort vermittelten Normen und Werte sowie die Zugehörigkeit zur katholischen Kirche führten dazu, dass sich Frau M. von den soziokulturellen Regeln des DDR-Regimes distanzierte und sie diese schließlich ablehnte. In der Folge entwickelte sich ein Identitätskonflikt. Ihre vielschichtige Identität ist dadurch gekennzeichnet, dass ihre Verlaufskurve durch eine vielfältige Erfahrungsaufschichtung erlittener biografischer und sozialer Unordnung gekennzeichnet ist, wie aus dem folgenden Transkriptauszug hervorgeht:

> M: Und der Staat hat mich wo gebraucht? An meiner Heimatschule in W. Die Direktorin, die mich nicht zur EOS hat gehen lassen. Ehm die roteste Schule, die hier im Landkreis gewesen ist und war natürlich, das war haarsträubend.

Also eh, ich habe nicht am Parteilehrjahr teilgenommen. Das war für alle Lehrer obligatorisch und ich habe gesagt: Ich gehöre dieser SED nicht an und ich werde ein solches Lehrjahr nicht besuchen. Das ist ehm für ihre Parteimitglieder nicht für mich. Und das gab es nicht. Da hat das ganze Kollegium teilnehmen müssen. Ich habe das nicht getan. Dann haben die gesagt: Wenn du nicht in die SED eintreten willst, na dann, du bist Christ. Dann tritt doch in die CDU ein. Und dann hab ich gesagt: Wenn ich in die CDU eintrete, kann ich in die SED eintreten. Das ist für mich alles dasselbe. Das kommt nicht in Frage. Und ab diesem Zeitpunkt ehm ging eine Art Mobbing los, dass ich als junge Lehrerin eigentlich gar nicht blocken konnte. Ehm es wurde nur noch geflüstert, wenn ich ins Lehrerzimmer gekommen bin. Ich habe jede Vertretungsstunde aufgebrummt bekommen, die irgendwie möglich war. (...) Ja zwischenzeitlich ehm da war ich 19 ehm. Ich habe dann mit 21 geheiratet und als mein zweites, zweites Kind unterwegs gewesen ist, ehm ich habe vier Kinder, also 1979, war es dann so schlimm, also von 1976 bis 1980 habe ich da an der Schule gearbeitet, war es dann so schlimm, dass ich es dann auch nicht mehr ertragen konnte, das kaum jemand mit mir geredet hat, dass ich also Dienst geschoben habe und ehm bis zum Erbrechen und überhaupt keinen Rückhalt hatte. Und wenn man in so einem Kollegium arbeitet, da kann man noch so gut mit Kindern klar kommen ehm, das geht irgendwann nicht mehr. Man fühlt sich als Außenseiter und da hab ich gesagt: Gut ehm ich quittiere meinen Dienst. Und das haben sie dann auch dankend angekommen und ehm und ich musste dann aber alles zurückgeben. Ich musste meine Anerkennungsurkunde als Lehrerin zurückgeben. Also alles auch demonstrativ. Ich hatte überhaupt keine Anrechte. Ich sollte nichts für die Rente angerechnet kriegen. Ich musste das alles unterschreiben, dass ich ehm keine Ansprüche erhebe. Habe ich dann auch alles gemacht und ehm bin dann wirklich mit Pauken und Trompeten aus der Volksbildung raus und hab gedacht: Ihr könnt mich alle mal, ich such mir was anders.

I: Mhm
M: Aber das war dann nicht mehr der Fall. Überall, wo ich mich beworben habe, ließ man sich die Kaderakten kommen und ehm immer wenn die da waren, hieß es dann: Nein danke, wir brauchen niemanden. Ich habe also ehm von 1980 bis 1987 keine Arbeit gehabt und obwohl es das ja in der DDR nicht gibt.

Dieser Auszug demonstriert, dass Frau M. den sozialen Druck und die Sanktionsmaßnahmen durch das DDR-System nicht aushielt und schließlich ihren Schuldienst quittierte. Dadurch kam es zur Ausbreitung der bereits latent bestehenden Verlaufskurvendynamik. Die Folge war eine siebenjährige Phase der Arbeitslosigkeit, die die Erzählerin als schmerzhafte und ausweglose Lebenszeit empfand. Weil die Berufstätigkeit in der DDR ein identitätsstiftendes und kontinuierliches Merkmal in den Lebensgeschichten der Frauen darstellte, wird verständlich, dass die Interviewte die Arbeitslosigkeit nicht nur als Identitätskrise, sondern auch als schmerzlichen Erleidensprozess erlebte und sich so in der Narration daran erinnert. Durch den Rückzug in das familiäre Gefüge gelang es ihr, zunächst ihr labiles Gleichgewicht aufrechtzuerhalten, um nach dem ersten Schock und Zustand der Verwirrung ihren Lebensalltag weiter bewältigen und gestalten zu können. Trotzdem ist davon auszugehen, dass das Lebenskonzept der Politikerin zu diesem biografischen Zeitpunkt sehr instabil war. Sie hatte in dieser Lebensphase ihr Verlaufskurvenpotenzial längst nicht mehr unter Kontrolle. So kam es schließlich zur Entstabilisierung ihres Gleichgewichts, da sie auch weiterhin die Macht des DDR-Staats schmerzlich zu spüren bekam. Sie erhielt aufgrund ihrer Kaderakte, die ihre Ablehnung des sozialistischen Systems der DDR offenbarte, bei allen Vorstellungsgesprächen eine Absage, denn sie wäre als mögliches neues Arbeitskollektiv-Mitglied untragbar gewesen. Dieses Faktum untermauert noch einmal, dass Frau M. aufgrund ihrer kritischen Haltung zum Staat sanktioniert und in einen schier ausweglosen gesellschaftlichen Isolationsprozess manövriert wurde, woraus es für sie keinen Ausweg zu geben schien. Dadurch wurde sich die Erzählerin immer fremder, hielt den sozialen Druck nicht mehr aus und war der Macht des Staates nicht gewachsen. Bei der Darstellung dieser Erinnerung ist die Befragte nur auf diesen einen Aspekt der Problemlage fokussiert.

Die Wendezeit erlebte die heutige SPD-Politikerin als inneren positiven Wandlungsprozess und als wahren Befreiungsschlag, der ihr bis dato ungeahnte Möglichkeiten bescherte. Aufgrund ihrer Biografie ergaben sich für sie in der Nachwendezeit unverhoffte und ungeahnte berufliche Chancen, zunächst als Schuldirektorin und später als Berufspolitikerin:

> Dann kam die Wende und auf einmal war ich wer.

Der gesellschaftliche Epochenwechsel stellte für die Befragte gerade aufgrund ihrer vom DDR-System behinderten Biografie eine enorme Aufwertung ihrer Vita dar. Aufgrund der beruflichen Sanktionen, denen sie wegen ihrer offen geäußerten Kritik am Regime ausgesetzt war, befand sie sich bis 1989 in einer äußerst randständigen gesellschaftlichen Position. Nach der Wende musste sie sich jedoch nicht wie andere in der Öffentlichkeit stehende Personen mit ihrer DDR-Vergangenheit neu auseinandersetzen; vielmehr war sie aufgrund ihrer ‚reinen' Vita für die neu- und wiederformierten demokratischen Parteien nicht nur als passives Mitglied, sondern als politische Repräsentantin interessant. Aus diesem Grund konnte sie nach 1989/1990 problemlos eine erfolgreiche Karriere als Berufspolitikerin einschlagen.

4 Diskussion und Schlussbetrachtung

Der vorliegende Beitrag veranschaulicht, dass die Erinnerungen an das Leben in der DDR in den Köpfen der Politikerinnen der ersten Stunde nach wie vor präsent sind. Die Rekonstruktion der autobiografischen Narrationen zeigen, dass die Erfahrungen vielfältig sind und sich in verschiedener Form Erinnerungen an die Vergangenheit herausarbeiten lassen, die sozial geprägt sind. Weil die Politikerinnen gemeinsam haben, dass sie in das institutionelle Ablaufmuster des SED-Staates hineingeboren wurden und der Generation *Erwachsengewordensein in der DDR* angehörten, lassen sich kollektive Erinnerungen herausarbeiten, die aber individuell gefärbt und zudem an die Bezugsrahmen der Gegenwart des vereinigten Deutschlands angepasst sind. Gerade durch den Umstand, dass die Parlamentarierinnen in den narrativen Präsentationen als Zeitzeugen der Diktatur fungieren, wurde ein spezieller Einblick in das kommunikative Gedächtnis ebenso wie in das kulturelle Gedächtnis der DDR möglich, das sich auf informelle Formen des Erinnerns und auf institutionalisierte Überlieferungen der Vergangenheit bezieht (Assmann und Assmann 1997). Auf diese Weise ließ sich herausarbeiten, wie der Erfahrungshintergrund der hier betrachteten ostdeutschen Politikerinnen die individuelle Wahrnehmung und Einordnung von Ereignissen, die mit ihrem Leben vor und nach der Wende verbunden sind, gestaltet ist.[13]

Gerade anhand der Gegenüberstellung der Erzählungen von systemkonformer und systemdistanzierter Frauen aus der ehemaligen DDR ließen sich auf diese Weise unterschiedliche Erinnerungsmodi sowohl an die DDR als auch an die Wendezeit herausarbeiten. Meine Forschung zeigt, dass sich die Kommunikation und Kooperation zwischen beiden Gruppen vor allem unmittelbar nach dem Zusammenbruch des politischen Systems der DDR und während der ersten Phase der politischen Erneuerung sehr schwierig gestalteten. Die jeweils unterschiedlichen Reaktionen auf Vorwürfe hinsichtlich einer (zu) engen Verflochtenheit mit dem Regime der als systemnah sowie systemdistanziert gegenüber der DDR zu klassifizierenden Interviewpartnerinnen stellen auf den ersten Blick einen unversöhnlichen Gegensatz zwischen den Vertreterinnen dieser Gruppe dar. Dennoch haben diese Frauen gemeinsam, dass sie den Grundstein für ihre Karrieren als Politikerinnen in der Wendezeit legen konnten, da für den Aufbau einer neuartigen Politikszene im Osten Deutschlands von ihrer Vita her unbelastete Bürgerinnen und Bürger gefragt und gebraucht wurden. Gerade durch die Methode des autobiografisch-narrativen Interviews ließen sich – retroperspektiv – durch die zurückliegenden Erinnerungen,

---

[13]Die Erinnerungen sind Form und Ausdruck von Kommunikation.

die in der Stegreiferzählung verflüssigt werden und die die Befragten ad hoc in die damalige Handlungs- und Erleidenssituation zurücksetzen, Vergangenheitsbezüge herausschälen. Auf diese Weise konnte aufgezeigt werden, welche kollektiv sinnbildenden und identitätsstiftenden Elemente unterschiedlicher Einstellungen gegenüber dem DDR-Staat und der damit verbundenen diversen Erinnerungsverarbeitungen von zentraler Bedeutung sind.

Die Analyse der Erinnerungsmodi der interviewten Ostpolitikerinnen zeigt, dass 1989/1990 die strittige Frage der persönlichen Akzeptanz des DDR-Herrschaftssystems von zentraler Relevanz war, um den Grundstein für eine Politiklaufbahn in der Wendezeit zu legen, was eine Auseinandersetzung mit der DDR und dem Sozialismus bedingte. Diese vergangenheitsbezogene Reflexion lässt sich als zentrales Erinnerungselement in den narrativen Präsentationen aufspüren. Die systemkonformen Frauen konnten in der Regel unbeschwert aufwachsen und die institutionellen Ablaufmuster der DDR problemlos durchlaufen. Indem sie mit der vom SED-Staat propagierten Ideologie weitestgehend konform gingen und dies beispielsweise durch eine SED-Mitgliedschaft offen unterstützten, hatten sie keine Sanktionen beispielsweise bei der Durchsetzung ihrer beruflichen Pläne zu befürchten. Erst in der Wendezeit bedurfte es einer enormen biografischen Reflexion und einer Distanzierung zu dem nun als ,Unrechtsstaat' angesehenen politischen System, damit sie nach der deutschen Wiedervereinigung in der Politik Karriere machen konnten. Aufgrund ihrer Nähe zum Regime war es für sie zunächst nur möglich, in der SED-Nachfolgerpartei PDS Erfolg zu haben. Dass sich eine angestrebte politische Karriere in anderen Parteien auch Jahre nach der deutschen Wiedervereinigung sehr schwierig gestaltete und aufgrund der öffentlichen Anfeindungen nicht selten in einen schmerzhaften Erleidensprozess mündete, geht aus den Erinnerungen der betreffenden Politikerinnen hervor. Dementsprechend wird sich an diese Erfahrungen nur ungern erinnert beziehungsweise sie wurden zum Teil verdrängt. Durch den offenen methodischen Zugang der Interviewmethode wurden sie wieder präsent, aber für die Befragten ist es oftmals noch immer schmerzhaft, sich daran zu erinnern.

Für die zur DDR kritisch eingestellten Frauen leitete der Epochenwechsel häufig einen inneren positiven Wandlungsprozess und das Ende ihres Erleidensprozesses ein. Wie die systemkonformen Politikerinnen sahen auch diese in der Zeit des gesellschaftlichen Umschwungs zunächst ein Stück Hoffnung, den Sozialismus zu reformieren. Daraus entwickelte sich häufig ihr politisches Engagement in dieser Zeit. Die systemfernen Parlamentarierinnen wollten nach Jahren der Entbehrungen und des Erleidens erstmalig ihre Meinung, die sie bislang nur in der DDR in den Nischen wie in der Familie und der Kirche äußern konnten, offen zum Ausdruck bringen und aktiv an der Umgestaltung des Staates mitwirken.

Unverhofft bot sich für sie durch ihre ‚reine' Vita die Chance für eine Karriere als Berufspolitikerin. Dass eine politische Karriere weitestgehend von der Einstellung zum DDR-Staat, das heißt, ob die Frauen systemkonform oder systemdistanziert waren, abhängig war, verdeutlichen die in den Narrationen rekonstruierten Erinnerungsmodi.

Die im Rahmen der Interviews produzierten Erzähltexte bilden die sozialen Prozesse des politischen Handelns und die Entwicklung und Wandlung der biografischen Identität der ostdeutschen Parlamentarierinnen ab. In Anbetracht des gesellschaftlichen Systemwechsels in der ehemaligen DDR und der damit verbundenen kollektiven Identitätsveränderungen, die im Fall zahlreicher Ostdeutscher beispielsweise zu beruflichen Umorientierungen führten und sich in einer biografischen Reflexion über die eigene DDR-Vergangenheit widerspiegeln, scheint vor allem die Umschichtung lebensgeschichtlicher Ordnungsstrategien und die Wandlung der biografischen Gesamtformung infolge des gesellschaftlichen Epochenwechsels handlungsleitend für die Karrieren im vereinten Deutschland nach 1990 (gewesen) zu sein. Das lässt sich auf der Basis der durch die Narration präsentierten Erinnerungen und speziell deren individuellen Verarbeitungen feststellen.

Literatur

Assmann, Jan (1992): Das kulturelle Gedächtnis. Schrift, Erinnerung und politische Identität in früheren Hochkulturen. München: C.H. Beck.

Assmann, Jan/Assmann, Aleida (Hrsg.) (1997): Schleier und Schwelle. Geheimnis und Öffentlichkeit. München: Fink.

Beck, Ulrich (1986): Die Risikogesellschaft. Auf dem Weg in eine andere Moderne. Frankfurt a. M.: Suhrkamp.

Giddens, Anthony (1992) [1984]: Die Konstitution der Gesellschaft. Grundzüge einer Theorie der Strukturierung. Frankfurt a. M./New York: Campus Verlag.

Glinka, Hans-Jürgen (1998): Das narrative Interview. Eine Einführung für Sozialpädagogen. Weinheim: Juventa.

Halbwachs, Maurice (1991) [1950]: Das kollektive Gedächtnis. Frankfurt a. M.: Fischer.

Hippmann, Cornelia (2013): Der Einfluss von Erinnerungskulturen auf die Karrierechancen ostdeutscher Mandatsträgerinnen im Politikraum. In: Guggenheimer, Jacob et al. (Hrsg.): „When we were gender..." Geschlechter erinnern und vergessen. Analysen von Geschlecht und Gedächtnis in den Gender Studies, Queer-Theorien und feministische Politiken. Bielefeld: transcript, S. 125–138.

Hippmann, Cornelia (2014): Ostdeutsche Frauen in der Politik. Eine qualitative Analyse. Buchreihe. Studien zur qualitativen Bildungs-, Beratungs- und Sozialforschung. Mit einem Geleit von Fritz Schütze. Opladen/Berlin/Toronto: Verlag Barbara Budrich.

Hippmann, Cornelia (2016): Die Positionierung des weiblichen Subjekts im politischen Raum. Eine biographieanalytische Betrachtung der Karrierechancen ostdeutscher Politikerinnen. In: Zeitschrift für Qualitative Forschung, 15 (2), S. 249–264.

Joost, Angela (2000): Arbeit, Liebe, Leben – eigenes Arrangement. Zur Vereinbarkeit von Familie und Beruf bei Frauen in Ostdeutschland. Eine empirische rekonstruktive Studie. Königstein/Taunus: Helmer.

Mannheim, Karl (1970) [1928]: Das Problem der Generation. In: ders., Wissenssoziologie. Berlin/Neuwied: Luchterhand.

Rosenthal, Gabriele (1995): Erlebte und erzählte Lebensgeschichte: Gestalt und Struktur biographischer Selbstbeschreibungen. Frankfurt a. M.: Campus.

Schröder, Klaus (1999): Der SED-Staat. 2. Auflage. München: Bayerische Landeszentrale für politische Bildung.

Schütze, Fritz (1983): Biographieforschung und narratives Interview. In: Neue Praxis, 13 (3), S. 283–293.

Schütze, Fritz (1984): Kognitive Figuren des autobiographischen Stegreiferzählens. In: Kohli, Martin/Robert, Günther (Hrsg.): Biographie und soziale Wirklichkeit. Stuttgart: Metzler Verlag, S. 78–117.

Schütze, Fritz (1987): Das narrative Interview in Interaktionsfeldstudien. Erzähltheoretische Grundlagen. Teil I: Merkmale von Alltagserzählungen und was wir mit ihrer Hilfe erkennen können. Studienbrief der Universität Hagen. Hagen.

Schütze, Fritz (2008a): Biography Analysis on the Empirical Base of Autobiographical Narrative Interview – Part one. In: European Studies of Social Cohesion, 1/2, S. 152–242 3/4, S. 6–77.

Schütze, Fritz (2008b): Biography Analysis on the Empirical Base of Autobiographical Narrative Interview – Part one and two. In: European Studies of Social Cohesion, 3/4, S. 6–77.

Schütze, Fritz (1994): Zur Transkription und zum Inventar der Analysezeichen. In: Koller, Hans-Christoph/Kokemohr, Rainer (Hrsg.): Lebensgeschichte als Text. Weinheim: Deutscher Studien Verlag.

Sebald, Gerd/Weyand, Jan (2011): Zur Formierung sozialer Gedächtnisse. In: Zeitschrift für Soziologie, 40 (3), S. 174–189.

Die DDR-Psychiatrie und deren Transformation nach 1989 im Gedächtnis ihrer Akteure

Kathrin Franke

1 Einleitung[1]

Konfrontiert mit negativ konnotierten Begriffen wie ‚DDR-Psychiatrie' oder dem Vorwurf des politischen Missbrauchs der Psychiatrie in der DDR musste sich das ostdeutsche Klinikpersonal nach 1990 nicht nur auf ein neues psychiatrisches Versorgungssystem einstellen. Gefordert wurden auch eine Auseinandersetzung mit den offensichtlich gewordenen Missständen in der Psychiatrie der DDR sowie die Offenlegung von persönlichen Verstrickungen in den staatlichen Repressionsapparat. Der Transformationsprozess brachte für das Personal somit nicht nur umfassende strukturelle Veränderungen mit sich, sondern zwang es auch, die bis dato als selbstverständlich erachteten Klinikroutinen zu hinterfragen und sich kritisch mit der eigenen Berufsbiografie auseinanderzusetzen. Zur Disposition stand nicht nur die fachliche Qualifikation, sondern auch die moralische Integrität.

Vor diesem Hintergrund gehe ich im Folgenden der Frage nach, welche Auswirkungen der Transformationsprozess und die geforderte Vergangenheitsaufarbeitung nach 1990 auf das Erinnern an die sogenannte ‚DDR-Psychiatrie' und deren Reform hatten. Wie sprechen ehemalige Mitarbeiter(innen) der Kliniken rückblickend über ihre Arbeit vor 1989? Wie integrieren sie ‚sperrige' Erinnerungen an den Klinikalltag in ihr Selbstverständnis und machen sie anschlussfähig

---

[1] Auszüge aus dem vorliegenden Beitrag wurden bereits an anderer Stelle publiziert, siehe Franke (2013).

K. Franke (✉)
Berlin, Deutschland
E-Mail: frankek@rz.uni-leipzig.de

© Springer Fachmedien Wiesbaden GmbH 2017
H. Haag et al. (Hrsg.), *Volkseigenes Erinnern*, Soziales Gedächtnis, Erinnern und Vergessen – Memory Studies,
DOI 10.1007/978-3-658-17548-1_6

für die Gegenwart? Und was erzählen die Erzählungen des gesamtdeutschen Klinikpersonals über den Verlauf und die Ergebnisse des Transformationsprozesses und die Aufarbeitung der DDR-Vergangenheit?

Bevor anhand von exemplarischen Auszügen aus qualitativen Interviews mit Klinikangestellten und anderen Akteuren der Psychiatrie spezifische Deutungsmuster rekonstruiert werden, soll zunächst schlaglichtartig der diskursive Rahmen Anfang der 1990er-Jahre abgesteckt werden. Diese Rahmung ist von Bedeutung, denn sie stellt den Hintergrund dar, vor dem sich die Psychiatrieakteure erinnernd verorten.

2 Diskursive Rahmung des Transformationsprozesses

Der Transformationsprozess in Ostdeutschland wurde – zugespitzt formuliert – im Rahmen zweier divergierender Diskurse verhandelt: War der „hegemoniale Diskurs" (vgl. Jäger 2011) durch den Imperativ der (nachholenden) Modernisierung geprägt (vgl. Mänicke-Gyöngyösi 1995), der in den neuen Bundesländern Entwicklungsdefizite und -rückstände verortete, die durch die Wiedervereinigung, den Transfer des bundesdeutschen Institutionensystems und die Aufarbeitung von ‚DDR-Unrecht' behoben werden sollten, wurde nicht nur vonseiten der einstigen DDR-Eliten her argumentiert, es handle sich bei diesen Eingriffen um eine oktroyierte „Kolonialisierung" (Dümcke und Vilmar 1996) und eine durch „Siegerjustiz" (Buchholz 2003)[2] gekennzeichnete Entwertung und Abwicklung von in der DDR gewachsenen Strukturen und Institutionen. Auf dem Gebiet der Psychologie beziehungsweise Psychiatrie konkurrierten vor diesem Hintergrund zum einen – wie Christine Leuenberger (2002) gezeigt hat – medizinische und therapeutische Rationalitäten miteinander (zum Beispiel ‚westlich' vs. ‚sowjetisch' geprägte Psychiatrie und Psychologie, Verhaltenstherapie vs. tiefenpsychologische Ansätze), zum anderen kollidierten unterschiedliche Sichtweisen und Bewertungen der gesellschaftspolitischen Rolle der Psychiatrie in der DDR.

Im Folgenden soll der Fokus auf zwei zentrale Themenfelder der Psychiatriereform in den neuen Bundesländern gerichtet werden: zum einen die Enthospitalisierung von chronisch psychisch Kranken und Behinderten und der damit

---

[2]Eine Kritik am Siegerjustizdiskurs formulieren zum Beispiel Müller und Hartmann (2009), indem sie konstatieren, dass die Aufarbeitung der zweiten deutschen Diktatur gescheitert und der friedlichen Revolution eine „stille Restauration" alter DDR-Eliten gefolgt sei.

einhergehende Transfer des bundesdeutschen Versorgungssystems und zum anderen die Aufarbeitung der Rolle der Staatssicherheit bei der Einweisung von Patient(inn)en.

2.1 Enthospitalisierung und Etablierung einer neuen Versorgungslandschaft

Im Rahmen der Psychiatriereform in Ostdeutschland nach 1990 war die Verbesserung der Unterbringungsbedingungen und die Rationalisierung des Klinikalltags eine zentrale Aufgabe. Angesichts der Anfang der 1990er-Jahre sowohl vonseiten der Medien[3] als auch von politischen Vertreter(inne)n als „menschenunwürdig" (vgl. Sächsisches Staatsministerium 1993) bezeichneten Zustände, die vor allem in den sogenannten „Langzeitbereichen" der Großkliniken herrschten (Unterbringung in Bettensälen, fehlende Privatsphäre, schlechte bauliche und sanitäre Verhältnisse, rigide Zwangsmaßen, Hospitalismus et cetera), zielten Psychiatriereformer(innen) auf die Wiederherstellung der Würde der Patient(inn)en. Auf institutioneller Ebene wurde auf die Forderung nach einer menschenwürdigeren Unterbringung und Betreuung in zweierlei Hinsicht reagiert: zum einen mittels Modernisierung, die sich vor allem in der Verbesserung der baulichen und räumlichen Bedingungen in den Kliniken niederschlug; zum anderen mittels Enthospitalisierung, das heißt Verkleinerung der Stationen durch Entlassung von chronisch psychisch kranken Patient(inn)en und Menschen mit Behinderungen. Im Zuge der Übernahme bundesdeutscher Richtlinien im Gesundheitsbereich (vgl. Manow 1994) galt eine stationäre Versorgung dieser Personengruppen als inadäquat und ineffizient, da sie keine Therapieerfolge versprach. Die Betroffenen wurden Anfang der 1990er-Jahre ärztlich begutachtet und gemäß der Behindertendefinition des Sozialgesetzbuches (SGB) als psychisch („seelisch") oder geistig behindert eingestuft. Die Gutachten leiteten dabei nicht nur eine Neuklassifizierung[4] einer großen Zahl von ehemaligen Psychiatriepatient(inn)en ein, sondern führten auch zur Etablierung neuer Verantwortlichkeiten. Behinderte fallen aus dem Zuständigkeitsbereich der Krankenkassen heraus (es sei denn, sie haben neben ihrer Behinderung eine akute

---

[3]Erwähnenswert ist in diesem Zusammenhang die 1993 gesendete Fernsehreportage *Die Hölle von Ueckermünde* von Ernst Klee. Sie zeigte drastische Bilder von einer Station mit geistig Behinderten in der psychiatrischen Klinik in Ueckermünde.

[4]Zum Zusammenhang zwischen Klassifizierung und der Hervorbringung von Krankheitssubjekten siehe Hacking (2007).

Erkrankung) und werden aus Mitteln der Sozialversicherung[5] beziehungsweise bei starken körperlichen Beeinträchtigungen durch die Pflegeversicherung versorgt. Im Zuge der Enthospitalisierung etablierte sich in den neuen Bundesländern eine Versorgungslandschaft, die von gemeindenahen[6] Formen der aufsuchenden Hilfe (zum Beispiel Sozialpsychiatrische Dienste)[7] bis hin zu neo-kustodialen Heim- und Pflegeeinrichtungen für geistig Behinderte und Senior(inn)en mit chronischen psychischen Erkrankungen reichte. Da die Wohn- und Lebenssituation in einigen dieser neu entstandenen Einrichtungen an Krankenhausstationen erinnerte, sprechen Kritiker(innen) dieser Entwicklung nicht von Ent- sondern „Umhospitalisierung" (Dörner 1996, S. 40) – ein Phänomen, das auch aus den alten Bundesländern im Zuge der Psychiatrie-Enquete (1975) bekannt ist.

2.2 Aufarbeitung der Rolle der Staatssicherheit bei der Einweisung von Patient(inn)en

Einer der Auslöser für die Debatte um die Aufarbeitung der Vergangenheit der ‚DDR-Psychiatrie' war eine im Frühjahr 1990 im Magazin *Stern*[8] erschienene Reportage über das psychiatrische Krankenhaus in Waldheim (Sachsen). Unter dem Titel „Wo die Stasi foltern ließ" (König 1990) wurden eklatante Menschenrechtsverletzungen an in dieser Klinik eingesperrten Menschen offengelegt. Angesichts der erschreckenden Fälle wurde vermutet, dass die Staatssicherheit mithilfe der Psychiatrie Oppositionelle beziehungsweise sozial unangepasste Menschen systematisch pathologisiert und eingesperrt habe. In Reaktion auf den Artikel wurden die Vorfälle in Waldheim durch eine Expert(inn)engruppe untersucht sowie Kommissionen zur Überprüfung von Missbrauchsfällen auf den Länderebenen eingesetzt. Ergebnis dieser Untersuchungen war im Wesentlichen, dass es – im Unterschied zur Sowjetunion – keinen systematischen politischen

---

[5]Hier ist zum Beispiel die sogenannte „Eingliederungshilfe für behinderte Menschen" im Sozialgesetzbuch (§ 53 SGB XII) zu nennen.
[6]Zur Rolle von Gemeinden bei der Kontrolle und Regierung von Abweichungen siehe Rose (2000).
[7]Vgl. dazu die Strukturen, die Niklas Rose (1998, S. 490) dem sogenannten „medium risk" Bereich zuordnet: „public psychiatric wards, social workers, quasi public provision from ‚voluntary agencies' etc.".
[8]Vgl. hierzu die Webseite des Ärzteblatts: http://data.aerzteblatt.org/pdf/106/39/a1882.pdf, S. A1885 (letzter Zugriff: 20.06.2016).

Missbrauch der Psychiatrie in der DDR gab. Vielmehr habe es sich nur um Einzelfälle gehandelt.[9]

Aufgrund der Wahrnehmung, dass die Psychiatrie in der DDR im öffentlichen Diskurs zu Unrecht in ein schlechtes Licht gerückt und pauschal verurteilt worden sei, meldeten sich sozialtherapeutisch orientierte Psychiater aus Ost und West 1998 in einer Ausgabe der Zeitschrift *Sozialpsychiatrische Informationen*[10] zu Wort, in der einerseits die Errungenschaften der Psychiatrie in der DDR gewürdigt wurden und andererseits Schilderungen zu lesen waren, wie sich einzelne Chefärzte gegen die staatliche Einmischung bei Einweisungen und Entlassungen von Patient(inn)en gewehrt hätten. Die Autoren erinnerten mit der Publikation an aus ihrer Sicht zu wenig beachtete Aspekte der Psychiatrie in der DDR, die im Strom der medialen Skandalisierung und der staatlich gelenkten Aufarbeitung Anfang der 1990er-Jahre[11] untergegangen waren.[12]

Als (diskursiv verdrängtes) Beispiel für widerständiges Verhalten einzelner Ärzte gegenüber staatlicher Einflussnahme wurden Briefwechsel zwischen Psychiatern und Vertretern offizieller Stellen abgedruckt. So war zum Beispiel Klaus Weise, der ehemalige Chefarzt der Universitätsklinik Leipzig, jedes Jahr zur internationalen Frühjahrs- und Herbstmesse mit der Direktive konfrontiert, an den betreffenden Tagen keine Patient(inn)en zu entlassen oder zu beurlauben, damit die öffentliche Ordnung nicht gestört werde. Weise hielt sich nicht an diese Forderung und begründete dies damit, dass es unverantwortlich sei, dringend benötigte Betten für eventuelle Notfälle zu blockieren, indem Entlassungen hinausgezögert wurden (Bach und Michalak 1998, S. 16). Der Arzt widersprach der politischen Vorgabe demnach nicht aus systemkritischer Perspektive, sondern begründete seine Kritik funktional (Vermeidung von Versorgungsengpässen).

Der Psychiater Dieter Waldmann kommt in der genannten Publikation zu dem Schluss, dass das DDR-Einweisungsgesetz besonders fortschrittlich war, weil es die Bürger(innen) effektiv vor dem Zugriff des Staates zu schützen vermochte:

---

[9]Vgl. dazu auch die Ergebnisse in Süß (1998).
[10]Siehe Sozialpsychiatrische Informationen, Jahrgang 28, Heft 4, 1998.
[11]Beispielhaft aufgeführt seien die Materialien der Enquete-Kommission „Aufarbeitung von Geschichte und Folgen der SED-Diktatur in Deutschland" (1995) sowie auch Schröter (1990) und aus Länderperspektive der Abschlussbericht der Kommission zur Untersuchung von Missbrauch der Psychiatrie im Sächsischen Gebiet der ehemaligen DDR des Sächsischen Staatsministeriums für Soziales, Gesundheit und Familie (1996).
[12]Verwiesen wird dabei vor allem auf das System der Polikliniken und die Arbeitstherapie.

> Das 1968 verabschiedete Einweisungsgesetz war unter Mithilfe von Ärzten und Juristen entstanden, die vermeiden wollten, dass staatliche Stellen erneut, wie während des Nationalsozialismus, eine große Einflussnahme auf die Betreuung psychisch Kranker bekamen. Deshalb wurde die Justiz im Vergleich zu westdeutschen Psychischkrankengesetzen weitgehend ‚draußen vorgelassen', insbesondere bei der Unterbringung bis zu sechs Wochen, es gab nur eine Informationspflicht durch den aufnehmenden Psychiater an den zuständigen Staatsanwalt. Auch aus heutiger Sicht kann konstatiert werden, dass dieses Gesetz es uns in der ehemaligen DDR ermöglichte, Missbrauch zu vermeiden. Ich selbst konnte mit diesem Gesetz, das in § 6 nur die ernste Gefahr bei einer Einweisung wider Willen als Grund nannte, Ansinnen von staatlichen Stellen, die besonders vor politischen Feiertagen, auch Wahlen, ‚unbequeme Bürger' wegen ihres störenden Verhaltens gegen ihren Willen einweisen wollten, erfolgreich abwehren (Waldmann 1998, S. 19 f.).

Die Tatsache, dass es allein Ärzte waren, die über eine Einweisung zu entscheiden hatten, wird in dieser Auslegung des Gesetzestextes positiv gewertet und als Fortschritt gegenüber den Einweisungsgesetzen in der NS-Zeit eingestuft. Impliziert wird damit die ‚Unfehlbarkeit' des ärztlichen Urteils und eine rein am medizinischen Berufsethos orientierte Einweisungs- und Behandlungspraxis in der DDR. Dass sich diese Einschätzung nicht mit der Existenz überfüllter Großkliniken deckt, wo eine Vielzahl von Patient(inn)en aufgrund einer jahrzehntelangen Unterbringung an massiven Hospitalisierungsschäden litt und das Pflegepersonal – in Ermangelung therapeutischer Konzepte – ein rigides Anstaltsregime[13] etabliert hatte, wird in dieser von ehemaligen Chefärzten reproduzierten Deutung ausgeklammert. Ausgeblendet wird auch, dass vor allem die psychiatrischen Bezirkskrankenhäuser in der DDR eine Art Filterfunktion inne hatten, das heißt sie absorbierten und verwahrten all jene, die nicht dem Ideal des ‚sozialistischen Menschen' entsprachen.[14]

Zusammenfassend betrachtet war das Kriterium ‚Mitarbeit bei der Staatssicherheit' in Hinblick auf die gesamte Aufarbeitungsdebatte (das heißt auch über den Bereich der Psychiatrie hinausgehend) äußerst funktional, denn es erlaubte, die

---

[13]Vgl. den Dokumentarfilm *Die Hölle von Ueckermünde. Psychiatrie in der DDR*.

[14]Vgl. dazu Pohl (1995, S. 5):

> Die Psychiatrie insgesamt war auch in der DDR ein Stiefkind. Sie wurde – gerade in der materiellen Ausstattung der Kliniken – als fünftes Rad am Wagen behandelt. Hinzu kam ihre Relevanz zu gesellschaftspolitischen Themen durch die grundsätzliche Affinität zu Werten und Wertstrukturen einer Gesellschaft mit der politischen Definition von ‚normal' und ‚verrückt'. Noch in den 80er Jahren wurden psychiatrische Krankheiten in Nicht-Fachkreisen als Überbleibsel des Kapitalismus gehandhabt, ebenso wie Alkoholismus und Sucht, welche über Jahrzehnte ganz verleugnet wurden.

Gruppe der ‚Verdächtigen' einerseits einzugrenzen und andererseits den Eindruck zu erwecken, es habe eine Überprüfung breiter Bevölkerungsschichten stattgefunden. Im Endeffekt wurde die Mehrheit der DDR-Bevölkerung entlastet und eine abgrenzbare Gruppe als ‚Täter' identifiziert (vgl. Bock 2000, S. 447). Auf diese Weise entstand der Eindruck, ‚DDR-Unrecht' sei nur ein Problem zwischen ‚Stasi-Tätern' und ‚Stasi-Opfern' gewesen. Die Mehrheit hätte hingegen ‚normal' und ‚unbescholten' gelebt. Für den Bereich der Psychiatrie bedeutete dies, dass andere, nicht durch die Staatssicherheit induzierte Formen des Missbrauchs der Psychiatrie (zum Beispiel hinsichtlich des zum Teil menschenunwürdigen Umgangs mit Patient(inn)en, Fehlbehandlungen und so weiter) nicht hinreichend thematisiert wurden. Aus Sicht eines Psychiatriekoordinators (Herr I), der vor 1989 als Krankenpfleger in der Psychiatrie gearbeitet hatte, hätte man das Wissen, das die damaligen Untersuchungskommissionen zutage förderten, besser nutzen können. Das folgende Zitat stammt aus einem Interview, das ich mit ihm geführt habe:

> Wenn man das anders gefasst hätte, wenn man gekuckt hätte, (…) was man therapiekritisch zulässt und nicht unter dem Aspekt der politischen Verfolgung, dann hätte man zu tollen Erkenntnissen kommen können. (…) Die haben das einfach nach dem Kriterium – das war'n ja zum großen Teil Juristen – politische Verfolgung gemacht. Und da das sozusagen für viele nicht zutraf, mussten die zu dem Ergebnis kommen [kein systematischer politischer Missbrauch der Psychiatrie in der DDR – Anm. K. F.]. Wir hätten aber Psychiater dabei setzen können, oder Menschen, die an Psychiatrieveränderungen interessiert waren, und hätten dazu hören können, was die Menschen gesagt haben über die Therapie in der DDR. Das wäre natürlich 'ne andere, und sicher auch sehr interessante Geschichte gewesen, aber das hat nicht stattgefunden.

Diese von der offiziellen Aufarbeitung ausgeblendete Geschichte (das heißt die Geschichten von ehemaligen Patient(inn)en und Klinikmitarbeiter(inne)n) wurden erst publiziert, als die offizielle Aufarbeitung längst abgeschlossen und die ostdeutsche Psychiatrielandschaft neu konsolidiert war. Erwähnenswert ist hier zum Beispiel eine vom Sächsischen Psychiatriemuseum herausgegebene Publikation mit Zeitzeugenberichten, die im Jahr 2006 erschienen ist (vgl. Müller und Mitzscherlich 2006).

3 Die Psychiatrie vor und nach 1989 im Gedächtnis des Klinikpersonals

Nachdem in den vorangegangenen Kapiteln der diskursive Rahmen rekonstruiert wurde, innerhalb dessen das Erbe der Psychiatrie der DDR und deren Transformation nach 1989 verhandelt wurde, soll es im Folgenden um die Erinnerung an die Psychiatrie in der DDR und ihren Wandel nach 1989 aus der Perspektive ihrer Akteure gehen. Untersucht werden sollen die in Abhängigkeit von der sozialen Umwelt konstruierten Deutungen und Orientierungen, mithilfe derer das Klinikpersonal das in der Vergangenheit Erlebte und Getane reflektiert und vor dem Hintergrund gegenwärtiger Normvorstellungen bewertet.

3.1 Gedächtnissoziologische Rahmung

Aus der Biografieforschung ist bekannt, dass Individuen die Erzählung ihres privaten oder beruflichen Lebenswegs mit anderen Deutungen und Gewichtungen versehen, sobald sich die Rahmenbedingungen ändern und die gewohnte Erzählung der eigenen Biografie nicht mehr mit den Erwartungen der Umwelt kompatibel ist. Unter den „Zugzwängen des Erzählens" (Fritz Schütze) stehend gilt es einerseits, die eigene Lebensgeschichte nach außen hin anschlussfähig zu halten und ihr andererseits eine innere Kohärenz zu verleihen, die eine „Minimalanforderung an Lebensgeschichten" (Gallinat und Kittel 2009, S. 309)[15] ist. Die Stimmigkeit der eigenen Geschichte ist Anselma Gallinat und Sabine Kittel zufolge jedoch nicht nur für das Individuum von Bedeutung, um von anderen als moralisch integre Person anerkannt zu werden, sondern sie muss auch zu dem kollektiv geteilten Gedächtnis passen (zum Beispiel öffentliche Vergangenheitsdiskurse oder offizielle Geschichtsdeutungen) (ebd., S. 309 f.). Insofern ist – in Anlehnung an das Konzept des kollektiven Gedächtnisses von Maurice Halbwachs (1985) – Erinnern sozial bedingt, das heißt, die unterschiedlichen sozialen Bezugsrahmen, innerhalb derer sich Individuen bewegen (in diesem Fall zum Beispiel der offizielle Aufarbeitungsdiskurs oder die Narrationen, die innerhalb einer Klinik kursieren), geben bestimmte Deutungsangebote vor und haben damit Einfluss auf die Erzählbarkeit beziehungsweise Sagbarkeit individueller Erinnerungen.

Die Kontingenzerfahrungen nach dem Systemwechsel 1989 und die Notwendigkeit, diese zu verarbeiten, bezogen sich im Hinblick auf die Psychiatrie nicht nur auf die Aneignung neuer Rationalitäten, zum Beispiel auf dem Gebiet der Verwaltungsabläufe (vgl. Hiller 2005)[16] oder im Bereich psychiatrischer Diagnose- und Behandlungsformen (vgl. Leuenberger 2007). Angesichts der Infragestellung

---

[15]Die Autorinnen nehmen Bezug auf eine Publikation von Linde (1993).

[16]Hiller untersucht die Routinen und Einstellungen von ostdeutschen Verwaltungsmitarbeiter(inn)n und unterscheidet dabei im Hinblick auf die Übernahme von bundesdeutschen Regelsystemen zwischen „affirmativen" und „distanzierenden" Verwaltungsstilen.

von als selbstverständlich erlebten Alltagsroutinen und des „Geständniszwangs"[17] in Hinblick auf die politischen Verflechtungen mit dem Staat beziehungsweise der Staatssicherheit[18] war das Personal auch gezwungen, eine reflexive Haltung zur eigenen (Berufs)Biografie einzunehmen und mit der neuen Zeit kompatible Formen der Selbstdarstellung zu generieren.

Anhand ausgewählter Sequenzen aus Interviews, die ich mit Psychiater(inne)n, Pflegekräften, Verwaltungsmitarbeiter(inne)n, Vertreter(inne)n von Betroffeneninitiativen, Psychiatriekoordinator(inn)en, Patientenfürsprecher(inne)n und Leiter(inne)n von Pflegeheimen sowie Heimen für Menschen mit Behinderungen im Rahmen meines Dissertationsprojekts geführt habe, sollen im Folgenden einige zentrale Themenfelder des Erinnerns an die Psychiatrie in der DDR und deren Transformation nach 1989 herausgearbeitet und vor dem Hintergrund gedächtnissoziologischer Ansätze verortet werden. Orientierung bieten hierbei zwei Dimensionen des von Oliver Dimbath vorgeschlagenen Gedächtniskonzepts: die „deklaratorisch-reflektorische" und die „inkorporiert-praktische" Strukturdimension (vgl. Dimbath 2014, S. 133 ff.). Unter der ersten Dimension versteht Dimbath Wissensbestände, die intersubjektiv kommuniziert werden. „Das deklarativ-reflektorische Gedächtnis ist (…) eine sozial konstituierte und zugleich kognitiv schematisierte Assoziationsstruktur, die dazu dient, sich in der gegenwärtigen Situation zurechtzufinden" (ebd., S. 134). Im Unterschied dazu handele es sich bei inkorporiert-praktischem Wissen um implizite Wissensbestände, die „nicht eigens mit Sinn versehen oder zum Bestandteil einer Situations*definition* oder eines Handlungs*entwurfs* werden müssen" (ebd., S. 134) und die sich vor allem in Form von automatisierten Alltagsroutinen beobachten lassen.

Im Folgenden seien Wissensbestände des Klinikpersonals, welche die Rolle und Funktion der Psychiatrie in Ostdeutschland vor 1945, zwischen 1945–1989 und ab 1990 rückblickend bewerten und einordnen, dem deklarativ-reflektorischen Gedächtnis zugeordnet (Abschn. 3.2, 3.3, 3.4, und 3.5). Implizites Handlungswissen (zum Beispiel klinische Routinen, Diagnostik) wird als inkorporiert-praktische Strukturdimension gefasst (Abschn. 4.1, 4.2, und 4.3).

---

[17]Zur Funktion von „Geständnispraktiken" (Foucault) nach 1989 siehe Lee (2000).

[18]Hier sind in erster Linie die nach der Wiedervereinigung für den öffentlichen Dienst eingesetzten Personalkommissionen zu nennen, welchen die Überprüfung des Personals im Hinblick auf fachliche Qualifikation sowie persönliche Eignung oblag. Letztere wurde vor allem danach entschieden, ob der/die Betreffende Kontakte mit der Staatssicherheit hatte. Im Bereich der psychiatrischen Kliniken wurden alle leitenden Ärzte dieser Prüfung unterzogen und ein Großteil der Chefärzte entlassen. Einige Psychiater(innen) umgingen die Überprüfungen, indem sie im Vorfeld die Kliniken verließen und eine niedergelassene Praxis eröffneten.

3.2 Erinnerungen an die NS-Psychiatrie

Der zuvor beschriebene Zwang, sich vor dem Hintergrund des Systemwechsels nach 1989 mit den Schattenseiten der Psychiatrie in der DDR auseinander zu setzen, lenkte auch den Blick auf das Erbe der Psychiatrie im Nationalsozialismus. Jenseits der offiziellen Aufarbeitungsbemühungen der Geschichte der Psychiatrie im 20. Jahrhundert entwickelte das Personal der betreffenden Kliniken eigene Umgangsweisen mit der Vergangenheit, um eine kohärente Darstellung der Geschichte seiner Klinik über politische Systembrüche hinweg zu erzeugen.[19] Produzent(inn)en eines sozialen Gedächtnisses an die NS-Psychiatrie waren zum Beispiel Mitglieder aus Ärzte- oder Pflegerfamilien, deren Angehörige über mehrere Generationen und politische Systeme hinweg in ein und derselben psychiatrischen Klinik tätig waren. In die Familiengedächtnisse wurden somit zum Teil höchst problematische und widersprüchliche Erfahrungen im Umgang mit psychisch Kranken und geistig Behinderten eingeschrieben. Bemerkenswert ist in diesem Zusammenhang der Umgang der Kinder- und Enkelgeneration mit der Beteiligung der Großelterngeneration an den Krankenmorden im Nationalsozialismus, der im Folgenden anhand der psychiatrischen Klinik in Altscherbitz (bei Leipzig) geschildert werden soll.

Der Historiker Frank Hirschinger (2001) ist in seiner Dissertation dem Schicksal von Patient(inn)en der genannten Klinik im Nationalsozialismus nachgegangen. Hirschinger konnte anhand von Totenbüchern nachweisen, dass dort 2060 Menschen durch Unterernährung und Überdosierung von Medikamenten zu Tode kamen. Nach dem Erscheinen der Publikation fand vor Ort eine öffentliche Lesung und Diskussionsveranstaltung statt. Vor allem die Nachkommen ehemaliger Pfleger, die heute zum Teil selbst in der betreffenden Klinik arbeiten, fühlten sich durch das Buch angegriffen und erklärten, ihre Vorfahren hätten alles Erdenkliche getan, um Patient(inn)en vor dem Tod zu retten (vgl. Bock 2001). Als Beispiel für diese Familienerzählung sei aus dem erhobenen Interviewmaterial eine Verwaltungsangestellte (Frau A) zitiert, die über den Großvater ihres Mannes, der vor und nach 1945 in der oben genannten Klinik tätig war, Folgendes berichtet:

---

[19]Gesellschaftliche Kontinuitätsbrüche wirken als starke Generatoren von biografischen Erzählungen und Deutungsmustern, da als selbstverständlich Erlebtes plötzlich fragwürdig wird. Der Bedarf an neuen Sinnkonstruktionen und der Wunsch nach Herstellung von Anschlussfähigkeit sind dementsprechend groß. Siehe dazu Wohlrab-Sahr et al. (2009).

> Eigentlich, muss ich sagen, hat er gesagt, hier sind eigentlich selbst keine Patienten zu Tode gekommen, hier im Hause, hier ist niemand umgebracht worden. Und die Transporte, die <u>weggegangen</u> sind beziehungsweise die hier angekommen sind, (...) da hat ja das Pflegepersonal auch keinen großen Einfluss drauf gehabt oder sprich, fast keinen Einfluss. Die haben halt Leute zum Beispiel… die mussten ja dann… es war ja sogenanntes ‚unwertes Leben', was da vernichtet wurde. Und es hat schon eine große Anzahl von Pflegern gegeben, die dann halt so ein Gutachten geschrieben haben oder, ich sag mal, so einen Tagesablauf, die dann reingeschrieben haben ‚der Patient hilft beim Saubermachen und hat die und die Aufgaben' und ‚der Patient arbeitet', was weiß ich nicht, ‚in der Hofkolonne' oder ‚in der Gartenkolonne' oder ‚in der Parkkolonne'. (...) Und dadurch konnten die immer sagen, ja, wir brauchen aber den Patienten und der Patient macht dieses und der Patient macht jenes. (...) Also die haben schon auch versucht, so weiß <u>ich's</u> eben aus Erzählungen von dem alten Herrn, die haben schon versucht, ihre Patienten, ihre Schäfchen hier zusammenzuhalten. Ja, und wenn Transporte von außen gekommen sind, (...) da sind schon, sag ich mal, also zumindest hat er gesagt, wenn die hier oben am Güterbahnhof ausgeladen wurden, also die haben dann schon schlimm ausgesehen, also Haut und Knochen. Da hat's auch viele Patienten gegeben, die sie gar nicht mehr aufpäppeln konnten, weil sie eben so… Ab einem gewissen Grad von Abmagerung nimmt der Körper dann einfach auch nichts mehr an. Und dass dann eben auch Patienten hier gestorben sind, hier im Haus <u>selber</u> gestorben sind, und dann auch hier auf dem Friedhof beerdigt wurden, das ist schon klar. Ja, und die Patienten, <u>die</u> weggegangen sind – ich meine, sicher hat's da Leute gegeben, die gewusst haben, was mit denen passiert, aber diesen Einfluss haben die Pfleger auf die Transporte ja nicht gehabt. (...) Und drum, also ich sag immer, wenn das Haus hier so ein bisschen doch sehr in die negativen Schlagzeilen kommt, ich meine, sicher, das ist eine schlimme Zeit gewesen und sicher haben's auch viele gewusst, aber wie sollten sie denn helfen, nicht… Es war halt so.

Werden Ereignisse aus der Familienvergangenheit erinnert, so verweisen diese auf das „implizite Konzept", das die jeweilige Familie von sich selbst hat (vgl. Welzer et al. 2008, S. 23 f.). Gerade bei Familienerinnerungen an die NS-Zeit tritt das Phänomen zutage,

> dass eine auf der Ebene der öffentlichen Erinnerungskultur als verbrecherisch markierte Vergangenheit mit einem Familiengedächtnis in Einklang gebracht werden muss, das unter den Erfordernissen von Kohärenz, Identität und wechselseitiger Loyalität jedes Mitglied dazu verpflichtet, die ‚gute Geschichte' der Familie aufrechtzuerhalten und fortzuschreiben (ebd., S. 24).

Maurice Halbwachs zufolge bildet die Familie eine „unauflösliche Einheit" (Halbwachs 1985, S. 224), deren Bande weder durch Tod noch Scheidung zerreißen, „Väter bleiben Väter und Söhne Söhne" (Welzer et al. 2008, S. 24 f.). Vor allem Familienmitglieder lassen sich bei Urteilen über ihre Verwandten

„am wenigsten durch die Regeln und Meinungen der Gesellschaft beherrschen", sondern ziehen „fast ausschließlich (...) persönliche Qualitäten in Betracht" (Halbwachs 1985, zitiert nach ebd., S. 25). Erwähnenswert ist in diesem Zusammenhang, dass die Interviewte an anderer Stelle anmerkte, dass der Großvater ihres Mannes zwischen 1933–1945 KPD-Mitglied geblieben war (und damit selbst hätte Opfer des NS-Regimes werden können), was seine Distanz zur nationalsozialistischen (Rassen)Ideologie zusätzlich zu untermauern scheint.

Entlasten Angehörige von Pflegerfamilien ihre Vorfahren – wie in dem obigen Interviewauszug deutlich wird –, indem sie sozusagen inmitten des Grauens Gesten der Menschlichkeit aufrufen (zum Beispiel die christlich konnotierte Metapher ‚die Schäfchen zusammenhalten') oder darauf verweisen, dass zu den Patient(inn)en „zwar keine freundschaftliche, aber doch so ein bisschen eine persönliche Beziehung" bestand, kritisieren vor allem durch den Herbst 1989 politisierte psychiatriekritische Akteure das nach 1989 fortbestehende Verschweigen beziehungsweise Verharmlosen der NS-Verbrechen. Die im Folgenden zitierte Interviewpartnerin (Frau B) war im Zuge des politischen Aufbruchs im Herbst 1989 Mitgründerin eines Betroffenenvereins für psychisch Kranke:

> Aber da kann ich auch wieder nur sagen, Altscherbitz [Ort, wo sich die oben genannte Klinik befindet – Anm. K. F.] ist ein Sinnbild für deutsche Geschichte: Die Hälfte [des Personals – Anm. K. F.] war vor 33 in der KPD. (...) Und dann sind die 33 geschlossen in die NSDAP eingetreten und dann sind sie wahrscheinlich (...) alle – nein, nicht alle – in die SED eingetreten. Aber so das Regime ist noch immer vorhanden. (...) Also wenn ich mitkriege, dass die zum Beispiel sagen, sie haben dort nie jemanden getötet, ich raste da aus, ja! (...) Vor anderthalb Jahren oder vor zwei Jahren waren wir dort im Krankenhaus, da haben sie die Klinik vorgestellt. (...) ‚Und dann kommt das dunkle Kapitel der Euthanasie und Gott sei Dank wurde unsere Klinik... wir waren zwar Durchgangslager, aber hier wurde niemand getötet.' Und da hau ich auf den Tisch und sage, das kann doch nicht wahr sein.

Denkt Frau B die Psychiatrie konsequent politisch und hinterfragt ihre Rolle in der Gesellschaft über Systemwechsel hinweg, argumentieren andere Akteure, dass der mit der Delegitimation der DDR einhergehende Machtkampf die Psychiatriereform in Ostdeutschland unnötig politisiert habe und medizinische Sachfragen moralisch aufgeladen worden seien.

3.3 Entpolitisierung der Psychiatrie in der DDR

Vor allem ältere ostdeutsche Psychiater(innen) sehen in der Psychiatriereform nach 1990 eine politisch motivierte Abwertung der Leistungen der Psychiatrie in der DDR mit dem Ziel, das bundesdeutsche Versorgungssystem als das überlegene System darzustellen und eine Anpassung an dieses Gesundheitssystem zu legitimieren (Kolonialisierungsthese). Als ein Beispiel für dieses Deutungsmuster sei im Folgenden ein Auszug aus einem Interview mit einem ehemaligen Chefarzt (Herr C) zitiert, der an einer Universitätsklinik tätig war. Die dort herrschenden Unterbringungsbedingungen waren deutlich besser als in den großen, meist überfüllten Bezirkskrankenhäusern mit ihren Langzeitstationen. Der Interviewte hat somit einen sehr privilegierten Bereich der Psychiatrie in der DDR erlebt und verfügte selbst über die Möglichkeit, die Behandlungskonzepte vergleichsweise frei zu gestalten, zum Beispiel durch die Umsetzung sozialtherapeutischer Ansätze:

> DDR-Psychiatrie ist ein seltsamer Begriff. Es gibt eine soziale Psychiatrie, eine biologische Psychiatrie, eine demokratische Psychiatrie vielleicht auch, es gibt eine klinische Psychiatrie, aber DDR-Psychiatrie, was soll das denn sein? (…) Das Wesentliche ist dabei, dass darunter eine Psychiatrie verstanden wurde, die spezifisch geprägt worden ist durch das gesellschaftliche System, durch den Unrechtsstaat der DDR. Staatsmedizin war, ist ja auch ein sehr häufig gebrauchter Begriff in diesem Zusammenhang. Also etwas, das sich auch grundsätzlich vom Westen unterscheidet. (…) Nach meiner Erfahrung hat dieser Begriff eine doppelte Funktion: Einmal, denke ich, bedeutet er eine Art Entlastung für die Akteure der Psychiatrie. Entlastung, die sicher zum Teil berechtigt ist. Das ist sicher auch ein Teil der Wahrheit, dass die Verantwortung für die schlimmen Probleme, die es hier gab, auf den Staat verlagert wird. Das ist ein Teil der Wahrheit, aber der kleinere, denke ich. Die wesentlichere Funktion, glaube ich, war und ist bis heute noch die pauschale Abwertung und Abwicklung von dem, was hier entstanden ist, unabhängig davon, ob es gut oder schlecht war. Legitimation also auch dafür, dass die Wende, die Vereinigung so verlaufen ist, auch in der Psychiatrie, wie überall auch, also eine reine Assimilation, eine reine Anpassung von Ost an West.

Herr C verneint die Existenz einer spezifischen ‚DDR-Psychiatrie' und geht stattdessen davon aus, dass in der Psychiatrie der DDR ähnliche Ausprägungen psychiatrischer Behandlungsparadigmen zu finden waren wie in anderen Ländern, zum Beispiel Aspekte einer biologischen oder sozialen Psychiatrie mit ihren jeweiligen Vor- und Nachteilen. Die Betrachtung der Psychiatrie als Teil des spezifischen Normierungssystems der DDR und die Kritik an deren Beitrag zur Ausgrenzung von sozial abweichenden Personen wird von ihm ausgeblendet aufgrund der impliziten Annahme, dass die Differenzierung zwischen psychisch Gesunden und Kranken jedem gesellschaftlichen System inhärent sei – unabhängig von der politischen Ideologie.

Eine andere ostdeutsche Psychiaterin (Frau D), deren kritischer Blick auf die Psychiatrie in der DDR vor allem daher rührt, dass sie in einer Großklinik gearbeitet hat, stellt die Anschlussfähigkeit ihrer Institution nach 1989 her, indem sie darauf verweist, dass die Psychiatrie in Westdeutschland auch lange Zeit eine Verwahrpsychiatrie gewesen sei. Gemeinsamkeiten werden hier interessanter Weise nicht anhand von positiv, sondern von negativ konnotierten Aspekten der deutsch-deutschen Psychiatriegeschichte konstruiert. Angesichts der von Frau D als inkonsequent wahrgenommenen bundesdeutschen Aufarbeitung nach 1945 sei die „Diskriminierung" der ostdeutschen Psychiatrie nach 1989 unverhältnismäßig und ungerechtfertigt gewesen:

> Wir standen manchmal auch ein bisschen am Pranger mit unserer DDR-Psychiatrie. In Westdeutschland ist das so mit dem Wandel nach dem Zweiten Weltkrieg nicht passiert. (...) Und deshalb finde ich diese Diskriminierung [der Psychiatrie in der DDR – Anm. K. F.] auch immer schwierig. (...) Mir war zum Beispiel überhaupt nicht klar, dass es solche Sachen wie Verwahrkliniken auch im Westen gab. Und in den ersten Kontakten mit westdeutschen Kollegen habe ich mich ob der großen, schrecklichen Klinik geschämt. Dann wusste ich irgendwann auch von Bedburg-Hau oder von anderen Kliniken. Das ist vielleicht auch ganz wichtig, dass in der Übergangszeit wir alle auch Informationsdefizite hatten.

Schien Selbstkritik in der Aufbruchsphase 1989/1990 für Frau D noch eine moralische Pflicht gewesen zu sein, so wurde diese Haltung in der darauffolgenden Konsolidierungsphase des neuen Systems problematisch, weil sie dem politischen Zeitgeist – pauschale Abwertung der Psychiatrie der DDR – in die Hände spielte. War Frau D als Mitglied der jüngeren, reformwilligen Ärztegeneration zunächst offen für Veränderungen, fühlte sie sich durch die nach 1990 immer enger werdenden Gestaltungsspielräume „ausgebremst", und es stellte sich angesichts der zunehmenden Ökonomisierung des Klinikalltags Ernüchterung ein:

> Wir sind ausgebremst worden von den Strukturen, die wir nicht kannten. Das will ich jetzt nicht beklagen, aber feststellen dürfen. Ich bin von 1991 bis 93 nicht in der Klinik gewesen. (...) Als ich dann wiederkam, merkte ich, das ist nicht mehr meins. Es waren Strukturen eingezogen, die nicht mehr bestimmt waren von diesem Geist, von dieser Aufbruchsstimmung, von dieser Vernetzung.

Eine andere Psychiaterin (Frau E) weist die nach 1990 erlebte Kritik an der Psychiatrie in der DDR zurück, indem sie den aus alten Bundesländern kommenden Kolleg(inn)en eine entsprechende Beurteilungskompetenz abspricht:

> E: Die uns abgelöst haben, die Leute, (...) die kamen ja alle von drüben und die hatten keine Akten. (...) Und die sind aber schon zum Teil wieder weg. Also das war nicht die beste Garnitur, die uns die Freunde da geschickt haben, da drüben.

I: (…) Was heißt ‚keine Akten'?
E: Stasiakten. Die vom Westen hatten keine Stasiakten. Und alle guten Leute von uns, die waren irgendwie involviert in die, äh, in die, in das politische System.

In der Deutung von Frau E war bei der Reform der Psychiatrie die politische Unbelastetheit der neuen Kolleg(inn)en wichtiger als deren fachliche Qualifikation, was dazu führte, dass die ostdeutschen Psychiater(innen) geringere Chancen hatten übernommen zu werden. Die Aufarbeitung der Psychiatrie in der DDR scheint aus dieser Perspektive an der falschen Stelle angesetzt zu haben:

E: Vor der Volkskammerwahl im Dezember 1990 besuchte uns eine Arbeitsgruppe mit Frau Doktor Bergmann-Pohl, an deren Mitarbeiter ich keine positiven Erinnerungen habe. Die fragten alles mögliche dumme Zeug.
I: Was haben die gefragt?
E: Na die ham gefragt, nach den politischen Machen-, äh, die ham gefragt, nach den eingesperrten Patienten hier, äh hier, die die aufgrund von von äh, äh, von äh, angeblich, von äh Stasi hier eingesperrt gewesen sein sollen, aber das, die ham wir nicht gehabt. [beginnt aus einem selbstverfassten Text zu zitieren:] ‚Ich kann nur noch einmal antworten, wir hatten ja eine Reihe von Patienten mit politischen Wahnideen, auch hoch akut Aggressive, aber aus politischen Gründen eingewiesene Patienten hatten wir nicht.'

In den Erinnerungen der ehemaligen Chefärztin suchten die Verfolger von DDR-Unrecht in der Psychiatrie an der falschen Stelle, denn das Interesse der Staatssicherheit habe sich nicht auf die Patient(inn)en, sondern Klinikmitarbeiter(innen) bezogen, die Ausreiseanträge gestellt hatten:

Das waren Mitarbeiter, die, da, was sehr unangenehm war, die an, die die An-, äh, Anträge gestellt hatten und die dann besonders, über die Berichte geschrieben werden mussten. Auf diese Weise waren wir eben involviert. [leise:] Über die Berichte geschrieben werden mussten, wie sie sich verhalten und so weiter. Und die dann zum Teil keine Stationspfle- äh, Schwestern mehr sein durften und so weiter. Also das war, das war unangenehm.

Im Unterschied zu Herrn C (der ebenfalls leitender Arzt war) thematisiert Frau E die Mitarbeit der Ärzte bei der Staatssicherheit und stellt diese als aufgezwungene Pflicht dar. Auch hier tritt das bereits anhand der Erinnerung an die NS-Zeit erkennbare Rechtfertigungsmuster zutage: Man ‚musste' ‚unangenehme' Dinge tun und konnte sich ihnen nicht entziehen.

3.4 Relativierung der Kritik im Kampf um Anerkennung

Die Kritik am Umgang mit der DDR-Geschichte bezieht sich – wie auch Gallinat und Kittel (2009, S. 305) in einem Forschungsprojekt[20] aufzeigen konnten – vor allem auf die „Art und Weise der Aufarbeitung sowie deren starken Fokus auf Diktaturaspekte des vergangenen Staates" (ebd., S. 325). Die DDR hatte als ‚Unrechtsstaat' und ‚durchherrschte Gesellschaft' ihre Existenzberechtigung verloren, und aus Perspektive des überlegeneren Systems galt es, dazu moralisch auf Distanz zu gehen und diese Differenz durch das Auffinden von Normverletzungen zu untermauern.

Der folgende Auszug aus einer Forumsdiskussion mit ost- und westdeutschen Psychiater(inne)n zum Thema „Transformation der Psychiatrie nach 1989" im Rahmen der Jahrestagung der Deutschen Gesellschaft für Soziale Psychiatrie (DGSP) in Leipzig im Jahr 2008[21] macht die Effekte deutlich, die eine normativ aufgeladene Vergangenheitsaufarbeitung haben kann. Im Rahmen der Diskussion sagte ein jüngerer Psychiater (Herr F):

> Wir hätten gern mehr Zeit gehabt, uns das untereinander zu sagen [gemeint sind die Missstände in der Psychiatrie in der DDR – Anm. K. F.]. Und nicht, dass von außen jemand kommt und uns das sagt. Und diese Zeit haben wir leider nicht gehabt, und das ist bestimmt der Ärger. (...) Und deswegen wird alles, was von außen kommt, sofort abgewehrt. Und das ist bestimmt auch so ein Punkt, weshalb wir da manchmal auch auf Sturheit geschalten haben und dass Ihr [gemeint sind die westdeutschen Psychiater(innen) – Anm. K. F.] uns das eben nicht sagen könnt, weil wir ja auch wissen, bei euch ist nicht alles so.

Selbstkritik scheint für Herrn F nur dann möglich zu sein, wenn diese nicht von außen erzwungen wird. Die Offenlegung von schwierigen Aspekten der Psychiatrie in der DDR hätte seiner Ansicht nach zunächst im engen Kreis derer stattfinden sollen, die in der DDR in einer Klinik gearbeitet haben, bevor sich Kritiker(innen) von außen zu Wort meldeten. Der Interviewauszug impliziert darüber hinaus einen

---

[20]Es handelt sich um das Forschungsprojekt „The socialist past today. The German Democratic Republic in private, public and institutional discourses", das 2007 und 2008 an der Universität Newcastle upon Tyne (GB) durchgeführt wurde. Das Projekt beforschte anhand von teilnehmender Beobachtung unter anderem den Umgang mit der DDR-Vergangenheit innerhalb zweier Institutionen in einer ostdeutschen Stadt, die zum Thema DDR-Vergangenheit publizieren und öffentliche Veranstaltungen organisieren.
[21]Die Forumsdebatte wurde durch die Autorin initiiert, organisiert und dokumentiert (vgl. das zweite Heft der Zeitschrift Soziale Psychiatrie aus dem Jahr 2009, S. 28–29).

nicht ausgetragenen beziehungsweise vorzeitig beendeten Generationenkonflikt zwischen den jüngeren und älteren Psychiater(inne)n: Es war den ‚Jungen' nach 1989 nicht möglich, offen Kritik an den Verhältnissen in der DDR-Psychiatrie zu formulieren, da sie sich angesichts der westdeutschen Überlegenheitsgesten dazu gezwungen sahen, sich als ‚Ost-Psychiater(innen)' mit ihren älteren Kolleg(inn)en zu solidarisieren. Für die ostdeutschen Akteure wurde die Aufarbeitung ab einem gewissen Zeitpunkt überlagert vom „Kampf um Anerkennung" (vgl. Appiah 1994)[22], der „keinen Raum für Reflexionen [lässt], die es den Einzelnen erlauben, unterschiedliche Interpretationen der Vergangenheit für sich selbst und für die Gesellschaft zuzulassen" (Gallinat und Kittel 2009, S. 325).

3.5 Normalisierung der Psychiatrie in der DDR

Wurde im bisherigen Textverlauf nur Klinikpersonal aus den neuen Bundesländern zitiert, soll im Folgenden anhand von Interviewsequenzen aus den Gesprächen mit zwei Ärzten aus den alten Bundesländern (Herr G und Frau H) die Perspektive der ‚von außen Kommenden' rekonstruiert werden. Chefarzt G sieht keinen grundsätzlichen Unterschied zwischen den Psychiatrien in den beiden deutschen Teilstaaten. Als gemeinsamen Nenner führt er jedoch – im Unterschied zum oben zitierten Herrn C – nicht die Orientierung an medizinischen Standards an, sondern die gesellschaftlichen Machteffekte der Psychiatrie, die in jedem politischen System zutage träten:

> Psychiatrie West und Ost sind sich viel ähnlicher als vieles andere in diesen beiden Teilstaaten. Psychiatrie is ne Sache, (…) da geht's nicht um Wissen, da geht's auch nicht um wissenschaftliche Erkenntnisse, sondern es geht um einen Zeitgeist. Es geht um die bürgerliche Vorstellung des Normalen versus des Unvernünftigen, und die Unvernunft wird halt, die wird ausgegrenzt, ja. (…) Das ist (…) ein Problem der Psychiatrie. Sie tut sich schwer, sich selbst zu hinterfragen, auch in der heutigen Zeit.

Frau H bringt die Kritik an der wiedervereinigten Psychiatrie noch deutlicher zur Sprache und problematisiert das ungünstige Zusammentreffen von ost- und westdeutschen Versorgungslogiken, das der Ausgrenzung von psychisch Kranken weiter Vorschub geleistet habe:

---

[22]Appiah beschreibt den Kampf um Anerkennung anhand von diskriminierten Gruppen, die für ihre Rechte eintreten.

Da haben sich Ost und West sehr gut gefunden, nach 1989. Es ging nicht um Ost oder West. Das ist, als wenn ein Esel den anderen Langohr schimpft. Sondern es ging darum, dass sich in schnellster Zeit aus einer Diskussion eine Gesellschaft zusammengetan hat, die nicht mehr diskutieren wollte und sich vor allem in der Marginalisierung von Randgruppen in nichts nachsteht.

In dem Szenario, das diese Ärztin im weiteren Verlauf des Interviews entwirft, trafen nach 1989 autoritäre Klinikroutinen, die sich in der DDR konserviert hatten, auf neo-kustodiale Unterbringungskonzepte aus den alten Bundesländern, wo die Psychiatriereform der 1970er-Jahren auf halber Strecke stecken geblieben sei. Durch die Ost-West-Debatte wurde aus ihrer Sicht ein Grabenkampf eröffnet, der vom eigentlichen Problem der Psychiatrie („Marginalisierung von Randgruppen") abgelenkt habe.

4 Klinikroutinen und alltagsweltliche Deutungen psychischer Erkrankungen

Geht man mit staatsethnografischen Ansätzen (vgl. Valverde 2003) davon aus, dass formalisierte Normen (zum Beispiel medizinische Diagnoseraster und Therapieverfahren) auf der Ebene der Akteure durch die ‚Brille' alltagsweltlich geprägter Deutungen in konkrete Handlungsroutinen übersetzt werden, liegt die Vermutung nahe, dass sich auch das Verhalten des klinischen Personals in Bezug auf die viele Jahre beziehungsweise zum Teil jahrzehntelang erlebten (Langzeit-) Patient(inn)en nicht in dem gleichen Tempo änderte, wie die institutionellen Reformen implementiert wurden. Die Abläufe innerhalb einer psychiatrischen Klinik beruhen auf bewährten Orientierungen, zum Beispiel Zuschreibungen, wie sich jemand ‚typischerweise' verhält und wie man ‚üblicherweise' mit diesem Patienten oder dieser Patientengruppe umgeht. Im Folgenden sollen einige dieser aus der Psychiatrie in der DDR stammenden „inkorporiert-praktischen Wissensbestände" (vgl. Dimbath 2014) rekonstruiert werden und deren Aufeinandertreffen mit neuen Deutungsmustern und Handlungsroutinen nach 1990 skizziert werden.

4.1 Klinikpersonal zwischen Abscheu und Neugier

Das Verhalten der Patient(inn)en in den „Langzeitbereichen" wird in den von mir geführten Interviews vor allem vom Pflegepersonal erinnert, weil dieser Teil des Klinikpersonals dort ständig präsent war und quasi die informelle Stationsleitung innehatte. Ärzte kamen im Normalfall nur alle paar Wochen zur Visite vorbei. In den rückblickenden Erzählungen überwiegt vor allem das Entsetzen über das Verhalten der chronisch-kranken Patient(inn)en. Erwähnt wurde zum Beispiel, dass Patient(inn)en Laute „wie Tiere" (Frau J) von sich gegeben und sich die Kleider vom Leib gerissen hätten. Ein ehemaliger Krankenpfleger (Herr I) verglich eine forensische Langzeitstation seiner Klinik mit „verrückten indischen alten Booten (…), wo die Massen waren, wie diese Fluchtdampfer, die aus Albanien gekommen waren".

Die Probleme bei der Versorgung von chronisch psychisch Kranken in der DDR führt Psychiaterin D auf Versorgungsengpässe zurück, die sich aus der landesweiten Mangelwirtschaft ergaben und in den großen Kliniken besonders massiv zutage traten. Frau D erklärt in diesem Zusammenhang sinngemäß, dass es seltsam gewesen wäre, wenn die Krankenstationen mit schönem Mobiliar ausgestattet gewesen wären, während der Otto Normalverbraucher Mühe hatte, eine Schrankwand zu erwerben. Mangel herrschte überall, warum sollte es in der Psychiatrie – so das anhand des Interviews mit Frau D rekonstruierbare Deutungsmuster – anders sein?

Als nach 1990 auf einer ehemaligen Langzeitstation zur Verschönerung Gardinen aufgehängt wurden, war eine interviewte Ärztin (Frau J) fest davon überzeugt, dass diese sofort von Patient(inn)en heruntergerissen würden. Sie betrat früher während der Visite die Station nur im Beisein von Pflegern, die als eine Art ‚Schutzschild' eine Matratze vor sich hielten, um Schläge von Patient(inn)en abzuwehren. Angesichts dieser Erfahrungen war die Ärztin verblüfft, dass die Gardinen unversehrt blieben. Ihre Verhaltenserwartung traf plötzlich nicht mehr zu.

Die oben skizzierten Verhaltensauffälligkeiten der Patient(inn)en werden vom damaligen Pflegepersonal rückblickend zumeist als genuiner Ausdruck einer schweren Erkrankung gedeutet und nicht als Zeichen von Hospitalismus, der sich aufgrund von fehlender Abwechslung im tristen Klinikalltag und dem Mangel an menschlicher Zuwendung entwickelte. Streifen die Interviewten in den Gesprächen diesen Punkt, folgt entweder eine Schamreaktion (zum Beispiel leiser werdendes, unsicheres Sprechen) oder eine Verantwortungsabwehr durch Verweise auf die eigene Ohnmacht und Überforderung angesichts der damaligen Situation. Die Erkenntnis, dass Hospitalismus die Ursache für das Verhalten der Patient(inn)en war, und die Integration dieser Erkenntnis in das deklaratorisch-reflektorische Gedächtnis des ehemaligen Pflegepersonals könnte für diese bedeuten, das eigene Tun beziehungsweise Unterlassen kritisch hinterfragen zu müssen.

Gedächtnissoziologisch interessant ist, dass Erinnerungen an die drastischen Zustände auf jenen Stationen, die im Klinikalltag zum Beispiel mit „Unruhe Frauen" beziehungsweise „Unruhe Männer" bezeichnet wurden, so lange erzählbar sind, wie der oder die Interviewte aus einer Beobachter(innen)rolle heraus spricht und beschreibt, was er oder sie gesehen hat. Nach dem eigenen Handeln in den jeweiligen Situationen befragt, wird oft das Bild des passiven Erduldens aufgerufen und die stattgefundenen Interaktionen zwischen dem Pflegepersonal und den Patient(inn)en bleiben eher schemenhaft. So erzählt zum Beispiel Frau A, dass der Großvater ihres Mannes oft mit einem blauen Auge nach Hause gekommen sei, weil er von Patienten geschlagen wurde. Er selbst hingegen sei ein gutherziger Mensch gewesen, der aufgrund seiner groß gewachsenen Statur eine natürliche Autorität ausgestrahlt habe, wodurch er selbst nicht handgreiflich werden musste.

Anhand der Erzählungen des Personals wird auch deutlich, dass es in den Großkliniken neben den in Bettensälen Verwahrten auch Patient(inn)en gab, die sich angepasst verhielten, wodurch ihnen bestimmte ‚Privilegien' zugestanden wurden. Sie wurden für Tätigkeiten im Rahmen der Selbstversorgung der Großkliniken herangezogen (sogenannte Arbeitstherapie, zum Beispiel in der Gärtnerei, Küche oder Wäscherei) oder erhielten vom Personal „'ne Mark", um kleine Botengänge (zum Beispiel zum Schuster) zu erledigen.

Frau A hat lebendige Erinnerungen an eine Patientin, mit der sie ‚normal' sprechen konnte und die nicht so schwer ‚krank' war. Sie unterschied sich damit deutlich von den anderen, verhaltensauffälligen Patient(inn)en. Frau A erinnert sich sogar an ihren Namen. War die Patientin manchmal nicht gut gelaunt und ging Gesprächen aus dem Weg, führt A dies auf ihre ‚Krankheit' zurück. Vor allem die älteren Patientinnen hätten traumatische Erlebnisse während der Kriegszeit „nicht verkraftet" und seien deshalb psychisch erkrankt. Wie sie das herausgefunden hat, beschreibt Frau A folgendermaßen:

> Wenn man das manchmal so ein bisschen angestoßen hat, dann hat sie [die Patientin – Anm. K. F.] immer gesagt, [leiser:] ‚Der Russe, der hat gestunken. Der hat gestunken...' [kurze Pause] ‚Der Bauer, ja, ja, der Bauer. Ich musste auf der Tenne das Heu stapeln (…) und da ist der Bauer gekommen. Der war schlecht. Der war schlecht', hat sie immer gesagt. ‚Ich hatte noch nicht genug gelitten.' (…) Und dann aber auch schnell wieder ein anderes Thema. (…) Dadurch, dass ich ja medizinisch nicht so beleckt bin, habe ich dann auch immer gedacht: Du kannst da gar nicht jetzt großartig drauf eingehen. Du weißt ja nicht, wenn das alles in der wieder hochkommt, wie die reagiert, nicht. Vielleicht schadet's ihr ja. Vielleicht schadet's ja auch dem Gesundheitszustand. Also, man ist da schon sehr vorsichtig damit umgegangen.

Vergewaltigungen durch die Rote Armee konnten in der DDR nicht offen thematisiert werden und kamen in der Kommunikation zwischen Pflegepersonal und Patientinnen – wie an diesem Beispiel deutlich wird – nur andeutungsweise zur Sprache. Bemerkenswert an der beschriebenen Interaktion zwischen der Klinikangestellten und der Patientin ist das Zusammentreffen von Neugier („Wenn man das manchmal so ein bisschen angestoßen hat...") und der gleichzeitigen Sorge, damit dem Gesundheitszustand der Patientin zu schaden (beziehungsweise dazu beizutragen, dass eine sich angepasst verhaltende Patientin durch das unprofessionelle Wachrufen von traumatischen Erinnerungen plötzlich den Stationsalltag durcheinander bringt). Die Abwesenheit der Ärzte und das Fehlen von geschützten Räumen, um über traumatische Erlebnisse zu sprechen, fallen hier besonders ins Auge. Gespräche über die Lebensgeschichte der Patient(inn)en wurden im Klinikalltag der Langzeitstationen offenbar spontan zwischen Tür und Angel geführt.

4.2 „Politische Wahnideen" und Ungereimtheiten in den Akten

Was sich auch in anderen von mir geführten Interviews immer wieder zu bestätigen scheint: Das Pflegepersonal hatte – sei es aufgrund des oben beschriebenen ‚informellen' Austauschs mit den Patient(inn)en oder weil es Zugang zu den Krankenakten hatte – einen recht umfassenden Einblick in einzelne Krankengeschichten. Manche erinnern sich rückblickend, dass sie in den Akten auch auf Ungereimtheiten gestoßen sind. So berichtet eine ehemalige Krankenschwester, dass sie während der Nachtschicht oft aus Neugier und Zeitvertreib in den Krankenakten las und manchmal den Eindruck hatte, dass einzelne Patienten nicht wirklich krank waren (also gegebenenfalls aus ‚politischen' Gründen in der Klinik waren). Da sie dies jedoch fachlich nicht abschließend beurteilen konnte (vergleiche die Aussage von Frau A bezüglich des Umgangs mit traumatisierten Patientinnen), habe sie sich damals nicht dazu geäußert.

Psychiaterin E erwähnt im Interview, dass es in ihrer Klinik keine aus politischen Gründen eingewiesene Patient(inn)en gegeben habe, aber durchaus welche mit „politischen Wahnideen". Auf Nachfrage erläutert sie dieses ‚Krankheitsbild' wie folgt:

> Die fühlten sich verfolgt, die fühlten sich, also das kann ich jetzt im Einzelnen nicht mehr sagen, das ist so lange her, das kann ich nicht mehr sagen [lacht]. Die hatten politische Wahnideen, die fühlten sich bestrahlt von ..., wie es in der allgemeinen Psychiatrie ist, äh, wie es jetzt glaub ich auch noch gibt. Jetzt wird's mehr auf den Umweltschutz geschoben, da kenn ich jedenfalls ne Geschichte von einem Bekannten hier, dessen Sohn ist so krank gewesen, und äh, irgendwie Umweltschäden, und früher waren es eben dann Strahlen, die kamen, und ... Das weiß ich, das kann ich im Einzelnen nicht mehr so ausdrücken. Das weiß ich wirklich nicht mehr [sehr leise].

Frau E beschreibt Symptome, die heute wahrscheinlich als schizophrene oder paranoide Psychose diagnostiziert werden würden. Warum verwendet sie stattdessen den nicht-medizinischen Begriff ‚politische Wahnideen'? Folgt man ihrer Erinnerung, dass es in ihrer Klinik keine aus politischen Gründen eingewiesene Patient(inn)en gegeben hatte, könnte davon ausgegangen werden, dass Frau E mit dem Wort ‚politisch' möglicherweise ‚gesellschaftlich relevant und politisch heikel' meint, also all jene Themen, die mehr oder weniger stark in Bezug auf die uns umgebende Welt oder unsere Geschichte stehen, aber in einem bestimmten Gesellschaftssystem (hier die DDR) tabuisiert waren. Wenn „es *jetzt* (…) mehr auf den Umweltschutz geschoben [Hervorhebung K. F.]" wird, das heißt wenn sich heute ‚Wahnideen' aufgrund der als dramatisch wahrgenommenen Umweltzerstörung entwickeln, könnten die erwähnten „Strahlen, die [früher – K. F.] kamen" zum Beispiel ein Symptom sein, das der/die betreffende Patient(in) angesichts der Reaktorkatastrophe in Tschernobyl entwickelte. In alten Krankenakten der Klinik, in der Frau E gearbeitet hat, ist der Eintrag zu finden, dass ein Patient davon überzeugt gewesen sei, mit Hitler telefoniert zu haben. Es ist zu vermuten, dass Frau E dies ebenfalls als „politische Wahnidee" eingestuft hätte.

Inwiefern der Begriff ‚politische Wahnideen' intersubjektiv geteilt wurde und routinemäßig auch von anderen Ärzten verwendet wurde, oder ob es sich um eine Deutung handelt, welche die interviewte Ärztin für sich persönlich gefunden hat, kann an dieser Stelle nicht abschließend beantwortet werden. Die in dem Interview plötzlich eintretende Amnesie, als es um die Frage ging, was genau unter ‚politischen Wahnideen' zu verstehen sei („Das weiß ich wirklich nicht mehr."), legt zumindest den Schluss nahe, dass der Interviewpartnerin beim Sprechen bewusst wurde, dass die von ihr mit großer Selbstverständlichkeit verwendete Bezeichnung in der heutigen Zeit Aufmerksamkeit erregt – vor allem dann, wenn zuvor behauptet wurde, dass es keine aus politischen Gründen eingewiesene Patient(inn)en gab.

Den weiter oben beschriebenen Versuchen, die Psychiatrie in der DDR zu entpolitisieren, steht die Verwendung des Begriffs ‚politische Wahnideen' entgegen und wirkt wie ein Freudscher Versprecher, hinter dem sich Erinnerungen verbergen könnten, die aufgrund ihrer Inkompatibilität mit dem, was gegenwärtig als psychische Erkrankung gilt und wie heute die Grenze zwischen gesellschaftlich tolerierbaren und unpassenden oder inakzeptablen Aussagen definiert wird, unsagbar werden.

4.3 Personelle Kontinuitäten und autoritärer Habitus

Die Gegenwart des Vergangenen sieht Frau B nicht nur in Bezug auf das Verschweigen der NS-Verbrechen (siehe oben), sondern auch in der unkritischen Übernahme des alten DDR-Personals beziehungsweise fachfremden Personals nach 1990, vor allem in den während der Enthospitalisierung entstandenen Einrichtungen für chronisch-psychisch Kranke und Menschen mit Behinderungen. Dimbath/Heinlein folgend kann somit auch in Bezug auf die Psychiatrie in Ostdeutschland konstatiert werden, dass im Zuge des Systemwechsels zwar „die sozialen und ökonomischen Bedingungen der Habituserzeugung verschwunden sind", die in der DDR „inkorporierten Verhaltensdispositionen" jedoch weiter existieren (Dimbath und Heinlein 2015, S. 206).[23] Im Falle der Psychiatrie in Ostdeutschland waren dies aus Sicht von Frau B vor allem die autoritären Umgangsweisen des Personals mit Kranken beziehungsweise Behinderten:

> In den Pflegeheimen haben sie dann plötzlich die alten, ausgemusterten NVA-Offiziere gefunden, zum Beispiel bei (Name der Institution) hier in (Ortsname) – und die behandeln ihre alten Leute auch so! Die müssen alle im Takt ihren Kuchen essen und die werden <u>verwaltet</u> und die werden in Einheiten zusammengefasst – Gott sei Dank sind sie alt genug, dass sie nicht noch stramm stehen müssen. Und <u>das</u> ist natürlich eine sehr <u>ungute</u> Kultur oder man kann auch sagen, ne Unkultur, die so offen und barbarisch in Westdeutschland nicht zu Tage treten <u>konnte</u>, weil sich das erstens, a), allmählich entwickelt hat und b) würde überhaupt keiner so direkt, brutal sein. Das ist also dieser Zwang zur Anpassung, der nach der Wende also hier auch verheerende Schäden angerichtet hat.

Frau B erachtet eine Reform der Psychiatrie in Ostdeutschland als notwendig, kritisiert jedoch den „Zwang zur Anpassung" (von Ost an West) im Rahmen des vereinigungsbedingten Institutionentransfers, der in der Psychiatrie – wie in vielen anderen Institutionen der ehemaligen DDR auch – binnen kurzer Zeit und unter Hochdruck vollzogen wurde. Was dabei auf der Strecke blieb beziehungsweise zu wenig bedacht wurde, war aus Sicht von Frau B der notwendige und längst überfällige Kulturwandel in den Kliniken. Die Anpassung an das neue System führte ihrer Einschätzung nach paradoxer Weise dazu, dass sich überholte Routinen unterhalb des Radars der mit großem Tempo vorangetriebenen Modernisierung verfestigen konnten.

---

[23]Die Autoren verweisen auf den „Hysteresis-Effekt", einen von Pierre Bourdieu eingeführten Begriff zur Beschreibung der Trägheit von habituellen Dispositionen.

Die Erfahrung, „dass habituelle Dispositionen eine gewisse Trägheit aufweisen" (Dimbath und Heinlein 2015, S. 206), machten nicht nur die im Herbst 1989 politisierten psychiatriekritischen Akteure aus der ostdeutschen Zivilgesellschaft, sondern auch neu eingestellte Psychiater(innen) aus den westlichen Bundesländern. Herr G problematisiert in diesem Zusammenhang beispielsweise den nicht-datenschutzkonformen Umgang mit Patientenakten:

> Als ich hier anfing, ich hab am Anfang gedacht, ich bin im falschen Film. Da kriegt man ein Schreiben, man möge doch bitte die Akte vorbei schicken. Da sag ich: Moment einmal. Alles was da drin steht, ist im persönlichen Benehmen mit dem Patienten ins Papier geflossen. Das heißt, ich hab die ärztliche Schweigepflicht, weil ich mit dem Patienten da direkter Partner bin. (…) Die Frage für mich ist, was muss denn eine Krankenkasse von einem Ehestreit der Patientin wissen, um die Kosten zu begleichen. (…) Das war vier, fünf Jahre also heftigster Krieg. Mittlerweile haben sie sich aber dran gewöhnt, (lacht) dass es das bei uns nicht gibt.

Aus Sicht von Herrn G wurden innerklinische Reformen in der ostdeutschen Psychiatrie vor allem dadurch erschwert, dass sich der Verwaltungsapparat dagegen sperrte, innerhalb der Klinikstruktur seine Servicefunktion gegenüber dem medizinischen Bereich zu erfüllen:

> Dahinter steht für mich ne Ideologie, ein Denkmodell: ‚Ich bin die Verwaltung und wenn du leben willst, entscheide ich, ob du ne Banane kriegst oder net.' Und diese Modelle existieren hier in einer unglaublichen Macht. Ich merk das jetzt noch ein Stück verschärft, weil hier im Haus ham wir schon angefangen, ein bisschen mit'm Schraubenzieher zu arbeiten.

Das Bild des Schraubenziehers impliziert, wie verhärtet und quasi materialisiert der Habitus des ostdeutschen Verwaltungspersonals aus der Perspektive dieses Interviewpartners war. Dass zwischen dem alteingesessenen, reformresistenten Personal und den neuen ärztlichen Leitungen massive Kämpfe ausgetragen wurden, bestätigt auch Frau H, die – ihrer Erzählung nach – als Chefärztin davon derart aufgerieben wurde, dass sie nach wenigen Jahren die Klinik wieder verließ.

5 Schlussfolgerungen

Die Funktionalität einer psychiatrischen Klinik beruht nicht nur auf der Erstellung von Diagnosen und der Anwendung von medizinisch-therapeutischen Behandlungen, sondern bedarf auch eines sozial vermittelten Deutungsrahmens, in den die Psychiatrie eingebettet ist und durch den ihre Akteure institutionelle

Sinnstrukturen reproduzieren. Diese Rahmung trägt nicht nur dazu bei, dass sich das Personal in die institutionellen Routinen einpasst und diese als ‚selbstverständlich' erlebt, sondern generiert auch kohärente Bezüge zwischen der Vergangenheit und Gegenwart und glättet mögliche Widersprüche.

Die (Re)Produktion von Sinnstrukturen gerät insbesondere dann aus dem Gleichgewicht, wenn – wie im Falle der Transformation der Psychiatrie in Ostdeutschland nach 1989 – bisher als selbstverständlich erachtete Routinen und Normen hinterfragt werden und durch neue Deutungsmuster ersetzt werden. Die Psychiatriereform nach 1989 gestaltete sich auf der Mikroebene – das heißt in den psychiatrischen Kliniken – aufgrund der gleichzeitig stattfindenden politischen Umwälzungen als ein komplexer Prozess des Über- und Umschreibens von beruflichen Handlungsroutinen, fachlichen wie alltagsweltlichen Orientierungen und berufsbiografischen Narrativen.

Anhand des Interviewmaterials konnte gezeigt werden, dass die Deutungsmuster der ehemaligen Psychiater(innen) und des Pflegepersonals (deklaratorisch-reflektorische Strukturdimension nach Dimbath) meist in Abgrenzung zu der von außen forcierten Vergangenheitsaufarbeitung und der damit einhergehenden Politisierung ihrer Institution entworfen werden. In Reaktion auf die nach 1990 als ungerechtfertigt empfundene Entwertung ihrer Arbeit verweisen sie in ihren Erzählungen entweder auf die Errungenschaften der Psychiatrie in der DDR und betonen dabei, dass es sich um eine Psychiatrie wie jede andere auch gehandelt habe, oder sie thematisieren – wenn sie sich an nur wenig Positives in der Vergangenheit erinnern – die Fehler und Versäumnisse der Psychiatriereform nach 1990. Die Ursachen für das Scheitern der Reformen sehen einige in den personellen Kontinuitäten und der damit verbundenen Fortschreibung autoritär geprägter Klinikroutinen. Andere führen sie hingegen auf das neu hinzugekommene Personal aus den alten Bundesländern und die mit dem Institutionentransfer einhergehende Rationalisierung des Gesundheitssektors zurück.

Während ein Teil der Interviewpartner(innen) darum bemüht ist, das Bild der Psychiatrie in der DDR zu entpolitisieren, indem die Grenze zwischen Medizin und Politik betont wird (zum Beispiel anhand des Einweisungsgesetzes in der DDR), denken andere Akteure die Psychiatrie konsequent politisch und zeigen Kontinuitätslinien von der NS-Zeit bis in die Gegenwart auf. Ein wiederkehrendes Element in den Erzählungen, wenn es um problematische Aspekte der Geschichte der Psychiatrie geht, ist das Empfinden von Ohnmacht: Das Klinikpersonal fühlte beziehungsweise fühlt sich den Umständen mehr oder weniger hilflos ausgeliefert, es agiert nicht, sondern reagiert nur. Dieses Selbstkonzept hat offenbar drei Systemwechsel überdauert. Es lässt sich im Sprechen über die Krankenmorde in der NS-Zeit, bei der Erinnerung an die menschenunwürdige

Unterbringung in der DDR-Zeit und bei der Rückschau auf den als oktroyiert empfundenen Institutionentransfer nach 1990 finden. Die politisch motivierte Vergangenheitsaufarbeitung nach 1989 hatte auf der Mikroebene vor allem zwei Effekte: Sie wirkte einerseits produktiv, indem sie zu DDR-Zeiten verschwiegene Themen zutage förderte (beispielsweise Kriegstraumatisierungen durch Vergewaltigungen) und andererseits repressiv, indem sie aufgrund ihrer Normativität an den herrschenden Diskurs angepasste Deutungen forcierte und bestimmte Wissensbestände in Bezug auf die Psychiatrie in der DDR tendenziell ausblendete (zum Beispiel Formen des Missbrauchs der Psychiatrie jenseits des Einflusses der Staatssicherheit). Problematisch im Sinne einer vielschichtigen und vielstimmigen Auseinandersetzung mit der Vergangenheit scheint nicht die Politisierung des Gegenstands (hier: die Psychiatrie in der DDR) zu sein, sondern die Politisierung der Entscheidung darüber, was ‚legitime' Wissensbestände in Bezug auf die Psychiatrie in der DDR im vereinigten Deutschland sind. Das mit der Vereinigung einhergehende Machtgefälle zulasten ‚der Ostdeutschen' führte dazu, dass die hier betrachteten Akteure wenig Raum hatten, um zum Beispiel rückblickend bestimmte Klinikroutinen (vgl. inkorporiert-praktische Strukturdimension bei Dimbath) kritisch zu reflektieren, sondern diese stattdessen gegenüber einer als negativ empfundenen ‚westdeutschen' Definitionsmacht über das, was die DDR und die Psychiatrie in der DDR war, verteidigten oder rechtfertigten (vgl. Gallinat und Kittel 2009, S. 325).

Literatur

Appiah Anthony (1994): Identity, authenticity and survival. In: Gutmann, Amy (Hrsg.): Multiculturalism. Examining the politics of recognition. Princeton: University Press.

Bach, Otto/Michalak, Udo (1998): Psychiatrischer Alltag – realisierbar auch in schwierigen Zeiten? Psychiatriemissbrauch im Osten aus Sicht von Psychiatern aus den neuen Bundesländern. In: Sozialpsychiatrische Informationen, 4 (28), S. 12–17.

Bock, Drago (2001): Vortrag und Diskussion zur NS-Euthanasie. In: Leipziger Volkszeitung vom 2. März.

Bock, Petra (2000): Vergangenheitspolitik im Systemwechsel. Berlin: Logos.

Buchholz, Erich (2003): Siegerjustiz? Die politische Strafverfolgung in Folge der Deutschen Einheit. Berlin: Homilius.

Deutscher Bundestag (Hrsg.) (1995): Materialien der Enquete-Kommission „Aufarbeitung von Geschichte und Folgen der SED-Diktatur in Deutschland". Baden-Baden: Nomos.

Dimbath, Oliver (2014): Oblivionismus. Vergessen und Vergesslichkeit in der modernen Wissenschaft. Konstanz: UKV.

Dimbath, Oliver, Heinlein, Michael (2015): Gedächtnissoziologie. Paderborn: UTB.

Dörner, Klaus (1996): Kieselsteine. Ausgewählte Schriften. Gütersloh: Jakob van Hoddis.

Dümcke, Wolfgang/Vilmar, Fritz (1996): Kolonialisierung der DDR. Kritische Analysen und Alternativen des Einigungsprozesses. Münster: agenda.

Franke, Kathrin (2013): Die Transformation der Psychiatrie in Ostdeutschland nach 1989 aus der Perspektive des Klinikpersonals. Eine Rekonstruktion von Deutungsmustern im Umbruch. In: Wolters, Christine/Beyer, Christof/Lohff, Brigitte (Hrsg.): Abweichung und Normalität. Psychiatrie in Deutschland vom Kaiserreich bis zur Deutschen Einheit. Bielefeld: transcript Verlag.

Gallinat, Anselma/Kittel, Sabine (2009): Zum Umgang mit der DDR-Vergangenheit heute. Ostdeutsche Erfahrungen, Erinnerungen und Identität. In: Großbölting, Thomas (Hrsg.): Friedensstaat, Leseland, Sportnation. DDR-Legenden auf dem Prüfstand. Berlin: Ch. Links.

Hacking, Ian (2007): Kinds of People. Moving Targets. In: Proceedings of the British Academy, 151, S. 285–318.

Halbwachs, Maurice (1985) [1950]: Das kollektive Gedächtnis. Frankfurt a. M.: Suhrkamp.

Hiller, Petra (2005): Organisationswissen. Eine wissenssoziologische Neubeschreibung der Organisation. Wiesbaden: VS.

Hirschinger, Frank (2001): Zur Ausmerzung freigegeben. Halle und die Landesheilanstalt Altscherbitz. Schriften des Hannah-Arendt-Instituts für Totalitarismusforschung 16. Köln: Böhlau.

Jäger, Siegfried (2011): Diskurs und Wissen. Theoretische und methodische Aspekte einer Kritischen Diskurs- und Dispositionsanalyse. In: Keller, Rainer et al. (Hrsg.): Handbuch sozialwissenschaftliche Diskursanalyse. Wiesbaden: VS, S. 91–124.

König, Uta (1990): Wo die Stasi foltern ließ. In: Magazin *Stern* vom 26. April, 3. Mai und 10. Mai 1990.

Lee, Hyunseon (2000): Geständniszwang und „Wahrheit des Charakters" in der Literatur der DDR. Diskursanalytische Fallstudien. Stuttgart: J. B. Metzler.

Leuenberger, Christine (2002): The End of Socialism and the Reinvention of the Self: A Study of the East German Psychotherapeutic Community in Transition. In: Theory and Society, 31 (2), S. 255–280.

Leuenberger, Christine (2007): Cultures of Categories. Psychological Diagnoses as Institutional and Political Projects before and after the Transition from State Socialism in 1989 in East Germany. In: Eghigian, Greg et al. (Hrsg.): The Self as Project. Politics and the Human Sciences. Chicago: University of Chicago Press, S. 180–204.

Linde, Charlotte (1993): Life-Stories. The creation of coherence. Oxford: University Press.

Mänicke-Gyöngyösi, Krisztina (1995): Ost- und mitteleuropäische Gesellschaften zwischen autonomer Gestaltung und Adaptation westlicher Modernisierungsmodelle: In: Wollmann, Hellmut/Wiesenthal, Helmut/Bönker, Frank (Hrsg.): Transformation sozialistischer Gesellschaften. Am Ende des Anfangs. Leviathan-Sonderheft Nr. 15, Opladen: Westdeutscher Verlag.

Manow, Philipp (1994): Gesundheitspolitik im Einigungsprozeß. Frankfurt a. M./New York: Campus.

Müller, Thomas/Mitscherlich, Beate (Hrsg.) (2006): Psychiatrie in der DDR. Erzählungen von Zeitzeugen. Schriftenreihe des Sächsischen Psychiatriemuseums, Band 2. Leipzig: Psychiatriebetroffeneninitiative Durchblick e. V.

Müller, Uwe/Hartmann, Grit (2009): Vorwärts und vergessen! Kader, Spitzel und Komplizen: Das gefährliche Erbe der DDR-Diktatur. Berlin: Rowohlt.

Pohl, Georg (1995): Zur Entwicklung der Sozialpsychiatrie in Ostdeutschland 1990-1994. Themen – Fakten – Thesen. In: Sozialpsychiatrische Informationen, 25 (2), S. 2–14.

Rose, Niklas (1998): Governing Risky Individuals. The Role of Psychiatry in New Regimes of Control. In: Psychiatry, Psychology and Law, 3 (2), S. 177–195.

Rose, Niklas (2000): Tod des Sozialen? Eine Neubestimmung der Grenzen des Regierens. In: Bröckling, Ulrich et al. (Hrsg.): Gouvernementalität der Gegenwart. Studien zur Ökonomisierung des Sozialen. Frankfurt am Main: Suhrkamp, S. 72–109.

Sächsisches Staatsministerium für Soziales, Gesundheit und Familie (1993): Erster Sächsischer Landespsychiatrieplan. Dresden.

Sächsisches Staatsministerium für Soziales, Gesundheit und Familie (Hrsg.) (1996): Abschlussbericht der Kommission zur Untersuchung von Missbrauch der Psychiatrie im Sächsischen Gebiet der ehemaligen DDR. Dresden.

Schröter, Sonja (1990): Waldheim. Politischer Missbrauch der Psychiatrie in der DDR und der schwierige Versuch der Aufarbeitung. In: Dr. med. Mabuse (Themenheft Psychiatrie in der DDR), 68 (15), S. 22–31.

Süß, Sonja (1998): Politisch missbraucht? Psychiatrie und Staatssicherheit in der DDR. Berlin: Ch. Links.

Waldmann, Dieter (1998): Psychiatrie in der ehemaligen DDR – eine widerspruchsvolle Bilanz. In: Sozialpsychiatrische Informationen, 4 (28), S. 19–20.

Valverde, Mariana (2003): Law's Dream of a Common Knowledge. Princeton: University Press.

Welzer, Harald/Moller, Sabine/Tschuggnall, Karoline (2008) [2002]: „Opa war kein Nazi." Nationalsozialismus und Holocaust im Familiengedächtnis. Frankfurt a. M.: Fischer.

Wohlrab-Sahr, Monika/Karstein, Uta/Schmidt-Lux, Thomas (2009): Forcierte Säkularität. Religiöser Wandel und Generationendynamik im Osten Deutschlands. Frankfurt a. M./New York: Campus.

Teil IV
Raum als Medium sozialer Gedächtnisse

# Ortsbezogene Bindung und Erinnerung(skultur) unter den Bedingungen des Stadtumbaus in Ostdeutschland

Karen Sievers

1 Einleitung

„Abriss jetzt!" – so forderte es zur Jahrtausendwende der Bericht zum wohnungswirtschaftlichen Strukturwandel in Ostdeutschland angesichts eines immensen prognostizierten Wohnungsüberhangs (Pfeiffer et al. 2000, S. 70) aufgrund von Bevölkerungsrückgang und wirtschaftlichem Strukturwandel. Fortan prägten vor allem die Begriffe ‚Schrumpfung' und ‚Leerstand' die öffentliche Diskussion um die soziodemografische, ökonomische und wohnungsmarktpolitische Entwicklung in den neuen Bundesländern. Um einem Kollaps des (kommunalen) Wohnungsmarktes und städtischer Infrastrukturen entgegenzuwirken, wurde ein umfassendes Maßnahmenpaket empfohlen, das im Wesentlichen auf die Reduktion zukünftig nicht mehr benötigter und die Aufwertung ‚erhaltungswürdiger' Bausubstanz zielte. Realisiert wurden die Empfehlungen ab 2002 im Rahmen der Städtebauförderung durch das Bund-Länder-Programm „Stadtumbau Ost", das nach und nach flächendeckende Bedeutung im doppelten Sinne erhielt: Nicht nur lebten nach sechs Jahren Programmlaufzeit gut zwei Drittel der Ostdeutschen in einer Stadtumbaukommune (BMVBS/BBR 2008, S. III); vielmehr wurden insbesondere in den Anfangsjahren des Programms auch ganze Straßenzüge und Stadtquartiere großflächig zurückgebaut oder abgerissen. Diese Viertel waren

---

K. Sievers (✉)
Universität zu Lübeck, Lübeck, Deutschland
E-Mail: karen.sievers@alumni.tu-berlin.de

© Springer Fachmedien Wiesbaden GmbH 2017
H. Haag et al. (Hrsg.), *Volkseigenes Erinnern*, Soziales
Gedächtnis, Erinnern und Vergessen – Memory Studies,
DOI 10.1007/978-3-658-17548-1_7

langjähriger Lebensmittelpunkt eines erheblichen Teils der Bevölkerung – Bewohner(innen) wurden somit zu ‚Betroffenen'. Jedoch erhielten Aspekte der Sozialverträglichkeit und Bewohnerbeteiligung vor dem Hintergrund einer als ‚alternativlos' kommunizierten Handlungsdringlichkeit – vor allem im Hinblick auf den Rückbau – in der Praxis wenig Bedeutung. Sie wurden – trotz ihrer seit den 1970er-Jahren festen Verankerung in der „kognitiven Infrastruktur" (Douglas 1991, S. 126) des planungswissenschaftlichen Repertoires – auch in der theoretischen oder empirischen Begleitforschung zum Stadtumbau kaum thematisiert. Dabei verweisen Ergebnisse insbesondere aus der Sanierungsforschung der 1970er- und 1980er-Jahren auf erhebliche Auswirkungen derartiger Maßnahmen auf die betroffene Bevölkerung: Vielfach sind beispielsweise Bewohner(innen) ökonomisch (Mietbelastung, Nähe zum Arbeitsplatz) oder funktional (Erreichbarkeit, Infrastruktur) auf ein Quartier angewiesen und/oder es liegen aufgrund von langer Wohndauer und sozialer Einbindung raumbezogene Bindungen an das Wohnumfeld vor, die durch Eingriffe zur Disposition stehen[1].

Der Beitrag geht vor diesem Hintergrund der Frage nach, welche Chancen und Hemmnisse sich unter den Bedingungen des Stadtumbaus für eine raumbezogene Bindung im Alltag der Bewohner(innen) ergeben. Dazu soll zunächst der Zusammenhang von materieller Stadtstruktur und raumbezogenen Bindungen dargestellt und die besondere Rolle des Aspekts ‚Erinnerung' herausgearbeitet werden. Anschließend wird die Praxis des Stadtumbaus dahin gehend beleuchtet, inwiefern dies bei der Planung und Durchführung berücksichtigt wird oder ob sich die Maßnahmen sogar kontraproduktiv im Hinblick auf alte und neue Bindungen auswirken können. Abschließend wird diskutiert, ob bezogen auf den Faktor Erinnerung von einer eigenen ‚Betroffenheitskategorie' im Stadtumbau auszugehen ist und was dies gegebenenfalls für Politik, Planung und Wissenschaft bedeutet.

2 Raumbezogene Bindungen, Erinnerung und Veränderung

Das Konzept ‚raumbezogene Bindungen' wurde und wird in breiter begrifflicher Vielfalt in unterschiedlichen Disziplinen insbesondere seit Mitte des 20. Jahrhunderts angewendet (vgl. Sievers 2015, S. 29 ff.). Hier sollen darunter „persönliche und emotionsbezogene Bindung[en] von Menschen an bestimmte Orte oder

---

[1]Der Beitrag basiert auf Ergebnissen meiner 2014 abgeschlossenen Dissertation mit dem Titel *Lost in Transformation? Raumbezogene Bindungen im Wandel städtebaulicher Erneuerungsmaßnahmen*.

Gebiete" (Haller et al. 2006, S. 61) verstanden werden, wobei der in der Literatur am häufigsten beschriebene und untersuchte Bindungsraum die (nähere) Wohnumgebung – der Straßenzug, das Viertel – ist. Als entscheidend für die Ausbildung beziehungsweise das Vorhandensein raumbezogener Bindungen werden vor allem eine (freiwillige) lange Wohndauer, das Vorhandensein von Wohneigentum, die soziale Einbindung sowie lokales Engagement und die allgemeine Zufriedenheit mit dem Wohnort beschrieben (vgl. Sievers 2015, S. 33 ff.). Neben einer ‚funktionalen' (beispielsweise auf die Infrastrukturausstattung bezogenen) und einer ‚sozialen' (netzwerkorientierten) Bindung wird dabei auch die Bindung an die materielle Struktur eines Ortes betont (vgl. unter anderem Konda 1996, S. 15; Thomas et al. 2006, S. 27; Reuber 1993, S. 108). Dieser Nahraum dient nicht nur als ‚Bühne' für soziale und funktionale Nutzungen, sondern seine materielle Struktur ist selbst unmittelbarer Bezugspunkt für raumbezogene Bindungen: Die baulich-räumliche Stabilität vermittelt Sicherheit sowie (biografische) Kontinuität (vgl. Reuber 1995, S. 67; Weichhart et al. 2006, S. 71 ff.). Das (soziale) Erinnern – auch über die Materialität der (Stadt)Gestalt – ist in diesem Kontext zentral, denn es dient „der Orientierung von Gruppen in der Gegenwart. Wir wissen, wer wir sind, woher wir kommen und wohin wir gehen, weil wir uns selbst als Teil einer kollektiven Geschichte verorten können" (Sebald und Weyand 2011, S. 176). Dabei ist der Zusammenhang von ‚Erinnern' und gebauten Strukturen für *offizielle* Denkmäler unbestritten, der *normalen* Stadtstruktur wurde hier jedoch lange wenige Aufmerksamkeit geschenkt. Aber gerade die Stabilität alltäglicher gebauter Strukturen fungiert in diesem Sinne quasi als Speichermedium. Es ermöglicht Gruppen und Individuen jene Orientierung in Form des (sozialen) Gedächtnisses als „die Fähigkeit von sozialen Systemen und Individuen, sinnhafte Rekonstruktionen in der Zeit zu bilden. Die Aktualisierung dieser Fähigkeit ist das Erinnern" (Sebald und Weyand 2011, S. 180). Indem durch das Erinnern die Gegenwart in einen kontinuierlichen Zusammenhang mit der Vergangenheit gesetzt werden könne, ist Gedächtnis demnach auch die Basis für (die Ausbildung von) Identität (ebd.) – und damit erhält die materielle Struktur eine grundlegende Bedeutung für die individuelle und soziale Sinnkonstruktion. Halbwachs (1967) setzt in diesem Sinne die Stabilität gebauter Strukturen ‚gegen' den sozialen Wandel:

> Die verschiedenen Viertel innerhalb einer Stadt und die Häuser innerhalb eines Viertels haben einen festen Platz und sind ebenso stark im Boden verankert wie Bäume und Felsen, wie ein Hügel oder eine Hochfläche. Daraus ergibt sich, daß die Gruppe der Städter nicht den Eindruck hat, sich zu verändern, solange das Aussehen der Straßen und Gebäude gleichbleibt und es wenige zugleich fester gefügte und dauerhaftere soziale Formationen gibt (Halbwachs 1967, S. 130 f.).

Materielle Strukturen können so einerseits zu „Fixpunkten" des kulturellen Gedächtnisses (J. Assmann 1988, S. 12) werden. Im Hinblick auf (individuelle) raumbezogene Bindungen steht die materielle Struktur der (Wohn)Umgebung andererseits für biografisch bedeutsame Lebensereignisse oder -abschnitte, die am jeweiligen Ort verbracht wurden. Insofern ist diese materielle Dimension der Erinnerung (vgl. ebd., S. 11 ff.; Rauer 2014) zwar individuell. Gleichzeitig jedoch ist sie über das „kommunikative" Gedächtnis, das „in einem Milieu räumlicher Nähe, regelmäßiger Interaktionen, gemeinsamer Lebensformen und geteilter Erfahrungen" konstruiert wird (A. Assmann 2006, S. 25),[2] sozial vermittelt (vgl. hierzu auch A. Assmann 2013, S. 17 ff.; J. Assmann 1988, S. 10). Räumliche Bindung und Erinnerung stehen auf diese Weise in einem wechselseitigen Verhältnis: indem Bindungen über die materielle Struktur ‚übermittelt' (erinnert und symbolisiert) werden und indem die Umgebung Sicherheit und Vertrautheit (auch im Hinblick auf personale und gruppenbezogene Identität) ‚vermittelt' und damit selbst zum *Bindungsobjekt* wird.

Trotz ihrer relativ langfristigen Stabilität im Hinblick auf ihre städtebauliche und topografische Struktur verändert sich diese Umgebung aber auch. Oft geschieht dies in einer langfristigen Entwicklung, die im Lebensrhythmus kaum merklich erscheint, weil sich die Umwelt mit der Lebensweise der Gesellschaft langsam wandelt beziehungsweise von den Bewohner(inne)n entsprechend mitgestaltet wird: „[N]eue Elemente kommen hinzu, altes verschwindet, es kommt zu Veränderungen in der Nutzung, aber insgesamt bleibt das Nahe doch vertraut" (Heydenreich 2002, S. 61). In anderen Fällen – wie bei städtebaulichen Eingriffsmaßnahmen, Naturkatastrophen oder Kriegshandlungen – kann es jedoch auch abrupt zu einer umfassenden Veränderung des gewohnten Erscheinungsbildes eines Ortes kommen.

Im Zusammenhang mit städtebaulichen Sanierungs- und Entwicklungsmaßnahmen verweisen wissenschaftliche Untersuchungen seit den 1950er-Jahren auf (negative) Folgen derartiger Eingriffe für die ansässige Bevölkerung und deren raumbezogene Bindungen. Einerseits lag der Fokus dabei auf der Betrachtung ökonomischer Folgekosten, die beispielsweise über längere Arbeitswege durch einen notwendigen Umzug oder höhere Kosten für die neu sanierte Wohnung abgebildet wurden. Andererseits standen Betroffenheiten sozialer Art im Fokus –

---

[2]Zwar beziehen Aleida und Jan Assmann dies vor allem auf die Vermittlung durch das Medium Sprache; andere Autor(inn)en erweitern diesen Zusammenhang medialer Vermittlung jedoch (vgl. Sebald und Weyand 2011, S. 177 f.).

so der Verlust des sozialen Netzes durch den Wegzug von Freunden oder Familienmitgliedern, sowie die Auflösung des gewohnten, offiziell aber häufig nicht als erhaltungswürdig geltenden ‚Milieus'. Darüber hinaus lassen sich anhand der Ergebnisse sowohl aus US-amerikanischen als auch aus bundesdeutschen Studien erhebliche negative Auswirkungen im Hinblick auf den Verlust der vertrauten baulichen Umwelt belegen: So zeigten betroffene Bewohner(innen) nach einem unfreiwilligen Umzug, insbesondere wenn dieser in eine andere Bau- beziehungsweise Siedlungsform erfolgte, sowie bei Abrissmaßnahmen im Wohngebiet Gefühle von (tiefer) Trauer, Wut, Verzweiflung, Angst sowie depressive Haltungen (vgl. Fried 1963, S. 151 f.; Tessin 1977). Diese Reaktionen wurden wesentlich auch mit dem Aspekt des Sich-nicht-mehr-erinnern-Könnens, dem Verlust eines Stücks der eigenen Identität, in Verbindung gebracht, die unmittelbar mit dem Lebensort verknüpft und über diesen repräsentiert war.

Die damalige Bewertung der Wohnorte als ‚rückständige Viertel', ‚Slums' oder ‚Missstandsgebiete' und die damit verbundene Notwendigkeit des Eingriffs spiegelten dabei nicht unbedingt die Binnenperspektive der Bewohner(innen) und auch nicht die Bewertung durch die nachfolgenden (Planer)Generationen wider, wie sich am Beispiel der Kahlschlagsanierung in Gründerzeitvierteln zeigte. Die (individuelle) Erinnerung kann in der Rückschau auf ‚tatsächlich' positive Erlebnisse und Verhältnisse rekurrieren oder die (eigene) Geschichte wird diskursiv-emotional in eine Erfahrung ‚guten Lebens' umgewandelt (kognitive Dissonanz). In diesem Zusammenhang hat Halbwachs in Bezug auf soziale Gedächtnisse den rekonstruktiven Charakter von Erinnerung beschrieben: „Wenn das, was wir heute sehen, sich in den Rahmen unserer alten Erinnerungen einfügt, so passen sich umgekehrt diese Erinnerungen der Gesamtheit unserer gegenwärtigen Wahrnehmungen an" (Halbwachs 1967, S. 1). Demnach vermöge, so A. Assmann (1988, S. 13), kein Gedächtnis, „eine Vergangenheit als solche zu bewahren", sondern „es beziehen sein Wissen immer auf eine aktuell gegenwärtige Situation". Erinnerung vollzieht sich dann als „Rekonstruktion in der Perspektive der Gegenwart, als Vergegenwärtigung" (Sebald und Weyand 2011, S. 174). Unabhängig vom aktuellen ‚Rahmen' bleibt Erinnerung jedoch auf jene „Fixpunkte" – im hier behandelten Zusammenhang beispielsweise Gebäude, Silhouetten oder die Anlage des öffentlichen Raumes – angewiesen (J. Assmann 1988, S. 10), die trotz sich ändernder ‚Gegenwartsrahmung' Kontinuität vermitteln. Denn mit der Tilgung jedweder Anknüpfungsmöglichkeit wird eine Auseinandersetzung mit der eigenen individuellen und sozialen Vergangenheit unwahrscheinlich, wie Aleida

Assmann (2013, S. 98) dies am Prinzip des „Dementieren statt demolieren"[3] dargestellt hat. Das Fehlen derartiger Anknüpfungspunkte kann demnach noch eine weitere Folge haben: Ohne reflexive Emanzipation von der Vergangenheit – durch einen Zyklus von Trauer, Wut, Akzeptanz, Aufbruch – wird ein positiver und nachhaltiger Neuanfang erschwert. Der Verlust besteht also nicht nur in dem Verschwinden von auf die Vergangenheit gerichteten Assoziationen, sondern auch bezogen auf die perspektivische Entwicklung. Dies lässt sich auch auf Planungs- und Bauprozesse beziehen, wo beispielsweise Nachhaltigkeit kaum gegeben ist, wenn es aufgrund von erheblichen Umgestaltungen zu Bindungsverlusten und in der Folge zu nicht intendierten Abwanderungen kommt.

In diesem Sinne waren auch die frühen Erfahrungen hinsichtlich negativer Auswirkungen städtebaulicher Maßnahmen gleichzeitig Ansatzpunkt für Bestrebungen, den Interessen und Betroffenheiten der Bevölkerung mehr Raum im Planungs- und Umsetzungsprozess einzuräumen. Zwar galt es hier sowohl mentale als auch formale Widerstände zu überwinden – so waren Verluste im Hinblick auf die gewohnte soziale und räumliche Umgebung teilweise bewusstes Planungsziel (Auflösung ‚rückständiger Viertel'), und entsprechende Betroffenheiten galten auch dadurch als kompensiert, dass neue und moderne Wohnungen zur Verfügung gestellt wurden. Nichtsdestotrotz wurden insbesondere seit den 1970er-Jahren und vor allem durch die Einführung des Städtebauförderungsgesetzes Instrumente etabliert, die negative Folgen der Veränderung der gewohnten Umwelt verhindern oder zumindest abmildern sollten. Diese Entwicklung wurde auch bestärkt durch aufkeimende Proteste gegen die Methoden der Kahlschlag- und Flächensanierung sowie die Ausweitung planungs- und sozialwissenschaftlicher Expertise an den bundesdeutschen Universitäten. Die ‚behutsame Stadterneuerung' beinhaltete dabei vorbereitende Untersuchungen, geregelte, beteiligungsorientierte Planungsverfahren sowie ausgleichende Maßnahmen im Rahmen von Sozialplänen. Auch wenn sich in weiteren Untersuchungen zeigte, dass sich hier (Planungs)Theorie und Praxis nicht immer entsprachen, so setzte diese Entwicklung dennoch Maßstäbe, an denen sich zukünftige Projekte formal und im Hinblick auf ein vermitteltes Ethos messen lassen mussten.

---

[3] „Dementieren statt demolieren" zielt in diesem Sinne darauf, zum Beispiel nach Personen benannte Straßen nicht umzubenennen, wenn eine mit der Benennung verbundene Ehrung der Person nicht (mehr) angemessen erscheint, sondern über den Kontext zu informieren (beispielsweise mit einer zusätzlichen Beschilderung) und so eine Auseinandersetzung zu ermöglichen.

3 Umsetzung und Folgen des Stadtumbaus in Ostdeutschland

Ein aktuelles Beispiel für eine solche Eingriffsmaßnahme ist das Bund-Länder-Programm „Stadtumbau Ost – für lebenswerte Städte und attraktives Wohnen". Ziel des Stadtumbauprogramms ist es seit 2002, durch Abriss- und Aufwertungsmaßnahmen Leerstand entgegenzuwirken, Innenstädte, innerstädtisches Wohnen sowie urbane Attraktivität zu fördern und außerdem soziale und technische Infrastruktureinrichtungen an die demografische Entwicklung anzupassen. Denn spätestens seit der Jahrtausendwende war ‚Schrumpfung' nicht nur ‚in aller Munde', sondern auch im Alltag nicht mehr zu übersehen. Zunächst vor allem als demografischer und ökonomischer Prozess im Sinne erheblicher Einwohner- und Arbeitsplatzverluste beschrieben, betonten schließlich mehr und mehr Autor(inn)en den mehrdimensionalen und allumfassenden Charakter dieses Phänomens: Hannemann (2003) charakterisiert die sozioökonomische Entwicklung Ostdeutschlands nach der Wende mit den Schlagworten *Deökonomisierung, Depopulation und Deurbanisierung.* Ersteres ist zu verstehen im Sinne eines „allgemeinen wirtschaftlichen Strukturabbau[s]" (ebd., S. 19) durch Deindustrialisierung, (Re)Privatisierung, den Abbau von Militär- und Verwaltungsapparaten, Arbeitsplatzverluste sowie hohe Transferzahlungen. Depopulation ist gekennzeichnet durch hohe Ab- und geringe Zuwanderungsraten sowie die Alterung der Bevölkerung bei gleichzeitigem Rückgang der Geburtenraten. Deurbanisierung schließlich erfolgt durch Abwanderung, Suburbanisierung sowie den Verfall und die Unbewohnbarkeit der innerstädtischen (Alt)Bausubstanz (ebd., S. 18 ff.).

Mit dem Stadtumbau in Ostdeutschland als Reaktion auf diese Entwicklungen standen Politik, Planung und Wissenschaft nun vor der Herausforderung, auch die ‚Organisation des Weniger' sozialverträglich zu gestalten. Seit Programmbeginn ließ sich dabei eine Fokussierung der Abrissmaßnahmen – und damit jenes Programmbereichs, der das Umfeld am gravierendsten und nachhaltig verändert – auf Gebiete des industriellen Wohnungsbaus nachweisen, obwohl dort weder die höchsten Leerstände noch die größten Erneuerungsbedarfe zu verzeichnen waren. Zur Jahrtausendwende lebten bis zu 25 % der ostdeutschen Bevölkerung in diesen Wohnsiedlungen. Sie waren in den 1990er-Jahren größtenteils und ebenfalls aus entsprechenden Fördertöpfen saniert worden und nur wenige Bewohner(innen) hegten in der Folge Umzugsabsichten (vgl. Hannemann 2000, S. 153; Liebmann 2004, S. 124; BMVBW 1999, S. 109; BMVBS/BBR 2007, S. 29). Viele der älteren Bewohner(innen) waren am Aufbau der Siedlungen selbst beteiligt – wie dies beispielsweise Haller et al. (2006, S. 68) für Eisenhüttenstadt schildern – oder hatten diesen zumindest direkt miterlebt. Darüber hinaus war der Bezug einer

(Neubau)Wohnung in der DDR ein wichtiger biografierelevanter Schritt: Nach langen Wartezeiten war der Einzug ein Privileg und der ‚volkseigene' Wohnraum gesetzlich garantiert (vgl. Häußermann 1996, S. 43; Hannemann 2000, S. 154 f.). Letztendlich zeigte sich schließlich auch im Rahmen der Umsetzung von Stadtumbaumaßnahmen, dass der Umzug vom Platten- in den Altbau für die Mehrheit der Bewohner(innen) nicht infrage kam. Bis zu 80 Prozent der Mieter(innen) wollten auch bei Abrissmaßnahmen (zumindest) „innerhalb der jeweiligen Wohngebiete" verbleiben (BMVBS/BBR 2007, S. 29). Wurden dann Maßnahmen durchgeführt oder mussten Bewohner(innen) ihre Umgebung verlassen, schilderten die Betroffenen Folgen, die auf eine hohe soziale und emotionale Verbundenheit mit dem Viertel verwiesen und wesentlich auch auf (geteilten) Erinnerungen an den Aufbau, wichtige Lebensjahre und die Bindung an die gewohnte Wohnumwelt beruhten (vgl. unter anderem Peter 2009, S. 182 f.). Hinzu kam eine erhebliche, meist von außen an die Gebiete herangetragene diskursive Abwertung der Wohn- und Siedlungsform ‚Platte' beziehungsweise Großwohnsiedlung, die im Wesentlich auf der Übertragung westdeutscher Großsiedlungskritik auf die (anders gelagerten) ostdeutschen Verhältnisse beruhte (vgl. Hannemann 2000, S. 155; Liebmann 2004, S. 124).

Dass ‚Schrumpfung' als ubiquitäres Merkmal des Strukturwandels einer ganzen Region nicht nur eine Frage wissenschaftlicher Prozessbeschreibung und politischer Slogans, sondern ein tatsächlich alltagsweltlich prägender Prozess ist, hat Dürrschmidt (2004) unter Bezug auf Ulf Matthiesen mit „Schrumpfung in den Köpfen" betitelt. Die wahrgenommen Entwicklungen von Systemtransformation, Globalisierung, Abwanderung und Arbeitsplatzverlust hinterlasse eben auch „lebensweltliche Brachlandschaften" (ebd., S. 274), da auf diese Herausforderung viele Menschen mit dem „Rückzug auf das private Wohnumfeld" (ebd., S. 275) reagierten. Insofern erhielt das gewohnte Wohnumfeld zwar einen transformationsbedingten Bedeutungszuwachs, war allerdings gleichzeitig der Ansatzpunkt für erhebliche Umstrukturierungsmaßnahmen. Denn Schrumpfung wurde im Stadtumbauzusammenhang politisch-planerisch vor allem als städtebaulich-wohnungsökonomischer Prozess aufgenommen. Die Maßnahmen sollten daher entsprechend an der Veränderung des Materiellen – Rückbau und Aufwertung der Gebäude- und Stadtstruktur – ansetzen. Nun veränderten also nicht mehr ‚nur' Schrumpfung und Leerstand das Gesicht der Städte und Regionen; vielmehr stellten jetzt auch jene Maßnahmen, die auf diese Probleme reagierten, die alltägliche Nahwelt und mittelbar auch die lokalen Sinnstrukturen infrage: *materiell* beispielsweise durch den Verlust der Wohnung, *politisch* durch Beteiligungsdefizite im Stadtumbauverfahren, *sozial* im Hinblick auf den Wegzug von Verwandten und Freunden oder auch den Abbau sozialer Infrastrukturen sowie *funktional* und *symbolisch* durch die Veränderung gewohnter, insbesondere baulicher Strukturen.

Hier kommt der Bezug zum Aspekt der Erinnerung in besonderem Maße zum Ausdruck. Einerseits ist das Erinnern auf relativ stabile Fixpunkte angewiesen (siehe oben), andererseits problematisieren Sebald und Weyand in Anlehnung an die Halbwachs'sche Rahmungstheorie die bloße „(technische [...]) Struktur" eines Mediums (wie beispielsweise einer Fotografie), die gegebenenfalls nur den Inhalt, nicht aber den Kontext wiedergebe und damit „die Zugänglichkeit von Vergangenheit" (Sebald und Weyand 2011, S. 183) beeinflusse. Im Stadtumbau verändern sich oder verschwinden nun die gewohnten (materiellen) Strukturen – und damit die ‚Vorlage' für das Erinnern, sodass „Erinnerung als Vergegenwärtigung" (ebd., S. 176) keinen Ansatzpunkt (mehr) hat. Gleichzeitig bietet die diskursive Rahmung im Stadtumbaukontext wenig Anschlussfähigkeit für eine reflexiv-rekonstruierende Erinnerung. Im folgenden Abschnitt soll daher der Frage nachgegangen werden, ob sich in Anlehnung an Hannemanns Begrifflichkeiten der *Deökonomisierung, Depopulation und Deurbanisierung* (siehe oben) in einem doppelten Sinne auch von einer ‚Dememoralisierung' sprechen lässt.

4 Dememoralisierung als Betroffenheitskategorie im Stadtumbau?

Dememoralisierung als Versuch der Beschreibung einer eigenen Betroffenheitskategorie im Stadtumbau greift dabei zurück auf Aleida Assmanns Ansatz der „Enteignung" von Erinnerung, mit dem diese die Loslösung beziehungsweise Delegation der Erinnerung vom konkreten Erleben der Zeitzeugen an die übergeordnete Ebene der symbolischen Handlung und Rhetorik beschreibt (A. Assmann 2013, S. 79 f.). Bezogen auf den Stadtumbaukontext meint der hier gewählte Begriff zwei Aspekte: Einmal einen materiell bedingten Verlust, denn mit dem Abriss einzelner Häuser, Straßenzüge oder auch ganzer Stadtviertel gingen nicht nur Orientierungs- und Nutzungsbezüge verloren (vgl. Peter 2009), sondern auch jener Sicherheit und Stabilität vermittelnde „*Kompensationsraum*" (Bausinger 1990, S. 80, Hervorhebung im Original). Dieser wurde einerseits vor dem Hintergrund der ostdeutschen Transformationserfahrung als ‚Rückzugsort' interpretiert (siehe oben); andererseits habe sich relativ schnell gezeigt, dass „[b]eschleunigt durch die Transformation (…) der räumliche Aspekt der Nähe in der ostdeutschen Stadt verloren" (Heydenreich 2002, S. 55) gehe. Die gewohnte Umwelt „wurde binnen kürzester Zeit überprägt vom Neuen, Fremden, Ungewohnten, zum Teil Abgelehnten. Und genauso, wie Neues Einzug hielt, wanderte Vertrautes ab" (ebd.; vgl. Wolle 1999, S. 13 f.). Damit veränderten sich beziehungsweise verschwanden auch – so zeigen es die wenigen bisherigen Untersuchungen –

Bezugsorte raumbezogener Bindungen und Bezugsobjekte von individuellen und sozialen „Erinnerungsfiguren" (J. Assmann 1988, S. 12).

Der materielle Verlust hat in diesem Sinne darüber hinaus, und das ist der zweite Aspekt, auch Einfluss auf Verluste auf einer symbolisch-diskursiven Ebene – indem nämlich derartig umfassende und tief greifende Veränderungen – sowohl in Form einer politisch-sozialen Transformation als auch der materiellen Folgen eines umfassenden Stadtumbaus – Unsicherheiten erzeugten, die sich zwar je nach persönlicher Bewertung des Wandels graduell unterscheiden mögen, die aber die individuelle und soziale Sinn- und Identitätskonstruktion grundsätzlich vor Herausforderungen stellten:

> Für den größten Teil der Ostdeutschen war mit den 1990er-Jahren die Konstruktion von Selbstnarrationen, Lebensgeschichten und Erinnerungen, die sowohl *biografisch* wie auch *gesellschaftlich* anschlussfähig waren, erheblich schwieriger geworden. Ein wichtiger Grund dafür war, dass die professionellen identitätsstabilisierenden Diskurse, die Meta-Erzählungen, die Symbole und Artefakte, die die Erinnerungen moderieren bzw. stabilisieren, verschwunden oder entwertet und stigmatisiert waren (Ahbe 2004, S. 131, Hervorhebung im Original; vgl. hierzu auch Haller et al. 2006, S. 62).

In diesem Sinne kam es nicht nur zu einem allgemeinen „Verschwinden der Alltagszeichen der DDR" (Ahbe 2004, S. 131). Vielmehr entstand nun mit der baulichen und diskursiven Diskreditierung des Bezugsortes (durch Stadtumbau und Siedlungskritik) eine Divergenz in der individuellen und sozialen Sinnkonstruktion. Die Ambivalenz der systembedingten „widersprüchliche[n] Erinnerung" (Jarausch 2004, S. 85) ergibt sich aus einer „Spannung zwischen dem grundsätzlichen Diktaturcharakter und der dennoch möglichen täglichen Normalität" (ebd., S. 98). Diese kann sich dann entsprechend auch in der eigenen Wohnbiografie abbilden: Die ‚Platte', so hat es Christine Hannemann (2000) in ihrem Grundlagenwerk herausgearbeitet, stand dabei symbolhaft für das sozialistische Ideal der marktfreien Wohnungsversorgung sowie der sozialistischen Kleinfamilie und galt als gesellschaftskonforme, moderne Wohnform. Sowohl die Verarbeitung der Transformationserfahrung an sich als auch der Umgang mit der eigenen Biografie erfordere in diesem Zusammenhang die „Entwicklung und Vermittlung eines differenzierten Geschichtsbildes der DDR" gerade auch durch und mit der „Hinterfragung der eigenen Erinnerungen, die das partielle persönliche Erleben in größere Zusammenhänge einzubetten versucht" (Jarausch 2004, S. 98). Stattdessen hätten sich „viele ehemalige DDR-Bürger (…) durch den Umgang mit der Geschichte tief verletzt" (Wolle 1999, S. 16) und „mit ihren Erfahrungen stigmatisiert und von der Bewältigung der Vergangenheit ausgeschlossen" gefühlt (Ahbe 2004, S. 132).

Dies kann auch im Hinblick auf die Planung und die Umsetzung des Stadtumbaus festgestellt beziehungsweise auf diesen Prozess übertragen werden. Denn mit dem Abriss manifestierte sich die Bewertung der materiellen und symbolischen Quartiersstruktur als ‚Nicht-mehr-Benötigtes' und ‚Nicht-Erhaltenswertes' – und verstärkte somit die Ambivalenz von individueller und sozialer Sinnkonstruktion. Als besonders problematisch kann in diesem Zusammenhang gewertet werden, dass eine Einbeziehung der Betroffenen zumindest im Abrisskontext quasi nicht erfolgte. Bewohner(innen) und deren Interessen und Betroffenheiten gerieten erst mit einem Gutachten zur Bürger*mitwirkung* aus dem Jahr 2008 ins politisch-planerische und wissenschaftliche Blickfeld – nach sechs Jahren Programmlaufzeit, in denen vor allem großflächige Abrissmaßnahmen durchgeführt worden waren (vgl. BMVBS/BBSR 2009). Allerdings standen auch hier eher die Sorge vor quartiersbezogenen ‚Abwärtsspiralen', wohnungsökonomischen ‚Trittbrettfahrern' und unkontrollierter Abwanderung als mögliche negative Folgen für die lokalen Bindungen der Bevölkerung im Fokus.

In diesem Sinne meint Dememoralisierung sowohl den materiellen Verlust des Vertrauten als auch das Infragestellen und die Abwertung der eigenen Biografie beziehungsweise Erinnerung – und zwar auch durch eine Prozessgestaltung, die Betroffene durch versagte Mitgestaltung ‚enteignet'. Das obige Zitat von Ahbe (2004, S. 131) verweist in diesem Sinne auf die mittelbare Bedeutung dieser Beziehung für die biografische Kohärenz und damit die Auseinandersetzung mit der eigenen und sozialen Vergangenheit und Zukunft. Bezieht man hier den Vollzug des Stadtumbaus ein, so lässt sich vermuten, dass mit dem Verschwinden der realen materiellen Erinnerungspunkte und die im Prozess erlebte Ohnmacht weder eine aktuell gerahmte Auseinandersetzung mit der Vergangenheit noch eine daraus positiv besetzte Perspektive ergibt.

5 Fazit

Das Ausmaß des Erneuerungsbedarfs in den Innenstädten der ostdeutschen Bundesländer, der Umfang der Maßnahmen und die flächendeckende Umstrukturierung städtebaulicher Strukturen stellte im Rahmen des Stadtumbaus sämtliche Akteure vor enorme finanzielle, logistische und zeitlich drängende Herausforderungen – auch was die Vorbereitung und Vermittlung der Planungen vor Ort anging. War es im Rahmen der städtebaulichen Sanierungen der 1970er- und 1980er-Jahre in Westdeutschland noch darum gegangen, dem Bau- und Modernisierungsboom im Hinblick auf die Berücksichtigung von Interessen und Bedürfnissen der ansässigen Bevölkerung in die Schranken zu weisen, so standen nun die Rettung der lokalen Wohnungswirtschaft, die Gewährleistung der örtlichen Versorgung, sowie die (Re)Aktivierung der (historischen) Mitte im Vordergrund. Es ist maßgeblich auf diese komplexe Gesamtkonstellation zurückzuführen, dass viele Akteure in der Ambivalenz der Notwendigkeit eines schnellen Eingreifens einerseits und einer nachhaltig ausgerichteten Planung andererseits entsprechende Maßnahmen eher an einer möglichst förderungsgünstigen schnellen Umsetzung als an Kriterien einer integrierten Stadtentwicklung ausrichteten. Gerade vor dem Hintergrund der besonderen Konstellation von Transformationserfahrung, der Rolle der Großwohnsiedlungen in Ostdeutschland und des Ausmaßes der Umstrukturierungsmaßnahmen wären jedoch vorbereitende Untersuchungen angezeigt gewesen, die entsprechende (und aufgrund dieser Konstellation hoch wahrscheinliche) Betroffenheiten erfasst und in einem reflexiven, wissenschaftlich begleiteten Planungs- und Evaluierungsprozess ‚bearbeitet' hätten. Stattdessen dominierte eine diskursiv etablierte zeitlich drängende ‚Alternativlosigkeit' die Planung und Umsetzung der Maßnahmen, sodass eine Diskussion um einen (wenn auch nur eventuellen) Wohn- und Erinnerungswert der betroffenen Strukturen sowie die Ortsbindung der Anwohner(innen) kaum aufkommen konnte. Dass entsprechende Verluste an raumbezogenen Bindungen nicht nur aus individueller und sozialplanerischer Sicht, sondern eben auch ökonomisch problematisch sind, zeigen Daten, die einerseits eine (auch überregionale) Abwanderung von Bewohner(inne)n, andererseits eine ‚Weiterwanderung' von Mieter(inne)n nicht wie geplant in den sanierten innerstädtischen Altbau, sondern in andere Plattenbaugebiete belegen (vgl. Sievers 2015, S. 123 f., 134 f.). Hinzu kommt, dass Dememoralisierung in diesem Sinne auch die Gefahr beinhaltet, dass der Rückgriff auf den – immer weniger stabilen –,Kompensationsraum' zu einer undurchlässigen Abschottung gegenüber jedweder Veränderung und Teilhabe führen kann. Der Rückzug in die eigenen vier Wände ist dabei nur der manifeste Ausdruck für eine häufig in Sanierungs- und Stadtumbauprozessen beobachtete resignative Verweigerungshaltung. Selbst Beteiligungsmöglichkeiten, bei denen tatsächlich eine Mitentscheidung und -gestaltung möglich wäre, werden nicht genutzt, weil Betroffene der Meinung sind, ohnehin nichts bewirken zu können oder einfach nicht mehr auf dem aktuellen Stand der Planungen zu sein. Dies bestärkt wiederum die Planungsakteure in der Annahme, dass eine Zusammenarbeit als nicht möglich oder zumindest wenig ergiebig angesehen wird (vgl. BMVBS/BBR 2007, S. 94, 103; Hagemeister und Haller 2009; Kabisch et al. 2004, S. 156 f.). Etwas überspitzt formuliert ermöglichen zwar resignierte, wenig einspruchsfreudige Anwohner(innen) einen effizienten und reibungslosen Stadtumbau. Wenn aber in der Konsequenz mehr und mehr Einwohner(innen) abwandern oder den sozialen Rückzug antreten, wird dies weder zu einer Reurbanisierung der Innenstädte noch zur Lösung des Wohnungsleerstandes führen. Verluste und Betroffenheiten, so könnte man abschließend folgern, beziehen sich mithin nicht nur auf die materiellen, symbolischen und erinnerungskulturellen Aspekte der Wohnumgebung. Vielmehr stehen sowohl die Ziele eines integrierten Stadtumbaus als auch das Vertrauen in eine demokratisch legitimierte, durch wissenschaftliche Expertise abgesicherte Planung zur Disposition. Denn aufgrund der wahrgenommenen Dringlichkeit, Komplexität und Neuartigkeit der Probleme wirken auch die beteiligten Akteure vielfach verloren und damit orientierungslos.

Bis Mitte 2016 lief die Evaluierung des Förderprogramms „Stadtumbau Ost" (gemeinsam mit dem Programm „Stadtumbau West"). Diese soll dazu dienen, „aus den Erkenntnissen zu Umsetzung und Wirkungen des Stadtumbaus Vorschläge für ein künftig gemeinsames, inhaltlich aufgewertetes Stadtumbauprogramm zu generieren".[4] Die in diesem Artikel geführte Auseinandersetzung mit dem Aspekt der Demoralisierung basiert zwar wesentlich auf der Umsetzung des Stadtumbaus in den ersten Programmjahren, die dominiert waren von flächenhaftem Rückbau und großen Abrissvolumina. Hier ist nachträglich keine Richtungsänderung möglich. Dennoch wird sich auch zukünftig die materielle Physiognomie von Städten verändern – durch Rück- und Umbaumaßnahmen, durch (weitere) Deindustrialisierung und Leerstand, in einigen Städten und Quartieren auch durch Prozesse der Reurbanisierung. Und es wird auch weiterhin darum gehen, Ausgleich zu schaffen – zwischen Individual- und Gemeinwohlinteressen, zwischen kurzfristigem Handlungsdruck und nachhaltiger Entwicklung, zwischen effizienter betriebswirtschaftlicher Planung und lokaler Alltagswelt. Stadt*entwicklung* ist kein ‚Selbstläufer' und sie findet auch nicht im luftleeren Raum statt. Insbesondere Städte waren und sind als ‚gestaltete' beziehungsweise fremdbestimmte Lebenswelten zu verstehen – durch ungeregeltes Wachstum, hoheitliche Regulierung, schließlich auch im Rahmen einer professionalisierten, demokratisch legitimierten und auf eine Verbesserung der Lebensbedingungen zielenden Stadtplanung. Indem hier jeweils interessengeleitete Akteure beteiligt sind, sind eventuelle Vor- und Nachteile für unterschiedliche (Einwohner)Gruppen immer als ambivalent einzustufen. Für Politik, Planung und Wissenschaft ergibt sich die Herausforderung, diese Ambivalenz hinsichtlich der Auswirkungen von Eingriffen in die „subjektive Mitte der Welt" (Weichhart 1999) abzuwägen. Dabei kann es weder den einen richtigen Weg geben, noch können sämtliche Partikularinteressen berücksichtigt werden. Jedoch zeigen sich trotz aller Heterogenität von

---

[4]http://www.staedtebaufoerderung.info/StBauF/DE/Grundlagen/Forschungsprojekte/StadtumbauWest/Evaluierung_STU_West_Ost/Stadtumbau_Evaluierung_inhalt.html (letzter Zugriff: 06.02.2016).

Lebenslagen und -entwürfen gewisse Konstanten von Betroffenheitskategorien, die mit den vorhandenen Instrumenten bearbeitet werden können, wenn Prozesse entsprechend kleinteilig zugeschnitten sind und lokale Bezüge berücksichtigt werden. Dies gilt auch für den Aspekt des Erinnerns beziehungsweise den Umgang mit der ‚Gedächtnisfunktion' der materiellen Stadtstruktur: So beschreiben Sebald und Weyand, „dass in einer funktional differenzierten und kulturell pluralen Gesellschaft an die Stelle einer Großerzählung eine Vielzahl von sozialen Gedächtnissen auf unterschiedlichen gesellschaftlichen Ebenen und in unterschiedlichen gesellschaftlichen Funktionsbereichen tritt" (Sebald und Weyand 2011, S. 179; vgl. A. Assmann 2013, S. 23). Die alltägliche Nahwelt des Bindungsraumes – ob nun der Straßenzug, das Quartier oder die Nachbarschaft – kann im Hinblick auf das (soziale) Erinnern als ein solcher Funktionsbereich interpretiert werden. In diesem Sinne sollte auch die ‚Gedächtnisfunktion' der (quartiersspezifischen) Stadtstruktur Berücksichtigung in der Folgenabschätzung städtebaulicher Maßnahmen finden – und zwar sowohl bezogen auf eventuelle ‚negative' Betroffenheiten, als auch hinsichtlich der Chancen, die mit einer Anknüpfung von Veränderungsprozessen an vorhandenen Sinnstrukturen („Vergegenwärtigung", siehe oben) einhergehen könnten. Entsprechende Risiken und Möglichkeiten zu identifizieren, fordert auch die vorbereitend, begleitend und evaluierend forschende Wissenschaft heraus. Denn obwohl gerade vor diesem Hintergrund die Expertise einer (sozial)wissenschaftlichen Brücken- und Übersetzungsfunktion wichtige Impulse geben könnte, sind (kritische) Grundlagen- und Begleituntersuchungen zum Stadtumbau bislang selten geblieben. Die Grundlage und die Chance einer integrierten Stadtentwicklung läge aber gerade darin, prozessorientiert das vorhandene Wissen immer wieder aufzugreifen, am aktuellen Geschehen zu prüfen und gegebenenfalls anzupassen: indem ein horizontaler ‚Marsch durch die Institutionen' Wissenschaft, Planung und Verwaltung vor Ort – im Seminarraum, im Planungsstab, im Quartier – nach den besten Lösungen suchen lässt. Denn gerade vor dem Hintergrund komplexer Herausforderungen in einer globalen, vernetzten, hoch entwickelten Gesellschaft steigen die Anforderungen an Planung und Praxis, Prozesse und Probleme nicht mehr nur zu bearbeiten, sondern deren Hintergründe und Wechselwirkungen tatsächlich zu verstehen, um Entscheidungen treffen und die Umsetzung implementieren zu können. Und dazu gehört beispielsweise, neben der Planungs- und architektonischen ‚Geschichte' einer Bau- und Siedlungsform auch gesellschaftliche beziehungsweise systembedingte Bedeutung, lokale Sinnstrukturen und zeithistorische Konstellationen einzubeziehen. Letztendlich ergibt sich daraus die Chance, eine nachhaltige Zukunftsperspektive zu entwickeln, ohne dass man dabei „Erinnerungskultur mit Vergangenheitsfixierung gleichsetzt" (A. Assmann 2013, S. 75).

Literatur

Ahbe, Thomas (2004): Die DDR im Alltagsbewusstsein ihrer ehemaligen Bevölkerung. Die Ostdeutschen als Produkt der DDR und als Produzenten von DDR-Erinnerungen. In: Hüttmann, Jens/Mählert, Ulrich/Pasternack, Peer (Hrsg.): DDR-Geschichte vermitteln: Ansätze und Erfahrungen in Unterricht, Hochschullehre und politischer Bildung. Berlin: Metropol, S. 114–138.

Assmann, Aleida (2013): Das neue Unbehagen an der Erinnerungskultur. Eine Intervention. München: C.H. Beck.

Assmann, Aleida (2006): Der lange Schatten der Vergangenheit: Erinnerungskultur und Geschichtspolitik. München: C.H. Beck

Assmann, Jan (1988): Kollektives Gedächtnis und kulturelle Identität. In: ders./Hölscher, Tonio (Hrsg.): Kultur und Gedächtnis. Frankfurt a. M.: Suhrkamp, S. 9–19.

Bausinger, Hermann (1990): Heimat in einer offenen Gesellschaft. In: Bundeszentrale für politische Bildung (Hrsg.): Heimat. Analysen, Themen, Perspektiven, S. 76–90.

BMVBS/BBR (Bundesministerium für Verkehr, Bau und Stadtentwicklung/Bundesamt für Bauwesen und Raumordnung) (Hrsg.) (2007): 5 Jahre Stadtumbau Ost – eine Zwischenbilanz. Zweiter Statusbericht der Bundestransferstelle. Berlin.

BMVBS/BBR (Bundesministerium für Verkehr, Bau und Stadtentwicklung/Bundesamt für Bauwesen und Raumordnung) (Hrsg.) (2008): Gutachten. Evaluierung des Bund-Länder-Programms Stadtumbau Ost. Berlin.

BMVBS/BBSR (Bundesministerium für Verkehr, Bau und Stadtentwicklung/Bundesinstitut für Bau-, Stadt und Raumforschung) (Hrsg.) (2009): Bürgermitwirkung im Stadtumbau. Forschungen, Heft 140, Bonn.

BMVBW (Bundesministerium für Verkehr, Bau- und Wohnungswesen) (Hrsg.) (1999): Eine Zukunft für die Plattenbausiedlungen. Abschlussbericht der Forschungsbegleitung zum Bund-Länder-Förderprogramm ‚Städtebauliche Weiterentwicklung großer Neubaugebiete in den neuen Ländern und im Ostteil Berlins'. Bonn.

Douglas, Mary (1991): Wie Institutionen denken. Frankfurt a. M.: Suhrkamp.

Dürrschmidt, Jörg (2004): Schrumpfung in den Köpfen. In: Oswalt, Phillipp (Hrsg.): Schrumpfende Städte, Band 1: Internationale Untersuchung. Ostfildern-Ruit: Hatje Cantz, S. 274–279.

Fried, Marc (1963): Grieving for a Lost Home. In: Duhl, Leonard (Hrsg.): The Urban Condition. People and Policy in the Metropolis. New York/London: Basic Books, S. 151–171.

Häußermann, Hartmut (1996): Von der Stadt im Sozialismus zur Stadt im Kapitalismus. In: ders./Neef, Rainer (Hrsg.): Stadtentwicklung in Ostdeutschland. Opladen: Westdeutscher Verlag, S. 5–47.

Hagemeister, Ulrike/Haller, Christoph (2009): Bürgermitwirkung im Stadtumbau. In: Jahrbuch Stadterneuerung 2009. Berlin, S. 261–278.

Halbwachs, Maurice (1967) [1950]: Das kollektive Gedächtnis. Stuttgart: Ferdinand Enke Verlag.

Haller, Christoph/Jahnke, Kerstin/Leue, Gerald (2006): Eisenhüttenstadt – Annäherungen an Identität und Image einer Stadt im Wandel. In: Deutsches Institut für Urbanistik (Hrsg.): Zukunft von Stadt und Region. Band III: Dimensionen städtischer Identität. Wiesbaden: VS Verlag für Sozialwissenschaften, S. 61–95.

Hannemann, Christine (2000): Die Platte. Industrialisierter Wohnungsbau in der DDR. Berlin: Schelzky und Jeep.
Hannemann, Christine (2003): Schrumpfende Städte in Ostdeutschland – Ursachen und Folgen einer Stadtentwicklung ohne Wirtschaftswachstum. In: Aus Politik und Zeitgeschichte, B 28, S. 16–23.
Heydenreich, Susanne (2002): So nah, so fern – Aktionsräume in der transformierten Stadt. In: Hannemann, Christine/Kabisch, Sigrun/Weiske, Christine (Hrsg.): Neue Länder – Neue Sitten? Transformationsprozesse in Städten und Regionen Ostdeutschlands. Berlin: Schelzky und Jeep, S. 55–74.
Jarausch, Konrad (2004): Die Zukunft der ostdeutschen Vergangenheit – Was wird aus der DDR-Geschichte? In: Hüttmann, Jens/Mählert, Ulrich/Pasternack, Peer (Hrsg.): DDR-Geschichte vermitteln: Ansätze und Erfahrungen in Unterricht, Hochschullehre und politischer Bildung. Berlin: Metropol, S. 81–99.
Kabisch, Sigrun/Bernt, Matthias/Peter, Andreas (2004): Stadtumbau unter Schrumpfungsbedingungen. Eine sozialwissenschaftliche Fallstudie. Wiesbaden: VS Verlag für Sozialwissenschaften.
Konda, Winfried (1996): Wohnsiedlungen als städtische Nahwelt. Universität Köln, Dissertation.
Liebmann, Heike (2004): Vom sozialistischen Wohnkomplex zum Problemgebiet? Dortmund: Informationskreis für Raumplanung.
Peter, Andreas (2009): Stadtquartiere auf Zeit – Lebensqualität im Alter in schrumpfenden Städten. Wiesbaden: VS Verlag für Sozialwissenschaften.
Pfeiffer, Ulrich/Simons, Harald/Porsch, Lucas (2000): Wohnungswirtschaftlicher Strukturwandel in den neuen Bundesländern. Bericht der Kommission.
Rauer, Valentin (2014): Das Über-Leben der Dinge. Ansätze einer materiellen Gedächtnistheorie in Postkonfliktgesellschaften. In: Dimbath, Oliver/Heinlein, Michael (Hrsg.): Die Sozialität des Erinnerns. Beiträge zur Arbeit an einer Theorie des sozialen Gedächtnisses. Wiesbaden: Springer VS, S. 59–83.
Reuber, Paul (1993): Heimat in der Großstadt. Eine sozialgeographische Studie zu Raumbezug und Entstehung von Ortsbindung am Beispiel Kölns und seiner Stadtviertel. Köln: Geographisches Institut.
Reuber, Paul (1995): „Ihr parkt auf meinen Erinnerungen" – zur Rolle der räumlichen Umwelt für die Entstehung von Ortsbindung. In: Gebhardt, Hans/Schweizer, Günther (Hrsg.): Zuhause in der Großstadt. Ortsbindung und räumliche Identifikation im Verdichtungsraum. Köln: Geographisches Institut, S. 61–74.
Sebald, Gerd/Weyand, Jan (2011): Zur Formierung sozialer Gedächtnisse. In: Zeitschrift für Soziologie, 40 (3), S. 174–189.
Sievers, Karen (2015): Lost in Transformation?: Raumbezogene Bindungen im Wandel städtebaulicher Erneuerungsmaßnahmen. Wiesbaden: Springer VS.
Tessin, Wulf (1977): Stadterneuerung und Umsetzung. Der Stadtumbau als gesellschaftlicher Transformationsprozeß in seinen Auswirkungen auf umsetzungsbetroffene Mieter. Göttingen: Georg-August-Universität.
Thomas, Dirk/Fuhrer, Urs/Quaiser-Pohl, Claudia (2006): Einfluss wahrgenommener Wohnqualität auf die Ortsbindung – Besonderheiten in einem ostdeutschen Sanierungsgebiet. In: Umweltpsychologie, 10 (2), S. 10–31.

Weichhart, Peter (1999): Raumbezogene Identitäten 4, Intensivkurs. Alexander von Humboldt Lectures 16.-17.09.1999, Department of Human Geography, Nijmegen. Verfügbar unter: http://socgeo.ruhosting.nl/colloquium/PlaceId04new.pdf (letzter Zugriff: 05.04.2011).

Weichhart, Peter/Weiske, Christine/Werlen, Benno (2006): Place Identity und Images. Das Beispiel Eisenhüttenstadt. Wien: Universität Wien, Institut für Geographie und Regionalforschung.

Wolle, Stefan (1999): Die heile Welt der Diktatur. Alltag und Herrschaft in der DDR 1971–1989. Bonn: Bundeszentrale für politische Bildung.

Kollektives Erinnern im konzeptionellen Dreieck von Raum, Norm und symbolischen Grenzziehungen am Beispiel des Berliner Stadtteils Prenzlauer Berg

Henrik Schultze

Dieser Beitrag beschäftigt sich mit der Rolle des kollektiven Erinnerns in Bezug auf Grenzziehungsprozesse zwischen Individuen beziehungsweise Gruppen vor dem Hintergrund räumlicher Wandlungsprozesse. Hier werde ich die Frage diskutieren, wie das kollektive Erinnern von Bewohnern einer Berliner Nachbarschaft mit ihren räumlichen Normvorstellungen, ihren Ortspraktiken und symbolischen Abgrenzungen gegenüber anderen Bewohnern verbunden ist.

Nach einer kurzen theoriegeleiteten Erläuterung des Zusammenhangs von Gedächtnis, Erinnerung und Raum (Kap. 1) und der Relevanz räumlicher Zugehörigkeiten (Kap. 2) werde ich das besondere Setting Prenzlauer Berg vorstellen (Kap. 3). Im Anschluss daran werde ich mithilfe der kollektiven Erinnerungen von Bewohnern aus Prenzlauer Berg deren Identifikation mit diesem Ort zeigen (Kap. 4). Diese räumliche Identifikation ist geprägt von Normalitätsvorstellungen, die wiederum eng mit symbolischen Abgrenzungsprozessen verbunden sind, die ich schließlich in Abschn. 5 diskutiere, bevor die hier entwickelte Argumentation abschließend nochmals zusammengefasst wird (Kap. 6).

Dieser Beitrag basiert auf den Ergebnissen der empirischen Forschungsarbeit meiner Dissertation *Die Grenzen sozialer und räumlicher Zugehörigkeit* (Schultze 2016)

H. Schultze (✉)
Humboldt-Universität zu Berlin, Berlin, Deutschland
E-Mail: henrik.schultze@hu-berlin.de

© Springer Fachmedien Wiesbaden GmbH 2017
H. Haag et al. (Hrsg.), *Volkseigenes Erinnern*, Soziales Gedächtnis, Erinnern und Vergessen – Memory Studies,
DOI 10.1007/978-3-658-17548-1_8

1 Problemaufriss

Das Konzept des kollektiven Gedächtnisses hat naturgemäß einen festen Platz in den Geschichtswissenschaften, der Archäologie und den Kulturwissenschaften. Was diese Disziplinen im Wesentlichen interessiert, ist die Frage, auf welchem Wege kulturelles Wissen von der Vergangenheit in die Gegenwart transzendiert und wie es dabei verformt, verdichtet und beständig neu erzählt wird. Die umfangreichen Forschungsarbeiten von Aleida und Jan Assmann konzeptualisieren das kollektive Gedächtnis vor allem in Hinsicht auf seine Fähigkeiten zur temporalen Expansion und generationenübergreifenden Institutionalisierung und differenzieren es als „kommunikatives" und als „kulturelles" Gedächtnis weiter aus: Während das kommunikative Gedächtnis auf sozialer Interaktion und damit auf Aushandlungs- und Interpretationsprozessen beruht, drückt sich das kulturelle Gedächtnis in institutionalisierten Erinnerungsfiguren aus und ist somit deutlich gefestigter und kohärenter (Assmann 1992). Im Folgenden werde ich allerdings den Begriff des kollektiven Erinnerns dem des kollektiven Gedächtnisses vorziehen, um die Prozesshaftigkeit des Erinnerns besser in den Blick nehmen zu können. Erinnern begreife ich – ähnlich wie es Astrid Erll (2005, S. 7) vorschlägt – als sozialen Prozess, während das Gedächtnis eher die Rolle eines ‚Pools' an Erinnerungen impliziert.

Auch die Soziologie und Sozialanthropologie wendet dem Konzept des kollektiven Gedächtnisses zunehmend Aufmerksamkeit zu (siehe zum Beispiel Blokland 2006; Connerton 1989; Fentress und Wickham 1992; Schmitt 2009; Welzer 2001). Mit der sozialen Bedingtheit kollektiver Gedächtnisprozesse hat sich erstmals Maurice Halbwachs systematisch beschäftigt (Halbwachs 1985, 1991). Die für dieses Kapitel relevanten Kerngedanken von Halbwachs lassen sich folgendermaßen zusammenfassen: Erstens: Neben dem individuellen Gedächtnis gibt es ein durch Milieuzugehörigkeit erworbenes kollektives Gedächtnis; beide stehen in enger Beziehung zueinander (Halbwachs 1991, S. 25 ff.). Zweitens: Erinnerungen sind soziale Rekonstruktionen der Vergangenheit unter Verwendung gegenwärtiger sozialer Kontexte (ebd., S. 55 f.). Drittens: Das kollektive Gedächtnis benötigt einen räumlichen Rahmen (ebd., S. 142). Ein vierter Punkt wurde im Anschluss an Halbwachs von Jan und Aleida Assmann ergänzt: Das kollektive Gedächtnis hat eine gruppenstabilisierende Funktion, die notwendigerweise mit Ausschließungs- und Abgrenzungsprozessen einhergeht (Assmann 1990, S. 27). Ich möchte im Folgenden diese Perspektive aufgreifen und mit Halbwachs' Idee der räumlichen Bedingtheit kollektiver Erinnerungen in Bezug setzen. Damit lässt sich fragen, wie das kollektive Erinnern zu Definitionen räumlicher Zugehörigkeiten beiträgt. Einen sinnvollen Anschluss bieten hier zum einen die Überlegungen zu

Normalität von Barbara Misztal (2001) und zum anderen das Grenzziehungskonzept von Michèle Lamont (1992, 2002).

In Maurice Halbwachs' Idee der Raumbezogenheit des kollektiven Gedächtnisses steckt die Vorstellung einer engen Wechselwirkung von Bewohnern, die ihre Orte prägen, und Orten, die ihre Bewohner prägen. Mit dieser wechselseitigen Prägung gehen Normvorstellungen einher, wie ein Ort zu sein hat und wer dazugehört. Misztal (2001) konzeptualisiert Normalität als situativ (in unserem Fall: Was ist normal in der Nachbarschaft?) und als normativ (Wie wird diese situative Normalität bewertet?). Mit dieser Bewertungsdimension kann Normalität höchst partikular evaluiert werden.

Wandlungsprozesse von Orten können ‚historisch' tradierte, ortsgebundene Normvorstellungen im Sinne von „invented traditions" (Hobsbawm und Ranger 2010) infrage stellen und damit Auslöser symbolischer Grenzziehungen sein (Lamont und Molnár 2002). Symbolische Grenzen markieren und betonen diese partikularen Normvorstellungen, ziehen eine normative Grenze zwischen ‚uns' und den ‚anderen' und tragen so zur Konstituierung von In- und Outgroups bei.

Die hier postulierte Verbindung von kollektiven Erinnerungen, Normalitätsvorstellungen und symbolischen Grenzziehungen werde ich in den Abschn. 4 und 5 näher erläutern und mit meinem empirischen Material in Beziehung setzen. Zunächst aber möchte ich einige Überlegungen bezüglich der sozialen Konstruktion von Zugehörigkeit anstellen und den Untersuchungsort vorstellen.

2 Die soziale Konstruktion von Zugehörigkeit

Aufgewertete innerstädtische Altbauquartiere sind in besonderem Maße Orte des Wechsels und des Wandels. Im Zuge dieses Wandels treffen Gruppen und Individuen mit einer unterschiedlichen Zusammensetzung an ökonomischem, kulturellem und sozialem Kapital (Bourdieu 1992) aufeinander und werden plötzlich Nachbarn. Doch manchmal führt dieses Aufeinandertreffen selbst bei einer ähnlichen Komposition von Kapitalsorten zwischen Individuen und manchmal ganzen Gruppen zu unterschiedlichen Vorstellungen über die Bedeutung des gemeinsam bewohnten Ortes.

Im Kontext der baulichen und sozialen Aufwertung werden dann innerhalb individueller oder gruppenspezifischer Quartiersimaginationen Fragen wie ‚Wem gehört die Nachbarschaft?' oder ‚Wer beziehungsweise was gehört zur Nachbarschaft (und wer und was nicht)?' relevant. Das Gefühl räumlicher Zugehörigkeit hängt wiederum eng mit den Fragen ‚Was ist meine Geschichte in der Nachbarschaft?' oder ‚Wem gehört die Geschichte der Nachbarschaft?' zusammen.

All diese Fragen können und werden – insbesondere im Berliner Stadtteil Prenzlauer Berg – ganz unterschiedlich beantwortet. Das kollektive Erinnern kann dabei in den sozialen Prozess der Identifikation mit dem Ort eingebettet sein (Massey 1995; Blokland 2009). Doreen Massey (1995, S. 185) argumentiert in ihrem Essay *Places and their pasts,* dass die gegenwärtige Identität von Orten fast immer mit rivalisierenden Interpretationen der Vergangenheit dieser Orte verbunden ist. Wenn wir also etwas über die Gegenwart eines Ortes lernen wollen, geht es nicht nur darum, einen Blick auf dessen Vergangenheit zu werfen, sondern auch die Interpretationen und Neuerzählungen seiner Geschichte zu analysieren. Diese spezifischen Interpretationen der Geschichte eines Ortes mithilfe kollektiver Erinnerungen können einerseits zur räumlichen Identifikation oder aber zu Disidentifikationen mit dem Ort und dessen Bewohnern beitragen (Schultze 2016). Dies ist umso mehr der Fall, wenn Geschichte kollektiv, also von einer oder mehreren Gruppen erinnert, interpretiert und neu erzählt wird: Eine *Community* wird so symbolisch konstruiert. Anthony Cohen, der mit seinen ethnografischen Studien zum Beispiel auf den schottischen Inseln den Begriff der symbolischen Gemeinschaft wesentlich geprägt hat, fasst diese so:

> [T]he community as experienced by its members – does not consist in social structure or in 'the doing' of social behaviour. It inheres, rather, in 'the thinking' about it. It is in this sense that we can speak of the community as a symbolic, rather than a structural, construct (Cohen 1985, S. 98).

Bei symbolischen Gemeinschaften geht es also weniger um soziale Gruppen, deren Mitglieder sich kennen und regelmäßig miteinander interagieren, sondern um ähnliche oder unterschiedliche Perspektiven auf den Ort, die durch ebendiesen gemeinsamen Bezug gemeinschaftsstiftend wirken.

Zwei dieser Perspektiven habe ich in meinem Forschungsprojekt untersucht: die Perspektive der eingesessenen Szene ‚Prenzlauer Berg', einer Ansammlung subkultureller Gruppen, und die Perspektive einer in den letzten zehn Jahren zugezogenen besser verdienenden Mittelschicht. Im Zentrum der weiteren Ausführungen wird die Perspektive der Szene im Vordergrund stehen, da vor allem sie es ist, die mit ihren Erinnerungen an die Zeit vor den fundamentalen Wandlungsprozessen des Ortes verweist. Diese Erinnerungen sind nicht zwangsläufig mit dem Prenzlauer Berg vor 1989 verbunden, sondern reichen oft nur in die Zeit kurz nach dem Fall der Mauer zurück. Die später Zugezogenen bilden für die Szene insofern eine wichtige Kontrastgruppe, als dass sie die negativen Aspekte des sozialräumlichen Wandels seit den 2000er-Jahren symbolisieren.

Es geht allerdings nicht nur um das „thinking" der Community, wie Richard Jenkins (1996) in seiner instruktiven Kritik an Cohen bemerkt; es geht auch um das „doing" von Community, das er in Cohens Studien immer wieder findet:

> It is in and out of what people *do* that a shared sense of things and a shared symbolic universe emerge. It is in talking together about 'community' – which is, after all public *doing* – that its symbolic value is produced and reproduced (ebd., S. 109).

Nicht nur die soziale Praxis des Erinnerns ist ein solches „doing". Auch die Betonung der Differenz zwischen der einen und der anderen Gruppe mithilfe symbolischer Grenzziehungen trägt zur Konstruktion von In- und Outgroups bei, wie ich später zeigen werde.

3 Das Setting Prenzlauer Berg

Der Prenzlauer Berg schließt mit seiner überwiegend gegen Ende des 19. Jahrhunderts errichteten Gründerzeitbebauung nordöstlich an den alten Stadtkern Berlins an und gehört damit zum Stadtgebiet des ehemaligen Ostberlins, der Hauptstadt der DDR. Der überwiegende Teil der Immobilien wurde mit Gründung der DDR enteignet, in die Kommunale Wohnungsverwaltung überführt und, ähnlich wie in anderen Ostberliner Altbauquartieren, nur in homöopathischen Dosen instand gehalten. Als gegen Ende der 1970er-Jahre die Neubauaktivitäten am Stadtrand zunahmen, verschlechterte sich die Wohnqualität weiter; viele Wohnungen und manchmal ganze Häuser standen leer. Dieser – zum Teil baupolizeilich gesperrte – Wohnraum lockte ab den frühen 1980er-Jahren vermehrt unangepasste, überwiegend junge DDR-Bürger aus der ganzen Republik nach Berlin-Prenzlauer Berg. Diese besetzten ‚still' leere Wohnungen und gründeten Wohngemeinschaften im Schatten der offiziellen Wohnraumversorgung. Neben dem Abtauchen in eine vergessene Welt und dem Ausleben unkonventioneller Lebensentwürfe war eben nicht zuletzt die angespannte Wohnungsversorgung der DDR ausschlaggebend für diesen Zuzug.

Der zu dieser Zeit geborene ‚Mythos Prenzlauer Berg', bereits vor 1989 im westdeutschen Feuilleton als lebendige und widerständige Bohèmekultur entdeckt und gefeiert (Dörfler 2007; Felsmann und Gröschner 2012; Roder und Tacke 2004) ist spätestens seit Anfang der 1990er-Jahre zum ‚Kampfgebiet' unterschiedlicher Quartiersimaginationen avanciert. Auf der einen Seite finden wir die oben genannte, in den 1970er- und 1980er-Jahren zugezogene Szene, bestehend aus bildenden Künstlern, Musikern, Schriftstellern und diversen Lebenskünstlern, die nicht in das offizielle Bild eines Bürgers der DDR passten und der SED-Politik entsprechend kritisch bis ablehnend gegenüberstanden (Häußermann et al. 2002, S. 53 f.). Zu dieser Szene ‚Prenzlauer Berg' gesellten sich ab dem Wendejahr 1989 bis etwa zur Mitte der 1990er-Jahre vermehrt Studenten, Hausbesetzer und politische Aktivisten. All diese unterschiedlichen subkulturellen Gruppen prägten die kulturelle Definition dieses Stadtteils mit ihrer praktischen und symbolischen Nutzung der Nachbarschaft (Blokland 2011) entscheidend mit.

Auf der anderen Seite lockte die ab den späten 1990er-Jahren offensichtlich zutage getretene Aufwertung der Wohnhäuser und Infrastruktur Prenzlauer Bergs[1] seit den frühen 2000er-Jahren eine ökonomisch besser ausgestattete Mittelschicht an. Die Szene ‚Prenzlauer Berg' hatte damit ihren Gegenspieler gefunden, der die Bedeutung des alten subkulturellen Prenzlauer Berg – intendiert oder nicht – infrage stellte. Dass die Szene den heutigen Kiez mithilfe ihrer kollektiven Erinnerungen an die alte Zeit des subkulturellen Prenzlauer Berg bewertet und sich damit gegen den neuen Zeitgeist des „Bionade-Biedermeier" (Sußebach 2007) positioniert, hängt nicht allein mit dem höheren ökonomischen Kapital der Zugezogenen zusammen. Auch die unterschiedlichen Interpretationen der Bedeutungen des Ortes spielten und spielen bei den Auseinandersetzungen eine zentrale Rolle. Diese Interpretationen sind eng mit der Frage verknüpft, was wir an unserem Wohnort für normal halten. Einen Höhepunkt dieser Debatte stellt sicherlich der mediale Diskurs über die ‚Schwaben in Prenzlauer Berg' dar (siehe zum Beispiel Kain 2012).

In meiner qualitativ angelegten Studie habe ich Bewohner interviewt, die sich den beiden oben beschriebenen Gruppen zuordnen lassen: einerseits Vertreter(innen) der Szene beziehungsweise Nutzer(innen) der Szenelokalitäten, die den Prenzlauer Berg noch vor seiner sozialen und materiellen Erneuerung kannten und maßgeblich mitgeprägt haben; andererseits die etwa ab 2002 vornehmlich aus Westdeutschland zugezogenen Neu-Bewohner, die dem Stadtteil heute seine Prägung geben.

---

[1]Ab Beginn der 1990er-Jahre wurden in Prenzlauer Berg, wie auch in anderen Ostberliner Altbauquartieren, Sanierungsgebiete festgelegt und diese mit umfangreichen staatlichen und privaten finanziellen Mittel modernisiert. Anders als bei der Westberliner Stadterneuerung waren der Kommune bei der Neubelegung des modernisierten Wohnraums Grenzen gesetzt, da die Immobilien inzwischen an die Alteigentümer rückübertragen wurden und diese aus ökonomischen Gesichtspunkten mehr Interesse an solventeren Mietern als den Alteingesessenen hatten. Dies führt bis heute zu Verdrängungsprozessen einkommensschwacher Bewohner aus Prenzlauer Berg. Zu dieser speziellen Form der Stadterneuerung siehe zum Beispiel Häußermann et al. (2002); Holm (2006).

In den folgenden zwei Analysekapiteln werde ich nun die Rolle des kollektiven Erinnerns für die Konstruktion von Zugehörigkeit und den damit verbundenen symbolischen Grenzziehungen am Beispiel der Auseinandersetzungen um die Bedeutungen des Ortes Prenzlauer Berg zeigen.

4 Die Beziehung zwischen kollektivem Erinnern und der Konstruktion von Orten

Wie bereits angedeutet, räumt Maurice Halbwachs dem Zusammenhang von kollektivem Gedächtnis und Raum einen prominenten und für diese Arbeit zentralen Stellenwert ein. In seiner 1950 posthum veröffentlichten Schrift *Das kollektive Gedächtnis* bindet er den Raum fest in seine konzeptionellen Überlegungen ein und resümiert sein Kapitel über das kollektive Gedächtnis und den Raum mit dem fast axiomatischen Satz: „So gibt es kein kollektives Gedächtnis, das sich nicht innerhalb eines räumlichen Rahmens bewegt" (Halbwachs 1991, S. 142). Halbwachs Argumentation bezüglich des Zusammenhangs von kollektivem Gedächtnis und Raum verfolgt zwei Stoßrichtungen.

Zunächst verknüpft er den Raum und dessen Bewohner insofern, als dass er beiden eine gegenseitige Konstituierung unterstellt, das heißt, die Bewohner konstituieren den Raum genauso, wie dieser Raum seine Bewohner konstituiert, aber, und das erweitert diese relationale Konstruktion von Räumen, nicht nur in der Gegenwart, sondern auch in Bezug auf die Vergangenheit. Das Verbindungsstück dieses Konstituierungsprozesses, so Halbwachs, ist das kollektive Gedächtnis der alteingesessenen Bewohnergruppen:

> So erklärt es sich, dass die räumlichen Bilder eine derartige Rolle im kollektiven Gedächtnis spielen. Der Ort, an dem eine Gruppe lebt, ist nicht gleich einer schwarzen Tafel, auf der man Zahlen und Gestalten aufzeichnet und dann auswischt. Wie würde das Bild der Tafel daran erinnern, was man auf ihr aufgezeichnet hat – da die Tafel den Zahlen gleichgültig ist und man auf derselben Tafel alle beliebigen Gestalten wiedergeben kann? Nein. Aber der Ort hat das Gepräge der Gruppe erhalten und umgekehrt (ebd., S. 130).

Halbwachs' Analogie von Tafel und Schrift zeigt, dass die Identität von Orten eng mit der räumlichen Identifikation seiner Bewohner verbunden ist. Orte sind eben nicht ein beliebiger Container (oder eine Tafel), in dem Menschen leben, die Bewohner ‚machen' vielmehr den Ort und der Ort ‚macht' die Bewohner. Damit griff Maurice Halbwachs schon früh dem relationalen Raumverständnis in der Stadtsoziologie beziehungsweise der Geografie ab den 1960er-Jahren vor (für einen Überblick siehe zum Beispiel Lossau 2012).

Wie sah diese Identifikation mit dem Ort nun in unserem Fall konkret aus? Der Prenzlauer Berg der 1980er-Jahre war für viele der diversen subkulturellen Gruppen, die dort lebten, gar nicht mehr Teil der DDR. Annette Gröschner und Barbara Felsmann (2012) und die in ihrem Band zu Wort kommenden Interviewten beschreiben diesen Stadtteil zum einen als „Durchgangszimmer" für Westausreisende. Zum anderen geben die detaillierten, narrativen Interviews mit den damals dort lebenden Künstlern Auskunft über die, die bleiben wollten und sich in ihrer Nische Prenzlauer Berg einrichteten. Die hier entstandenen sozialen Kreise waren ein Teil des kulturellen Untergrunds der DDR. Man kannte, erkannte und traf sich, wie sich meine Interviewpartnerin Cosima (51 Jahre alt, seit 1980 in Prenzlauer Berg wohnend) erinnert:

> War irgendwie, gehörte zum normalen Leben. Und der Freundeskreis, der sich natürlich dann hier bildete in Prenzlauer Berg, das war'n alles Leute, die, ja das war'n alles, also das war'n vorwiegend Künstler, Architekten und so weiter, ja. Bildhauer, Maler uns so und, ähm, klar, in den Wohnungen, natürlich wurde offen gesprochen, ooch kritisch. Das war völlig normal (IP_33_§ 44).

Hört man die Erinnerungen dieser ‚Szeneveteranen', die als die ‚Bohème von Prenzlauer Berg' bekannt wurden, wird sehr deutlich, dass für diese viele ihrer Referenzpunkte in einer Vergangenheit liegen, in der ein ganz bestimmtes Bild von Prenzlauer Berg im Mittelpunkt steht. Die Referenzpunkte konzentrieren sich sehr stark auf die damals äußerst lebendige und heterogene subkulturelle Szene aus unangepassten Außenseitern, Dissidenten, Künstlern und Studenten, die mit dem Zuzug nach Berlin im Allgemeinen und nach Prenzlauer Berg im Besonderen eine Freiheit, sowohl vor dem Elternhaus, als auch vor einer als bevormundend empfundenen DDR, verbanden. Amalia, eine 48-jährige Autorin, kam 1983 als 18-Jährige nach Berlin und beschreibt ihre damaligen Motivationen, nach Prenzlauer Berg zu ziehen, so:

> Also das war für mich die maximale Freiheit, die man in der DDR haben konnte, war Prenzlauer Berg, ja. Also einfach weil alle so Leute sich irgendwie trauten, was man sich in der-in der Provinz, irgendwie vielleicht ooch trau'n konnte, aber mit doch viel-viel-viel schlimmeren Auswirkungen, ja. Also das, was man hier in Berlin machen konnte, da wär' man in 'ner Stadt wie Magdeburg komplett von der Bildfläche verschwunden und wär' verhaftet worden, ja. Dass es das natürlich auch alles gab und dass die Stasi auch da war un' das, wenn man das wirklich auch wenn man, äh, auch da Mode war, dass man dann genau solche schlimmen Erlebnisse hatte, wie in der Provinz, das hat man natürlich auch sehr schnell gemerkt. Aber erst mal war es etwas, was-was-was absolut mit Freiheit zu tun hat (IP_19_§ 18).

Was man sich in der DDR-Provinz der frühen 1980er-Jahre nicht trauen konnte, wie Amalia es formuliert, war einen expressiven Lebensstil zu führen, aufzufallen, sich als Gegenentwurf zum idealen DDR-Bürger zu inszenieren. Die subkulturellen Gruppen der DDR fühlten sich magisch angezogen von den Möglichkeiten, sich selbst zu verwirklichen, und abgestoßen von der als restriktiv empfundenen Provinz. Silvia, 47 Jahre alt, Sales-Assistant, die im selben Jahr wie Amalia nach Prenzlauer Berg kam, erinnert sich ganz ähnlich:

> Naja das war schon alles 'n bisschen freier, als im restlichen-, in der restlichen DDR. Ähm, es gab ooch 'n paar Leute, die sind nach Berlin gekomm', um unterzutauchen, die irgendwie gesucht wurden, weil sie nich' arbeiten gegang' sin' oder so, dafür is' man sogar eingesperrt worden, früher. Und äh da wurden die ooch nich' so leicht gefunden in Berlin, was in-in-in den restlichen-in der restlichen DDR warst Du auf 'm Präsentierteller immer, da ging das gar nicht. Oder da ham' die Leute denn ooch mal 'n halbes Jahr dann jar nich' gearbeitet oder so hier in Berlin. Das ging dann schon mal ohne erwischt zu werden, sofort (IP_09_§ 8).

Die Suche nach Freiheit vor einem disziplinierenden Staat mag einer spezifischen DDR-Sozialisation geschuldet sein; was hier aber auch deutlich wird, ist die Verknüpfung eines spezifischen Lebensstils mit einem bestimmten Ort. Mit dem Zuzug an diesen Ort trat man gleichsam einer Lebensform bei, in der der Ort einen wesentlichen Bezugspunkt für die Selbstdefinition hatte.

Das Wendejahr 1989/1990 markierte für viele meiner Interviewpartner(innen) zunächst eine Form der Befreiung. Die vor 1989 als illegal eingestuften subkulturellen Aktivitäten und Infrastrukturen, wie Punkkonzerte in Abrisshäusern und Kneipen in Privatwohnungen, waren nun öffentlich. Mit dem Wendejahr entstand eine Hausbesetzerbewegung, die vornehmlich aus Westberlin, aber auch aus der Szene Ostberlins kam und sowohl die unübersichtlichen beziehungsweise fehlenden Rechtsgrundlagen der untergegangenen DDR, als auch die Fülle an leer stehenden und heruntergekommenen Altbauten in Prenzlauer Berg zur Umsetzung ihres Lebensentwurfes nutzten (Roder und Tacke 2004). Die Norm in Prenzlauer Berg zu dieser Zeit war es, dass jeden Tag etwas Neues passierte, wie sich Flake, der Keyboarder der Band Rammstein 2008 in einem Interview für den Dokumentarfilm *Freundschaft! Die Freie Deutsche Jugend* von Lutz Hachmeister und Mathias von der Heide über die Zeit kurz nach dem Mauerfall erinnert:

> Alles, was man gelernt hat, alles, was man wusste, was es gab, war auf einmal null und nichtig. Auf einmal gab es nicht mehr 'ne KWV[2] mit Wohnungen oder… die

---

[2]Kommunale Wohnungsverwaltung der DDR.

Polizisten hatten nichts mehr zu sagen... null! Man konnte irgendwo einziehen. Man konnte Parties machen, man konnte alles. Man konnte irgendeinen Beruf ausüben auf einmal und so. Es war alles... Man konnte 'ne Kneipe aufmachen. Da ham irgendwelche Assis aus'm Kiez haben gesagt äh ‚Ja wir machen jetzt hier 'ne Kneipe auf.' Und das hat funktioniert. Und jeden Tag war was Neues. Man wusste nie, was passiert (Hachmeister und von der Heide 2008).

Dizzi (37) eine meiner Interviewpartnerinnen, die seit 2003 wieder in Prenzlauer Berg lebt und Anfang der 1990er-Jahre mit 18 Jahren in einem besetzten Haus am Hackeschen Markt in Berlin-Mitte wohnte, hatte zu dieser Zeit sehr enge Kontakte zur Hausbesetzerszene in Prenzlauer Berg und war dort häufig in den Klubs unterwegs.

Anfang der Neunziger, wenn ich die Revue passieren lasse, ähm... naja, da war- das dann schon anders, alles [lacht], das war alles, ähm, wilder und, ähm, cooler-, also Anfang der Neunziger war ich viel, war ich ja viel, äh, Schönhauser 20 auch, ähm, ähm, da, äh, oder in der Sredzkistraße in dem besetzten Haus oder ich-, oder, oder. (...) Wir sind viel in' ‚Duncker' gegangen, also eigentlich jedes Wochenende hatten wir diese Tour ‚Duncker', ‚Atelier', Knaackclub, so, dieses Dreieck und, ähm...da war ich total viel in Prenzlauer Berg unterwegs, alles war natürlich irgendwie, ähm... runtergekommener und, aber... cool, also es war viel Punk (IP_01_§ 207).

Claude Fischer (1975) postuliert in seiner *Theorie der Subkulturen* einen engen Zusammenhang zwischen urbanen Räumen und der Intensität von Subkulturen. Subkulturen definiert er als Gruppen mit einem „set of modal beliefs, values, norms and customs associated with a relatively distinct social sub-system" (ebd., S. 1323). Dementsprechend haben die damals kulturell dominanten Subkulturen dem Prenzlauer Berg ein Gepräge verliehen, welches wiederum auf sie selbst und damit auch auf ihre Norm- und Wertvorstellungen den Ort betreffend zurückwirkte. Der Prenzlauer Berg war für viele Event, Treffpunkt und Wohnort gleichermaßen. Die starke Verbindung von Ort und subkultureller Identifikation erzeugte ein Zugehörigkeitsgefühl, welches sich in einer ausgeprägten praktischen und symbolischen Nutzung der Nachbarschaft (Blokland 2011) manifestierte und bis heute Bedeutungen und Normen des Ortes reproduziert, die zum Maßstab der Bewertung der heutigen Bedeutung des Ortes werden, wie Jessica, eine andere Interviewpartnerin, dies deutlich macht:

Auf Dauer nervt es, wenn alles nett und schön is'. Es gibt keine Brüche mehr hier oder wenig. Es gibt keine Häuser, die irgendwie abweichen, sondern alle seh'n gleich aus un' alle Menschen seh'n im Endeffekt gleich aus, äh-äh irgendwie jung und äh kinderreich un' was weiß ich so und äh, ja, mit ihrem Laptop im Café. Und dieses Klischee das is' ja hier und dis-, genau dis nervt mich. Diese Eintönigkeit und dieses wirklich Saubere, also ich mein' hier, guck mal hier, alles g'rade, alles schön (IP_08_§72).

Hier wird klar, dass Bedeutungen und Normvorstellungen nicht nur einfach aus der Vergangenheit heraufbeschworen werden, sondern Teil eines heutigen Konstruktionsprozesses sind. Die damalige Kieznormalität wird heute im Zuge des kollektiven Erinnerns bearbeitet, umgeformt und neu erzählt: Das Wesen des kollektiven Erinnerns, das lehrt uns Halbwachs (1991, S. 55 f.), ist der selektive Umgang mit der Vergangenheit im Lichte der Gegenwart. Ein weiteres Beispiel soll dies verdeutlichen.

Amalia – wir hörten bereits oben von ihr – erzählt mir etwas über den früheren Kollwitzplatz, der heute als Emblem für die Gentrifizierung Prenzlauer Bergs steht und oft mit dem Stereotyp der ‚Latte Macchiato-Mütter' in Verbindung gebracht wird. Auch hier geht es um Mütter:

> Äh, es war ja auch alles sehr klein und alle kannten sich und alle also es gab ooch so 'n Bäumchen-wechsle-Dich-Spiel, also es gab so Wege ja, wo bestimmte Paare. Wenn dann, der Kollwitzplatz war eh'm halt so 'n, ähm, ja eigentlich wirklich wie so 'n Marktplatz, wo eh'm ooch, was heute Facebook is', is' damals halt der Kollwitzplatz gewesen und da wurde dann eh'm auch ausgetauscht, wer is' der Vater von dem Kind und von dem Kind und von dem Kind. Also die Väter war 'n irgendwie dann alle weg, aber so das war die Generation von Kollwitzplatz-, äh, -besuchern oder Kollwitzplatzmüttern, wo eh'm fast nur Mütter auf dem Kollwitzplatz saßen und Väter fast gar nicht. Aber wo alles so unklare Familienverhältnisse war'n, aber komplett ja (…) (IP_19_§ 8).

Amalia kontrastiert im Subtext des letzten Satzes die Gegenwart mit der Vergangenheit. In der Vergangenheit, so Amalia, waren „unklare Familienverhältnisse" das, was man auf dem Kollwitzplatz finden konnte. Heute ist das bürgerliche Familienideal die Norm in Prenzlauer Berg, und zwar nicht nur in der Wahrnehmung Amalias, wie die Aussage von Saskia, einer weiteren Interviewpartnerin, zeigt:

> [E]s sind halt auch wirklich, ja so, … ganz klassische Familienstrukturen, die man da vorfindet so, 2, 3 Kinder, ähm, und dann, ja, die sind halt mehr für sich so, dis is, hab ich dis Gefühl, findet nich so viel statt (IP_03_§ 44).

Wie wir bei Amalia gerade gesehen haben, ist die Erinnerung, so bemerken auch Fentress und Wickham (1992), von zentraler Bedeutung für die Wahrnehmung der Gegenwart:

> Nevertheless, one point emerges very clearly: that the way memories of the past are generated and understood by given social groups is a direct guide to how they understand their position in the present; that one can, in fact, barely separate social memory from an analysis of the social at all (…) (ebd., S. 126).

Amalia legt hier den Grundstein einer Gegenerzählung, indem sie eine neue Bedeutung, die aus der alten erwachsen ist, als normatives Korrektiv für die Gegenwart verwendet. Sie definiert die Vergangenheit des Kiezes in Kontrast zu seiner Gegenwart, der sie sich nicht mehr zugehörig fühlt.

Das zweite Argument, das Halbwachs bezüglich der Verbindung von Raum und dem kollektiven Erinnern macht, ist, dass die wechselseitige Prägung von Bewohnern und ihrem Ort sich in der Tendenz zum Festhalten an alten Gewohnheiten, an starken Bindungen zur materiellen und symbolischen Dimension von Nachbarschaften manifestiere. Dieses Festhalten an Gewohnheiten lässt sich gut mit Barbara Misztals Idee von Normalität verbinden, die eingangs bereits erwähnt wurde. Normalität, so Misztal, habe eine situative und eine normative Dimension. Während die situative Normalität unsere Wahrnehmung der Regelhaftigkeit von Situationen und dem Verhalten anderer meint, basiere die normative Dimension auf unserer Klassifizierung dieser Handlungen beziehungsweise dieses Verhaltens als regelkonform (Misztal 2001, S. 314). Vorhersehbarkeit, Beständigkeit und die Lesbarkeit der sozialen Ordnung sind also wichtige Voraussetzungen für eine situative Normalität, die allerdings normativ abgestützt wird, indem sie diese soziale Ordnung evaluiert. Normen, verstanden als Richtschnur unseres Handelns (Rehberg 2007, S. 85), spielen also bei der Evaluierung einer situativen Normalität eine besondere Rolle. Nun sind Normen in ausdifferenzierten Gesellschaften alles andere als universal. Dies betrifft sowohl die temporale, als auch die räumliche Dimension. Normen können zu einer bestimmten Zeit und an einem bestimmten Ort an Geltung gewinnen oder verlieren. Insbesondere der Wandel von Orten kann zu partikularen Normvorstellungen den Ort betreffend beitragen. Das Erinnern an die alten Normen, die in früheren Zeiten an einem Ort galten, kann dann zu Grenzziehungen gegenüber neuer Normvorstellungen führen. Hier zeigt sich wieder der von Halbwachs postulierte Zusammenhang zwischen der Tendenz zur Beharrung und dem Widerstand lokaler Gruppen gegenüber Veränderungen.

> Ein Einwohner, für den diese alten Mauern, diese abgeblätterten Häuser, diese dunklen Durchgänge und diese Sackgassen zu seinem kleinen Universum gehörten und für den viele Erinnerungen mit diesen jetzt ausgewischten Bildern verknüpft sind, fühlt, daß mit diesen Dingen ein Teil seiner selbst dahingegangen ist, und bedauert, daß sie nicht zumindest so lange fortbestanden haben, wie ihm noch zu leben bleibt. Ein solches Bedauern oder eine solche individuelle Betrübnis bleiben ohne

Wirkung, denn sie berühren nicht die Kollektivität. Eine Gruppe hingegen begnügt sich nicht damit zu zeigen, daß sie leidet, sich zu empören und augenblicklich zu protestieren. Sie leistet mit der ganzen Kraft ihrer Traditionen Widerstand, und dieser Widerstand bleibt nicht wirkungslos (Halbwachs 1991, S. 134 f.).

Im nächsten Abschnitt werde ich zeigen, wie genau sich dieser „Widerstand" im Ziehen symbolischer Grenzen manifestiert.

5 Die Definition räumlicher Zugehörigkeiten durch symbolische Grenzziehungen

Das Konzept der Grenzziehung geht auf Michèle Lamont zurück und hat in den letzten zwei Jahrzehnten in der Soziologie, und hier insbesondere in der Ungleichheitsforschung, an Bedeutung gewonnen (Lamont 1992; Lamont und Molnár 2002; Lamont et al. 2015; Harrison 1999; Kroneberg 2014). Lamont und Molnár sind an der Ausdifferenzierung sozialer Beziehungen jenseits der klassischen großen Sozialkategorien wie Klasse, Ethnizität und Gender interessiert und argumentieren, dass Individuen oder Gruppen symbolische und/oder soziale Grenzen zwischen sich und den ‚anderen' ziehen können (Lamont und Molnár 2002, S. 168). Bei symbolischen Grenzziehungen handelt es sich, so Lamont, um

> (…) conceptual distinctions made by social actors to categorize objects, people, practices, and even time and space. They are tools by which individuals and groups struggle over and come to agree upon definitions of reality. (…) They are an essential medium through which people acquire status and monopolize resources (ebd.).

Symbolische Grenzziehungen gruppieren Individuen und/oder Gruppen entlang moralischer, sozioökonomischer oder kultureller Kategorien (Lamont 1992). Sie können allerdings in einem zweiten Schritt mit dem Ziehen einer sozialen Grenze – verstanden als die Fähigkeit zur Kontrolle des Zugangs zu Ressourcen (Lamont und Molnár 2002, S. 168 f.) – soziale Ungleichheiten generieren beziehungsweise verstetigen. Symbolische Grenzziehungen sind für die Ungleichheitsforschung insofern von Bedeutung, als dass sie oftmals als Legitimation für soziale Grenzen verwendet werden (ebd., S. 186). Für meine Zwecke sind die symbolischen Grenzziehungen und hier insbesondere das Ziehen moralischer Grenzen zentral, die mit dem Abgleich von ‚uns' und den ‚anderen' Differenzen markieren und dabei gleichzeitig Gruppen entlang unterschiedlicher Merkmale konstruieren. Mit dem Wohnort verbundene Normvorstellungen können dann mit moralischen Grenzziehungen artikuliert werden. Ich möchte dies anhand einiger empirischer Beispiele verdeutlichen.

Tobi ist 49 Jahre alt und 1990 aus Westdeutschland nach Berlin-Prenzlauer Berg gezogen. Der inzwischen einkommensstarke Selbstständige äußert sich kritisch über den zur Schau gestellten Wohlstand im Kiez:

> Probleme hab ich, dass immer mehr Leute rumlaufen werden, die… wo ich sag' also, ähm, das sind eigentlich genau die Leute, wegen den' ich mal vor so und so viel Jahr'n aus Stuttgart weggezogen bin, weil mich das eigentlich nervt so wohlständige Leute, weil die 'ne Stimmung verbreiten, die ich nich' mag. Obwohl ich inzwischen selber, bisschen zufällig vielleicht, auch bisschen fleißig, wie auch immer, ähm, mir auch so 'n Auto leisten könnte, wie die rumfahr'n, ja, aber was ich einfach bescheuert finde (IP_11_§ 62).

Tobi ist mit wenig Geld in Berlin gestartet und dann die soziale Leiter hinaufgeklettert. Er verfügt mittlerweile über ein Einkommen von über 4000 EUR im Monat. Trotzdem hat er ein Problem mit den neuen kulturellen Praktiken und Statussymbolen an seinem Wohnort

> Also da fahr'n jetz'- da laufen Leute plötzlich 'rum äh mit Anzug und Krawatte und finden das auch am Wochenende normal mit 'nem blauen Hemd rumzulaufen. Ähm… die-die wenn Du jetz' was neu mieten willst, is' es unbezahlbar teuer und dementsprechend hast Du auch so'n Publikum da, Äh plötzlich fahr'n da, äh, was weiß ich, teure Autos durch die Gegend und die, ähm, normalen Autos verschwinden. Steht 'n SUV rum und 'n Porsche und 'n-'n-'n BMW, gut BMW gab's früher auch, aber eben 'n neuer BMW und so'n Zeug und das verändert die Stimmung (IP_11_§ 30).

Für Tobi gehört Wohlstand oder genauer: das Zeigen von Wohlstand nicht in den Kiez. Damit bezieht er sich auf eine Normvorstellung, die in den alten, den subkulturellen Prenzlauer Berg hineinreicht. Hier ist die alte Bedeutung, die Tobi mit seinem Kiez verbindet, die Basis für eine moralische Grenzziehung. Geld kann man – wie Tobi – zwar haben, es entspricht aber nicht seiner Vorstellung von Kieznormalität, dies auch ostentativ zur Schau zu stellen. Ganz ähnlich zeigt sich dieser Zusammenhang bei Uli (49), einem ostdeutschen Ingenieur, der trotz seiner höheren finanziellen Ressourcen eher bodenständigen Vorstellungen von seiner Nachbarschaft anhängt:

> Also ick bin leitender Angestellter und … habe insofern diese Sache gemeinsam mit vielen Leuten , die hier auch wohnen [längere Pause] fühle mich aber nich in diesem… na, diesem Ambiente, wie die sich wohlfühlen, is ooch wieder so 'ne Verallgemeinerung, aber … wie gesagt, mir is die Eckkneipe lieber, als der gediegene Club oder sowas (IP_02_§ 200).

Einerseits ist die „Eckkneipe" ein Symbol des alten Prenzlauer Berg der Arbeiterklasse. Andererseits aber bezog sich auch die Szene stark auf solche Örtlichkeiten, allein schon weil es vor 1989 nur sehr wenige Szene-Kneipen gab (Felsmann und Gröschner 2012). Dieses Symbol lässt sich gut mit der heutigen Kneipeninfrastruktur kontrastieren. Ulis Äußerung zeigt, wie stark die Abgrenzungen auf die alten Bedeutungen des Ortes referenziert, die alte Norm also zum Bewertungskriterium für das Heute wird, wie auch in dieser Passage aus demselben Interview mit ihm deutlich wird:

> Ich war jetzt grade, letzte Woche zweimal im ‚Übereck'[3] und da war ich bestimmt 10 Jahre nich gewesen. Und das fand ich schon sehr noch gleich geblieben, ja also, is dunkel, es is nich gelackt, nich gepflegt, sondern ... es is ok einfach. Die Leute sind nett, also die Bedienung und man hört Musik, also ich fand's gut. Man kann sein Bier trinken, ja, also das war schon sehr schön (IP_02_§ 82).

Uli entwirft die alte Kneipe als eine Art Refugium und Anker inmitten des rasanten Wandels seiner Nachbarschaft. Obwohl er ökonomisch mit den Veränderungen mithalten kann, erwartet er eine Beständigkeit der Bedeutungen des Ortes. Kneipen in Prenzlauer Berg sollen seiner Ansicht nach dem Flair des alten Prenzlauer Bergs bewahren und sich nicht dem Zeitgeist unterwerfen. Dies deckt sich mit Cohens Argument bezüglich der Wichtigkeit von Symbolen in Zeiten des Wandels:

> Symbols of the 'past', mythically infused with timelessness (...) attain particular effectiveness during periods of intensive social change when communities have to drop their heaviest cultural anchors in order to resist the currents of transformation (Cohen 1985 S. 102).

Auch in Bezug auf die Erneuerung der Wohnbebauung finden sich bei meinen Interviewpartner(inne)n immer wieder Abgrenzungen. Dizzi (37) zum Beispiel war Anfang der 1990er-Jahre regelmäßig Gast in einem besetzten Haus in Prenzlauer Berg. Der Hof dieses Hauses ist inzwischen mit Geschäften bebaut, an deren Kunden und an den Geschäften selbst Dizzi Anstoß nimmt:

> [D]is is ja jetzt alles zugebaut, ne, mit diesen komischen gelben Häusern und diesem LPG-Bio-Kaufhaus und, und das find ich einfach nur ätzend. Also ich find diese Leute, die dort aus und ein gehen, äh, gefallen mir nich mehr gut. Also, ich weiß nich, ich das is, äh, und dass die jetzt noch diese Boutiquen hingetan haben, wo ach

---

[3] Das Übereck ist eine alte subkulturelle Kneipe in Prenzlauer Berg.

ich weiß nich, also. Wo früher so'n Bauwagen stand, wo man irgendwie schön uff Liegestühlen noch 'n Bier trinken konnte (IP_01_§ 216).

Obwohl Halbwachs die zentrale Bedeutung von Gruppen bei der Herausbildung von kollektiven Gedächtnissen unterstreicht, bleiben die sozialen Konsequenzen dieser symbolischen Gruppenkonstruktionen bei ihm unterbelichtet beziehungsweise werden nicht weiterverfolgt. Dass seine Konzeption auch diesbezüglich Anknüpfungspunkte bietet, zeigt Assmann deutlich in seiner Beschäftigung mit dem kulturellen Gedächtnis:

> Bei dem Selbstbild, das sie [die Gruppe] von sich erstellt, wird die Differenz nach außen betont, die nach innen dagegen heruntergespielt. Zudem bildet sie ein Bewußtsein ihrer Identität durch die Zeit hindurch aus, so daß die erinnerten Fakten stets auf Entsprechungen, Ähnlichkeiten, Kontinuitäten hin ausgewählt und perspektiviert zu werden pflegen (Assmann 1992, S. 40).

Sowohl Halbwachs als auch die nachfolgenden Konzepte bleiben gleichwohl an dem Punkt stehen, an dem das kollektive Erinnern die Identifikation und Kohäsion von Ingroups stärkt. Dass mit dieser Konstruktion gleichzeitig eine Outgroup definiert wird, die nicht dazugehört, und welche Rolle das kollektive Erinnern bei der Konstruktion von Ähnlichkeit und Differenz (Jenkins 1996) spielen kann, habe ich versucht, in diesem Beitrag zu zeigen.

6   Schlussbetrachtung

Zwei Aspekte in Halbwachs' Konzept des kollektiven Gedächtnisses sind für die hier vorgeschlagene Analyse zeitgenössischer sozialer Phänomene von Bedeutung: die Ortsbezogenheit und die gruppenfestigende Wirkung kollektiver Erinnerungen.

Erinnerungen, die sich auf einen Ort beziehen, sind immer mit der Unterscheidung zwischen einem ‚früher' und einem ‚heute' verbunden. Mit diesen Erinnerungen definieren (zumeist länger ansässige) Bewohner innerhalb beschleunigter Wandlungsprozesse räumliche Zugehörigkeiten. Orte können, dies erkannte schon Halbwachs, mit beliebigen Bedeutungen aufgeladen werden, die eng mit der sozialen Identität seiner Bewohner verknüpft sind. Diejenigen, die dem Ort mit ihren früheren Raumaneignungspraktiken eine bestimmte Bedeutung auferlegt haben, reagieren besonders empfindlich auf Wandlungsprozesse, bei denen unweigerlich die neuen Bedeutungszuschreibungen mit den alten konkurrieren. Das kollektive Erinnern ist dabei nicht einfach nur eine nostalgische Verklärung der ‚guten alten Zeit'. Das Erinnern ist ein sozialer Prozess, der mit der selektiven und instrumentellen Rekonstruktion der Vergangenheit Identitätspolitiken in Szene setzt, welche die Definition räumlicher Zugehörigkeit und somit die Frage, wer oder was zu einem Ort gehört und wer oder was nicht, anleitet und damit gleichsam als Marker sozialer Gruppenzugehörigkeit fungiert. Das kollektive Erinnern ist aber nicht nur ein sozialer Prozess, sondern vor allem auch eine soziale Praxis, die sowohl mit sozialen und räumlichen Identifikationen als auch mit symbolischen Grenzziehungen verbunden ist. Dabei steht das Erinnern in einem unmittelbaren Zusammenhang mit einer Normalität, die zu einer bestimmten Zeit und an einem bestimmten Ort Geltung hatte. Mit der sozialen Praxis des kollektiven Erinnerns werden ‚alte' Normen nicht nur einfach reproduziert, sondern in Kontrast zur Gegenwart gestellt. Wer gegen diese erinnerte, räumlich verankerte Vorstellung von Normalität ‚verstößt', ist als Außenseiter markierbar. Dies betrifft im Fall des Prenzlauer Berg sowohl die neu hinzugezogenen Bewohner als auch das erneuerte materielle Umfeld. Die Fähigkeit zur Markierung von Abweichung ist natürlich immer mit der Frage der Macht zur kulturellen Definition der ‚anderen' verknüpft. Diesen ‚anderen' wird hier nicht primär die Rolle des Westdeutschen, sondern die des wohlhabenden Zugezogenen zugeschrieben, der den Ort mit *seinen* Symbolen und Praktiken neu besetzt. Und so sind die symbolischen Grenzziehungen auch Ausdruck einer Verweigerung von Zugehörigkeit.

Folgerichtig spielt in diesem Fall die DDR-Vergangenheit sowohl meiner Interviewpartner(innen) als auch die des Ortes Prenzlauer Berg eine eher geringe Rolle. Wichtiger ist das kollektive Erinnern an einen verlorenen Ort, nicht an eine verlorene DDR; diese haben viele meiner ostdeutschen Gesprächspartner(innen) schon in den 1970er- und 1980er-Jahren nicht mehr vermisst. In Prenzlauer Berg konnten sie auf dem Territorium der DDR leben, ohne wirklich DDR-Bürger zu sein (oder sich so zu fühlen). Das Beispiel des westdeutschen Tobi zeigt darüber hinaus, dass die DDR-Vergangenheit für die Rekonstruktion einer alten Bedeutung des Ortes einschließlich der damit verbundenen normativen Vorstellungen nicht notwendig ist.

Im Fall Prenzlauer Berg muten die Kämpfe um die ‚richtige' Bedeutung des Ortes zuweilen wie der Kampf gegen Windmühlenflügel an. Die Zeit lässt sich eben nicht zurückdrehen; vielmehr werden die kulturellen Auseinandersetzungen um die Identität des Ortes mit dem drastischen Rückgang bezahlbaren Wohnraums, der auch die letzten Protagonisten dieser Statuskämpfe langsam, aber sicher aus den Kiezen Prenzlauer Bergs treibt, eher ökonomisch ‚gelöst'. Allerdings werden auch die heutigen Newcomer früher oder später aus dem Pool des kollektiven Gedächtnisses schöpfen und sich einer weiteren Neuinterpretation des Prenzlauer Berg mithilfe ihrer kollektiven Erinnerungen in den Weg stellen.

Literatur

Assmann, Aleida/Assmann, Jan (1990): Kultur und Konflikt. Aspekte einer Theorie des unkommunikativen Handelns. In: Assmann, Jan (Hrsg.): Kultur und Konflikt. Frankfurt a. M.: Suhrkamp, S. 11–48.

Assmann, Jan (1992): Das kulturelle Gedächtnis. Schrift, Erinnerung und politische Identität in frühen Hochkulturen. München: C. H. Beck.

Blokland, Talja (2006): Memory Magic: How a Working-Class Neighbourhood Became an Imagined Community and Class Started to Matter when it Lost its Base. In: Devine, Fiona/Savage, Mike/Scott, John (Hrsg.): Rethinking class. Cultures, identities and lifestyles. Basingstoke: Palgrave Macmillan, S. 123–139.

Blokland, Talja (2009): Celebrating Local Histories and Defining Neighbourhood Communities. Place-making in a Gentrified Neighbourhood. In: Urban Studies, 46 (8), S. 1593–1610.

Blokland, Talja (2011): 'Even when I see the real scoundrel around here, I don't feel unsafe'. On neighbourhood diversity, conflicts, and safety. In: Herrmann, Heike (Hrsg.): Die Besonderheit des Städtischen. Entwicklungslinien der Stadt(soziologie). Wiesbaden: VS Verlag für Sozialwissenschaften, S. 173–196.

Bourdieu, Pierre (1992): Ökonomisches Kapital – Kulturelles Kapital – Soziales Kapital. In: Bourdieu, Pierre/Steinrücke, Margareta (Hrsg.): Die verborgenen Mechanismen der Macht. Hamburg: VSA, S. 49–79.

Cohen, Anthony Paul (1985): The symbolic construction of community. London: Routledge.

Connerton, Paul (1989): How societies remember. Cambridge/New York: Cambridge University Press.

Dörfler, Thomas (2007): Milieu- und Sozialräumlicher Wandel in Berlin/Prenzlauer Berg. Eine milieu- und raumspezifische Untersuchung. Bayreuth: Dissertation.

Erll, Astrid (2005): Kollektives Gedächtnis und Erinnerungskulturen. Eine Einführung. Stuttgart: Metzler.

Felsmann, Barbara/Gröschner, Annett (2012): Durchgangszimmer Prenzlauer Berg. Eine Berliner Künstlersozialgeschichte der 1970er und 1980er Jahre in Selbstauskünften. 2. Aufl. Berlin: Lukas.

Fentress, James/Wickham, Chris (1992): Social memory. Oxford/Cambridge: Blackwell.

Fischer, Claude S. (1975): Toward a Subcultural Theory of Urbanism. In: American Journal of Sociology, 80 (6), S. 1319–1341.

Hachmeister, Lutz/von der Heide, Mathias (2008): Freundschaft! Die Freie Deutsche Jugend. Dokumentarfilm.

Halbwachs, Maurice (1991) [1950]: Das kollektive Gedächtnis. Frankfurt a. M.: Fischer.

Halbwachs, Maurice (1985) [1925]: Das Gedächtnis und seine sozialen Bedingungen. Frankfurt a. M.: Suhrkamp.

Harrison, Simon (1999): Cultural Boundaries. In: Anthropology Today, 15 (5), S. 10–13.

Häußermann, Hartmut/Holm, Andrej/Zunzer, Daniela (2002): Stadterneuerung in der Berliner Republik. Modernisierung in Berlin-Prenzlauer Berg. Opladen: Leske + Budrich.

Hobsbawm, Eric J./Ranger, Terence O. (Hrsg.) (2010): The invention of tradition. Cambridge: Cambridge University Press.

Holm, Andrej (2006): Die Restrukturierung des Raumes. Bielefeld: transcript.

Jenkins, Richard (1996): Social identity. London/New York: Routledge.

Kain, Florian (2012): Schwaben sollen „Schrippe" sagen – findet Thierse. In: Berliner Morgenpost vom 31. Dezember.

Kroneberg, Clemens (2014): Motive und Folgen sozialer Grenzziehungen. In: Aus Politik und Zeitgeschichte, B 4–5, S. 9–14.

Lamont, Michèle (1992): Money, morals, and manners. The culture of the French and American upper-middle class. Chicago: University of Chicago Press.

Lamont, Michèle et al. (2015): Symbolic Boundaries. In: Wright, James (Hrsg.): International Encyclopedia of Social and Behavioral Sciences. Oxford: Elsevier, S. 19.

Lamont, Michèle/Molnár, Virág (2002): The Study of Boundaries in the Social Sciences. In: Annual Review of Sociology, 28 (1), S. 167–195.

Lossau, Julia (2012): Spatial Turn. In: Eckardt, Frank (Hrsg.): Handbuch Stadtsoziologie. Wiesbaden: VS Verlag für Sozialwissenschaften, S. 185–198.

Massey, Doreen (1995): Places and Their Pasts. In: History Workshop Journal, 39, S. 182–192.

Misztal, Barbara A. (2001): Normality and Trust in Goffman's Theory of Interaction Order. In: Sociological Theory, 19 (3), S. 312–324.

Rehberg, Karl-Siegbert (2007): Kultur. In: Joas, Hans (Hrsg.): Lehrbuch der Soziologie. Frankfurt a. M.: Campus, S. 73–105.

Roder, Bernt/Tacke, Bettina (Hrsg.) (2004): Prenzlauer Berg im Wandel der Geschichte. Leben rund um den Helmholtzplatz. Berlin: be.bra.

Schmitt, Marco (2009): Trennen und Verbinden. Soziologische Untersuchungen zur Theorie des Gedächtnisses. Wiesbaden: VS Verlag für Sozialwissenschaften.

Schultze, Henrik (2016): Die Grenzen sozialer und räumlicher Zugehörigkeit. Unveröffentlichte Dissertation. Humboldt-Universität zu Berlin, Institut für Sozialwissenschaften, Stadt- und Regionalwissenschaften, Berlin.

Sußebach, Henning (2007): Bionade-Biedermeier. In: ZEITmagazin Leben vom 8. November 2007. Verfügbar unter: http://www.zeit.de/2007/46/D18-PrenzlauerBerg-46 (letzter Zugriff: 07.10.2016).

Welzer, Harald (Hrsg.) (2001): Das soziale Gedächtnis. Geschichte, Erinnerung, Tradierung. Hamburg: Hamburger Edition.

Teil V
Marginalisierte Erinnerungen

Ausgeblendet. ‚Okkulte' Wissens- und Erfahrungsbestände in der DDR

Andreas Anton, Ina Schmied-Knittel und Michael Schetsche

1 Einleitung

In den letzten Jahren ist die Frage nach spezifischen Erinnerungsdiskursen, die heute in Bezug auf die DDR existieren, immer mehr in den Fokus sozial- und kulturwissenschaftlicher Studien gerückt. Hervorzuheben ist in diesem Zusammenhang etwa der Sammelband *Ostdeutsche Erinnerungsdiskurse nach 1989 – Narrative kultureller Identität* von Elisa Goudin-Steinmann und Carola Hähnel-Mesnard (2013a). Ziel der Herausgeberinnen ist es, die wechselseitige Durchdringung von Erinnerungen, Narrationen sowie individueller und kollektiver Identität zu rekonstruieren und der Frage nachzugehen, von wem was in welcher Weise über die DDR als Erinnerung weitergegeben wird. Die Überlegungen erfolgen jeweils vor der gedächtnistheoretischen Prämisse, wonach Erinnerungen „angeeignet, umgeformt und immer nach Maßgabe gegenwärtiger Bedingungen rekonstruiert" werden (Goudin-Steinmann und Hähnel-Mesnard 2013b, S. 12), und einer der Leitgedanken besteht in dem (empirisch gestützten) Befund, dass „der Diskurs der ehemaligen DDR-Bürger über die eigene Identität anderen Regeln gehorcht als der ‚offizielle' Diskurs über die Einheit und über

---

A. Anton (✉) · I. Schmied-Knittel · M. Schetsche
Institut für Grenzgebiete der Psychologie und Psychohygiene e. V. Freiburg, Freiburg, Deutschland
E-Mail: anton@igpp.de

I. Schmied-Knittel
E-Mail: schmied@igpp.de

M. Schetsche
E-Mail: schetsche@igpp.de

die Zeit der deutschen Teilung" (ebd., S. 13). Darüber hinaus hätten sich unter den Ostdeutschen unterschiedliche, teilweise konkurrierende Erinnerungsgemeinschaften herausgebildet, die sowohl zwischen verschiedenen Generationen als auch innerhalb einer Generation zu finden seien. Somit könne behauptet werden, dass es „ein dominantes öffentliches Gedächtnis und gleichzeitig ‚Gegengedächtnisse' gibt, die um Erinnerungshoheit konkurrieren" (ebd., S. 16).

Diese Überlegungen zu DDR-Erinnerungskulturen knüpfen direkt an die Konzeption des Historikers Martin Sabrow (2009a) an, wonach die heutigen kollektiven Vorstellungen über die DDR „offenbar noch keine eindeutig markierte Position im kulturellen Gedächtnis gefunden" (Sabrow 2009b, S. 15) haben. Dies hängt nach Sabrow maßgeblich damit zusammen, dass das Bild der DDR „bis heute aus den unterschiedlichen Blickwinkeln der östlichen Binnen- und der westlichen Außenperspektive" (ebd., S. 16) gewonnen wird. Mit anderen Worten: „Auf die Frage, ob die DDR ein fehlgeschlagenes Experiment, eine kommode Diktatur oder eine totalitäre Diktatur war, gibt es gegenwärtig und in absehbarer Zukunft keine einheitliche Antwort." (ebd.) Somit sei die DDR gewissermaßen zu einem „Kampfplatz der Erinnerungen" (ebd.) geworden, auf welchem viele verschiedene Sichtweisen um ein stimmiges Bild der DDR ringen.

Basierend auf diesen Grundüberlegungen, entwickelte Sabrow ein Modell unterschiedlicher kollektiver Gedächtnisformen. Im Zentrum des öffentlichen Interesses sowie der medialen Berichterstattung über die DDR-Vergangenheit stehe das „Diktaturgedächtnis", das vor allem auf den totalen Herrschaftsanspruch der SED, den Unterdrückungscharakter des politischen Systems und deren Überwindung durch die friedliche Revolution (‚Wende') abhebe. Jenseits dieser den offiziellen und massenmedialen DDR-Diskurs dominierenden Gedächtnisstruktur besteht zudem ein „Arrangementgedächtnis", das von „alltäglicher Selbstbehauptung unter widrigen Umständen [erzählt], aber auch von eingeforderter oder williger Mitmachbereitschaft und vom Stolz auf das in der DDR Erreichte" (ebd., S. 19). Die dritte Erinnerungsform an die DDR ist schließlich das sogenannte „Fortschrittgedächtnis", welches allerdings weitgehend im Schatten der öffentlichen Wahrnehmung existiere. Das Fortschrittgedächtnis baut seine „Erinnerungen auf der vermeintlichen moralischen und politischen Gleichrangigkeit der beiden deutschen Staaten auf, die zu friedlicher Koexistenz und gegenseitiger Anerkennung geführt hätten, wenn die Fehler der DDR-Führung, die Ungunst der Umstände oder die Machinationen des Westens nicht zur endgültigen oder nur vorläufigen Niederlage des sozialistischen Zukunftsentwurfs geführt hätten" (ebd.). Anknüpfungspunkte jenes Fortschrittgedächtnisses sind zum Beispiel die zu Unrecht verkannten Vorteile des DDR-Bildungssystems, Vorbehalte gegen das unmenschliche kapitalistische Finanzsystem oder die in der DDR vermeintlich fortschrittlichere Gleichstellung der Frauen.

Sabrows Konzeption der drei verschiedenen Gedächtniskulturen wird wiederum von Thomas Ahbe (2013) aufgegriffen, der jedoch unterstreicht, dass dieser theoretische Ansatz allein wenig über die Größe der Trägerschichten beziehungsweise Erzählgemeinschaften aussagt, in denen die verschiedenen DDR-Erinnerungen kultiviert werden. Denn während in öffentlichen Gedächtnisnarrativen vor allem das auf Repression und ‚Unrechtsstaat' fokussierende Diktaturgedächtnis dominiere, legen Umfrageergebnisse nahe, dass sich ein erheblicher Teil der ehemaligen DDR-Bürger(innen) gar nicht von den verschiedenen Formen staatlichen Unrechts betroffen fühlt – und somit keine soziale Trägerschicht für das Diktaturgedächtnis bilden. Diese empirisch beobachtbare Diskrepanz zwischen „den Narrativen des ‚staatlich privilegierten Diktaturgedächtnisses' einerseits und andererseits den Statistiken zum Unrechts-Erlebnis oder der Unzufriedenheit mit dem eigenen Verhalten legt es nahe, sich die ostdeutsche Erinnerung wie einen Eisberg vorzustellen" (Ahbe 2013, S. 49). Es handelt sich hier um eine gut gewählte Metapher, die das Verhältnis zwischen *sichtbaren* und *unsichtbaren* Erinnerungsdiskursen über die DDR bestens widerspiegelt: „Gut sichtbar, über der Wasseroberfläche, bieten sich dem Blick des Betrachters die Narrative des staatlich privilegierten Diktaturgedächtnisses. Der größte Teil der ostdeutschen Erinnerung aber befindet sich im Dunkel, unter der Wasseroberfläche" (ebd., S. 49).

Mit unserem Thema dringen wir in eine solche verborgene Zone vor – einen lebensweltlichen Bereich der DDR, über den bislang so gut wie nichts bekannt ist. Es geht um das so genannte ‚Okkulte' oder ‚Paranormale', wozu gemeinhin ein breites Spektrum nichtkonfessioneller Glaubens-, Erfahrungs- und Praxisformen gezählt wird und zu dem Themenkomplexe wie Spiritismus und Esoterik, Parapsychologie und Astrologie, Wahrsagepraktiken und Wünschelruten oder auch magisch-therapeutische Handlungen gehören.

Obwohl unmittelbar einsichtig ist, dass derartige Themen die weltanschaulichen Fundamente des Herrschaftssystems der DDR-Gesellschaft tangierten, weiß man so gut wie nichts darüber, welchen Stellenwert dieser Bereich im Alltag der DDR hatte. War entsprechenden Wissensbeständen, Vorstellungen und Praktiken tatsächlich ‚der Nährboden entzogen', wie es die offiziellen Darstellungen in der DDR verlauten ließen? Gab es wirklich niemanden, der sich mit solchen von der geltenden Weltsicht abweichenden Themen beschäftigte oder womöglich selbst weltanschaulich inakzeptable Erfahrungen machte? Mit welchen Konsequenzen hatten eigentlich diejenigen zu rechnen, die sich ernsthaft für Okkultismus und Parapsychologie interessierten? Und schließlich für den vorliegenden Band unmittelbar interessant: Was geschieht eigentlich heute mit jenen Erinnerungen, die seinerzeit nur allzu offensichtlich mit der offiziellen Gedächtniskultur in Konflikt gerieten?

In unserem Beitrag wollen wir den angedeuteten Fragen in drei Schritten nachgehen. Aus zeithistorischer Perspektive beleuchten wir zunächst die offizielle Wissensordnung der DDR (wissenssoziologisch gesprochen: das epistemische Regime) und rekonstruieren die Schwierigkeiten einer Integration okkulter Erfahrungen und paranormaler Ereignisse in die herrschende Weltanschauung. Im zweiten Schritt demonstrieren wir anhand exemplarischer Beispiele die Konflikte zwischen dem dominierenden szientistisch-atheistischen Weltbild auf der einen und den abweichenden Anschauungen und Lebenspraktiken der Bevölkerung auf der anderen Seite. Das Okkulte in der DDR, so unsere These, oszillierte faktisch zwischen einem offiziellen Aufklärungsnarrativ, das für die sukzessive Ausblendung alles Nichtwissenschaftlichen und Irrationalen sorgen sollte, und einem lebensweltlichen Narrativ eines ‚okkulten Untergrundes', der sich angesichts der offiziellen Gedächtniskultur im Modus der Geheimhaltung und des Verbergens konstituierte beziehungsweise *im Schatten des Szientismus* konstituieren musste. Vor diesem notwendigen Hintergrund werden wir drittens die Frage nach den Erinnerungsträgern jener Schattenzonen thematisieren und schließlich diskutieren, welche Anschlüsse die Befunde unseres spezifischen Untersuchungsfelds im Kontext der wissenssoziologischen Debatte über die gegenwärtigen Gedächtnisdiskurse über die DDR liefern.

Den empirischen Hintergrund unserer Ausführungen bilden die Befunde eines wissenssoziologischen Forschungsprojekts, das unter dem Titel *Im Schatten des Szientismus. Zum Umgang mit heterodoxen Wissensbeständen, Erfahrungen und Praxisformen in der DDR* von der Deutschen Forschungsgemeinschaft (DFG) finanziert und am Institut für Grenzgebiete der Psychologie und Psychohygiene (IGPP) in Freiburg durchgeführt wurde. Empirische Zugänge bilden zum einen qualitative Interviews sowohl mit Akteuren aus dem Bereich des Paranormalen als auch mit ehemaligen Vertretern staatlicher Behörden und sozialer Kontrollinstanzen. Zudem werden von uns die themenspezifische Literatur der DDR und massenmediale Bezugnahmen, aber auch behördliche Dokumente, wie zum Beispiel Akten des Ministeriums für Staatssicherheit (MfS) oder Zensurprotokolle, analysiert. Den methodologischen Rahmen liefert eine wissenssoziologische Deutungsmuster- und Diskursanalyse, wie sie von Schetsche und Schmied-Knittel (2013) konturiert wurde.

2 Szientistische Wirklichkeitsordnung und wissenschaftliche Weltanschauung

Werfen wir zunächst einen Blick auf das offizielle Wirklichkeitswissen und die es strukturierenden Grundregeln der DDR-Gesellschaft, wie es von den verschiedensten Institutionen, etwa der Wissenschaft, den Schulen oder den Massenmedien, vermittelt und abgesichert wurde. Dieses Wirklichkeitswissen – oder wissenssoziologisch gesprochen: das *epistemische Regime* (vgl. Böschen 2014; Schützeichel 2012) – umfasst komplexe Schichten gesellschaftlichen Wissens mit einem schier undurchdringbaren Geflecht von Wissensformen, -akteuren und -verfahren und bestimmt schließlich auch die verschiedensten Konkurrenz-, Delegitimierungs- und (Problem)Deutungsprozesse bei der Erzeugung und Sortierung von Wissen, insbesondere hinsichtlich der Grenzziehung zwischen orthodoxen (anerkannten) und heterodoxen Wissensformen und -beständen (vgl. Schetsche 2012).

Die gesellschaftliche und wissenschaftliche Debatte um Parapsychologie, um alternativ-religiöse und spirituelle Themenkomplexe ist hierfür ein geeignetes Beispiel – zumal in der DDR-Gesellschaft aufgrund ihrer strikten weltanschaulich-ideologischen Ausrichtung. Dort galt der Marxismus-Leninismus beziehungsweise der dialektische Materialismus als ein alle Bereiche der Natur, der Gesellschaft und der Geschichte bestimmendes Ordnungsprinzip – eine Weltanschauung im klassischen Sinne, die einen Absolutheitsanspruch gegenüber allen anderen Wirklichkeitsordnungen (insbesondere jener westlich-kapitalistischer Gesellschaften) für sich reklamierte (siehe zum Beispiel Klaus et al. 1959).

Eine der tragenden Säulen dieser offiziellen Wirklichkeitsordnung war der *Szientismus* (siehe Schmidt-Lux 2008). Diese sogenannte wissenschaftliche Weltanschauung legitimierte sich explizit über naturwissenschaftliche Erkenntnistheorie, wurde aber als Instrument einer umfassenden Weltdeutung und Welterklärung verstanden und entsprechend auch außerhalb des klassischen Zuständigkeitsbereichs der Naturwissenschaften bis in den trivialen Alltag hinein praktisch anzuwenden versucht. Vor allem aber vertrat der in der DDR propagierte Szientismus die Haltung der *absoluten Unvereinbarkeit von Wissenschaft und Religion*. Erst durch die gezielte Vermittlung der wissenschaftlichen Weltanschauung, so ein wichtiges ideologisches und organisatorisches Ziel der SED-Führung, werde es zur notwendigen Verdrängung von „Finsternis und Unwissenheit", „Aberglauben" und letztlich zu einem gänzlichen Verschwinden „religiöser Ideologien" kommen (ebd., S. 20 f.). Insofern erschöpfte sich der Szientismus nicht nur in antikirchlichen oder antireligiösen Haltungen, sondern bezog sich letztlich auf sämtliche im weitesten Sinne esoterischen, paranormalen, okkulten und alternativ-religiösen Themen.

Dass Parapsychologie, Okkultismus, Astrologie und ähnlichen paranormalen Wissens- und Erfahrungsbeständen eine ideologische Brisanz innewohnt, ist aus der Logik der skizzierten Wissensordnung unbestreitbar. Analog zu religiösen Überzeugungen rührten diese Themen an den ideologischen und wissenschaftlichen Grundfesten der marxistisch-leninistischen Weltanschauung. Denn Szientismus hieß, ganz plakativ gesprochen, dass es ‚zwischen Himmel und Erde' genau *nichts* geben durfte.

Jene spezifische Ausblendungshaltung, in der sich in der DDR der offizielle Umgang mit dem Paranormalen bewegte, wird nicht zuletzt daran ersichtlich, dass es seinerzeit kaum entsprechende Literatur oder andere Informationsquellen über Parapsychologie und ähnliche Themenfelder gab. Sach- und Fachbücher, TV- und Radiosendungen, öffentliche Vorträge und sonstige mit Publikumsorientierung verbundene Diskursfragmente, die sich in wissenschaftlicher oder informativer Art den gemeinten Themen annahmen, waren im wahrsten Sinne des Wortes *Mangelware*.

Wenn diese Themen überhaupt in der öffentlichen Darstellung auftauchten, geschah dies indes mit einem durchgängig abwehrenden Duktus. Im Folgenden seien einige Beispiele angeführt, zunächst aus Artikeln der DDR-Presse, bei denen bereits die Überschriften die Stoßrichtung verdeutlichen: *Moderner Aberglaube im Gewand der Wissenschaft. Parapsychologie – der neueste Schrei des Irrationalismus* (Spickermann 1975), *Bürgerliche Ideologie im Zeichen der Krise – Was ist und was will der Irrationalismus heute?* (Ihme 1981), *PSI. Popanz, Schwindel, Idiotie* (Kramer 1975), *BRD: Hexen haben Hochkonjunktur* (Venus 1988) und so weiter und so fort.

Entsprechend despektierlich fallen die dazugehörigen Inhalte aus. Esoterik, Aberglaube, Parapsychologie werden systematisch abgewertet und als *abweichend* markiert. Die entsprechenden Argumente werden mit auffälliger Einheitlichkeit vorgebracht: Die Parapsychologie und die von ihr untersuchten lebensweltlichen Praktiken seien unwissenschaftlich, stünden der wissenschaftlichen Weltanschauung des Marxismus-Leninismus entgegen, stellten eine bourgeoise, revanchistische und politisch gefährliche Ideologie dar und wiesen zudem eine geistige und auch personelle Nähe zum Faschismus auf. Zu betonen ist zudem, dass entsprechend des Umstandes, dass es sich hierbei um einen staatlich gelenkten Diskurs handelte, der der Bevölkerung eine bestimmte Weltanschauung vermitteln sollte, die entsprechenden Bezugnahmen keinen kontroversen, sondern einen einheitlich verkündenden Duktus aufweisen. Darüber hinaus zeigt sich, dass lediglich eine recht kleine Sprechergemeinschaft an dem Diskurs über das Paranormale in der DDR beteiligt war (vgl. Schneider und Anton 2014).

Ein prägnantes Beispiel für den Umgang mit paranormalen Themen im öffentlichen Diskurs der DDR findet sich in der *Einheit*, der theoretischen „Zeitschrift für Theorie und Praxis des Wissenschaftlichen Sozialismus" (so der Untertitel) der SED. In einem Artikel aus dem Jahr 1975 mit der Überschrift *Psi in der bürgerlichen Ideologie* (Waltz 1975) findet sich in quasi idealtypischer Form das eben skizzierte Deutungsmuster. So behauptet der Autor etwa einen strukturellen Zusammenhang zwischen der „Verschärfung der allgemeinen Krise des Kapitalismus" und dem „Kolportieren und Propagieren parapsychologischen Gedankenguts durch die Massenmedien kapitalistischer Länder", wenn es heißt: „In der Tat besteht ein enger Zusammenhang zwischen zunehmenden Krisenerscheinungen des Kapitalismus und dem Aufblühen irrationalen Mystizismus' in einer Vielfalt von Spielarten" (ebd., S. 569). Letztlich sei, so eine knappe Paraphrasierung, Parapsychologie, Spiritismus und Okkultismus, neben Pornografie, Jesus-Kult und Hollywood, ein Instrument imperialistischer Manipulation, das die wahren Verhältnisse verschleiere und den Interessen der Mächtigen diene. Der als degeneriert dargestellten Pseudowissenschaft (im Westen) wird ein umfassendes marxistisch-leninistisches Wissenschafts- und Gesellschaftsbild gegenübergestellt, welches auf einer „fundierten wissenschaftlichen Weltanschauung basiert" (ebd., S. 571). Diese sei nicht nur die einzig wahre Weltanschauung, sondern behüte zudem vor Zerfallserscheinungen wie im Westen: „Mit der Herausbildung der sozialistischen Gesellschaft ist in den sozialistischen Staaten die Grundlage für okkultes Ideengut entzogen, hier ist kein Platz für Aberglauben in der Natur- und Geisteswissenschaft" (ebd.).

Auch in Schulbüchern finden sich Bezugnahmen auf unser Themengebiet. Exemplarisch sei hier ein Ausschnitt aus einem Lehrbuch für Astronomie zum Thema *Astrologie* zitiert:

> Die Unwissenheit und den damit verbundenen Aberglauben des Volkes nutzte die herrschende Klasse zur Stärkung ihrer Machtposition. Die sich entwickelnde Astronomie widerlegte in zunehmendem Maße die Behauptungen der Astrologie durch exakte wissenschaftliche Beweisführung. Trotzdem wird die Astrologie auch heute noch in der historisch überholten Ausbeutergesellschaft, z. B. von der herrschenden Klasse in der BRD, zur betrügerischen Beeinflußung leichtgläubiger und abergläubischer Menschen genutzt. In der DDR und anderen sozialistischen Ländern wird dem Aberglauben durch die Verbreitung wissenschaftlicher Kenntnisse über Natur und Gesellschaft und durch die Erfahrung, daß es möglich ist, das Leben bewußt zu gestalten, der Boden entzogen (Autorenkollektiv 1979).

Darstellungen dieser Art prägten die offizielle Sichtweise zu allen Feldern des Paranormalen auf erstaunlich einhellige Weise – insbesondere, was die gezielte Vermittlung einer szientistisch fundierten Weltanschauung betrifft. Gleichwohl lassen sich qualitative Unterschiede feststellen – zumindest im zeitlichen Verlauf der DDR. Konkret können zwei Phasen unterschieden werden: Die erste kennzeichnet die Zeitspanne von der Gründung der DDR bis Mitte/Ende der 1960er-Jahre, bei der der Abwehrdiskurs zunächst auf die Bekämpfung des ‚Aberglaubens' *nach innen* fokussierte – also auf die historischen Residuen abergläubischer, magischer und paramedizinischer Praktiken, die den Aufbau der jungen DDR und die Entwicklung des ‚sozialistischen Menschen' vermeintlich behinderten. Als Exempel hierfür können die Abschaffung der Heilpraktikerausbildung sowie die Unterbindung der homöopathischen Fortbildung für Ärzte gelten. Vergleichbare paramedizinische Praktiken waren zwar nicht grundsätzlich verboten, sie entsprachen ‚lediglich' nicht dem materialistischen Weltbild und man wollte sie aussterben lassen (vgl. Nierade 2012). Die entsprechenden Diskussionen um Homöopathie, Volksaberglauben und Ähnliches waren also seinerzeit zunächst weniger von systemspezifischen Besonderheiten geprägt, sondern primär von Pragmatismus, Fortschrittsglauben und Aufklärungsduktus der Nachkriegsära.

Eine Ausstellung des Deutschen Hygienemuseums in Dresden mit dem Titel *Aberglaube und Gesundheit* (1959 bis 1963 als Wanderausstellung konzipiert) steht exemplarisch für diese Phase, zumal die offizielle Meinung seinerzeit noch insofern undeterminiert war, da die entsprechenden Praktiken in der Bevölkerung weithin bekannt waren und angewendet wurden. Im Zentrum der Darstellungen standen deshalb primär die (gesundheitliche) Aufklärung der Bevölkerung und eine Art Verbraucherschutz gegen ein weites Feld der ‚Kurpfuscherei'. Vor allem aber wollte man das sich entwickelnde sozialistische Gesundheitswesen und den staatstragenden Atheismus propagieren und „die Erscheinungen des Aberglaubens als Gefahr für die Gesundheit und das Leben des Einzelnen in der Gemeinschaft erkennbar werden [zu] lassen" (ebd., S. 66).

Für diese Phase stehen auch einzelne Protagonisten wie der Gerichtsmediziner Otto Prokop – seinerzeit einer der vehementesten Kritiker von Parapsychologie und Alternativmedizin –, der als wissenschaftlicher Berater auch die erwähnte Ausstellung maßgeblich unterstützte und in der Folge die öffentliche Auseinandersetzung über das Paranormale wie kein anderer prägt. Während sich zu Beginn der Auseinandersetzung Prokops Kritik im Wesentlichen noch gegen die vermeintliche Unwissenschaftlichkeit der Paramedizin und verwandter Themen richtete, verschärfte sich in der zweiten von uns identifizierten Phase der gesellschaftspolitische beziehungsweise weltanschauliche Aspekt der Diskussion. Diese Phase setzte gegen Ende der 1960er-Jahre ein und ist durch die zunehmende ideologische Funktionalisierung des Para-Diskurses *nach außen* gekennzeichnet. Die Überwindung von Parapsychologie und Aberglauben in der sozialistischen Gesellschaft galt dabei als positives Distinktionsmerkmal im schwelenden

Systemkonflikt zwischen Ost und West – ganz im Sinne des weiter oben zitierten Artikels aus der *Einheit*. Im Grunde genommen ging es vor allem darum, die DDR im Vergleich zur Bundesrepublik als ‚besseren', weil rationaleren und aufgeklärteren deutschen Staat zu konstituieren. Es scheint durchaus vertretbar, hier vom Versuch einer ‚realsozialistischen Vollendung der Aufklärung' zu sprechen.

Der Wandel in der Hauptstoßrichtung des Diskurses kann damit zusammenhängen, dass die Bevölkerung der DDR im Zuge einer politisch herbeigeführten, beschleunigten Säkularisierung (siehe etwa Wohlrab-Sahr et al. 2009) mehr und mehr das Interesse an Themenkomplexen mit Transzendenzbezug verlor. Eine mehr ergänzende als alternative Hypothese wäre, dass die Zahl sehr profaner Alltagsprobleme in der ‚Mangelgesellschaft' der Bevölkerung nur wenig Raum und Ressourcen für spielerisches Experimentieren mit heterodoxem Wissen und okkultistischen Praktiken gelassen hat. Schließlich könnte es aber auch sein, dass die sozialisatorisch dichte Aufklärungsarbeit im Sinne des Szientismus innerhalb von nur zwei Jahrzehnten tatsächlich so erfolgreich war, dass die aus der ‚Vorzeit' der DDR erhaltenen okkulten Überzeugungssysteme und Praxisformen sich mehr und mehr zersetzten. Welchem dieser Faktoren auch immer die größere Bedeutung zugeschrieben werden muss – Folge war, dass die nach innen gerichteten Bekämpfungs- und Stigmatisierungsmaßnahmen zurückgefahren und der Gefahrendiskurs neu ausgerichtet wurde. Die Änderung der Bekämpfungsperspektive hatte dabei wohl eine doppelte Funktion: erstens, das Übergreifen ‚okkulter Wellen' (wie etwa in den 1970er-Jahren im Kontext der Fernsehauftritte von Uri Geller) via Westmedien auf die Bevölkerung und damit eine Re-Etablierung des Aberglaubens und alltagsmagischer Praxisformen in der DDR selbst zu verhindern; und zweitens durch das Feld des (vermeintlich) um sich greifenden Okkultismus den Beweis für den Revanchismus, die Irrationalität und Dekadenz spätkapitalistischer Gesellschaften wie die der BRD zu erbringen. Aus dem praktisch-aufklärerischen Kampf gegen den Aberglauben im eigenen Land wurde eine ideologische Waffe im politischen Kampf der Systeme.

3 Im Schatten des Szientismus

Tatsache ist aber auch, dass der offizielle Diskurs nicht automatisch die Alltagsrealität der DDR-Bürgerinnen und -Bürger widerspiegelt. Im Gegenteil, nicht selten stand die offizielle Weltanschauung in einem eigentümlichen Verhältnis zur privaten Lebenswelt der Bevölkerung (vgl. Bauerkämper 2005, S. 101 ff.). In fast allen gesellschaftlichen Bereichen gab es regelmäßig Tendenzen, die den klaren Machtansprüchen der Partei- und Staatsführung zuwiderliefen. Es finden sich Konflikte, Widerständigkeiten, individuelle und kulturelle Resistenzbereiche, kommunikative Nischen, Formen der Verweigerung, Scheinarrangements oder informelle Netzwerke, die sich den Kontroll- und Strukturierungsversuchen der offiziellen Weltanschauung entzogen – oder dies zumindest versuchten (vgl. Bessel und Jessen 1996). Trotz Agitation, Kontrolle und Repression hielten oder etablierten sich auf privater Ebene Heterodoxien unterschiedlichster Art. Anders gesagt: Der tendenziell auf sämtliche Lebensbereiche der Bevölkerung angelegte Anspruch des epistemischen Regimes blieb im Alltag begrenzter, als es die universalistisch formulierte Ambition des offiziellen Diskurses nahelegte.

Jene Ambivalenz zwischen dem politisch-ideologischen Wirklichkeitsanspruch des Machtapparates und der gleichsam inoffiziellen Ebene des Alltagslebens charakterisiert die typische *Doppelkultur* der DDR und damit ein Spannungsverhältnis zwischen konkurrierenden Wirklichkeitsinstanzen (vgl. Lemke 1991). Faktisch existierte eine Aufspaltung der DDR-Gesellschaft in eine offizielle politische Kultur und Wirklichkeitsordnung auf der einen und eine inoffizielle Sphäre diverser ‚Nischen' (Gaus 1983) auf der anderen Seite. Und so stellt sich die Frage, ob nicht auch das Paranormale zumindest im Schatten des Szientismus durchaus existieren konnte.

Einen ersten Beleg dafür liefert die bereits erwähnte Aberglaubenausstellung des Hygienemuseums, deren Material aufzeigt, wie die offizielle Haltung in der sehr jungen DDR (noch) lebensweltlich unterminiert war. Im Vorfeld der Ausstellung wurden in der gesamten DDR Kreis- und Bezirksärzte befragt, welche Erfahrungen sie in ihrem Zuständigkeitsbereich mit alternativmedizinischen Heilverfahren beziehungsweise magisch-therapeutischen Praktiken in der Bevölkerung gemacht hätten. Aus einem der Antwortschreiben sei exemplarisch zitiert. Mit Briefbogen vom Rat der Stadt Brandenburg (Havel) meldete der stellvertretende Kreisarzt:

> Im Havelwinkel (…) ist Aberglauben weitestgehend verbreitet. Es ist nicht nur allgemein üblich, die Wundrose, Warzen und ähnliches (…) gleich gesundbeten zu lassen, sondern das Kartenlegen ist ebenso weit verbreitet. Selbstverständlich wird offiziell nicht dafür bezahlt, sodass gerichtlich nicht dagegen eingeschritten werden kann. Interessant ist, wieweit verbreitet noch immer der Hexenglaube ist. (…) Gefürchtet ist der Besitz des 6. und 7. Buch Mosis. Wer diese beiden Bücher besitzt, wird als Hexenmeister betrachtet und hat den Boykott der alten Leute des Ortes zu gewärtigen. Die Jugend lacht sehr darüber, macht aber diese Bräuche des Aberglaubens doch mit.[1]

---

[1] Dr. Menze (stellvertretender Kreisarzt) an das Deutsche Hygiene-Museum in Dresden am 25.06.1957. Quelle: Deutsches Hygienemuseum (Kopie vorhanden).

Auch an den entsprechenden Aufklärungskampagnen der Wanderausstellung des Hygiene-Museums ist abzulesen, dass paranormale Überzeugungssysteme und magische Alltagspraxen in der Bevölkerung zweifellos (noch) vorhanden waren, wenngleich durch ideologische Propaganda und soziale Stigmatisierung recht schnell ein ganz realer Verfolgungsdruck gegenüber interessierten Akteuren, ihren Ideen, Praxisformen und Anhängern entstand. Welches Ausmaß die Verfolgungsmaßnahmen außerhalb weniger spektakulärer Fälle, wie etwa beim Prozess gegen die so genannte „Kartenlegerin von Suhl" (vgl. Haase 1998) tatsächlich angenommen haben, ist heute mangels noch lebender Zeitzeugen und wegen des weitgehenden Fehlens lebensweltlicher Dokumente kaum noch zu rekonstruieren.

Festzuhalten ist allerdings auch, dass im Laufe der Zeit die lebensweltliche Unterminierung der offiziellen Herrschaftsideologie sukzessive abnimmt, okkulte Themen und Praktiken in der Bevölkerung immer weniger bekannt waren und nur noch höchst verborgen angewendet wurden. Dies hat mehrere strukturelle Gründe; am offensichtlichsten wiegt wohl der Umstand, dass mit den betagten Wissensträgern – etwa Wünschelrutengänger, sogenannte Wunderheiler oder Astrologen – zugleich Tradierungswege abstarben und notwendige Institutionalisierungsformen (mit entsprechenden Ausbildungszentren) nicht vorhanden beziehungsweise nicht geduldet wurden, sobald deren Inhalte der offiziellen Weltanschauung zuwiderliefen.

Von einer zahlenmäßig ins Gewicht fallenden ‚okkulten Szene' in der DDR kann daher spätestens Ende der 1960er-Jahre nicht (mehr) die Rede sein, wenngleich sich trotz (oder teilweise vielleicht auch aufgrund) der explizit ablehnenden Haltung seitens der offiziellen Meinung einzelne Interessen und Praxisformen untergründig festsetzten. So zeigen repräsentative Umfrageergebnisse, die unmittelbar nach der Wende 1989/1990 entstanden, dass unter den Ostdeutschen die sogenannten abergläubischen Vorstellungen, wie etwa die Deutung von gewissen ‚Vorzeichen' (Kleeblatt, schwarze Katze, Schornsteinfeger et cetera) nicht weniger verbreitet waren als in Westdeutschland (Allensbacher Archiv 2005). In einer anderen Umfrage aus dem Jahr 1991 zeigte sich, dass es zwar große Unterschiede in Bezug auf traditionelle, christlich-konfessionelle Glaubensinhalte zwischen der ost- und der westdeutschen Bevölkerung gab, die Differenzen in Bezug auf paranormale Phänomene jedoch weitaus geringer waren:

> Kirchliche Partizipation, Gottesglauben und Glauben an weitere vorwiegend christlich geprägte Glaubensvorstellungen werden in den neuen Bundesländern sehr viel seltener angegeben als in den alten. Geringere Unterschiede ergeben sich hinsichtlich der Verbreitung von Glauben an paranormale Phänomene (Terwey 1992, S. 59).

Tab. 1 Zustimmung zu traditionellen christlichen Glaubensinhalten und zu paranormalen Phänomenen. (Quelle: ZA-Information 30/1992)

	West (%)	Ost (%)
Glücksbringer bringen manchmal Glück	27	29,6
Es gibt Wahrsager, die die Zukunft vorhersehen	27,9	19
Es gibt Heiler mit übernatürlichen Kräften	32,5	33,7
Sternzeichen haben Einfluss auf das Leben	27,8	20,5
Ich glaube nicht an Gott	9,6	50,7
Leben nach dem Tod	20,3	5,2

In der Tab. 1 sind die Zustimmungswerte zu verschiedenen paranormalen Themen sowie (zum Vergleich) zwei Items aus dem Bereich konfessioneller Glaubensinhalte abgebildet.

Überdies spielte natürlich das Westfernsehen beziehungsweise generell die Informationen zu paranormalen Themen in den Massenmedien des Westens eine Rolle. Als relativ leicht zugänglich in großen Teilen der DDR stellten die bundesdeutschen TV-Programme regelmäßig eine alternative Informationsquelle dar und gehörten – abgesehen von Regionen, in denen der Empfang des Westrundfunks technisch nicht möglich war – zur üblichen Praxis ostdeutscher Mediennutzung (vgl. etwa Zahlmann 2010). Paranormale Themen, Narrative und ihre Konjunkturen in Fernsehen, Radio und anderen öffentlichen Formaten der Medien- und Populärkultur der BRD schwappten demnach regelmäßig auch in die DDR über, wie etwa die Uri-Geller-Welle in den 1970er-Jahren. Im Forschungsarchiv des IGPP liegen etliche Anschreiben, die belegen, dass sich die Ostdeutschen damals ebenso wie die Westdeutschen von den populären Massenexperimenten mit kaputten Uhren und Besteckteilen anstecken ließen und die entsprechenden Themenkonjunkturen vor der DDR-Grenze nicht Halt machten.

Zugleich bekunden derartige Zuschriften von Absendern aus der DDR nicht nur, dass das Angebot an sachdienlicher Literatur zu den genannten Themenkomplexen tatsächlich deutlich eingeschränkt war, sondern zeigen auch auf, wie sich die Ostdeutschen auf anderen ‚kreativen Wegen' Informationen beschafften (vgl. auch Lokatis und Sonntag 2008). In allgemeiner Weise erfassen solche ‚Bettelbriefe' damit den erstaunlichen „Eigen-Sinn" (Lindenberger 1999) der DDR-Bevölkerung und liefern auch im Kontext unseres Forschungsgebietes Belege für die Grenzen des Herrschaftsanspruchs von Partei und Staat.

Unsere Recherchen zeigen ebenfalls, dass die ganze DDR-Zeit hindurch gewisse ‚okkulte Praktiken' – Hellsehen, Wahrsagen, Kartenlegen, Handlesen, Gläserrücken, alternative Heilverfahren, Yoga und Ähnliches – existierten beziehungsweise dass es eine gewisse Nachfrage nach entsprechenden Dingen gab. Dies kann hier nur exemplarisch angedeutet werden, etwa in Form der ‚Beratungsangebote' der selbstdeklarierten ‚Wahrsagerin' Mona Stein, die auf ihrer aktuellen Homepage angibt, als „damals erste anerkannte Hellseherin der DDR" praktiziert zu haben (und dies im Interview, das wir mit ihr geführt haben, nachhaltig bestätigte). Ähnliches zeigen auch die aus DDR-Zeiten stammenden Privatsammlungen parapsychologischer Literatur von Herrn K. aus Sachsen – oder auch die Erzählungen von Frau H. darüber, wie sie sich als Jugendliche in den 1980er-Jahren mit Freunden regelmäßig zum Gläserrücken traf. Frau H. war zu dieser Zeit Mitglied einer Jugendclique, die zum Teil auch aus DDR-Punks bestand und irgendwann begann, sich für Okkultismus zu interessieren:

(…) wir haben sehr viel miteinander Zeit verbracht, gelesen, Schach gespielt UND Geisterbeschwörungen gemacht. Da ging das eigentlich los, so in dieser Phase, dass wir so'n bisschen über Okkultismus geredet haben und was gibt es und was kann man machen und irgendwann kam man drauf: ‚Ach wir kennen doch diese eine Frau, die kann das.' Dann ham wir uns das beibringen lassen und recht schnell gemerkt, dass ich aus irgend'nem Grund sehr empfänglich dafür war. Also wir ham diese ÜBliche Geisterbeschwörungsanordnung gemacht, dass man 'ne Kerze auf'n Tisch stellt, 'n Glas in die Mitte, die Zettel (Interview 08 vom 20.09.2014)[2].

Die Beschäftigung mit Spiritismus und Okkultismus wurde innerhalb der Gruppe immer intensiver. Irgendwann, so Frau H., hätten es sie und ihre Freunde „echt 'n bisschen übertrieben, das war dann so wie äh, das tägliche Glas Wein, das tägliche Gläserrücken." Nach einer Reihe von – für die Jugendclique verblüffenden oder sogar verängstigenden – Erlebnissen im Zusammenhang mit dem Gläserrücken hätten einige Mitglieder des Freundeskreises sich nicht mehr an den Sitzungen beteiligt. Nach der Wiedervereinigung traf sich die Gruppe zwar nicht mehr regelmäßig zum Gläserrücken, doch Frau H. versuchte nun, über die Lektüre von zu DDR-Zeiten nicht erhältlicher Literatur Erklärungen für ihre paranormalen Erlebnisse zu finden.

---

[2] Alle Interviews, aus denen in den folgenden Textabschnitten zitiert wird, wurden im Rahmen des Projekts *Im Schatten des Szientismus* von Andreas Anton geführt.

Ein weiteres Beispiel ist Herr S., der viele Jahre lang einem hermetisch-magischen Orden nach dem Vorbild des *Golden Dawn* angehörte.[3] Im Interview berichtete er uns, dass es in der DDR vereinzelt solche Gruppen gab:

> Es gab in Jena also eine Parallelengruppe, also zu uns und es gab in Mecklenburg-Vorpommern, det Nest weeß ick aber nich mehr, inner Nähe von Güstrow 'ne Gruppe, es gab also offiziell, oder soweit es mir bekannt war, offiziell gab's überhaupt niemanden, aber soweit es mir bekannt war, warn- gab es diese drei Gruppen, die tatsächlich (.) magisch-esoterisch agiert haben (Interview 03 vom 13.07.2014).

Die Gruppen tauschten sich laut Herrn S. im Verborgenen aus, schmuggelten Ritualliteratur aus dem Westen ein und trafen aufwendige Vorsichtsmaßnahmen, um nicht ins Visier des MfS zu geraten. Dazu zählte auch ein besonderes Maß an Diskretion:

> Also Schweigen war oberstes Gebot, wer sich ans Schweigen nicht hält, fliegt raus. Punkt. Erledigt. Fertig. Is nie passiert (ebd., S. 68).

Trotz der permanenten Befürchtung, dass die Aktivitäten der Gruppe vom MfS registriert werden, sei sie, so Herr S., bis zum Ende der DDR nie aufgeflogen:

> [Ich dachte], das muss doch rauskommen, wenn sich da JE=DEN Sonntag Leute treffen als konspirativer TREFF!, das muss doch rauskommen. Nein, es kam NICHT raus (ebd.).

Insgesamt – auch wenn wir dies hier nur beispielhaft skizzieren konnten – lässt sich also durchaus von einem gewissen *okkulten Untergrund* in der DDR sprechen, wobei jedoch nicht ignoriert werden darf, dass unter den genannten diskursiven Bedingungen kein Platz für eine wie auch immer geartete Institutionalisierung war – weder im Forschungsbereich, wie dies etwa in der UdSSR durchaus der Fall war, noch in privaten Vereinen oder organisierten Interessengruppen.[4] Was hingegen institutionalisiert war, war die öffentliche Delegitimierung jener Themen und

---

[3] Im übertragenen Sinn ist hermetisch ein Synonym für Alchemie, okkult-esoterische Geheimlehren und magisch arbeitende Gruppen wie der *Hermetic Order of the Golden Dawn*, der im 19. Jahrhundert bestand und dessen wohl bekanntestes Mitglied Aleister Crowley war. Auch heute existieren religiöse Gruppen, die unmittelbarer in dieser magisch-esoterischen Tradition stehen.

[4] Zur Situation von Parapsychologie und Okkultismus in der UdSSR vgl. Menzel et al. (2012); zu den Unterschieden zwischen DDR und UdSSR siehe Schneider und Anton (2014).

der dazugehörigen Akteure. Die Konsequenz: Information und Austausch über paranormale Phänomene, okkulte Erfahrungen oder grenzwissenschaftliche Themen fanden fast ausschließlich im privaten, informellen Rahmen statt, mit anderen Worten: im Modus des *Verbergens und Geheimhaltens*.

Spätestens hier stellt sich die Frage, ob und welche Behörden sich für den ‚okkulten Untergrund' interessierten und möglicherweise als ‚Wächter' der Wirklichkeitsordnung eine Rolle spielten. Anders formuliert: Welche Überwachungs-, Kontroll- und Sanktionierungsmaßnahmen für die Anhänger paranormalen Gedankenguts wurden gegebenenfalls angeordnet und durchgesetzt? Interessierte sich das MfS überhaupt in irgendeiner Weise für das Paranormale?

Tatsächlich existieren einzelne Akten – Sachakten ebenso wie Personalakten – des MfS, in denen die genannten Themen – UFOs, Parapsychologie, Okkultismus – eine Rolle spielen. Diese geben jedoch kaum Hinweise auf organisatorische Sonderstrukturen oder personengebundene Zuständigkeiten. Vieles weist darauf hin, dass die Hauptabteilung XX des MfS, die unter anderem für Kirchen, Religionsgemeinschaften und Sekten zuständig war, sich *auch* mit paranormalen Glaubensinhalten beschäftigte. Weit weniger klar ist hingegen, ob es für ‚das Paranormale' eine *eigene* Infrastruktur beim MfS gab. Folgt man den Aussagen, die uns ein ehemaliger leitender Analytiker der Hauptabteilung XX in einem Interview vermittelte, ergibt sich folgendes Bild:

> (…) das war natürlich die Hauptabteilung [HA XX], die politischste der Hauptabteilungen, in der ALLES gelandet ist was in andere Bereiche nicht mehr reinpasst, also was weder Volkswirtschaft, was weder Spionageabwehr war was also auch keine Grenzsicherung war, was keine Sicherung der Armee war, alles was NIRGENDwo reinpasst, landete in der Hauptabteilung, deshalb kann ich mit gutem Gewissen sagen, also WENN die Staatssicherheit sich mit Ihrem Thema beschäftigt hätte, dann wäre das in unserer Hauptabteilung gelandet, und als – in der Funktion äh in der ich tätig war, schon als Planungsoffizier in der Hauptabteilung, neunzehnhundertsiebzig hätte ich da auf JEDen Fall (.) eh KENNtnisse davon erhalten.

Und weiter heißt es:

> ähm, nicht dass Sie jetzt von mir denken, ich leugne, dass es so was [paranormale Phänomene] in der DDR gegeben hat, ich wollte – ich sage nur, dass war kein Problem der staatlichen Sicherheit der DDR, also das MfS hat sich nicht ernsthaft mit dem Thema…, interessiert vielleicht schon, (kichert) aber nicht, nicht beschäftigt als eh Aufgabe zur Sicherheit der DDR (Interview 07 vom 11.11.2014).

Allerdings zeichnen die Interviews mit Akteuren aus dem ‚okkulten Untergrund' zum Teil ein anderes Bild. Einen exemplarischen Fall stellt eine privat organisierte

Gruppe dar, die sich hobbymäßig mit utopischer Literatur, wie das Science Fiction-Genre in der DDR genannt wurde, beschäftigte. Herr H., der Initiator der Gruppe, pflegte Korrespondenzen ins westliche Ausland, beschäftigte sich mit den populären Präastronautik-Thesen Erich von Dänikens und wollte darüber auch öffentlich vortragen, was das MfS aufmerksam werden ließ. Dieses leitete einen operativen Vorgang ein, überwachte die Post von Herrn H. und schleuste einen IM in die Gruppe ein. In den entsprechenden Akten der Staatssicherheit heißt es zur Begründung der operativen Maßnahme:

> Der bisherige Stand des operativen Materials läßt die Einschätzung zu, daß der H. im Interesse der Bearbeitung der [sic] Schwerpunktproblems ‚Politischer Untergrund' von operativer Bedeutung ist. Es gibt Anzeichen für eine Gruppenbildung bzw. politisch negative Verbindungen und Kontakte ins NSW [offizieller Sprachgebrauch für „nichtsozialistisches Wirtschaftsgebiet"]. Mit seiner ‚wissenschaftlichen Theorie' begibt sich H. im erheblichen Maße in Widerspruch mit der marxistischen Ideologie.[5]

Es stellt sich die Frage, warum selbst bei so scheinbar unbedeutenden Heterodoxien der Alltagswelt kaum Abweichungen zugelassen wurden – eine Frage, die wir zum jetzigen Zeitpunkt noch nicht abschließend beantworten können, insbesondere nicht ohne systematischen Vergleich mit der Situation in Gesellschaften, deren Wirklichkeitsordnung deutlich weniger rigide Züge trägt.

Auch der Vergleich mit anderen ‚Sonderwelten' in der DDR ist notwendig, um die eigentümlichen Ambivalenzen zwischen offizieller Machtsphäre und privaten Arrangements genauer aufzuschlüsseln. Sicherlich, als ‚kleine Sonderwelt' liefert unser Themenbereich Einblicke in das informelle Gedächtnis der ostdeutschen Bevölkerung, zeigt Erfahrungen, Werte, Sinnvorstellungen und nicht zuletzt auch ein Spannungsverhältnis zwischen konkurrierenden Wirklichkeitsinstanzen auf. Doch bei allem Ungehorsam gegen das ideologisch ausformulierte Ideal von der DDR als ‚okkultfreie Zone' muss doch sehr genau hingeschaut werden, um beurteilen zu können, wie die gesamtgesellschaftliche und politische Relevanz des Paranormalen einzuschätzen ist. Anders formuliert: Die Akteure des ‚okkulten Untergrunds' waren mit Sicherheit nicht ‚Staatsfeind Nummer 1' und führten auch nicht den Zusammenbruch der DDR herbei. Dafür war der entsprechende Themenkomplex politisch-ideologisch nicht brisant genug – insbesondere fehlte

---

[5]Eintrag vom 18.08.1978. Es handelt sich hierbei um eine personenbezogene MfS-Akte aus der BStU, die nicht öffentlich einsehbar ist, uns aber von der betroffenen Person freundlicherweise zur Verfügung gestellt wurde.

es am realen Gefährdungspotenzial für die von der Partei- und Staatsführung in mehr als einer Hinsicht sehr ernst genommene staatliche Sicherheit.

4 Kulturelles Gedächtnis und gesellschaftlicher Diskurs

Was kann festgehalten werden? Zunächst einmal, dass sich die Geschichten aus dem okkulten Untergrund der DDR diametral vom gesellschaftlich und politisch relevanten öffentlichen Narrativ über das Paranormale unterscheiden, bei dem eine im weitesten Sinne szientistische-atheistische Weltanschauung das Leitmotiv bildet. Um nicht mit der offiziellen Lesart in Konflikt zu geraten oder als Anhänger abweichender, nicht systemkonformer Überzeugungen verfolgt zu werden, blieb das Okkulte deshalb zwar nicht ausschließlich, aber doch *vorwiegend* auf kleine Zonen des Alltags und das kommunikative Gedächtnis im privaten Raum beschränkt.

Dabei mag es zwar den Anschein haben, dass wir mit Okkultismus und Parapsychologie einen eher *unbedeutenden* Ausschnitt der Lebenswelt der DDR in den Blick nehmen – dem ist aber nicht so. Nicht nur, dass wir eine bis heute fast gänzlich unbeachtete Schattenkultur in der Alltagswelt der DDR aufdecken, tangieren wir zugleich eine gesellschaftspolitische Kerndebatte über den Charakter der DDR-Gesellschaft, wie wir sie zu Beginn unseres Beitrags skizziert haben. Fehlgeschlagenes Experiment? Kommode Diktatur mit vielen Nischen? Oder totalitäre Despotie? So jedenfalls oszillieren bekanntermaßen die Narrative hinsichtlich der Einschätzung der DDR-Gesellschaft (vgl. Sabrow 2009b). Unsere Befunde – offizielles Verbergen und Verdrängen hier, Widerständigkeiten und private Nischen dort – ließen sich angesichts der Grenz- und Konfliktlinien zwischen politischer Zielkultur auf der einen und davon abweichenden privaten Geheimnissen auf der anderen Seite dabei jeweils problemlos ‚andocken'.

Hinsichtlich der Frage nach einer Politik des Erinnerns, die gleichzeitig immer auch eine Politik des Nichterinnerns ist, muss beim diskutierten Beispiel des Umgangs mit dem Paranormalen in der DDR eine *doppelte Dialektik* konstatiert werden: erstens das Zusammenspiel zwischen erwünschtem Erinnern und erwünschtem Vergessen und zweitens das Spannungsfeld zwischen Erinnerungspolitik (die auch Vergessenspolitik ist) und lebensweltlicher Widerständigkeit.

Wenn Arnim Nassehi (1994, S. 53) schreibt, dass Erinnern nicht „Reproduktionen von Vergangenem, sondern stets Neuproduktionen einer operativen Gegenwart" ist, gilt dies nicht nur für das individuelle, sondern auch für das „kulturelle" Gedächtnis (vgl. Assmann 1992, S. 41 f.). Auf dem von uns untersuchten Wissensgebiet sind wir mit der Besonderheit konfrontiert, dass das Paranormale respektive Okkulte nicht nur in der DDR ein höchst negativ besetztes Thema war, sondern auch in der heutigen Bundesrepublik als heterodoxes Wissen markiert und entsprechenden sozialen Stigmatisierungsprozessen unterworfen ist (vgl. Schetsche 2013, 2015). Wie einstmals in der DDR führen auch heute in der Bundesrepublik kulturelle Ausgrenzungsdiskurse dazu, dass über entsprechende Einstellungen und Erfahrungen vielfach nur ‚hinter vorgehaltener Hand' beziehungsweise im Modus der „geschützten Kommunikation" (Schmied-Knittel und Schetsche 2015, S. 436 ff.) gesprochen wird. Diese diskursive Ausblendung muss nicht notwendig die persönlichen Erinnerungsprozesse beeinträchtigen (lebensgeschichtlich schwerwiegende Erlebnisse werden durch ein Thematisierungsverbot nicht automatisch ausgelöscht), sie unterbindet jedoch meist die Entstehung eines kulturellen Gedächtnisses, mit dessen Hilfe auch intergenerational auf entsprechende Erfahrungsbestände und Überzeugungssysteme zurückgegriffen werden kann.[6]

Vor diesem Hintergrund ist es nicht verwunderlich, dass paranormale Erfahrungen und okkulte Experimente von der offiziellen DDR-Erinnerungskultur ausgespart, präziser formuliert: *ausgesperrt* bleiben. Im Gegensatz zu anderen (etwa politischen oder religiösen) Heterodoxien in der DDR, die ins Zentrum der nach dem Zusammenbruch der DDR gleichsam ideologisch verordneten Erinnerungskultur des wiedervereinigten Deutschlands gerückt sind, bilden die paranormalen Heterodoxien eine *Leerstelle im kulturellen Gedächtnis*. Geändert haben sich lediglich die diskursiven Strategien, mittels derer sie aus dem legitimen Themenspektrum der jeweiligen Leitkultur ausgeklammert werden. Dabei hat das epistemische Regime der Bundesrepublik gegenüber jenem der DDR immerhin den Vorteil, dass weltanschauliche Ausgrenzungsprozesse in der Praxis weniger rigide verlaufen und ein *wissenschaftlicher* Zugriff auf die entsprechenden subjektiven (und gelegentlich auch intersubjektiven) Wissensbestände zumindest in historisierender Perspektive möglich bleibt. Dies ändert allerdings nichts daran, dass ein Erinnern an paranormale Erfahrungen in der DDR für die Betroffenen auch heute in der Bundesrepublik kulturell meist wenig Sinn macht, eher verleidet bleibt als gelitten ist. Und entsprechend schwierig ist es, ehemalige Bürger und Bürgerinnen der DDR dazu zu bringen, einigermaßen freimütig über ihre außergewöhnlichen Erfahrungen und okkulten Experimente zu berichten. Dies zeigt, dass die

---

[6]Eine alternative Möglichkeit ist die Entstehung von „Schattenzonen des Wissens", in denen entsprechende Erfahrungen in einem eng begrenzten Kreis von Wissenden bewahrt und weitergegeben werden können; diese Wissensbestände bleiben jedoch vom generellen kulturellen Austausch ausgeschlossen (vgl. Schetsche 2012).

Zugangsmöglichkeiten und empirischen (Be)Funde der historisch-rekonstruktiven Sozialforschung letztlich nicht nur vom epistemischen Regime jener vergangenen Gesellschaft abhängig sind, deren Wissensbestände untersucht werden sollen, sondern zusätzlich auch von den diskursiven Bedingungen der gegenwärtigen (Wissens)Kultur. In diesem Sinne bleibt dann sogar wissenschaftliches Erinnern stets ein Stück weit Neuproduktionen einer operativen Gegenwart.

5 Epilog: Was bleibt?

Dies führt fast wie von selbst zu der Frage, was heute mit jenen (in diesem Falle: individuellen) Erinnerungen geschieht, für die kein Platz ist im dominierenden ‚So war die DDR'-Erinnerungsnarrativ (im Sinne Sabrows: des Diktaturgedächtnisses). Im von uns untersuchten Feld der (im weitesten Sinne) paranormalen Erfahrungen ist diese Frage aufgrund des oben geschilderten prekären Status dieses Themas aus methodologischen Gründen schwer zu beantworten: Diese Erfahrungen hatten ja nicht nur in der DDR den Status des Unerwünschten, sondern sie gehören auch im ‚wiedervereinigten' Deutschland zum heterodoxen Segment der Wirklichkeitsordnung (vgl. Schetsche 2015). Dies bedeutet für die ‚Betroffenen' (also die Träger entsprechender individueller Erinnerungen oder Interessenlagen), dass das kulturelle Unwerturteil generell fortbestehen bleibt und eine Tradierung des entsprechenden Erfahrungswissens zumindest in der Leitkultur der Bundesrepublik nur schwer zu bewerkstelligen ist (vgl. hierzu auch Schetsche und Schmied-Knittel 2011, S. 176 ff.).

Im Unterschied zur DDR bietet die Bundesrepublik jedoch eine ganze Reihe von Möglichkeiten, heterodoxes Wissen in verschiedenen Subkulturen und Szenen und seit etlichen Jahren insbesondere auch in den verschiedensten Nischen des Internets (teil)öffentlich auszutauschen und zu diskutieren, abzugleichen und auch kollektiv zu validieren (vgl. Schetsche 2015, S. 70 ff.). Unseren (an dieser Stelle: unsystematischen) Beobachtungen nach, tut dies jedoch nur ein kleiner Teil der Betroffenen aus dem ‚anderen' deutschen Staat. Dies hängt, so unsere These, insbesondere damit zusammen, dass den entsprechenden Erfahrungen in der DDR aus verschiedenen Gründen subjektiv eine deutlich geringere Relevanz zugesprochen wird, als dies in – zumindest in Teilkulturen, namentlich spirituell-esoterischen Szenen – der Bundesrepublik der Fall ist. Wir denken, dass diese *relative alltägliche Irrelevanz* der entsprechenden Erfahrungen und Interessen ihren Niederschlag in einer geringen Intensität der biografischen Einschreibung findet. ‚Erinnerungen an die DDR' sind folglich selbst bei Ostdeutschen *mit* paranormalen Erfahrungen oder okkultistischen Interessen durch ganz andere Ereignisse beziehungsweise Erfahrungsebenen geprägt: die Ökonomie des Mangels, politische Unterdrückung, aber auch das ‚kleine Glück', etwa von Urlaubsaufenthalten oder Kleingartenidylle. Die Folge ist, dass paranormale Erfahrungen und Interessen meist nur rudimentär erinnert werden und überhaupt nur auf ganz direkte Nachfrage mehr oder weniger mühsam rekonstruiert werden können. Die Auswirkungen dieser geringen Alltagsrelevanz haben wir in unserem Projekt methodisch zu spüren bekommen: Obwohl paranormale Erfahrungen und Überzeugungen in der DDR ähnlich weit verbreitet waren wie in der alten Bundesrepublik (siehe oben, Kap. 3), liefen öffentliche Aufrufe (etwa über Tageszeitungen), durch eigene Erfahrungsberichte etwas zu einer alternativen Erinnerungskultur auf diesem Feld beizutragen, weitgehend ins Leere. Eine Konsequenz dieser mangelnden Motivation des Sich-selbst-Erinnerns auf diesem Gebiet ist, dass eine wissenschaftliche Rekonstruktion der entsprechenden Erfahrungen und Überzeugungssysteme stärker auf Zufallsfunde und Zufallsbegegnungen angewiesen ist, als es in der zeitgeschichtlichen Forschung üblicherweise der Fall ist. Mit anderen Worten: Im Thema selbst liegen jene Faktoren, die einem individuellen und erst recht einem kollektiven Erinnern entgegenstehen.

Dies gilt umso mehr für alle jene, die zu Zeiten der DDR strikte Anhänger der marxistisch-leninistischen Weltanschauung waren, dies zum Teil heute noch sind und damit zur Trägerschicht des Fortschrittgedächtnisses im Sinne Sabrows zu zählen sind. Die bereits geschilderte Überzeugung, dass es zwischen Himmel und Erde genau nichts geben dürfe, erzeugt keinerlei Bereitschaft, sich an mögliche Abweichungen von dieser (im Sinne von Berger und Luckmann [1987]: Wirklichkeit konstituierenden!) Regel im eigenen sozialen Umfeld zu erinnern. Vielmehr führt diese Überzeugung, die sehr eng mit der Idee einer weltanschaulichen Überlegenheit der DDR in Sachen Rationalismus und Aufklärung verbunden ist, auch heute noch zu großer Vehemenz in der Feststellung, dass es ‚solch einen abergläubischen Unfug' in der DDR glücklicherweise (!) nicht – oder zumindest nur in weit geringerem Umfang als in der BRD – gegeben habe. Exemplarisch für diese Sichtweise sei hier ein Zitat aus einem Leserbrief eines (ehemaligen) DDR-Bürgers an ein populärwissenschaftliches Magazin angeführt, das in einem kurzen Artikel über unser Forschungsprojekt berichtet hatte:

> (…) Es gibt keinen Wissenschaftler, der ernsthaft behauptet, Astrologie wäre eine Wissenschaft. Aber Tag für Tag steht in der Tageszeitung mein ganz persönliches Horoskop und das für alle anderen Leser natürlich auch. Das ist nur ein marginaler Teil der systematischen Verblödung der Gesellschaft. Der Artikel [über unser Forschungsprojekt] untersucht also eine im DDR-Alltag banale Randerscheinung ohne jegliche gesellschaftliche Relevanz. Es soll von einem tatsächlich wichtigen Thema abgelenkt werden: dem Okkultismus etc. in der Bundesrepublik. Was ist dagegen

einzuwenden, wenn ein Staat versucht, seine Bürger vor Okkultismus, Esoterik und dergleichen zu schützen? Zur grundlegenden Verpflichtung des Staates gehört aus meiner Sicht die Aufklärung seiner Bürger. Davon sind wir heute weiter denn je entfernt! (Fischer 2015, S. 102).

Derartige Überzeugungen sind Teil einer *negativen Erinnerungskultur* im Sinne von: So etwas hat es ‚bei uns' nicht gegeben, ja *konnte* es auch gar nicht geben, weil die DDR der aufgeklärtere deutsche Staat war, in dem es für Aberglauben und Okkultismus keinen Platz brauchte. Aus dieser Perspektive scheint das *Vergessen* entsprechender Erfahrungen oder Praktiken ein wichtiger Beitrag zu einer *alternativen Erinnerungskultur,* die bis heute weit verbreitet ist: Die DDR erscheint demnach als der zwar nicht generell, aber eben partiell ‚bessere' Staat. Vor diesem Hintergrund gibt es für die ehemaligen Bürger und Bürgerinnen der DDR überhaupt keinen Grund, sich an das zu erinnern, was es aus (damaligen wie heutigen) ideologischen Gründen gar nicht gegeben haben kann. Die alte Regel für kulturelle Heterodoxien, dass nicht ‚wirklich' sein kann, was nicht ‚wirklich' sein darf, gilt auch für die ‚okkulte DDR'. In diesem Sinne hat sich dieser Term unseres Projekttitels *(Im Schatten des Szientismus)* auf empirischer Ebene letztlich als eine Art Oxymoron erwiesen. Immerhin hat dies in theoretischer Hinsicht zu dem Erkenntnisgewinn geführt, dass es so etwas wie ‚negative Erinnerungen' zu geben scheint, eine spezielle Form von kulturellem Nichtwissen und individuellem Ausblenden, dem aber aus methodologischen, letztlich vielleicht sogar aus erkenntnistheoretischen Gründen empirisch nur schwer auf die Spur zu kommen ist. Was also bleibt? Letztlich nur: vergessen.

Literatur

Ahbe, Thomas (2013): Die ostdeutsche Erinnerung als Eisberg. Soziologische und diskursanalytische Befunde nach 20 Jahren staatlicher Einheit. In: Goudin-Steinmann, Elisa/Hähnel-Mesnard, Carola (Hrsg.), Ostdeutsche Erinnerungsdiskurse nach 1989. Narrative kultureller Identität. Berlin: Frank & Timme, S. 27–58.

Allensbacher Archiv (2005): IfD-Umfrage 7068. Februar/März 2005.

Assmann, Jan (1992): Das kulturelle Gedächtnis. Schrift, Erinnerung und politische Identität in frühen Hochkulturen. München: C.H. Beck.

Autorenkollektiv (1979): Astronomie. Lehrbuch für Klasse 10. Berlin.

Bauerkämper, Arnd (2005): Die Sozialgeschichte der DDR (Enzyklopädie deutscher Geschichte, Band 76). München: R. Oldenbourg.

Bessel, Richard/Jessen, Ralph (Hrsg.) (1996): Die Grenzen der Diktatur. Staat und Gesellschaft in der DDR. Göttingen: Vandenhoeck & Ruprecht.

Berger, Peter L./Luckmann, Thomas (1987) [1969]: Die gesellschaftliche Konstruktion der Wirklichkeit. Eine Theorie der Wissenssoziologie. Frankfurt: Fischer.

Böschen, Stefan (2014): Hybride Wissensregime. Entgrenzungsprozesse zwischen Wissenschaft und Gesellschaft. Baden-Baden: Nomos.

Fischer, Jörg (2015): Banale Randerscheinung. Zum Bericht „Wie ‚okkult' war die DDR?" von Andreas Anton und Ina Schmied-Knittel. In: Skeptiker, 2, S. 102.

Gaus, Günter (1983): Wo Deutschland liegt. Eine Ortsbestimmung. Hamburg: Hoffmann & Campe.

Goudin-Steinmann, Elisa/Hähnel-Mesnard, Carola (Hrsg.) (2013a): Ostdeutsche Erinnerungsdiskurse nach 1989. Narrative kultureller Identität. Berlin: Frank & Timme.

Goudin-Steinmann, Elisa/Hähnel-Mesnard, Carola (2013b): Erinnerung, Narration und Identität: Das kulturelle Gedächtnis der Ostdeutschen. In: dies. (Hrsg.), Ostdeutsche Erinnerungsdiskurse nach 1989. Narrative kultureller Identität. Berlin: Frank & Timme, S. 11–24.

Haase, Baldur (1998): Die Kartenlegerin von Suhl. „Ich bin bei der Stasi gefangen..." (1955/56). Erfurt: Der Landesbeauftragte des Freistaates Thüringen für die Unterlagen der Stasi der ehemaligen DDR.

Ihme, Bernd (1981): Bürgerliche Ideologie im Zeichen der Krise. Was ist und was will der Irrationalismus heute? In: Neues Deutschland vom 24. Januar 1981.

Klaus, Georg/Kosing, Alfred/Redlow, Götz (1959): Wissenschaftliche Weltanschauung. Teil 1: Dialektischer Materialismus. Berlin: Dietz.

Kramer, Sebastian (1975): PSI. Popanz, Schwindel, Idiotie. In: (unbekannte) DDR-Zeitschrift aus dem März 1975. IGPP-Archiv 40/15/11.

Lemke, Christiane (1991): Die Ursachen des Umbruchs 1989. Politische Sozialisation in der ehemaligen DDR. Opladen: Westdeutscher Verlag.

Lindenberger, Thomas (1999): Die Diktatur der Grenzen. In: ders. (Hrsg.), Herrschaft und Eigen-Sinn in der Diktatur. Studien zur Gesellschaftsgeschichte der DDR. Köln: Böhlau, S. 3–44.

Lokatis, Siegfried/Sonntag, Ingrid (Hrsg.) (2008): Heimliche Leser in der DDR. Kontrolle und Verbreitung unerlaubter Literatur. Berlin: Ch. Links.

Menzel, Birgit/Hagemeister, Michael/Glatzer-Rosenthal, Bernice (Hrsg.) (2012): The New Age of Russia: occult and esoteric dimensions. München/Berlin: Sagner.

Nassehi, Arnim (1994): Die Form der Biographie. Theoretische Überlegungen zur Biographieforschung in methodologischer Absicht. In: BIOS, 7 (1), S. 46–63.

Nierade, Anne (2012): Homöopathie in der DDR. Die Geschichte der Homöopathie in der Sowjetischen Besatzungszone und der DDR 1945 bis 1989. Essen: KVC-Verlag.

Sabrow, Martin (Hrsg.) (2009a): Erinnerungsorte der DDR. München: C.H. Beck.

Sabrow, Martin (2009b): Die DDR erinnern. In: ders. (Hrsg.), Erinnerungsorte der DDR. München: C.H. Beck, S. 11–27.

Schetsche, Michael (2012): Theorie der Kryptodoxie. Erkundungen in den Schattenzonen der Wissensordnung. In: Soziale Welt, 63 (1), S. 5–25.

Schetsche, Michael (2013): Unerwünschte Wirklichkeit. Individuelle Erfahrung und gesellschaftlicher Umgang mit dem Para-Normalen heute. In: Zeitschrift für Historische Anthropologie, 21, S. 387–402.

Schetsche, Michael (2015): Anomalien im medialen Diskurs. In: Mayer, Gerhard et al. (Hrsg.), An den Grenzen der Erkenntnis. Handbuch der wissenschaftlichen Anomalistik. Stuttgart: Schattauer, S. 63–73.

Schetsche, Michael/Schmied-Knittel, Ina (2011): Wie gewöhnlich ist das Außergewöhnliche? Eine wissenssoziologische Schlußbetrachtung. In: Bauer, Eberhard/Schetsche, Michael (Hrsg.), Alltägliche Wunder. Erfahrungen mit dem Übersinnlichen – wissenschaftliche Befunde. Würzburg: Ergon, S. 171–188.

Schetsche, Michael/Schmied-Knittel, Ina (2013): Deutungsmuster im Diskurs. Zur Möglichkeit der Integration der Deutungsmusteranalyse in die Wissenssoziologische Diskursanalyse. In: Zeitschrift für Diskursforschung, 1 (1), S. 24–45.

Schmidt-Lux, Thomas (2008): Wissenschaft als Religion. Szientismus im ostdeutschen Säkularisierungsprozess. Würzburg: Ergon.

Schmied-Knittel, Ina/Schetsche, Michael (2015): Das Interview in der anomalistischen Forschung. In: Mayer, Gerhard et al. (Hrsg.), An den Grenzen der Erkenntnis. Handbuch der wissenschaftlichen Anomalistik. Stuttgart: Schattauer, S. 427–438.

Schneider, Martin/Anton, Andreas (2014): Politische Ideologie vs. parapsychologische Forschung. Zum Spannungsverhältnis von Marxismus-Leninismus und Parapsychologie am Beispiel von DDR und UdSSR. In: Zeitschrift für Anomalistik, 14, S. 159–188.

Spickermann, Wolfgang (1975): Moderner Aberglaube im Gewand der Wissenschaft. Parapsychologie – der neueste Schrei des Irrationalismus. In: Neues Deutschland vom 8. und 9. Februar 1975.

Schützeichel, Werner (2012): Wissenssoziologie. In: Maasen, Sabine/Kaiser, Mario/Reinhart, Martin/Sutter, Barbara (Hrsg.), Handbuch Wissenschaftssoziologie. Wiesbaden: Springer VS, S. 17–26.

Terwey, Michael (1992): Zur aktuellen Situation von Glauben und Kirche im vereinigten Deutschland: Eine Analyse der Basisumfrage 1991. In: ZA-Information 30, S. 59–79.

Venus, Peter (1988): BRD: Hexen haben Hochkonjunktur. In: Berliner Zeitung vom 6. April 1988.

Waltz, Helmut (1975): Psi in der bürgerlichen Ideologie. In: Einheit, 4, S. 569–572.

Wohlrab-Sahr, Monika/Karstein, Uta/Schmidt-Lux, Thomas (2009): Forcierte Säkularität: religiöser Wandel und Generationendynamik im Osten Deutschlands. Frankfurt a. M./New York: Campus.

Zahlmann, Stefan (Hrsg.) (2010): Wie im Westen, nur anders. Medien in der DDR. Berlin: Panama.

Das Gedächtnis tabuisierter Erinnerungen. Zum Wandel von Erinnerungen in der und an die DDR

Katinka Meyer und Anna-Christin Ransiek

1 Einleitung

> Man kann sich nur unter der Bedingung erinnern, daß man den Platz der uns interessierenden vergangenen Ereignisse in den Bezugsrahmen des Kollektivgedächtnisses findet (Halbwachs 2006, S. 368).

Schon in den 1920er-Jahren schrieb Halbwachs, der Klassiker unter den soziologischen Gedächtnistheoretikern, über das Erinnern (und Vergessen) und darüber, dass sich dies in Abhängigkeit von Bezugsrahmen des kollektiven Gedächtnisses vollzöge. Jede Erinnerung benötige demnach einen solchen Bezugsrahmen, um vergegenwärtigt zu werden. Diese Aussage lässt sich empirisch konkretisieren und unter anderem auf gesellschaftliche Kontexte übertragen, in denen bestimmten Themen durch die gesellschaftliche und familiale Tabuisierung oder Dethematisierung ein Bezugsrahmen und damit auch die Möglichkeit einer Versprachlichung entzogen wird. Was passiert mit diesen Themen? Wie können sie nach der Aufhebung der Tabuisierung (erneut) erinnert werden? Wie wird sich diesen vergangenen Themen aus der Gegenwart zugewendet?

Ziel des Artikels ist es, sich der oben geschilderten Situation zu nähern, indem aus biografietheoretischer Perspektive ein Licht auf die Frage nach dem Erinnern

---

K. Meyer (✉)
Methodenzentrum Sozialwissenschaften, Georg-August-Universität Göttingen,
Göttingen, Deutschland
E-Mail: katinka.meyer@sowi.uni-goettingen.de

A.-C. Ransiek
Methodenzentrum Sozialwissenschaften, Georg-August-Universität Göttingen,
Göttingen, Deutschland
E-Mail: anna-christin.ransiek@sowi.uni-goettingen.de

© Springer Fachmedien Wiesbaden GmbH 2017
H. Haag et al. (Hrsg.), *Volkseigenes Erinnern,* Soziales
Gedächtnis, Erinnern und Vergessen – Memory Studies,
DOI 10.1007/978-3-658-17548-1_10

in der und an die DDR geworfen wird. Dabei konzentriert sich die Darstellung auf eine spezifische Form von Erinnerungen – diejenigen, die in der DDR aus verschiedenen Gründen nicht als gesellschaftliche Phänomene thematisierbar waren, aber nach der Transformation wieder in den Fokus der Wahrnehmung rückten. Der Beitrag beantwortet dabei auch die Frage, wie diese Erinnerungen an die DDR vor dem Hintergrund der sich wandelnden diskursiven Möglichkeiten in heutige Kollektivgedächtnisse integriert werden können. Grundlage der Ausführungen sind Biografische Fallrekonstruktionen[1] von Angehörigen zweier sehr verschiedener Gruppierungen: einer ‚Umsiedlerin' und einer ‚Schwarzen[2] Deutschen'. Ihre ganz unterschiedlichen (Fremdheits)Erfahrungen innerhalb der DDR werden in einem kontrastiven Vergleich auf ihre jeweiligen Vergangenheitsdeutungen untersucht. Bei allen Unterschieden hinsichtlich der gesellschaftlichen Position und der Zugehörigkeit zu unterschiedlichen Generationen ist ihnen gemeinsam, dass diese Erfahrungen erst nach der ‚Wende' versprachlicht wurden.

Zu Beginn soll zunächst der Mehrwert eines kontrastiven Vorgehens thematisiert werden. Danach wird der methodologische (biografietheoretische) Ansatz vorgestellt, dem wir unter Einbezug gedächtnis- und diskurstheoretischer Aspekte folgen. Im darauf folgenden Teil werden zwei Typen der Vergangenheitsdeutung, die auf empirischer Basis generiert wurden, vorgestellt: zum einen der Typus der verlustreichen Umdeutung der eigenen Erinnerungen, zum anderen der Typus der abwägenden Umdeutung von Erinnerungen – jeweils vor dem Hintergrund des Zugriffs auf ein neues Kollektivgedächtnis. Beide werden anhand einer biografischen Selbstpräsentation[3] von einer Angehörigen der genannten Gruppierungen unter Einbezug ihrer Genese konkretisiert. Im letzten Teil werden die Typen kontrastiert und mit gedächtnistheoretischen Überlegungen verknüpft.

---

[1]Zur Auswertungsmethode der Biografischen Fallrekonstruktion siehe Rosenthal (1995, 2015a).

[2]Der Begriff ‚Schwarze Deutsche' verweist an dieser Stelle auf eine durch die Interviewte eingeführte kollektive Zugehörigkeitsbezeichnung. Der Begriff ‚Schwarz' ist in Anlehnung an die Debatte zu verstehen, welche sich innerhalb der *Critical Whiteness*-Forschung entwickelte (dazu: Eggers et al. 2005). Der Begriff bezieht sich dabei nicht auf die Hautfarbe; vielmehr bezeichnet er eine Position der Ausgrenzung aufgrund rassistischer Zuschreibungen. Schwarz und Weiß werden im Folgenden großgeschrieben um auf den Konstruktionscharakter aufmerksam zu machen.

[3]Eine biografische Selbstpräsentation ist als kommunikativer und an „sozialen Vorgaben" (Rosenthal 1995, S. 13) ausgerichteter Akt zu verstehen, in dem eine Biografie aktualisiert wird. In ihr „finden wir nicht nur Zugang zum lebensgeschichtlichen Prozeß der Internalisierung der sozialen Welt (…), sondern auch zur Einordnung der biografischen Erfahrungen in den Wissensvorrat und damit zur Konstitution von Erfahrungsmustern, die zur gegenwärtigen und zukünftigen Orientierung in der Sozialwelt dienen" (ebd.).

2 Mehrwert des Vergleichs unterschiedlicher Vergangenheitsdeutungen

In der Diskussion der Arbeiten sind wir immer wieder auf ‚Grenzen der Vergleichbarkeit' zweier so unterschiedlicher Gruppierungen aufmerksam gemacht geworden. Ein Vergleich dieser beiden Gruppierungen könne – so das Argument – Gefahr laufen, gerade aufgrund ihrer Gemeinsamkeit, Differenz erlebt zu haben, die als solche nicht versprachlicht werden konnte, die Erfahrungen einer ‚Umsiedlerin' und einer ‚Schwarzen Deutschen' gleichzusetzen. Durch eine solche Gleichsetzung würden die unterschiedlichen gesellschaftlichen Ausgangsbedingungen unsichtbar gemacht.

Der Artikel argumentiert jedoch in die entgegengesetzte Richtung: Mit einem biografietheoretischen Zugang, der den Prozess der Entstehung von Vergangenheitsdeutungen samt ihrer lebensgeschichtlichen Wirkungszusammenhänge aufzuzeigen vermag, ist eine Kontrastierung hinsichtlich der Fragestellung (nach dem Erinnerungs- oder Deutungstypus) ohne Gleichsetzung ihres gruppenspezifischen oder soziohistorischen Erfahrungshorizontes möglich. Es ist dazu notwendig aufzuzeigen, dass sehr ähnlichen Deutungstypen sehr verschiedene Lebensverläufe und gesellschaftliche Positionierungen zugrunde liegen können, und umgekehrt. Die Gemeinsamkeit, auf deren Basis die Typologie entworfen wurde, ist damit nicht eine ähnliche Erfahrungsgeschichte, sondern das Moment der tabuisierten Erinnerung.

Die Gegenüberstellung dieser biografischen Selbstpräsentationen von Vertreterinnen zweier gesellschaftlicher Gruppierungen erscheint gerade wegen ihrer Unterschiedlichkeit lohnend, denn durch den Kontrast akzentuieren sich die Spezifika des Erinnerungsprozesses an die DDR in Abhängigkeit von ihrer (unterschiedlichen) gesellschaftlichen Situierung.

3 Methodologische Grundlegung des Erinnerns im Kontext biografischer Selbstpräsentationen

Innerhalb einer biografietheoretischen Vorgehensweise dient die individuelle Lebenserzählung als hauptsächliche Datengrundlage der Analyse. Biografie wird in diesem Zusammenhang als soziale Konstruktion begriffen (Fischer und Kohli 1987, S. 26; Berger und Luckmann 2007), die sich in einem interaktiven Prozess der Präsentation der Lebensgeschichte zwischen Interviewer(in) und

Biograf(in) in einem spezifischen Rahmen aktualisiert.[4] Als Rahmen werden hier in Anlehnung an Goffman (1977, S. 16) „die implizit vorgenommenen oder explizit genannten Definitionen der Situation" verstanden. Dimbath (2012) grenzt das Halbwachs'sche Bezugsrahmenkonzept vom Rahmen-Konzept („frame", „framing") von Goffman folgendermaßen ab:

> Bei Halbwachs stehen dabei die Erinnerungen im Vordergrund. Soziale Bezugsrahmen erscheinen als typisierte Anhaltspunkte und Auslöser der Erinnerungen des Individuums. (…) Goffman sieht das Orientierungspotential seiner Rahmenkonzeption demgegenüber zuallererst in der Organisation der Alltagserfahrungen (Dimbath 2012, S. 34).

Dimbath plädiert für die Notwendigkeit eines „integrierte[n] Konzept[s]" (ebd., S. 46). Dieses Konzept soll sowohl die Interaktionsperspektive (und ihren Einfluss auf das Erinnern) als auch den erinnerungsfördernden Charakter des Bezugsrahmens[5] in den Fokus nehmen (ebd.). Wir verstehen im Folgenden entsprechend dieser theoretischen Verknüpfung Rahmen als vielfältig. Er ist zum einen als Situationsdefinition aller Anwesenden innerhalb einer Interaktion folgenreich für die gewählten Themen im Interview. So kann mein Gegenüber das Anliegen haben, das Interview zur politischen Auseinandersetzung mit der Geschichte der Umsiedlung zu nutzen, wie wir im Folgenden beim ersten Typus sehen werden, oder es steht die Aufklärung über die Geschichte der eigenen Politisierung im Vordergrund. Neben der Vorstellung vom Interview selbst spielt auch die (zugeschriebene) gesellschaftliche Position der Interviewerin, in diesem Fall der (Weißen) westdeutschen Forscher(innen) eine Rolle. Je nachdem, wie das Interview von allen Akteur(inn)en wahrgenommen wird, gestaltet sich die Präsentation der Lebensgeschichte sehr unterschiedlich. Diese Faktoren konstituieren den situativen, wandelbaren Aspekt des Rahmens.

Gleichzeitig sind Rahmen aber auch als Bezugspunkte des Erinnerns und Erzählens im Interview zu verstehen: So stellen sowohl Deutungen innerhalb eines politischen Feldes gesellschaftlich wirkmächtiger Diskurse, als auch das Konzept Biografie in ihrer in der gegenwärtigen Gesellschaft etablierten Form einen Rahmen dar, der eine Struktur und Chronologie anbietet, das Erlebte zu

---

[4]Die methodische Ausführung des Interviews folgt dem Vorgehen des narrativen Interviews nach Schütze (1983). Der Aufforderung zur Lebenserzählung folgt eine selbsterzeugte Präsentation des Lebens, die den Biograf(inn)en Raum für die Setzung eigener Relevanzen lässt. Nachfragen erfolgen dabei zunächst auch nur zu Themen, die bereits von den Biografinnen angesprochen wurden (zu Ausführung und Beweggründen für die Wahl dieser Methode siehe auch Rosenthal 2015a).

[5]Auch der Bezugsrahmen kann als sozial hergestellt verstanden werden.

erzählen. Die Zuwendung zu vergangenen Erlebnissen und somit zur eigenen Lebensgeschichte erfolgt immer aus der Gegenwart, in der zur Erzählung aufgefordert wurde. Das Erinnern an Erlebnisse als konstitutive Voraussetzung für die Präsentation einer Biografie verläuft in Anlehnung an Halbwachs (1967, 2006) in einem rekonstruktiven Prozess. Die Erlebnisse können nicht als identisch mit dem Erlebten wiedergegeben werden, Erinnerungen lassen sich demnach nicht wiederholen, sondern sind vor dem Hintergrund neuer Eindrücke und Erfahrungsaufschichtungen als neue Konstruktionen zu begreifen: „So bietet uns in einem Sinne das von uns konstruierte Bild der Vergangenheit ein der Wirklichkeit besser entsprechendes Bild der [gegenwärtigen] Gesellschaft" (Halbwachs 2006, S. 161).

Der starke Gegenwartsbezug von Erinnerungen bei Halbwachs lässt jedoch, so kritisiert Rosenthal (1995), die Relevanz des Erlebens als Grundlage der Erinnerungen unterberücksichtigt. Sie fasst den Prozess in der Triade aus Erleben, Erinnern und Erzählen für die Präsentation einer Biografie aus einer phänomenologischen, gestalttheoretischen Perspektive:

> Die erzählte Lebensgeschichte konstituiert sich wechselseitig aus dem sich dem Bewußtsein in der Erlebenssituation Darbietenden (…) und dem Akt der Wahrnehmung (…), aus den aus dem Gedächtnis vorstellig werdenden und gestalthaft sedimentierten Erlebnissen und dem Akt der Zuwendung in der Gegenwart des Erzählens (Rosenthal 1995, S. 20).

Rosenthal wendet sich damit gegen eine Vorstellung von Erinnern, welche dieses ausschließlich als gegenwärtige Rekonstruktionsleistung des Subjekts versteht, und setzt dem ein „sich im Laufe der Erinnerung erlebendes Subjekt" (ebd., S. 80) entgegen.

In unserem daran anschließenden Verständnis ist die Konstruktion von Biografie während der Präsentation einer Lebensgeschichte zudem nicht als ein Prozess der Aneinanderreihung individueller Erlebens- und Sinngebungsprozesse zu verstehen. Vielmehr ist sowohl die Präsentation in der Gegenwart als auch das Erleben eingebunden in vergangene und gegenwärtige gesellschaftliche Rahmen und Kollektivgedächtnisse (Rosenthal 2015b):

> Der Erinnerungsprozess kann also unabhängig weder von der gegenwärtigen Situation des Erinnerns noch von der erlebten und der tradierten Vergangenheit gesehen werden. Er steht in Wechselwirkung mit dem kollektiven Gedächtnis unterschiedlicher gesellschaftlicher Gruppierungen (ebd., S. 9).

Das Kollektivgedächtnis bezeichnet nach Halbwachs (1967, 2006) die Gesamtheit an Erinnerungen der Gruppenmitglieder, ohne dass es mit den individuellen Erinnerungen deckungsgleich wäre. Vielmehr entwickelt es sich gemäß einer eigenen Logik. In einem Prozess der Auswahl bestimmter Erinnerungen schafft sich die Gruppe in ihrer Hinwendung zur Vergangenheit ein Bild von sich. Nicht jede Gruppe verfügt jedoch über ein Gruppengedächtnis. Sie muss sich als Gruppe mit eigenen Erfahrungen konsolidieren (Halbwachs 1967, S. 76). Jan Assmann (2013, S. 39 f.) hat auf die Relevanz von Identität und Zugehörigkeit als Funktionen des kollektiven Gedächtnisses hingewiesen.

Erinnerung und kollektives Gedächtnis sind nicht losgelöst von Diskursen zu denken. Unter Bezugnahme auf die wissenssoziologische Diskurstheorie Kellers können Diskurse als „abgrenzbare übersituative Zusammenhänge von Äußerungsformen (Praktiken der Artikulation) und Inhalten (Bedeutungen), die mehr oder weniger stark institutionalisiert sind" (Keller 2006, S. 131), spezifiziert werden. Anders als eine Bindung des Kollektivgedächtnisses an seine Träger und deren Lebenszeit (Halbwachs 1967, S. 71) sind Diskurse als überindividuelle, „relativ dauerhafte und regelhafte (...) Prozesse der Bedeutungszuschreibung" (Keller 2006, S. 131) zu verstehen.[6]

Kollektivgedächtnis und Diskurs bedingen sich – wie gezeigt wird – gegenseitig, sind aber nicht als deckungsgleich zu verstehen, da das jeweils eine nicht im jeweils anderen aufgeht.

Unter Zugrundelegung dieser Vorannahmen gibt eine biografietheoretische Betrachtung in Verbindung mit gedächtnis- und diskurstheoretischen Ansätzen Aufschluss über individuelle und gesellschaftliche Prozesse in ihrem Gewordensein. Sie ermöglicht, durch die Betrachtung biografischer Verläufe, tabuisierte Erinnerungen und die Tabuisierung der Erinnerung in ihren Entstehungskontexten zu verstehen. Insofern ist der Artikel als Plädoyer für die Analyse von Biografien zu verstehen, um Erinnerungsprozesse in ihrer gesellschaftlichen Verwobenheit erfassen zu können.

Welche biografischen Verläufe die Deutungstypen[7] der abwägenden und der verlustreichen Umdeutung konstituieren, wird im Folgenden expliziert.

---

[6]Der übersituative und überindividuelle Charakter eines Diskurses soll jedoch nicht darüber hinwegtäuschen, dass auch ein Diskurs auf die Hervorbringung und Aktualisierung durch Akteur(inn)e(n) angewiesen ist.

[7]Für diesen Artikel haben die beiden Autorinnen aus ihren zwei Dissertationsprojekten mit je eigenen Samples, Forschungsfragen und themenspezifischen Typenbildungen zwei Fälle ausgewählt, um diese miteinander zu vergleichen. Die hier vorgestellte Typologie wurde zu diesem Zweck erstellt, ließe sich aber durch weitere Analysen erweitern.

4 Die konstituierenden biografischen Verläufe zweier Vergangenheitsdeutungstypen

4.1 Der Deutungstyp der verlustreichen Umdeutung

Als Beispiel für den ersten Typus der verlustreichen Umdeutung der eigenen Erinnerungen mit Bezug auf ein neues Kollektivgedächtnis wird zunächst die Analyse der Lebensgeschichte der heute etwa 80-jährigen Irmtraud Althof dargestellt.

4.1.1 Der konstituierende biografische Verlauf – die Lebensgeschichte von Irmtraud Althof

Frau Althof wurde in den 1930er-Jahren in den ehemaligen Ostgebieten geboren und in und durch nationalsozialistische/n Institutionen[8] sozialisiert. Sie wuchs bis zu ihrer Adoleszenz in einem Dorf auf, dessen deutsche Bevölkerung sie als „historisch gewachsene" Gemeinschaft beschreibt[9]:

> Das Entscheidende ist vielleicht: Es war historisch gewachsen, über einige Generationen. Und jeder hatte sein Ein- und sein Auskommen (…) und als die Polen das übernommen haben, ist das ja zerbrochen.

Als sich eine Niederlage des nationalsozialistischen Deutschen Reichs abzeichnete und die Rote Armee von Osten vorgerückt war, wurde Irmtraud Althof

---

[8] Der politisch gelenkten Jugenderziehung wurde im NS eine hohe Bedeutung zugemessen: Die Jugend sollte nicht länger von der Familie geprägt, sondern durch staatliche Institutionen erzogen werden. So zeigt die Rede Hitlers von 1938: „Diese Jugend, die lernt ja nichts anderes als deutsch denken, deutsch handeln, und wenn diese Knaben mit zehn Jahren in unsere Organisation hineinkommen (…), dann kommen sie vier Jahre später vom Jungvolk in die Hitlerjugend, und dort behalten wir sie wieder vier Jahre. Und dann geben wir sie erst recht nicht zurück in die Hände unserer alten Klassen- und Standeserzeuger, sondern dann nehmen wir sie sofort in die Partei, in die Arbeitsfront, in die SA oder in die SS, in das NSKK und so weiter (…) und sie werden nicht mehr frei ihr ganzes Leben (Beifall)" (zit. n. Horn und Link 2011, S. 2).

[9] Die im Artikel verwendeten Zitate der beiden Biografinnen stammen aus biografisch-narrativ geführten Interviews, die die Autorinnen jeweils mit den Interviewpartnerinnen im Rahmen ihrer Dissertationsprojekte führten. Katinka Meyer promoviert mit der Arbeit *Konstitution und Wandel kollektiver Gedächtnisse. Zum transgenerationellen Dialog von in der SBZ/DDR angesiedelten ‚Umsiedler(innen)'-Familien*. Namen und Daten der Interviewpartner(innen) sind maskiert.

zusammen mit ihrer Mutter, wie etwa zwölf Millionen[10] andere Deutsche, infolge der nationalsozialistischen Vernichtungspolitik enteignet und in die Sowjetische Besatzungszone (SBZ)[11] ausgewiesen. Im Zuge dieser ‚Umsiedlung' erfuhren sowohl Mutter als auch Tochter von Angehörigen der Roten Armee schwere sexualisierte Gewalt. Beide waren infolgedessen sowie weiterer unsicherer Lebensbedingungen traumatisiert.

Die staatliche Politik der SBZ und später der DDR zielte auf eine Assimilierung in den Realsozialismus. Aus den ‚Umsiedlern', wie sie zunächst bezeichnet wurden, sollten ‚Neubürger' werden. „Die SED hilft euch", so ein Wahlplakat der Partei von 1946, „eine neue Heimat zu schaffen". Die hier gemeinte Heimat war eine sozialistische und umfasste die Bedingung, die alte zu vergessen. Für Irmtraud Althof bedeutete dies nicht nur, die für sie traumatisierenden Erfahrungen sexualisierter Gewalt, sondern auch ihre eigene Herkunft mit der darauffolgenden Geschichte der Zwangsmigration zu tabuisieren.

1950 wurden alle zuvor ergriffenen Unterstützungsmaßnahmen eingestellt, die Integration galt als abgeschlossen. Unterschiede zwischen den Erfahrungen von ‚ehemaligen Umsiedlern' und von jenen der autochthonen Bevölkerung störten die Wahrnehmung von und die Außenpolitik mit den ‚sozialistischen Bruderländern'. Die staatlich gelenkte Negation von Differenzen entsprach jedoch nicht immer dem Erleben der ‚ehemaligen Umsiedler(innen)'.

So formuliert es retrospektiv auch Irmtraud Althof:

> Die Leute mochten uns nicht. Und das war klar, wir wurden bei denen in die Wohnung mit reingesetzt. Aber sie hätten ein bisschen netter zu uns sein können, muss ich sagen. Das hat sehr wehgetan, wenn man denn noch so verachtet wird, ja?

Dennoch verfolgte sie eine berufliche und politische Anpassung an das politische System der DDR und gab ein erinnertes ‚Wir' der Dorfgemeinschaft auf. Anstelle dessen folgte sie den Maximen von „Planbarkeit und Machbarkeit, Leistung und

---

[10]Von den Zwangsumsiedlungen war die Mehrheit der deutschen Bevölkerung betroffen, die in den sogenannten Ostgebieten lebte. Die Angaben zur Anzahl der von den Umsiedlungen Betroffenen variiert von 7 bis 17 Mio. Zur Kontroverse um die Zahlen siehe Hahn und Hahn (2006). Aufgrund verschiedener zugrunde gelegter Umsiedlungsgebiete sowie Zeiträume kommt das Statistische Bundesamt (1958, S. 9) zu dem Schluss, dass eine präzise Nennung nicht möglich sei.

[11]Der Bevölkerungsanteil an zwangsmigrierten Deutschen aus den ehemaligen Ostgebieten war in der SBZ im Vergleich zu den anderen Besatzungszonen überdurchschnittlich hoch. Die ‚Umsiedler(innen)' machten 1949 ein knappes Viertel (4,1 Mio.) der Bevölkerung aus (Schwartz 2004, S. 54).

Erfolg statt ideologischem Gerede" (Ahbe und Gries 2006, S. 512) und kann deshalb als Mitglied der von Ahbe und Gries näher charakterisierten „Aufbau-Generation" bezeichnet werden.

Auch privat folgte Irmtraud Althof diesen Maximen, heiratete ein überzeugtes SED-Mitglied und gründete eine Familie. Sie entsprach den Vorstellungen der ‚Umsiedler'-Politik und stand „kompromisslos hinter den Beschlüssen von Partei und Regierung", wie in einer Akte des Ministeriums für Staatssicherheit über sie geschrieben steht.[12]

Ihr beruflicher Erfolg brachte sie im Laufe der Jahrzehnte bis in den Staatsdienst. Eine solche gesellschaftliche Positionierung erschwerte ihr anders als anderen, weniger exponierten ‚Umsiedler(inne)n' den Austausch mit anderen ‚ehemaligen Umsiedler(inne)n', die Teilnahme an Treffen der Dorfgemeinschaft oder gar den gewünschten Kontakt zu westdeutschen Verwandten. Der Zugang zur Erinnerungsgemeinschaft des Dorfes beziehungsweise der Gruppierung der Umgesiedelten war für Frau Althof also beschränkt. Stattdessen folgte sie der staatlichen Tabuisierungsaufforderung ihrer Familiengeschichte und der erfahrenen Gewalt: eine Handlungsmöglichkeit, die ihr offenstand, da ihre traumatischen Verletzungen nicht ‚öffentlich' sichtbar waren – womit bereits ein Gegensatz zum zweiten biografischen Verlauf, der im Anschluss dargestellt wird, wesentlich wird.

Dieser Prozess der Übernahme eines Diskurses über die DDR als einem erfolgreich assimilierenden Staat erfolgte keineswegs ausschließlich freiwillig, sondern vor dem Hintergrund von Zurechtweisungen auf drei Ebenen:

Staatliche Repression wurde gegen Personen, die in Aktivitäten von tatsächlichen oder vermeintlichen ‚Revanchisten' verwickelt waren, ausgeübt. So wurde Frau Althof nach einem Familientreffen mit Westverwandtschaft zu disziplinierenden Gesprächen in ihrer Abteilung gebeten. Da sie sich verständig zeigte und Kontaktversuche unterließ, blieben die Gespräche ohne Konsequenzen.

Eine Übernahme des staatlichen Diskurses von weiten Teilen der Bevölkerung, der sich mit einer Ablehnung gegen Fremde verstärkte, führte vor allem in den Nachkriegsjahren zu gesellschaftlicher Zurückweisung. Die Nennung ihrer Herkunftsgebiete und Familiengeschichte führte zu Belehrungen durch Kolleg(inn)en und Bekannte über die politische Deutung ihrer Herkunft. Irmtraud Althofs Wahrnehmung wurde als revisionistisch oder falsch diskreditiert, und

---

[12]Im Zuge ihrer Recherchen erhielt Katinka Meyer Akteneinsicht in der Behörde des Bundesbeauftragten für die Unterlagen des Staatssicherheitsdienstes der ehemaligen DDR. Zum Schutze der Anonymisierung können Informationen zur Quelle hier nicht veröffentlicht werden.

eine Einteilung in ‚wir Etablierte' und ‚ihr Außenseiter' wurde vorgenommen, wie folgendes Beispiel zeigt:

> Hier in der Fabrik, (…) ich guck richtig gelangweilt in die Gegend. Und da fang ich Kamel an zu erzählen von zu Hause, wie schön das da war. Und da haben mich die Weiber so zur Sau gemacht. ‚Das kenn wir schon! Ihr hattet ja alle 5-Zimmer-Wohnungen…! Gar nichts habt ihr gehabt, sonst hättet ihr ja was mitgebracht' Und da habe ich mir geschworen: Du wirst nie mehr darüber sprechen, denn beleidigen lassen braucht man sich denn nicht.

Drittens erfolgte eine Verarbeitung der Erlebnisse beziehungsweise eine Auseinandersetzung mit der Familiengeschichte auch nicht im familialen Kreis. Vielmehr war Frau Althof mit einem von ihrem Ehemann ausgesprochenen familialen Schweigegebot konfrontiert. Ein Zitat aus dem Interview verdeutlicht eine Interaktion zwischen ihr und ihrem Ehemann, die zu einem *silencing* ihrer Erinnerungen auch innerhalb der Familie führt:

> Als es so aussah, als ob wir zusammenblieben, sag ich: ‚Ich möchte mich aber mal mit dir über einiges aus meiner Vergangenheit unterhalten.' Sagt er: ‚Vergangenheit? Vergangenheit ist doch vorbei. Das interessiert mich überhaupt nicht. Oder ist es nicht vorbei?' Ich sag: ‚Doch, das ist vorbei' – ganz ruhigen Gewissens. Aber bedrückt hat es mich trotzdem.

Diese drei Ebenen, staatliche Tabuisierungspolitik, gesellschaftliche Ausgrenzung sowie familiales Schweigegebot, griffen für Irmtraud Althof ineinander. Angesichts dieser Restriktionen kann von einer Tabuisierung und als deren Folge von einem Prozess des Einübens in ein vermeintliches ‚Vergessen' von Zwangsmigration und Vergewaltigung gesprochen werden.[13] Irmtraud Althof fügte sich diesen Tabuisierungsaufforderungen, um ihre erfolgreiche Integration zu befördern beziehungsweise nicht zu gefährden.

4.1.2 Umgang mit der Tabuisierung nach der Transformation: Irmtraud Althof

Die gesellschaftlichen Rahmen der Erinnerung änderten sich Anfang der 1990er-Jahre im Zuge der Transformation tief greifend für alle Menschen, die diese erlebt haben – so auch für Frau Althof. Mit dem staatlichen Anschluss der DDR an die Bundesrepublik erlebte Irmtraud Althof ihren zweiten gesellschaftlichen Umwäl-

---

[13]Zu den Praktiken „diskursiver Dethematisierung" in Alltagsgesprächen siehe auch Wundrak (2016).

zungsprozess. Hatte sie in der DDR die biografische Handlungsstrategie der Anpassung an ein neues politisches System bereits erprobt, wendete sie diese im ‚vereinten Deutschland' erneut an. Von einer erfolgreichen Sozialistin wurde die mittlerweile ins Rentenalter gekommene Irmtraud Althof zur engagierten Demokratin.

Darüber hinaus ermöglichte ihr die Systemtransformation eine Herauslösung aus den Mechanismen der mehrdimensionalen Tabuisierung ihrer Vergangenheit. Mit der Eingliederung in die Bundesrepublik hatte sie erstmals Zugriff auf andere Deutungen der deutschen Geschichte, einschließlich der Zwangsmigration. Nach dem vorher sehr konsequenten Hinausdrängen der Erinnerung aus dem individuellen und familialen Gedächtnis wurde die nur scheinbar vergessene Familiengeschichte nun umso heftiger Gegenstand ihrer Auseinandersetzung. Irmtraud Althof begann, sich aktiv in Vertriebenenverbänden[14] zu engagieren. Jedoch war es erst der Tod ihres Ehemanns, der bezogen auf ihren versprachlichten Umgang mit ihrer Erinnerung einen einschneidenden Umbruch bedeutete: Er ermöglichte ihr ein Ausbrechen aus dem Schweigen über die erlebte Vergewaltigung, und sie begann, sich im Anschluss in einer Gruppe innerhalb des Verbandes zu organisieren, die sich vor allem mit den Verbrechen an deutschen Frauen nach 1945 beschäftigte.

Auch in ihren Träumen kehrte ihre Vergangenheit in ihr Leben zurück.[15]

Ich habe geträumt; aber so, als ob es wahr ist. So, wie das zu Hause war. Wir saßen mit mehreren Familien bei uns im Schlafzimmer, da haben immer zweie in einem Bett geschlafen (…) und da waren welche an der Tür und die eine Frau sagte: ‚Du musst jetzt hingehen, die treten die Tür ein und denn haben wir gar keinen Schutz mehr.' Und meine Mutter ist dann aufgestanden und hingegangen. ((Irmtraud Althof holt Luft.)) In der Zwischenzeit hat da einer schon das Fenster eingedrückt und fiel ins Bett. Da lag die Frau Stötzel mit ihrer Tochter und da ist er gleich liegen geblieben. Hat sich da vergnügt. ((Irmtraud Althof holt Luft.)) Und die Angst, die man da

---

[14] Als Vertriebenenverbände werden diejenigen Organisationen bezeichnet, welche sich den Herkunftsgebieten der Zwangsmigrierten entsprechend als deren Interessenvertretung verstehen. Sie bildeten sich infolge des Wegfalls des von den westlichen Alliierten verhängten Koalitionsverbots. Seit 1958 gründete sich in Westdeutschland als deren Dachverband der Bund der Vertriebenen (BdV), der politisch großen Einfluss hatte. Seiner bis heute gültigen Charta von 1950 sind die Forderungen nach „Recht auf die Heimat", Rückkehrrecht sowie Eingliederung in die Bundesrepublik zu entnehmen. Siehe hierzu auch Beer (2011) und Jakubowska (2012). Schwartz (2013) hat auf den hohen Anteil an NS-Funktionsträgern unter den Vorstandsmitgliedern des Bundes der Vertriebenen in den 1950er-und 1960er-Jahren hingewiesen.

[15] Mit Blick auf die Erinnerungsfähigkeit stellt Aleida Assmann in Anlehnung an Traumatheorien fest, dass es im Zuge von Traumatisierungen zu psychischen Abwehrreaktionen wie Dissoziationen kommen könne. Erinnerungen befinden sich dann in einem Zustand der Latenz und können, obwohl lange nicht wahrnehmbar, als Symptome zurückkehren (Assmann 2006, S. 93 f.).

ausgestanden hat, ja? Das habe ich **alles**[16] so geträumt und da habe ich gedacht: ‚Du hast ja auch die Tür nicht abgeschlossen, die Haustür!' Bin den langen Gang langgegangen, um die Haustür abzuschließen – können Sie sich das vorstellen? – und im Treppenhaus denke ich: ‚Du bist ja gar nicht mehr zu Hause!' So ist das noch drin!

Das Thema wurde zu einem großen Bestandteil in Irmtraud Althofs Leben. So ist auch das Interview im Jahr 2013 sehr stark durch ihr Interesse, die Opfergruppe der vergewaltigten Frauen zu vertreten, charakterisiert. Zwar existiere, so ihre Einschätzung, nicht länger ein staatliches Tabu, ausreichend gewürdigt werde das Leid der Frauen jedoch noch immer nicht. So ist der Interaktionsdynamik zu entnehmen, dass die Darstellung der Lebensgeschichte einerseits erst durch das Interview initiiert und in dieser Situation erschaffen wurde, andererseits mit bestimmten Wünschen verbunden ist. Irmtraud Althof formuliert einen Appell an die Interviewerin:

> [Frauen] mussten viel durchmachen, aber da spricht keiner drüber (…). Das ist so gemein! Das ist unmöglich! Also wäre ich dafür, wenn Sie die Möglichkeit haben und forschen ein bisschen, dass Sie insgesamt das darstellen, was die Frauen durchgemacht haben.

Über das Interview hinaus erhofft sich die Biografin eine politische Intervention in ihrem Sinne. Diese zu äußern, wird für sie erst unter den veränderten gesellschaftlichen Bedingungen möglich. Es lässt sich also festhalten, dass es nicht allein – und wie sie selbst zu betonen nicht müde wird – das politische System war, es war darüber hinaus die Anwesenheit ihres Ehemanns und dessen Schweigegebot, welches eine Thematisierung ihrer Erfahrungen erschwerte.

4.1.3 Erinnern an die DDR: Irmtraud Althof

Der kollektive Rahmen, in den Irmtraud Althof ihre Präsentation einfügt, lässt sich als Gedächtnis der ‚vertriebenen und vergewaltigten Frauen' beschreiben und orientiert sich an den Geschichtsdeutungen des Bundes der Vertriebenen (BdV), dessen Aktivität in das Westdeutschland der 1950er-Jahre zurückreicht.

Dieses Kollektivgedächtnis beinhaltet eine Ablehnung der DDR, denn aus Sicht seiner Mitglieder war es dieser Staat, der für die Tabuisierung von ‚Zwangsmigration und Vergewaltigung' verantwortlich war. In den Darstellungen von Irmtraud Althof wird die DDR retrospektiv ausschließlich als Beschränkung gezeichnet. Eine solche Darstellung entspricht dem von Sabrow (2010) als „Diktaturgedächtnis" bezeichneten Kollektivgedächtnis, welches die öffentliche

---

[16]In Zitaten fett Markiertes verweist auf besonders betontes Sprechen seitens der Interviewpartnerinnen.

Erinnerung dominiert.[17] Ganz diesem entsprechend wird 1989 von Frau Althof auch als positiver Wendepunkt in ihrem persönlichen Leben und als Gruppenangehörige der Vertriebenen verstanden:

> Also es gibt viele Vorteile der Wende. Ich sehe gar keine Nachteile (...). Ein Vorteil ist eben auch, dass man darüber sprechen kann. Wenn wir das, was wir hier so erzählen, zu DDR-Zeiten erzählt hätte ... Also ich weiß nicht, die hätten uns vielleicht für verrückt erklären müssen.

Unter dem Eindruck, etwas zuvor Tabuisiertes erzählen zu können, wird die DDR ausschließlich aus dieser Perspektive als tabuisierender Staat betrachtet. Nicht thematisierbar und an den Rand der Erinnerung gedrängt werden innerhalb dieses Gedächtnisses allerdings drei Aspekte:

Erstens wird der Aspekt eines erfolgreichen und systembejahenden Lebens innerhalb der DDR in den Hintergrund gerückt. Wenn dieser im Interview dennoch thematisch wird, erfolgt dies in narrativen Passagen, in denen die Kontrolle über das Gesagte aufgrund von Zugzwängen des Erzählens[18] schwächer ist. Diejenigen Aussagen sind also nebenbei ‚herausgerutscht'.

An den Rand gedrängt werden zweitens Handlungsspielräume innerhalb des Systems und Möglichkeiten des Tabubruchs. Im Rahmen des Kollektivgedächtnisses ist es ihr nicht möglich, zum Beispiel davon zu erzählen, dass auf Familienfeiern sehr wohl über die Zwangsmigration gesprochen wurde.[19] Hinter der im Interview wie ein Mantra vorgebrachten Deutung der DDR als tabuisierender Staat verschwindet alles, was auf Räume des Versprachlichens hinweist. Meist sind es Alltagssituationen, die Möglichkeiten bieten oder sogar Aufforderungen darstellen, sich mit der Erinnerung sprachlich auseinanderzusetzen. Wie sie in der gegenwärtigen Deutung im Kontext des Interviews damit umgeht, zeigt etwa folgendes Zitat:

---

[17] Dem *Diktaturgedächtnis* entsprechend, so die Unterscheidung der Erinnerungsmodi, wiegt für ein Verständnis der DDR der „Unterdrückungscharakter der SED-Herrschaft" schwerer als deren soziale und wirtschaftliche Absicherung. Dem entgegen stehen Erinnerungen, die Herrschaftssystem und Alltagswelt nicht strikt trennen und ein *Arrangement* innerhalb der Verhältnisse betonen. Das marginalisierte *Fortschrittsgedächtnis* hält an der Legitimität eines sozialistischen Gegenentwurfs fest (Sabrow 2010, S. 16 f.).

[18] ‚Narrativ' und ‚Erzählung' beziehen sich auf die Einteilung von Textsorten nach Kallmeyer und Schütze (1977). Innerhalb eines narrativen Interviews unterliegen die Interviewten Zugzwängen des Erzählens, welche u. a. zur Folge haben, dass deren Ausführungen detaillierter werden, als dies von ihnen beabsichtigt war.

[19] Diese Information ist den Autorinnen durch Interviews mit anderen Familienmitgliedern bekannt.

> In der DDR hat man alles verdrängt. Das war des einzige, was einen retten konnte: Verdrängen und gar nicht daran denken. Meine Mutter wollte mit mir immer darüber sprechen; dann bin ich aufgestanden und bin rausgegangen. Ich... ich... ich wollte nicht und ich konnte nicht.

Deutlich wird an dieser Stelle des Interviews nicht nur ihre Perspektive auf die DDR als tabuisierender Staat, in dem sie sich gezwungen sieht zu verdrängen, um sich selbst zu „retten", wie sie es ausdrückt. Angedeutet wird darüber hinaus, und zwar als einziges Mal im Interview, ihre eigene Abwehr einer Auseinandersetzung: Obwohl es die Möglichkeit einer innerfamilialen Thematisierung gegeben hat, indem ihre Mutter wiederholt das Gespräch suchte, lehnte sie dieses ab.[20] Wenngleich also eine Sprache existierte, das Erlebte zu fassen, schwieg sie. In der Zuwendung zum Vergangenen wurden solche Erinnerungen vor dem Hintergrund ihres Präsentationsinteresses im Interview an den Rand gedrängt.

Ausgeblendet wird mit einer Fokussierung auf die DDR drittens eine weitere relevante Ursache des Tabus: der ‚nichtstaatliche Tabuisierungsfaktor' Ehemann. Wie oben erwähnt, ist es ihr innerhalb der Familiendynamik nicht möglich, diese Erfahrungen zu thematisieren. Vielmehr lebt sie mit dem Vorsatz zu schweigen und in der Angst, ihr Ehemann könne ihre ‚dunkle Vergangenheit' entdecken.

Es sind diese drei Aspekte, die Irmtraud Althof mit ihrer Deutung der Vergangenheit in der Gegenwart nicht thematisieren kann. Darüber hinaus fügt sich ihre Erzählung über die DDR in weiten Teilen bruchlos in den öffentlichen Diskurs um die DDR als Diktatur ein.

Der Typus, dem die Lebensgeschichte von Irmtraud Althof entspricht, ist durch (Sprach)Verlust und Verschweigen als Handlungsmuster konstituiert, indem die eigenen, zunächst tabuisierten Erinnerungen in einen neuen Rahmen eines Kollektivgedächtnisses integriert werden. Dargestellt werden können mit einer solchen Deutung jedoch ausschließlich Erinnerungen des Kollektivs der (west)deutschen Vertriebenen. Wenn die Erfahrungen abweichen, wie dies für die ostdeutsche Lebenszeit von Irmtraud Althof der Fall ist, entziehen sie sich einer Versprachlichung, sodass erneut von einer verlustreichen Umdeutung der eigenen Erinnerungen mit Bezug auf ein neues Kollektivgedächtnis gesprochen werden kann. Eine Versprachlichung ostdeutscher Erinnerungen würde die Integration in das neue Kollektiv möglicherweise gefährden.

---

[20]Die Gründe sind sicher vielfältig: So ist ihre eigene Entscheidung nicht losgelöst von gesellschaftlichen Zwängen zu analysieren. Auch sind psychologische Motive wie Scham und Abwehr bzw. das spezifische Verhältnis zur ebenfalls traumatisierten Mutter sicher als Teil ihres Handlungsentwurfs in eine Interpretation der Passage einzubeziehen. Dies wird zugunsten der Argumentation an dieser Stelle jedoch nicht vertieft.

4.2 Der Deutungstyp der abwägenden Umdeutung

Dem Typus der retrospektiven Deutung von Differenzerfahrungen unter dem Aspekt der verlustreichen Umdeutung, wie er hier anhand der Geschichte einer ‚Umsiedlerin' dargestellt wurde, kann kontrastierend der Typus der abwägenden Umdeutung von Erinnerung entgegengesetzt werden.[21] Zur Illustration dieses Typus wird im Folgenden die Lebensgeschichte von Heide Abayomi vorgestellt, einer ‚Schwarzen Deutschen'.[22]

4.2.1 Der konstituierende biografische Verlauf – die Lebensgeschichte von Heide Abayomi

Frau Abayomi wurde 1966 als Kind einer Weißen deutschen Mutter und eines Schwarzen Vaters aus dem Tschad, der zu diesem Zeitpunkt in der DDR studierte, geboren.[23] Der Vater verließ die Familie schon vor ihrer Geburt. Heide Abayomi wuchs ohne ihren Vater in einem familialen Kontext auf, in dem man sich mit dem System der DDR identifizierte. Sie äußert sich im Interview kritisch gegenüber der Überzeugung ihrer Mutter, über die sie im folgenden Zitat spricht:

> und war auch in der Partei und ich glaube (…), dass sie auch wirklich daran geglaubt hat an SED und Sozialismus. Und irgendwie weiß gar nicht, wie ich es sagen soll, (…) überzeugt und vor allen Dingen auch das alles geglaubt hat, was sie ihr da erzählt haben, so, von der Theorie über die Praxis

Vor diesem familialen Hintergrund des Glaubens an die DDR wurde Heide Abayomi in das System sozialisiert. Sie nahm seit ihrer Kindheit an verschiedenen Aktivitäten teil, in deren Rahmen auch ihr Erleben von Differenz eingebunden war. Ihre Positionierung unterscheidet sich von der ‚Umsiedlerin' Irmtraud Althof ganz wesentlich im Hinblick auf die Möglichkeit, sich dieser Differenzerfahrungen entziehen zu können. Frau Althof konnte ihre Geschichte ‚verstecken'. Im Gegensatz dazu machte Frau Abayomi die Erfahrung, aufgrund ihres Äußeren ‚anders' zu sein:

---

[21]Der hier vorgestellte Fall wurde bereits andernorts mit dem Fokus auf die diskursive Begrenzung des Erlebens und Erinnerns in Wechselwirkung mit der eingenommenen Positionierung diskutiert (Ransiek 2013).

[22]Das Interview ist eines der biografisch-narrativen Interviews, die im Rahmen des Dissertationsprojekts von Anna-Christin Ransiek mit dem Titel *Die Konstruktion des Selbst im Kontext von Rassismus – Wahrnehmung und Bearbeitung rassistischer Diskurse und Praktiken durch Schwarze Menschen in Deutschland* entstanden sind.

[23]Einen Überblick zur Situation der ‚Anderen' in der DDR liefert u. a. Krüger-Potratz (1991).

da sagt der eine [Junge] zu mir ((mit verwunderter Stimme)): ‚Ach du bist ja an den Beinen auch braun' ((kichert)) [AR: lacht]. Da habe ich mir schon gedacht: ‚Oh Gott!' – als kleines Kind – ‚wie blöd ist der!'

Während in der Interaktion zwischen den Kindern zunächst nur die Unterschiede im Aussehen hervorgehoben wurden und Heide Abayomi damit als ‚anders' markiert wurde, erfuhr ihr ‚Anders'-Sein durch Erwachsene eine (Ab)Wertung:

> am Anfang war es natürlich schon komisch, denk ich mal. Aber so viel hat sie [die Mutter] davon auch nicht erzählt, bloß dass ihr Onkel irgendwie von mir gar nichts wissen wollte. Aber als er dann, den Schritt gemacht hat, da mal in den Kinderwagen zu gucken, war sozusagen das Eis gebrochen. Also dieses Ding, was ich nicht kenne, was fremd ist, ist erstmal: Abstand! ((mit verstellter Stimme)) Findet man erst mal komisch, will man nix mit zu tun haben. Aber wenn man dann ein Mal über so eine Grenze gegangen ist, (…) dann bewegt man sich ja schon drauf zu und setzt sich damit auseinander.

Heide Abayomi stellt in der Interviewsequenz dar, wie ihr Onkel sich zunächst weigerte, das Schwarze Kind auch nur zu betrachten. Aus der gegenwärtigen Perspektive zeigt Frau Abayomi eine Veränderung seines Verhaltens auf: Später habe er diese Abwehr überwunden und sich gar „damit" auseinandergesetzt. An anderer Stelle des Interviews wird die Geschichte in ähnlicher Form aufgegriffen. Dabei wird ein weiterer Faktor eingeführt, der zur Überwindung der Abwehr relevant ist, indem sie erzählt: „hat mich da schlafen sehen, fand mich so süß. Das ist ja nicht bei jedem Baby so, wenn man das irgendwo schlafen sieht!" Ihr ‚süßes Aussehen' wird an dieser Stelle als Grund eingeführt, dass andere ihre Meinung ändern.

Erfahrungen von Differenz oder ‚Anders'-Sein, die mit einer Abwertung als Kind verbunden sind, werden hier als individuelles und zu überwindendes Phänomen dargestellt. Heide Abayomi begründet negative Reaktionen auf ihr Schwarzsein als situationsspezifisch und durch Unkenntnis entstanden. Durch eine Annäherung ist es möglich, dass andere ihr Verhalten positiv veränderten. Diese Annäherung kann wiederum durch ihre Person beeinflusst werden.

An anderer Stelle erzählt die Interviewpartnerin von Ausgrenzungserfahrungen in der Schule, in denen ihre Mutter sich schützend vor sie stellte. So finden sich im Interview Passagen, in denen Heide Abayomi darauf hinweist, dass die Mutter das Kind verteidigt, sie erwähnt jedoch nicht, dass es eine Auseinandersetzung über das Erlebte mit der Mutter gegeben hätte. Das Erleben von

‚Anders'-Sein steht damit einer familialen Dethematisierung dieses Erlebens als rassistisches Erleben aufgrund fehlender Bezugsrahmen gegenüber. Diese Umgangsweise kann auch vor dem Hintergrund des gesellschaftlichen Umgangs mit Differenz in der DDR gelesen werden. Denn die Betrachtung von Differenzerfahrungen als individualisiertes Phänomen ist nicht losgelöst zu sehen von dem gesellschaftlichen Kontext, in dem sie auftraten. Sie wirkt in Interdependenz mit der Diskurspraxis des Negierens von rassistischen gesellschaftlichen Strukturen[24], die sich als Teil des antifaschistischen Diskurses[25] etabliert hatte. Die Befreiung von Faschismus und Rassismus war proklamiertes Ziel der DDR-Politik, wie in folgendem Zitat des Ministeriums für Auswärtige Angelegenheiten der DDR am *International Day for the Elimination of Racial Discrimination* im Jahr 1971 deutlich wird:

> The anti-Nazi and anti-racialist decisions of the anti-Hitler coalition have been carried out conscientiously and in their entirety within its territory. Thus, the GDR has created all the guarantees – both socio-economic and juridical – to prevent any resurgence of racism and Nazism (GDR Institute for International Politics and Economics 1978, S. 177).

Die internationale Solidarität mit von Rassismus Betroffenen wurde zudem als Teil des Klassenkampfes inszeniert und Rassismus als Phänomen des ‚Westens' externalisiert (vgl. dazu Lorenz 2013). Rassistische Zuschreibungen in der DDR-Gesellschaft wurden hingegen nicht hinterfragt. Piesche (2006) schreibt in diesem Kontext zur Lebenswelt Schwarzer Deutscher in der DDR:

> Schwarze Kinder und Jugendliche nahmen in der DDR hier jedoch eine besondere Position ein. Sie sprachen die deutsche Sprache, trugen deutsche Namen und lebten meist in weißen deutschen Familien und deren ganz gewöhnlichem Alltag. Dies verwies auf eine scheinbare Integration. Doch der Blick auf die Situation der Väter – es waren zuerst ausschließlich Männer, die ins Land kommen durften (…) – zeigt, dass der ‚Differenzsozialismus' mit stereotypen und rassistischen Zuschreibungen Mehrheits- und Minderheitenkulturen prägte und dies auch in den Kindern weitertradiert wurde. Gerade vor dem Hintergrund einer sich zur Völkerverbundenheit und -freundschaft bekennenden Ideologie, die auch die bildungspolitische Auseinandersetzung mit Rassismus und Antisemitismus und ihren eigenen Internationalismus zum Programm erhob, stellt sich die marginale Position, die Schwarze Menschen in der DDR

---

[24]Siehe hierzu Piesche (2006) sowie Behrends et al. (2003).
[25]Zur Ideologie des Antifaschismus siehe Danyel (1995); Danyel at al. (1994).

im Alltagsleben und Repräsentationskontext einnahmen, besonders drastisch dar (Piesche 2006, o. S.).

Die zuvor erläuterte Kopplung von familialer und öffentlich-diskursiver Dethematisierung von Rassismuserfahrungen führte in der Konsequenz dazu, dass die gesellschaftliche Bedingtheit von Differenzerleben tabuisiert wurde. Stattdessen wurde Differenzerleben zu einem individuellen Phänomen.

Auch wurden Erfahrungen von Differenz für Frau Abayomi in der Familie an besondere Erwartungen gekoppelt, die sie zur Überwindung zu erfüllen hatte:

> also dieser Rassismus ist natürlich auch immer so (...) dass sie alle immer erwarten beziehungsweise auch gesagt haben, ‚ja du bist ja anders, du musst halt gucken, dass du irgendwie gut dastehst, dass du die **Beste** (...), dass halt an einen andere Erwartungen gestellt werden, weil man Schwarz ist. Und, das habe ich teilweise auch. Konnte ich verstehen, die Meinung.

Frau Abayomi fand sich im Gegensatz zu Frau Althof im Erleben solcher Situationen in einer anderen generationalen Position. Sie machte diese Erfahrungen nicht nur als Kind beziehungsweise Jugendliche (das heißt vor einem spezifischen Horizont altersbedingter Handlungsmöglichkeiten), sondern sie gehörte auch zu denjenigen, die ihr ganzes Leben in der DDR verbracht hatten.[26] Im Gegensatz zu Irmtraud Althof hatte sie zu diesem Zeitpunkt (und in diesem Alter) keinen alternativen versprachlichten Rahmen, der ihr Vergleichsmöglichkeiten und damit andere Möglichkeiten der Deutung hätte bereitstellen können.

Es lässt sich zusammenfassen: In Heide Abayomis Kindheit und Jugend wurden Differenzerleben, staatliche und familiale Dethematisierung der gesellschaftlichen Implikationen des Differenzerlebens sowie der Anspruch, individuell zur Überwindung dieser Differenz beizutragen, miteinander verknüpft. Familiale Tradierung und öffentlicher Diskurs stellten den vergangenen Rahmen, in dem Heide Abayomi Differenzerfahrungen als individualisierte Phänomene zu deuten

---

[26]Lindner (2003, S. 37) spricht in Bezug auf die Alterskohorte, der auch Heide Abayomi angehört, von der „distanzierten Generation". Er beschreibt diese als: „Nachgeborene, für die der schmale Wohlstand der DDR keine historische Errungenschaft mehr, sondern etwas Vorgefundenes und selbstverständlich in Anspruch Genommenes war. Sie vermochten dessen Brüchigkeit eher zu erkennen und den dafür zu entrichtenden Preis an politischer Anpassung in Frage zu stellen als ihre Eltern und ihre Vorgängergeneration".

lerne.[27] Die strukturellen gesellschaftlichen Aspekte der Unterscheidung zwischen Schwarzen und Weißen Menschen wurden hingegen tabuisiert. Mit zwanzig Jahren zog Frau Abayomi in eine andere Stadt. Ende der 1980er-Jahre bekam sie dort noch zu DDR-Zeiten erste Kontakte zu Menschen aus afrikanischen Ländern, die sie, so wird von ihr im Interview erzählt, als „Afrikanerin" adressieren:

> **Und da** war so das erste Mal, wo mir dann jemand gesagt hat: ‚Du bist ja gar nicht deutsch. Du bist Afrikaner(in).' ((kichert)) Und das war damals so, ja, irgendwie (…) habe ich drüber gelacht (…). Und das habe ich gar nicht weiter so für voll genommen, weil das für mich überhaupt nicht relevant war, weil ich natürlich deutsch war – deutsch sozialisiert.

Bezogen auf diese Begegnung, in der sie ein neues Zugehörigkeitsangebot bekam, setzt sie im Interview den Beginn ihrer Auseinandersetzung mit ihrem Schwarzsein, in dessen Folge sie im Rahmen der Möglichkeiten in der DDR anfing, sich zunehmend auch ihrer väterlichen Familienseite anzunähern. Diese Auseinandersetzung wird von ihr nach der ‚Wiedervereinigung' innerhalb politischer Gruppen weiter vorangetrieben.

Die Annäherung an ihre väterliche Familienseite ging zeitlich einher mit einer Distanzierung vom System der DDR, ohne diese Distanzierung jedoch im Interview als bewusster politischer Akt präsentiert wird. So stellte Frau Abayomi Ende der 1980er-Jahre einen Ausreiseantrag:

> dachte ich mir: ‚Hm, nach England wolltest du ja schon immer' (…) und dann bin ich da hingegangen zur Polizei, und hab (…) – also dass war mir damals aber wirklich gar nicht so **bewusst** – einen Ausreiseantrag gestellt. Aber ich wollte, also Ausreiseantrag war für mich, man will weg aus dem Osten. Man will die DDR verlassen so für immer, ne? Und ich wollte aber einfach normal nach England.

In der gesellschaftlichen Aufbruchsstimmung vor der Transformation beginnt sie auch, sich mit den Anforderungen und Beschränkungen der DDR auseinanderzusetzen.

---

[27]Lauré al-Samarai (2004) verweist ebenfalls unter Bezug auf Halbwachs auf die Relevanz des Bezugsrahmens und die Relevanz des Zugangs zu einem Kollektivgedächtnis für die autobiografische Darstellung der Erlebnisse von Ausgrenzung in DDR und BRD. Sie benennt in diesem Zusammenhang einen weiteren Punkt der Auseinandersetzung für Schwarze Deutsche: die Zuschreibung der Unvereinbarkeit von Schwarzsein und Deutschsein (ebd., S. 199).

4.3 Umgang mit der Tabuisierung nach der Transformation: Heide Abayomi

Nach dem staatlichen Anschluss der DDR an die BRD begann Frau Abayomi, sich aktiv in den antirassistischen Initiativen auch in Westdeutschland zu engagieren, die Teil einer Schwarzen Deutschen Bewegung waren.[28]

In dieser Zeit begann sie auch, sich selbst als Schwarze Deutsche (im Sinne einer politischen Selbstbezeichnung) zu definieren. Sie schaffte sich damit einen Zugang zu etwas, das als Kollektivgedächtnis Schwarzer Deutscher gedacht werden kann und das sie sich im Zuge ihres Engagements aktiv aneignete.

Innerhalb der antirassistischen Arbeit und im Kontext dieses Kollektivgedächtnisses lernte sie einen anderen Rahmen für ihr Differenzerleben in der DDR kennen:

> **da** habe ich dann angefangen mich mit meinem Schwarzsein zu beschäftigen, beziehungsweise vom politischen Kontext her mich da zu informieren und was es auch bedeutet. Oder beziehungsweise war das für mich so 'ne Phase, wo ich dann praktisch definieren, festmachen konnte oder in Worte kleiden, was mich sonst immer so aufgeregt hat. Wo ich dann immer nur vom Gefühl her dachte: ‚Mann, wie blöd sind die denn alle.' Und: ‚Wie kann denn das sein, dass einer zu mir dieses N-Wort sagt?!' Und ich fand dieses Wort schon immer irgendwie **abstoßend**. Ich weiß nicht, warum. Und da hat man ganz viel ja dran gearbeitet oder hatte auch Zugang zu Sachen, (…) weiß nicht, wo man (eigentlich ja) gar nich' drauf gekommen wär.

In dieser Textstelle wird nun auch die Versprachlichung, das „in Worte kleiden" als zentraler Moment evident. Das vergangene Erleben von etwas Diffusem, das sie ‚nur' gefühlsmäßig erfassen konnte, verbindet sich nun mit der gegenwärtigen Gelegenheit, „Zugang zu Sachen zu haben". Der neu geschaffene Rahmen führte zur Möglichkeit einer Umdeutung des eigenen Erlebens.

---

[28] Die Schwarze Deutsche Bewegung etablierte sich in beiden Teilen Deutschlands etwa seit den 1980er-Jahren als Zusammenschluss Schwarzer Menschen. Innerhalb der Bewegung finden sich verschiedene Initiativen mit teils unterschiedlichen Schwerpunktsetzungen (Wiedenroth-Coulibaly 2004). Als gemeinsames Ziel benennt Wiedenroth-Coulibaly (2004, S. 1): „Räume für einen selbstbestimmten Dialog der afrikanischen Diaspora in Deutschland zu schaffen, Schwarze Deutsche Geschichte aufzuarbeiten und zu veröffentlichen und – ganz allgemein – Belange Schwarzer Menschen/Menschen afrikanischer Abstammung sichtbar und hörbar zu machen." Mehr zur Etablierung einer Schwarzen Deutschen Bewegung und zum Selbstverständnis Schwarzer Deutscher findet sich bei Oguntoye et al. (2006); Bundeszentrale für politische Bildung (o. J.).

Dieser neue Rahmen beinhaltet auch ein neues Deutungsangebot von Rassismus, das Frau Abayomis Erleben in der DDR potenziell als ‚Erleben von Rassismus' einbezieht. Statt der diskursiven Negierung ihres Differenzerlebens als rassistisches Erleben steht nun die Aufforderung der Versprachlichung der eigenen Erfahrungen in der DDR als geteilte und vor allem rassistisch definierte Erfahrungen im Vordergrund. Individualisierte Erfahrungen werden kollektiviert. Das Aufeinandertreffen der verschiedenen Deutungen ihres Differenzerlebens erzeugt Bruchstellen zwischen ihrem vergangenen Erleben und der gegenwärtigen Wahrnehmung.

Zudem trifft sie auf einen Rahmen, in dem sie außerdem mit der Deutung ‚Osten als Problemgebiet' konfrontiert wird. Aussagen Dritter wie „oha du kommst aus dem Osten und wie kann man denn da [als Schwarze] wohnen" werden für sie, wie im Folgenden genauer ausgeführt werden soll, Anlass zur Verteidigung ihrer Erfahrungen in der DDR.

4.3.1 Erinnern an die DDR: Heide Abayomi

Während Heide Abayomi in ihrer Präsentation des Aufwachsens in der DDR ihre schöne Kindheit in den Vordergrund rückt, thematisiert sie in ihren Ausführungen über die Zeit kurz vor der ‚Wende' und nach der DDR die Auseinandersetzung mit ihrem Schwarzsein und ihren Erlebnissen von Rassismus.

Diese Teilung ist, so lässt sich feststellen, auch der Interaktionssituation – zwischen der Weißen westdeutschen Forscherin und der Schwarzen ostdeutschen Biografin – im und vor dem Interview selbst geschuldet. Im Rahmen des Interviews war vorab festgelegt worden, dass es um das Erleben von Rassismus gehen sollte. Diesem Anliegen folgt Frau Abayomi, indem sie im Interview zunächst die Zeit der Auseinandersetzung mit ihrem Schwarzsein, die mit der Zugehörigkeit zum Kollektiv Schwarzer Deutscher einhergeht, fokussiert. Erst auf Nachfrage des Gegenübers wird auch ihre Kindheit in der DDR zum Thema.[29] Dies führt zunächst zu einer Übertragung des alten thematischen Feldes[30] ‚Auseinandersetzung mit Schwarzsein und dem Erleben von Rassismus' in die Zeit des Aufwachsens in der DDR. Die Nachfrage der Interviewerin nach dem Leben in der DDR erzeugt so auch eine Irritation:

> wie ich da so aufgewachsen bin? [AR: mhmh] Oder was ich da so für Erfahrungen gemacht hab? Joa, das kann ich auch also (3) **grundsätzlich** äh kann ich sagen, dass es schön war Spaß gemacht hat, also ich habe **keine,** also manche haben ja wirklich so krasse Kindheitserinnerungen

---

[29]Diese benennt sie zuvor kurz in einem berichtartigen Überblick über ihren Lebensverlauf.
[30]Der Begriff des thematischen Feldes bezeichnet den „Zusammenhang, innerhalb dessen das Thema sich in einem gegebenen Bewußtseinsakt darbietet" (Gurwitsch 1975, S. 260).

Dieser erste Satz bildet das thematische Feld ‚schöne Kindheit', innerhalb dessen darauf folgend Differenzerfahrungen in der Kindheit in der DDR präsentiert werden. Die Biografin schildert Erlebnisse des ‚Anders'-Seins in der DDR, stellt diese aber in abwägender Weise anderen Erfahrungen gegenüber, die von ihr als gravierender beziehungsweise „krasser" gedeutet werden. „Manche", so wird im Verlauf der Präsentation von ihr präzisiert, bezieht sich auf Schwarze Westdeutsche. In der Analyse konnte festgestellt werden, dass diese Praxis des Abwägens des Differenzerlebens sich auch auf andere Kontexte bezieht, in denen relevant wird, ob jemand aus Ost- oder Westdeutschland kommt.

Die Implikationen von Dritten, dass sie es im Osten aufgrund von (Rassismus) Erfahrungen sehr schwer gehabt haben müsse,[31] führen in ihrer Erzählung gegenüber der Weißen westdeutschen Forscherin zu einer Positionierung als ‚abwägende' Ostdeutsche:

> Und die, im Westen, die jetzt nicht in der DDR großgeworden sind, dass (‚die da wirklich') auch ganz abartige Dinge erfahren haben. Wo wir dann immer gesagt haben: ‚Was? Ihr erzählt mir hier so Stories und wollt denn nicht glauben, dass es, dass ich mich im Osten so wohlgefühlt habe, ne? Also dass es einfach [AR: hmhm] dieses Rassismus-Ding **überall** gibt und nicht nur im Osten, sondern genauso im Westen.

Heide Abayomi deutet im Interview mehrfach eine Dichotomie zwischen Ost- und Westdeutschen an. In diesen Situationen positioniert sie sich als dem Kollektiv der (Schwarzen) Ostdeutschen zugehörig, und wendet sich relativierend gegen einen von ihr in Westdeutschland verorteten Diskurs.[32] In der beschriebenen Situation geht mit der von außen an sie herangetragenen Notwendigkeit, sich kritisch zu ihrem Erleben (von Rassismus) in der DDR zu positionieren,[33] auch eine Relativierung der erlebten Differenzerfahrungen einher: Rassismus, so wird es von ihr eingeführt, ist

---

[31] Auch wenn die Präsentation der Biografin sich im Folgenden auf Erlebnisse mit Dritten bezieht, wird diese Unterstellung in der gegenwärtigen Interaktionssituation des Interviews durch die obigen Nachfragen der Weißen westdeutschen Forscherin reproduziert.

[32] Innerhalb dieses Diskurses wird Rassismus in erster Linie in Ostdeutschland verortet. Diese defizitäre Vorstellung vom ‚Osten'– Rommelspacher (2006) behandelt diese Darstellung unter dem Aspekt des Rechtsextremismus – kann als anschlussfähig an Sabrows (2010) Ausführungen zum Diktaturgedächtnis gelesen werden. Erinnerungen an die DDR sind auch vor dem Hintergrund dieser diskursiven Überformung zu denken.

[33] Diese Notwendigkeit zur Positionierung unterliegt einem doppelten Rahmen: dem Damaligen (die Situation, in der sie sich gegenüber Schwarzen Westdeutschen äußert) und dem Gegenwärtigen (die Situation, in der sie diese Geschichte in Interaktion mit einer Weißen Westdeutschen aktualisiert).

nicht nur ein ostdeutsches Phänomen. Um den westlichen Zuschreibungen von einer rassistischen ostdeutschen Gesellschaft etwas entgegenzusetzen, stellt sie hier die positiven Erinnerungen an die DDR in den Vordergrund und verortet Rassismus auch im Westen. Auf eine solche Darstellung greift Heide Abayomi immer dann zurück, wenn sie aufgefordert wird, Rassismuserleben in der DDR gegenüber und in Relation zu (Weißen) Westdeutschen zu thematisieren. Die Aufforderung von Westdeutschen zur Umdeutung der (positiven) Kindheits- und Jugenderinnerung, in denen Differenz zudem als individuelle Erfahrung wahrgenommen und mit dem damit einhergehenden Glauben an die individuelle Beeinflussbarkeit dieser Differenz tradiert wurde, und die damit einhergehende Anpassung an den neuen Rahmen (Rassismus in Ostdeutschland/in der DDR) erzeugten in der Präsentation das Aufeinandertreffen von Deutungen, die nicht miteinander vereinbar scheinen.

5 Verlustreiche und abwägende Umdeutung der Erinnerung – eine vergleichende Typologie

Im Vergleich der beiden Fälle lässt sich feststellen, dass die Erinnerungen von nicht thematisierbaren Differenzerfahrungen in der DDR beim Typus des verlustreichen Umdeutens aus der Tabuisierung wieder hervorgeholt und nun bearbeitet werden können, während sie beim Typus des abwägenden Umdeutens vor dem Hintergrund sich verändernder gesellschaftlicher Bedingungen neu interpretiert werden müssen. Bezogen auf Erinnerungen an die DDR lässt sich erkennen, dass bei dem ersten Erinnerungstypus, für den die Erzählung von Irmtraud Althof steht, die DDR retrospektiv als eine das Individuum einschränkende Diktatur skizziert wird und sich individuelle Erinnerungen an biografische Erlebnisse in das Diktaturgedächtnis einfügen. Beim zweiten Erinnerungstypus, der an der Erzählung von Heide Abayomi aufgezeigt wurde, wird indes in der gegenwärtigen Deutung der Vergangenheit der auf die Defizite der DDR angelegte Diskurs gegen eine positive Deutung des Erlebens in der DDR-Gesellschaft abgewogen.

Die Erfahrung von Differenz wird bei beiden Typen der Vergangenheitsdeutung in neue kollektive Gedächtnisse eingefügt, in denen neue Diskurse wirkmächtig sind.

Betrachtet man die Lebensverläufe und die gesellschaftliche Positionierung beider Frauen, ist Frau Althof die Aufsteigerin innerhalb der DDR, während Frau Abayomi sich im Alltag – auch in Verbindung mit der Auseinandersetzung mit ihrem Schwarzsein – zunehmend vom System der DDR distanzierte. Aber nicht nur hinsichtlich der Verortung als systemtreu oder distanziert können die beiden unterschieden werden. Sie waren auf weiteren Ebenen unterschiedlich positioniert:

1. Stigmatisierte Positionen[34]

Als ‚Umsiedlerin' standen Äußerungen über Irmtraud Althofs Herkunft dem hegemonialen DDR-Diskurs folgend im Verdacht, revanchistisch zu sein, und markierten sie als Außenseiterin. Sie war damit im Sinne Goffmans (1975) diskreditierbar. Verschwieg sie ihre Herkunft und Familiengeschichte, blieb diese unsichtbar und sie konnte wie ein Mitglied der Mehrheitsgesellschaft agieren.

Anders verhielt es sich bei Heide Abayomi: Sie war seit ihrer Geburt in der DDR aufgrund ihres Äußeren als ‚anders' markiert. Ohne sich dem in ihrer Kindheit und Jugend entziehen zu können, war sie den (rassistischen) Reaktionen ihres Umfeldes auf die ihr zugeschriebene Fremdheit ausgesetzt und damit nicht nur potenziell diskreditierbar, sondern diskreditiert (ebd.).[35] Frau Abayomi begann in der Phase um die Vereinigung herum, sich mit dieser Position auseinanderzusetzen und sie unter anderem durch die Suche nach Erklärungen für sich positiv anzueignen.

2. Zugehörigkeit zu verschiedenen Generationen

Zwischen der Geburt von Frau Althof und Frau Abayomi liegen zudem etwa 35 Jahre. Sie könnten gedankenspielerisch Mutter und Tochter sein. Dieser Altersunterschied hat insofern eine Relevanz, als mit ihm eine unterschiedliche Situierung innerhalb der historischen Phasen der DDR und innerhalb dieser Situierung verschiedene altersbedingte Handlungsmöglichkeiten zusammenhängen. Die beiden Biografinnen wenden sich mit (in verschiedenen historischen Phasen) gewonnenen Erfahrungsaufschichtungen den gleichen historischen Ereignissen zu. Verschiedene Autor(inn)en haben die historischen Phasen der DDR durch die

---

[34]Stigma wird hier im Anschluss an Goffman (1975, S. 11) verstanden: „Der Terminus Stigma wird also in Bezug auf eine Eigenschaft gebraucht werden, die zutiefst diskreditierend ist, aber es sollte gesehen werden, daß es einer Begriffssprache von Relationen, nicht von Eigenschaften bedarf. Ein und dieselbe Eigenschaft vermag den einen Typus zu stigmatisieren, während sie die Normalität eines anderen bestätigt, und ist daher als ein Ding an sich weder kreditierend noch diskreditierend".

[35]„Der Terminus Stigma und seine Synonyme verbergen eine doppelte Perspektive: Nimmt das stigmatisierte Individuum an, daß man über sein Anderssein schon Bescheid weiß oder daß es unmittelbar evident ist, oder nimmt es an, daß es weder den Anwesenden bekannt ist noch von ihnen unmittelbar wahrnehmbar? Im ersten Fall hat man es mit der Misere des *Diskreditierten* zu tun, im zweiten mit der des *Diskreditierbaren*" (ebd., S. 12).

idealtypische Konstruktion von Generationen konkretisiert: Folgt man ihren Ausführungen, kann die zwangsmigrierte Irmtraud Althof der Generation zugerechnet werden, die Ahbe und Gries (2006, S. 502 ff.) als „Aufbau-Generation" bezeichnen. Wie gezeigt, war für diese Generation charakteristisch, dass Leistung und Anpassung handlungsleitend waren. Die Schwarze Deutsche Heide Abayomi wäre der „distanzierten Generation" zuzurechnen. Statt Anpassung waren hier ein Streben nach „kultureller Vielfalt und geistigem Freiraum, wo auch immer der schwächelnde Staat ihn nicht mehr verhindern konnte" (Linder 2003, S. 38), typisch.

Diese Maximen finden sich nicht nur in den idealtypischen Darstellungen von Ahbe, Gries und Lindner, sondern stellenweise auch in den skizzierten biografischen Rekonstruktionen. Sie zeigen in ihrer Unterschiedlichkeit auf, dass es sinnvoll sein kann, Generationenforschung in die Analyse einzubeziehen, um die Situierung innerhalb der DDR weiter spezifizieren zu können.[36]

Auch für die Folgejahre nach der ‚Wende' spielt die Zugehörigkeit zu bestimmten historischen Generationen eine Rolle: Während Irmtraud Althof den zweiten Systemwechsel vollzog und bereits zuvor das Handlungsmuster der Anpassung an ein neues System entwickelt hatte, war es für Heide Abayomi das erste Mal, dass sie sich in der Situation befand, neue Diskurse innerhalb eines neuen Systems aushandeln zu müssen. Sie konnte ihr vorheriges Handlungsmuster der Auseinandersetzung, das sie schon in der letzten Phase der DDR etabliert hatte, nach der Transformation nutzen, wurde hier aber nun mit Diskursen konfrontiert, die nicht zu ihren alten Deutungsmustern passten. Sie war nun aufgefordert, diese Divergenzen auszuhandeln.

3. Kollektives Gedächtnis und gesellschaftliche Differenzerfahrung

Unterschiede weisen die Selbstpräsentationen auch hinsichtlich ihres Zugriffs auf ein Kollektivgedächtnis auf. Irmtraud Althof wurde als Jugendliche in eine Dorfgemeinschaft sozialisiert, die über eine starke Gruppenidentität und ein kollektives Gedächtnis verfügte. Mit der Zwangsumsiedlung erfolgte eine Marginalisierung dieses kollektiven Gedächtnisses. Dennoch konnte sie auf ein Wissen

---

[36] Ahbe und Gries (2006) und Lindner (2003) haben idealtypische Generationenporträts herausgearbeitet. Für eine historisch sensible Biografieforschung sind diese Beschreibungen hilfreich, weil sie den ‚Zeitgeist' der historischen Phasen sowie Erlebnisaufschichtung historischer Generationenabfolgen einfangen. Ermöglicht wird hierüber eine gesellschaftliche Kontextualisierung der Biografien in ihrer generationellen Abfolge, wenngleich dies nicht zu einer deduktiven Ableitung oder einer bruchlosen Übertragung der Merkmale einer Generation auf die jeweiligen Fälle führen sollte.

vor der Zwangsmigration zurückgreifen. Das ‚alternative Außen' des dörflichen Kollektivgedächtnisses bot ihr Erklärungsansätze für ihre gesellschaftlich ‚besondere' Position.

Für Heide Abayomi konnte sich in einer Gesellschaft, in der Gleichheit einen Grundpfeiler sozialistischer Ideologie darstellte, kein auf Differenzerfahrung basierendes Kollektivgedächtnis Schwarzer DDR-Bürger(innen) entwickeln. Das Erleben, ‚irgendwie anders' zu sein, wurde seit ihrer Kindheit für sie zu einem individualisierten, veränderbaren Phänomen. Mit der Transformation erhielt sie einen Zugang zum Kollektivgedächtnis Schwarzer Deutscher, innerhalb dessen ihr andere Deutungen für ihr Erleben bereitgestellt wurden.

Es ist also abhängig von den gesellschaftlichen Bedingungen, ob und inwiefern Erinnern ermöglicht beziehungsweise verhindert wird. Insbesondere wenn es keinen Diskurs und damit keine Sprache gibt, um persönliche Erlebnisse zu fassen und zu deuten, ist für den Rückgriff auf ebenjene Erinnerungen entscheidend, dass neue Rahmen geschaffen oder alte reaktiviert werden.

Trotz dieser markanten Unterschiede ist beiden Lebensgeschichten auf der Ebene ihrer erlebten Erfahrungen und Erinnerungsaufschichtungen gemein, dass die Frauen eine Differenz zur DDR-Mehrheitsgesellschaft wahrnahmen. Beide erlebten in verschiedenen Situationen, dass sie ‚anders' waren. Diese Differenz unterlag zugleich in beiden Fällen einer Tabuisierung im öffentlichen Diskurs. Nach 1990 veränderten sich der Rahmen und damit auch der Umgang mit den damals erlebten Differenzerfahrungen. Sowohl Irmtraud Althof als auch Heide Abayomi unterstützten diese Veränderung, indem sie sich aktiv neue Deutungsräume suchten. Die Umdeutung ihrer Erlebnisse erfolgte jedoch auf unterschiedliche Weise, und auch der Umgang mit dem Erlebten unterschied sich: Auf der einen Seite nutzte Irmtraud Althof als Vertreterin der Gruppierung der ‚Umsiedler(innen)' den neuen Rahmen, um die in der DDR an den Rand der Erinnerung gedrängten Erfahrungen stark zu thematisieren, und ließ ihre DDR-Biografie damit in Vergessenheit geraten. Auf der anderen Seite suchte sich Heide Abayomi als eine Vertreterin Schwarzer Deutscher eine Möglichkeit, sich mit Erfahrungen von Differenz in der DDR auseinanderzusetzen. Vor der Folie gegenwärtiger Diskurse (unter anderem über den als rassistisch verstandenen Osten) gerät sie dabei in der Präsentation ihrer DDR-Erfahrungen gegenüber Westdeutschen aufgrund teils widersprüchlicher Zugehörigkeiten als Ostdeutsche und als Schwarze Deutsche zugleich in eine abwägende und damit ihre eigenen Erfahrungen teilweise relativierende Position.

6 Implikationen zur Debatte um Erinnerungen an die DDR

Eine Analyse, die sowohl die Genese als auch die veränderten Vergangenheitsdeutungen in der Gegenwart einbezieht, kann zeigen, dass es nicht nur unterschiedliche Formen des Erinnerns innerhalb der und an die DDR gibt, sondern auch, warum diese unter welchen Bedingungen entstanden sind und warum die Biografinnen darauf im Lebensverlauf und im Rahmen des Interviews jeweils zugreifen.

Die Darstellungen der DDR-Erinnerungen der beiden Frauen stehen unter dem Einfluss von Diskursen über Zwangsmigration auf der einen Seite und Diskursen über Rassismus auf der anderen Seite. Zudem werden sie beeinflusst von den damit verbundenen Selbstpositionierungen der Biografinnen, die sie je nach Kontext modifizieren. So greift Heide Abayomi aus ihrer Perspektive als Ostdeutsche gegenüber einer Westdeutschen auf andere Formen des Erzählens zurück, als wenn sie aus ihrer Perspektive als Schwarze Deutsche gegenüber einer Weißen spricht. Auch Irmtraud Althof bezieht sich im Erzählprozess auf ein Gegenüber, welches sie als mit dem Vertriebenenverband sympathisierend vermutet. Rosenthal (2015b) spricht mit Bezug auf Halbwachs von wechselseitiger Konstituierung des individuellen und kollektiven Gedächtnisses,[37] spezifischer von einer Gruppengebundenheit individueller Erinnerungen. Die verschiedenen Positionen bringen dann je nach Kontext spezifische Erinnerungen hervor. Die Spezifik der Darstellung ist darüber hinaus abhängig von den biografischen Verläufen und familialen Auseinandersetzungen und der Zugehörigkeit zu mit verschiedenen Handlungspotenzialen ausgestatteten Generationen.

---

[37] Aber nicht nur individuelle Erinnerungen und Kollektivgedächtnis konstituieren sich wechselseitig. Das Kollektivgedächtnis Schwarzer Deutscher und das Kollektivgedächtnis Vertriebener sind jeweils eingebunden in gesellschaftliche Machtverhältnisse. Hier gilt es auch zu fokussieren, welche Sprecher(innen)position die Repräsentant(inn)en von Vertriebenenverbänden oder Schwarzen Deutschen besetzen. Eine Frage die sich daran anschließt, lautet: Wie wirkmächtig sind diese diskursiv hergestellten Positionen in der Gesamtgesellschaft?

7 Der Zusammenhang von Erinnerung, Diskurs und Rahmen des Kollektivgedächtnisses: Eine gedächtnistheoretische Verortung

Neben den Implikationen zur Debatte um Erinnerungen an die DDR soll abschließend auch eine gedächtnistheoretische Verortung der entwickelten Typologie tabuisierter Erinnerung vorgenommen werden.

Anhand der beiden Typen lässt sich aufzeigen, wie unterschiedlich Menschen mit einer Tabuisierung ihrer Erinnerungen umgehen. Die ‚Wende' hat, so zeigen die vorgestellten Biografien der beiden Frauen, zu einer ‚Wende der Erinnerungsrahmen' und darauffolgend der Erinnerungen geführt. Der Transformationsprozess erforderte die Integration neuer Deutungen.[38]

Bereits Halbwachs hat auf das soziale Phänomen sowie die Ursachen des Verblassens von Erinnerungen hingewiesen:

> Wenn bestimmte Erinnerungen nicht zum Vorschein kommen, dann keineswegs darum, weil sie zu alt und allmählich verblasst wären, vielmehr weil sie einst in ein Vorstellungssystem eingebaut waren, das sie heute nicht mehr vorfinden (Halbwachs 2006, S. 135).

Für den empirisch generierten Typus der verlustreichen Umdeutung von Erinnerung lässt sich präzisieren, dass es sich bei den ‚nicht mehr zum Vorschein gekommenen' Erinnerungen nicht um unwiderrufliches Vergessen handelt. Es lässt sich zeigen, wieso diese verblassten und schließlich doch wieder erinnert wurden: Zuvor explizierte Erinnerungen, die einem Kollektivgedächtnis angehörten, wurden über vierzig Jahre lang nicht versprachlicht. Vielmehr wurden sie konservierend verschwiegen. So waren die Erinnerungen weder Gegenstand von kollektiven Erinnerungszeremonien in Öffentlichkeit oder Familie noch öffentlich thematisierbar. Es gab jedoch einerseits zaghafte Versuche einer Versprachlichung in der Familie, andererseits schrieben sich traumatische Erinnerungen in den Körper ein. Auch Jahrzehnte später waren sie als Angst oder Traum weiter gegenwärtig. Die Wiederaufnahme vormals vermeintlich vergessener Erinnerungen zeigt ihre kontinuierliche Existenz trotz ausbleibender Versprachlichung auf.

Der zweite Typus des abwägenden Umdeutens liegt etwas anders: Statt eines Rückgriffs auf etwas vermeintlich Vergessenes erfolgte eine Umdeutung eines

---

[38]Solche Prozesse, in denen Rahmen erneuert und damit auch die Aushandlung neuer Diskurse notwendig gemacht werden, können auch als „Interpretationspunkte" nach Fischer (1978) verstanden werden.

einer bestimmten Deutung entzogenen Erlebnisses. Eine Erfahrung, die als individuell und nicht als gesellschaftliches Phänomen wahrgenommen wurde und im Diskurs nicht präsent war, konnte erst in einem neuen Rahmen als solches versprachlicht werden. Das gesellschaftliche Engagement nach der Transformation und damit ein Zugang zum Kollektivgedächtnis kann auch dahin gehend gedeutet werden, dass die Wahrnehmung des damaligen Differenzerlebens nicht mit der damaligen Deutung (keine Existenz von Differenz) korrespondierte und dementsprechend nach neuen Deutungen für das Erleben gesucht werden musste. Das Erlebte gerät durch die Aufforderungen, es zu erinnern, zudem in den Fokus der Wahrnehmung. Im Erzählen wirken dabei jedoch weiterhin zwei aus verschiedenen Gesellschaftssystemen bezogene Deutungsmuster: gegenwärtige (kollektive) und vergangene (individualisierte) Deutungen, die gegeneinander abgewogen werden. Die vorgestellte Vertreterin des Typus kann demnach als im Prozess des Umdeutens begriffen werden.

Eine methodologische Verbindung gedächtnistheoretischer, biografietheoretischer und diskurstheoretischer Ansätze kann die komplexe Wechselwirkung verschiedener Einflüsse auf Erinnerungen konkreter erfassen. Die Rekonstruktion von Erinnerung lässt sich so präzisieren: Im Zuge gesellschaftlicher Umwälzungsprozesse befinden sich Subjekte in der Position, ihre Erinnerungen neu zu rahmen und unter Bezug auf neue Diskurse und Kollektivgedächtnisse umzudeuten. Diese Bezüge werden in biografisch-narrativen Interviews aktualisiert. Für tabuisierte Erinnerungen gilt insbesondere, dass sowohl aufgrund zuvor bestandener Diskurse spezifische Erinnerungen in der Vergangenheit nicht versprachlicht werden konnten als auch (und damit einhergehend) für die Konstitution eines Kollektivgedächtnisses nicht zu Verfügung standen. Durch die Transformation können beziehungsweise müssen diese Erinnerungen nicht nur umgedeutet werden, wie dies für eine Vielzahl der Erinnerungen unter Transformationsbedingungen gilt. Vielmehr können sie nun erstmalig benannt und auf eine bestimmte Art und Weise (kollektiv) erinnert werden. Dass sich auch eine Transformation der Erinnerung nicht unvermittelt vollzieht, zeigt sich in der Schwerfälligkeit der Sprachpraxis beziehungsweise dem Fortbestehen alter Deutungen, die eine Aushandlung weiterhin erfordern. Für ein Gedächtnis tabuisierter Erinnerungen lässt sich zeigen, wie beharrlich Erinnerungen sind, sodass sie unterveränderten gesellschaftlichen Verhältnissen weiterhin Bestand haben und sich gegen ein kollektives Gedächtnis behaupten oder sich zu einem neuen kollektiven Gedächtnis formieren können.

Literatur

Ahbe, Thomas/Gries, Rainer (2006): Gesellschaftsgeschichte als Generationengeschichte. Theoretische und methodische Überlegungen am Beispiel der DDR. In: Schüle, Annegret/Ahbe, Thomas/Gries, Rainer (Hrsg.): Die DDR aus generationengeschichtlicher Perspektive. Eine Inventur. Leipzig: Leipziger Universitätsverlag, S. 476–571.

Assmann, Aleida (2006): Der lange Schatten der Vergangenheit. Erinnerungskultur und Geschichtspolitik. München: C.H. Beck.

Assmann, Jan (2013): Das kulturelle Gedächtnis. Schrift, Erinnerung und politische Identität in frühen Hochkulturen, 7. Auflage. München: C.H. Beck.

Beer, Mathias (2011): Flucht und Vertreibung der Deutschen. Voraussetzungen, Verlauf, Folgen. München: C.H. Beck.

Behrends, Jan C./Lindenberger, Thomas/Poutrus, Patrice G. (Hrsg.) (2003): Fremde und Fremd-Sein in der DDR. Zu historischen Ursachen der Fremdenfeindlichkeit in Ostdeutschland. Berlin: Metropol.

Berger, Peter L./Luckmann, Thomas (2007) [1969]: Die gesellschaftliche Konstruktion der Wirklichkeit. Eine Theorie der Wissenssoziologie. Frankfurt a. M.: Fischer.

Bundeszentrale für politische Bildung (o. J.): Dossier: Afrikanische Diaspora in Deutschland. Verfügbar unter: http://www.bpb.de/gesellschaft/migration/afrikanische-diaspora/ (letzter Zugriff: 27.02.2016).

Danyel, Jürgen (1995): Die Opfer- und die Verfolgtenperspektive als Gründungskonsens? Zum Umgang mit der Widerstandstradition und der Schuldfrage in der DDR. In: ders. (Hrsg.): Die geteilte Vergangenheit. Zum Umgang mit Nationalsozialismus und Widerstand in beiden deutschen Staaten. Berlin: Akademie Verlag.

Danyel, Jürgen/Groehler Olaf/Kessler, Mario (1994): Antifaschismus und Verdrängung. Zum Umgang mit der NS-Vergangenheit in der DDR. In: Kocka, Jürgen/Sabrow, Martin (Hrsg.): Die DDR als Geschichte. Fragen – Hypothesen – Perspektiven. Berlin: Akademie Verlag, S. 148–152.

Dimbath, Oliver (2012): Soziologische Rahmenkonzeptionen. Eine Untersuchung der Rahmenmetapher im Kontext von Erinnern und Vergessen. In: Lehmann, René/Öchsner, Florian/Sebald, Gerd (Hrsg.): Formen und Funktionen sozialen Erinnerns. Wiesbaden: Springer VS.

Eggers, Maureen Maisha/Kilomba, Grada/Piesche, Peggy/Arndt, Susanne (Hrsg.) (2005): Mythen, Masken und Subjekte. Kritische Weißseinsforschung in Deutschland. Münster: Unrast.

Fischer, Wolfram (1978): Struktur und Funktion erzählter Lebensgeschichten. In: Kohli, Martin (Hrsg.): Soziologie des Lebenslaufs. Darmstadt/Neuwied: Luchterhand.

Fischer, Wolfram/Kohli, Martin (1987): Biographieforschung. In: Voges, Wolfgang (Hrsg.): Methoden der Biographie- und Lebenslaufforschung. Opladen: Leske+Budrich, S. 25–49.

GDR Institute for International Politics and Economics (Hrsg.) (1978): From a statement made by a spokesman of the Ministry of Foreign Affairs on the International Day for the Elimination of Racial Discrimination, 21. March 1971. In: dies.: Against Racism, Apartheid and Colonialism. Documents published by the GDR 1949 1977. Berlin: Staatsverlag der Deutschen Demokratischen Republik, S. 177.

Goffman, Erving (1975) [1963]: Stigma: Über Techniken der Bewältigung beschädigter Identität. Frankfurt a. M.: Suhrkamp.

Goffman, Erving (1977) [1974]: Rahmen-Analyse. Ein Versuch über die Organisation von Alltagserfahrungen. Frankfurt a. M.: Suhrkamp.

Gurwitsch, Aron (1975) [1957]: Das Bewusstseinsfeld. Berlin/New York: De Gruyter.

Hahn, Eva/Hahn, Hans Henning (2006): Mythos „Vertreibung". In: Hein-Kircher, Heidi/ Hahn, Hans Henning (Hrsg.): Politische Mythen im 19. und 20. Jahrhundert in Mittel- und Osteuropa. Marburg: Verlag Herder-Institut, S. 167–188.

Halbwachs, Maurice (1967) [1950]: Das kollektive Gedächtnis. Stuttgart: Ferdinand Enke Verlag.

Halbwachs, Maurice (2006) [1925]: Das Gedächtnis und seine sozialen Bedingungen. Berlin: Suhrkamp.

Horn, Klaus-Peter/Link, Jörg-W. (2011): Einleitung/Vorwort. In: Horn, Klaus-Peter; Link, Jörg-W. (Hrsg.): Erziehungsverhältnisse im Nationalsozialismus. Totaler Anspruch und Erziehungswirklichkeit. Bad Heilbrunn: Klinkhardt.

Jakubowska, Anna (2012): Der Bund der Vertriebenen in der Bundesrepublik Deutschland und Polen (1957–2004). Selbst- und Fremddarstellung eines Vertriebenenverbandes. Marburg: Verlag Herder-Institut.

Kallmeyer, Werner/Schütze, Fritz (1977): Zur Konstitution von Kommunikationsschemata der Sachverhaltsdarstellung. In: Wegner, Dirk (Hrsg.): Gesprächsanalysen. Hamburg: Buske, S. 159–274.

Keller, Reiner (2006): Wissenssoziologische Diskursanalyse. In: ders./Hirseland, Andreas/ Schneider, Werner/Viehhöver, Willy (Hrsg.): Handbuch Sozialwissenschaftliche Diskursanalyse. Band 1: Theorien und Methoden, 2., aktualisierte und erweiterte Auflage. Wiesbaden: VS Verlag für Sozialwissenschaften, S. 115–146.

Krüger-Potratz, Marianne (1991): Anderssein gab es nicht. Ausländer und Minderheiten in der DDR. Mit Beiträgen von Dirk Jasper und Georg Hansen. Münster: Waxmann.

Lauré al-Samarai, Nicola (2004): Unwegsame Erinnerungen: Auto/biographische Zeugnisse von Schwarzen Deutschen aus der BRD und der DDR. In: Bechhaus-Gerst, Marianne/Klein-Arendt, Reinhard (Hrsg.): AfrikanerInnen in Deutschland und schwarze Deutsche. Geschichte und Gegenwart: Beiträge zur gleichnamigen Konferenz vom 13.-15. Juni 2003 im NS-Dokumentationszentrum (EL-DE-Haus) Köln. Münster: LIT, S. 197–210.

Linder, Bernd (2003): Zwischen Integration und Distanzierung. Jugendgenerationen in der DDR in den sechziger und siebziger Jahren. In: Aus Politik und Zeitgeschichte. Beilage zur Wochenzeitung Das Parlament, B 45, S. 33–39.

Lorenz, Sophie (2013): ‚Heldin des anderen Amerikas'. Die DDR-Solidaritätsbewegung für Angela Davis, 1970–1973. In: Zeithistorische Forschungen/Studies in Contemporary History, 1, (Druckausgabe: S. 38–60). Verfügbar unter: http://www.zeithistorische-forschungen.de/1-2013/id%3D4590 (letzter Zugriff: 07.01.2016).

Oguntoye, Katharina/Ayim, May/Schultz, Dagmar (Hrsg.) (2006): Farbe bekennen. Afrodeutsche Frauen auf den Spuren ihrer Geschichte, 3. Auflage. Berlin: Orlanda Frauenverlag.

Piesche, Peggy (2006): Schwarz und deutsch? Eine ostdeutsche Jugend vor 1989 – Retrospektive auf ein ‚nichtexistentes' Thema in der DDR. In: Dossier: Schwarze Community in Deutschland der Heinrich Böll Stiftung. Verfügbar unter: http://www.migration-boell.de/web/diversity/48_596.asp (letzter Zugriff: 29.10.2015).

Ransiek, Anna-Christin (2013): Anders-Sein in der DDR – Narrative Bezüge nach der Transformation. In: Hähnel-Mesnard, Carola/Goudin-Steinmann, Elisa (Hrsg.): Ostdeutsche Erinnerungsdiskurse nach 1989: Narrative kultureller Identität. DDR-Diskurse – Interdisziplinäre Studien zu Sprache, Land und Gesellschaft. Berlin: Frank & Timme, S. 79–96.

Rommelspacher, Birgit (2006): Rechtsextremismus in Ost- und Westdeutschland im Vergleich. Vortrag auf der Konferenz der Friedrich Ebert Stiftung. Gegen Rechtsextremismus in Ost und West. Andere Problemlagen – Andere Gegenstrategien? am 18.10.06 Berlin. Verfügbar unter: http://www.birgit-rommelspacher.de/pdfs/RexOuWFES-Okt20062.pdf (letzter Zugriff: 10.10.2015).

Rosenthal, Gabriele (1995): Erlebte und erzählte Lebensgeschichte. Gestalt und Struktur biographischer Selbstbeschreibungen. Frankfurt a. M.: Campus.

Rosenthal, Gabriele (2015a): Interpretative Sozialforschung. Eine Einführung. 5., korrigierte Auflage. Weinheim: Juventa-Verlag.

Rosenthal, Gabriele (2015b): The social construction of individual and collective memory. In: Sebald, Gerd/Wagle, Jatin (Hrsg.): Theorizing social memories. Concepts and contexts. London: Routledge.

Sabrow, Martin (2010): Erinnerungsorte der DDR, Lizenzausgabe. Bonn: Bundeszentrale für politische Bildung.

Schütze, Fritz (1983): Biographieforschung und narratives Interview. In: Neue Praxis, 3, S. 283–294.

Schwartz, Michael (2004): Vertriebene und „Umsiedlerpolitik". Integrationskonflikte in den deutschen Nachkriegs-Gesellschaften und die Assimilationsstrategien in der SBZ/DDR 1945–1961. München: Oldenbourg.

Schwartz, Michael (2013): Funktionäre mit Vergangenheit. Das Gründungspräsidium des Bundesverbandes der Vertriebenen und das „Dritte Reich". München: De Gruyter.

Statistisches Bundesamt (1958): Die deutschen Vertreibungsverluste. Bevölkerungsbilanzen für die deutschen Vertreibungsgebiete 1939/50. Stuttgart: Kohlhammer.

Wiedenroth-Coulibaly, Eleonore (2004): Schwarze Organisierung in Deutschland. Ein Abriss. In: Bundeszentrale für politische Bildung (o. J.): Dossier: Afrikanische Diaspora in Deutschland. Verfügbar unter: http://www.bpb.de/gesellschaft/migration/afrikanische-diaspora/ (letzter Zugriff: 27.02.2016).

Wundrak, Rixta (2016): Verschleierung und Vereinnahmung alltäglicher Geschichte/n. Eine wissenssoziologische Diskursethnographie (WDE) narrativer Interviews in Rumänien und in Israel. In: Zeitschrift für Diskursforschung I Journal for Discourse Studies (ZfD).

Teil VI
Biografischer Epilog

Sozialwissenschaftliche Praxis in der DDR und BRD: ein biografischer Rückblick

Eckhard Priller

1 Einleitung

Vor mehr als 25 Jahren fielen die Grenzen in Deutschland und die Existenz der DDR endete. Für viele Menschen ergaben sich durch diese Zeitenwende neue Chancen und Optionen. Gleichzeitig entstanden gerade für viele Ostdeutsche biografische Karrierebrüche und Risiken für ihren weiteren beruflichen Lebensweg. Dies betraf Sozialwissenschaftler in einem besonderen Maße. Ihnen wurde zumeist eine besondere Systemnähe unterstellt und gleichzeitig ihre Fähigkeit bezweifelt, über ein fundiertes berufliches Handwerkszeug zu verfügen, das über politische Systemgrenzen hinaus Gültigkeit besitzt. In erster Linie ging es zum Beginn der Transformation aber um institutionelle Veränderungen. Insofern wurden entsprechende Lehr- und Forschungseinheiten an den Universitäten und Akademien der ehemaligen DDR abgewickelt, aufgelöst oder personell neu besetzt. Die Wissenschaftslandschaft wurde, wie viele andere Bereiche in den neuen Bundesländern auch, nach westdeutschem Muster umgestaltet. Sozialwissenschaftler mit einer Ost-Sozialisation hatten dabei nur geringe Zugangschancen zu den im Rahmen des Institutionentransfers geschaffenen Stellen an universitären Lehrstühlen und anderen Forschungseinrichtungen. Nur einem kleinen Teil gelang es, in diesen oder etwa in etablierten Einrichtungen der alten Bundesrepublik Fuß zu fassen.

E. Priller (✉)
Maecenata Institut für Philanthropie und Zivilgesellschaft Berlin, Berlin, Deutschland
E-Mail: ep@maecenata.eu

Ich gehöre zu jener schwindenden Generation von Sozialwissenschaftlern, die zeitlich etwa in gleichem Umfang in beiden Wissenschaftssystemen, in der DDR und in der vereinigten Bundesrepublik, gearbeitet haben. 13 Jahre lang war ich wissenschaftlicher Mitarbeiter am Institut für Soziologie und Sozialpolitik an der Akademie der Wissenschaften der DDR, davor hatte ich 4 Jahre als wissenschaftlicher Assistent an der Humboldt-Universität im Bereich der Soziologie an der Wirtschaftswissenschaftlichen Fakultät gearbeitet. Der Zusammenbruch der DDR und die Wiedervereinigung Deutschlands haben mich hinsichtlich meines institutionellen Arbeitgebers räumlich nur zwei Kilometer weit weg versetzt, und doch in eine andere Welt: Ab 1992 bis zu meinem Ruhestand im Herbst 2014 war ich am Wissenschaftszentrum Berlin für Sozialforschung (WZB) tätig. Seit 2015 bietet mir das Maecenata Institut für Philanthropie und Zivilgesellschaft in Berlin die Möglichkeit, meine Forschungstätigkeit fortzusetzen.

Zu den Unterschieden der Sozialwissenschaften in DDR und BRD habe ich nicht konzentriert geforscht. Insofern kann ich eher als Zeitzeuge auftreten. Mit der Beendigung meines Arbeitsverhältnisses am WZB habe ich mein Büro aufgelöst. Ich habe die Regale auf- und ausgeräumt, eine Reihe von Unterlagen musste ich wegwerfen, habe sie aber doch vorher in die Hand genommen. Dabei kam mir immer wieder die Frage, woran ich mich erinnern kann, was ich wohl vergessen habe – und warum. Vom Philosophen und Soziologen Maurice Halbwachs stammt die Aussage, Geschichte und Gedächtnis seien unvereinbar. Geschichte zeichne sich durch eine unparteiliche Gleichordnung vergangener Ereignisse aus, während das Gedächtnis selektiv und wertend sei (vgl. Halbwachs 1991, S. 55). Dies möchte ich bei meinem Beitrag gerne berücksichtigt wissen und dem Leser mitgeben. Die Einblicke, die ich versuche zu gewähren, reflektieren biografisch gefärbte Eckpunkte meiner Erfahrungen. Obwohl sie nur episoden- und beispielhaft sind, können sie aber durchaus Raum für Objektivität und hoffentlich Nachdenklichkeit im Kontext einer rein wissenschaftlich-analytischen Betrachtung bieten.

2 Als Nachwuchswissenschaftler in der DDR

Im Jahr 1970 habe ich angefangen zu studieren, und zwar ursprünglich Finanzwirtschaft. Durch Umstrukturierungen, wie sie im DDR-Bildungssystem üblich waren, wurde das Fach von der Hochschule für Ökonomie an die Humboldt-Universität verlegt. Ab 1972 gab es für mich die Möglichkeit, Soziologie in der Spezialisierung zu studieren. Das war damals neu – erst seit den 1970er-Jahren wurden Lehrstühle für Soziologie an den Universitäten in Berlin, Halle und

Leipzig eingerichtet und eine entsprechende Studienrichtung etabliert. Das Fach hatte lange Zeit in der DDR keinen guten Stand. Soziologie war als bürgerliche Wissenschaft verschrien und fand deshalb in der Lehre kaum Beachtung, in der Forschung noch weniger. Vereinzelte Ansätze hatte es in den 1950er- und 1960er-Jahren gegeben. 1964 fasste das Politbüro des Zentralkomitees der SED zwar einen Beschluss zur weiteren Entwicklung der soziologischen Forschung, aber es gab immer wieder Rückschläge. Ein „Institut für Meinungsforschung" wurde zum Beispiel wieder ganz geschlossen und auch andere Einrichtungen erfuhren Be- und Einschränkungen. Die Arbeitsgruppe von Kurt Braunreuther, der 1964 zum Akademiemitglied gewählt wurde und zu den Mitbegründern der Soziologie in der DDR zählt, befasste sich unter anderem mit der Fluktuation in Industriebetrieben, mit soziologischer Organisationsanalyse und soziologischer Theorie. Sie wurde Ende der sechziger Jahre unter dem Vorwurf der Verfolgung bürgerlicher Theorieansätze und der Verwendung eines bürgerlichen Begriffsinstrumentariums aufgelöst (vgl. Berger 2014). Gleichwohl kam es ebenfalls ab den 1960er-Jahren immer wieder zur Einrichtung von Abteilungen oder ganzen Instituten mit soziologischer Ausrichtung und einer Tätigkeit mit dem Einsatz spezieller soziologischer Methoden. Zu den bekanntesten zählt das Zentralinstitut für Jugendforschung in Leipzig, das in den 25 Jahren seines Bestehens über 400 empirische Untersuchungen durchführte (vgl. Friedrich et al. 1999, S. 9).

Entgegen der heute üblichen Berufs- und Karriereplanung bin ich eher zufällig in den Wissenschaftsbetrieb gelangt. In der DDR bekam jeder Hochschulabsolvent zum Zeitpunkt meines Studienabschlusses gesetzlich verankert einen Arbeitsvertrag für zwei Jahre zugesichert. An den Universitäten gab es eine Liste von Stellenangeboten, auf die man sich bewerben konnte. Für Soziologen war das Stellenangebot sehr beschränkt. Es gab zum Beispiel die Möglichkeit, als Kulturhausleiter in der öffentlichen Verwaltung einer Kreisstadt oder in der Personalstelle eines volkseigenen Betriebes zu arbeiten. Ich wäre fast in einem kleinen Ort in der Nähe von Dresden gelandet, in einer Weiterbildungsschule der Konsumgenossenschaften. Da mir persönlich die Aufgabe, dort als Lehrer für Marxismus-Leninismus tätig zu sein, nicht behagte, mir auch die örtliche Umgebung überhaupt nicht zusagte, ergriff ich bereitwillig die Chance, mich auf eine kurzfristig an der Humboldt-Universität frei gewordene Assistentenstelle zu bewerben. Es sind oft solche Zufälle, die im Leben eine richtungsweisende Rolle spielen können.

Im Bereich der Wissenschaft in der DDR tätig zu sein, war ökonomisch gesehen kein sehr lukrativer Beruf. Mein Anfangsgehalt lag unter 800 DDR-Mark – das war etwa das durchschnittliche Facharbeitergehalt. Hinzu kam, dass es die für Produktions- und Großbetriebe übliche Versorgung mit Wohnraum, Urlaubsplätzen oder bestimmen Mangelwaren des täglichen Bedarfs in der Wissenschaft in der Regel nicht gab. Auch bezogen auf andere Tauschäquivalente an Leistungen und Waren, über die beispielsweise Handwerker verfügten, hatte man in der Wissenschaft nichts zu bieten.

Man brauchte in dieser Zeit eine Menge an Idealismus, um in der Wissenschaft tätig zu werden und dort zu bleiben. Vorteilhaft war immerhin eine recht flexible Gestaltungsmöglichkeit der Arbeitszeit. Man konnte oder musste viel zu Hause arbeiten, weil die Arbeitsplätze in den Institutionen nicht reichten und man sich häufig einen Arbeitsplatz mit mehreren Kollegen teilte. In der Regel gab es eine Präsenzpflicht von zwei Tagen in der Woche. Einen Telefonanschluss hatte höchstens jeder vierte Haushalt in der DDR, insofern konnte man, wenn man nicht zu diesen Privilegierten gehörte, zu Hause in aller Ruhe arbeiten. Es passierte aber ab und an, dass man, wenn etwas ganz Dringendes anfiel, ein Telegramm bekam und auf diesem Wege in die Arbeitsstelle gerufen wurde.

Prägend für meine wissenschaftliche Laufbahn war ein Praktikum während des Studiums. Wir waren im Stahl- und Walzwerk Hennigsdorf – nicht weit von Berlin – als Interviewer in einer großen Befragung zur innerbetrieblichen Demokratie eingesetzt. Es ging um Fragen, inwiefern und auf welchen Wegen die Beschäftigten über das betriebliche Geschehen informiert waren, wie sie sich in Entscheidungsprozesse einbezogen fühlten und worin sie Veränderungsbedarf sahen. Mich beschäftigte bei dem Thema besonders: Verstehen die Beschäftigten die Begriffe im Fragebogen überhaupt? Wurden die richtigen Formulierungen ausgewählt um zu erfahren, was wir wissen wollen? Bleiben wir zu sehr an der Oberfläche und sind damit die Antworten nicht mehr oder weniger schon vorausbestimmt? Diese methodische Ebene der Forschung, die auf die Erreichung eines möglichst genauen Abbildes der Realität durch empirische Daten abzielt, ist mir immer wichtig geblieben. Meine Promotion ging folglich mit der Thematik „Indikatorengewinnung in der soziologischen Forschung" in ebendiese Richtung.

Nach dem Abschluss meiner Promotion hatte ich dann das Glück, Mitarbeiter an der Akademie der Wissenschaften zu werden. Das Institut für Soziologie und Sozialpolitik wurde erst 1978 gegründet und entwickelte sich in den vierzehn Jahren seiner Existenz zur größten sozialwissenschaftlichen Forschungseinrichtung der DDR (vgl. Berger 2014). In der politischen Zwecksetzung sollte es einen Beitrag zur engeren Verbindung von Soziologie und Sozialpolitik sowie wissenschaftliche Erkenntnisse zur Realisierung der politisch angestrebten Einheit von Wirtschafts- und Sozialpolitik erbringen (Winkler 1980). Das Institut war, als ich dort anfing, weder thematisch noch strukturell fest etabliert. Dadurch bestanden gewisse Gestaltungsmöglichkeiten und Freiräume. Ähnliche Situationen, die eine gewisse Eigenständigkeit und Unabhängigkeit einschlossen, existierten übrigens in einer Reihe weiterer außeruniversitärer Forschungseinrichtungen, in denen unter anderem zu Themen wie Jugend, Bildung oder Mediennutzung geforscht wurde. Frust entstand zumeist nicht durch die Themenwahl, sondern durch das Verschwinden kritischer Ergebnisse, die nicht der Parteilinie der SED entsprachen, in Schreibtischschubladen und Tresoren. Oft durften selbst Forschungsergebnisse, obwohl sie klar Position für die DDR nahmen, nicht publiziert werden. Für kritische Analysen, die zumindest in Teilaspekten sinnvolle Veränderungen formulierten, gab es gar keinen Raum. Neben der durchaus stark ausgeprägten Selbstzensur sorgte ein tief gestaffeltes Bewertungs- und Kontrollsystem für Veröffentlichungen dafür, dass durchaus vorhandene kritische Positionen nicht publik wurden. Dieser Mechanismus hing mit einer hohen institutionellen Haftung zusammen. Eine kritische Veröffentlichung fiel nicht nur negativ auf den Verfasser zurück, sondern auf die Forschungseinheit und das gesamte Institut. Entsprechende Fälle ereigneten sich gleichwohl gelegentlich immer wieder, trotz der tief gestaffelten Absicherung und Kontrolle.

In meiner der Habilitation vergleichbaren zweiten Promotion – damals hieß das in Anlehnung an das sowjetische System „Doktor der Wissenschaften" beziehungsweise *doctor scientiae* (sc.) – habe ich mich mit Fragen der soziologischen Informationsgewinnung beschäftigt. Das hatte unter anderem den Hintergrund, dass Befragungen der Bevölkerung in der DDR nur sehr begrenzt und schwer möglich waren; sie bedurften laut Gesetz bis zu einer Genehmigung des Ministerrates. Das hat die soziologische Arbeit und besonders die empirische Analysetätigkeit natürlich sehr stark eingeschränkt. Die Idee in meiner Arbeit war deshalb, vorhandene Daten über methodische Verknüpfungen zusammenzuführen sowie für unterschiedliche Erhebungen ein einheitliches Merkmalsraster (zum Beispiel in Form einheitlicher demografischer Gruppierungen) zu entwickeln und anzuwenden. Ziel war es also, die Datengrundlage wesentlich zu erweitern und zu verbessern. Dabei sollte durchaus an Praktiken und Erfahrungen in der Bundesrepublik zum Beispiel zur Entwicklung einer Standarddemografie am damaligen Zentrum für Umfragen, Methoden und Analysen (ZUMA) in Mannheim angeknüpft werden. Trotz der wissenschaftlichen Isolierung und Abgrenzung bestanden also sehr wohl Möglichkeiten, in manchen Fragen nah an wissenschaftlichen Entwicklungen und Diskursen in der Bundesrepublik dran zu sein.

Ein weiterer Schwerpunkt meiner damaligen Tätigkeit war die Thematik der Sozialindikatoren. Die Sozialberichterstattung hatte in der westlichen Welt mit dem Sputnik-Schock enorm an Aufmerksamkeit gewonnen und begann sich zu einer eigenständigen Forschungsrichtung zu entwickeln. Fragen nach der Lebensqualität und danach, wie sie zu messen sei, nahmen in den 1970er- und 1980er-Jahren wesentlichen Raum ein und waren zugleich Bestandteil der

Systemauseinandersetzung. An der Akademie der Wissenschaften haben wir in einer kleinen Forschungsgruppe ein System sozialer Indikatoren der sogenannten sozialistischen Lebensweise entwickelt, das in umfassender Komplexität verschiedene Dimensionen in insgesamt 12 Lebensbereichen, von der Ernährung, dem Wohnen, der Gesundheit, der sozialen Fürsorge, der Umwelt, der Kultur bis zur Arbeit, abbildete (Berger et al. 1984). Mit rund 600 Indikatoren wollten wir eine bessere Datengrundlage für wissenschaftliche Analysen schaffen. Das System blieb allerdings eher zum Trockenschwimmen verurteilt, da es problematisch war, an Daten zu gelangen, und noch schwieriger, diese einem breiten Nutzer- und Interessentenkreis zur Verfügung zu stellen oder gar zu publizieren. Erst in der Endphase der DDR wurde vom Institut für Soziologie und Sozialpolitik ein Bericht zur sozialen Lage in der DDR erstellt, der die Fragestellungen und die Systematik des Indikatorensystems aufnahm.

3   Freiheit und Planung

In der Auseinandersetzung um und mit der DDR nehmen seit der Vereinigung die Themen der Freiräume, der Einbindungen in das System und die individuellen Verantwortlichkeiten einen breiten Raum ein. Generell lassen sich unterschiedliche Facetten, Zustände und Praktiken bis 1990 nachweisen. Während die institutionellen Freiräume eher gering einzuschätzen sind, waren sie partiell auf individueller Ebene größer. Wenn man beispielsweise von einer Bohème in der DDR sprechen will, dann trifft das durchaus für eine Reihe von Soziologen zu. Das steht im krassen Gegensatz zu dem oft vermittelten Bild einer politisch streng regulierten Wissenschaft. Meine Erfahrung war, dass die Wissenschaft, in meinem Fall die Soziologie, immer auch gewisse Freiräume bot. Natürlich gab es eine straffe parteiideologische Leitung, Planung und Kontrolle durch Organisationen und verschiedene Gremien wie zum Beispiel den wissenschaftlichen Rat für soziologische Forschung und ein Institut für Soziologie an der Akademie für Gesellschaftswissenschaften beim ZK der SED. Zwischen der Akademie der Wissenschaften, also konkret dem Institut für Soziologie und Sozialpolitik, und diesen Einrichtungen bestanden durchaus gewisse Spannungen, aber auch gemeinsame Interessen und weitgehende Übereinstimmungen in bestimmten Fragen. Man versuchte oft, Konfliktfelder zu umgehen, da man wusste, dass beispielsweise bestimmte Auslandsreisen oder die Teilnahme an internationalen Soziologie-Kongressen nur über diesen einen Parteiapparat liefen oder dessen Zustimmung erforderten. Als Einzelner war man trotz der Konfrontation und Ablehnung um die Einhaltung bestimmter Regeln bemüht, was nicht immer gelang und zu beruflichen Restriktionen führen konnte. Gleichwohl bestand ein recht kollegiales Verhältnis der Wissenschaftler untereinander, in dem sich persönliche Wertschätzung, Achtung und Sympathien niederschlugen.

Die Zeit nach 1989 brachte auch in der DDR-Soziologie einen Aufbruch, der sich in institutionellen Veränderungen und in einer Reihe interessanter Publikationen zur Situation im damaligen Land reflektierte. Durch einen neuen Zugang zu Daten, ihre analytische Nutzung und die Publizierung der Ergebnisse zeichneten sich zum Beispiel der Sozialreport 1990 (vgl. Winkler 1990b), ein Frauenreport 1990 (vgl. Winkler 1990a) oder der Sozialreport Ost-Berlin (vgl. Berger 1990) aus, die im damaligen Institut an der Akademie erstellt wurden. Dabei gab es bereits Vorläufer dieser Publikationen, die mehr oder weniger in den Schreibtischschubladen lagen oder vorher nicht veröffentlicht werden durften. So existierte bereits vor 1989 eine Studie *Soziale Ziele und Bedingungen der ökonomischen Strategie,* die eine Art Sozialbilanz der DDR darstellte, in nur sieben Exemplaren. Diese sieben Exemplare wurden der Parteiführung übergeben, und die Ergebnisse, die für damalige Verhältnisse realistische und durchaus sehr kritische Einschätzungen enthielten, blieben streng geheim. Wenn diese Studie ein pessimistisches Bild zeichnete, wollte man in den Führungsetagen diese Ergebnisse nicht wahrhaben, und man lief Gefahr, als Wissenschaftler nicht akzeptiert, abwertend und repressiv behandelt zu werden. Der Untergang der DDR kam auf der Grundlage dieser Analysen für Sozialwissenschaftler, die Zugang zu solchen Analysen hatten, nicht unerwartet und überraschend. Gleichwohl bestand von Seiten der Wissenschaft stets die Bereitschaft, vorhandene kritische Ergebnisse abzumildern, zu relativieren und sich eher auf das Positive zu konzentrieren. Viele Studien waren in diesem Sinne von der Illusion getragen, Veränderungen erreichen zu können und nur schrittweise etwas zu bewirken.

Wie ging die Projektfindung in der DDR vor sich, wie kam man zu seinen Themen? Individuell hat man sich weitgehend eingepasst in Themen der Institutionen, in vorhandene Konzeptionen und Pläne. Ich persönlich habe immer versucht, bestimmte Nischen zu suchen. Wenn man sich beispielsweise mit methodischen Fragen beschäftigte, stand man nicht so stark im Mittelpunkt der politischen Aufmerksamkeit, hatte dort gewisse Freiheiten, die bei inhaltlichen Themen nicht immer vorhanden waren. Insgesamt gab es ein umfangreiches Planungssystem mit unterschiedlichen Ebenen und Zeiträumen, die aufeinander aufbauten und miteinander verbunden waren. Neben einem zentralen Plan der gesellschaftswissenschaftlichen Forschung existierten Fünfjahres- und Jahrespläne der Institute, es gab Pläne auf Abteilungsebene, von Forschungsgruppen und schließlich persönliche Pläne. Pläne hatten eine enorm wichtige Rolle: Wenn ein Projekt in einem Plan stand, dann war das Projekt gut abgesichert, denn der

Plan war Gesetz. Das war ein großer Unterschied, den ich nach 1989 erfahren durfte: In der Bundesrepublik ist ein Plan kein Gesetz. Ein Plan ist ein Vorhaben, das man umsetzen kann, aber nicht zwingend umsetzen muss.

4   Sozialwissenschaften West

Mit dem Ende der DDR wurde die Auflösung der gesamten Akademie der Wissenschaften mit ihren 30.000 Beschäftigten im Einigungsvertrag beschlossen. Die einzelnen Institute wurden evaluiert; es wurde geprüft, wer in das bundesrepublikanische Wissenschafts- und universitäre System passen könnte. Von den rund 120 Angestellten im Institut für Soziologie und Sozialpolitik waren das rund 10 Personen. Ähnlich war es in anderen Instituten: Institutionen-Crash und die Abwicklungsprozeduren kennzeichneten den Beginn der 1990er-Jahre. Bernhard Schäfers (2016, S. 29), ab 1991 Vorsitzender der Deutschen Gesellschaft für Soziologie, bescheinigt den nach seiner Schätzung etwa 500 wissenschaftlich arbeitenden DDR-Soziologen im Übergang besondere Aktivitäten, die „(…) eine lange Liste von neuen Arbeiten und Veranstaltungen sowie zahlreiche neu begonnene Projekte" aufwiesen. Erfolg und Akzeptanz dieser Bemühungen sind als eher bescheiden einzuschätzen. Und so vermerkt Schäfers (ebd.): „Spätere Zeiten mögen darüber urteilen, was die Soziologie in Deutschland durch diese Prozedur an Wissenschafts- und Forschungstätigkeit gewonnen und verloren hat."

Mit meiner thematischen Ausrichtung hatte ich – so würde ich es heute sehen – zumindest Glück. In den letzten Jahren der DDR beschäftigte ich mich verstärkt mit Fragen der Sozialstatistik, war unter anderem eine Zeit lang im Statistischen Amt der DDR tätig, kannte mich also mit den verschiedenen Datenbeständen zu sozialen Fragen sehr gut aus. Das spielte sicher eine Rolle dafür, dass ich zu einer kleinen Gruppe von drei Wissenschaftlern gehörte, die im Wissenschaftszentrum Berlin für Sozialforschung (WZB) in die Abteilung Sozialstruktur und Sozialberichterstattung von Wolfgang Zapf eingegliedert wurde, um dort beizutragen, mit der ‚Landeskenntnis' Daten aus der DDR besser verstehen zu können.

Was ich vor und nach 1989 gemacht habe, ähnelte sich anfangs thematisch. Und doch habe ich mir inhaltlich neue Felder erschlossen wie gerade jene Forschung zum Non-Profit-Sektor und zur Zivilgesellschaft, für die meine Tätigkeit am WZB zunehmend stand. Zu Beginn der 1990er-Jahre empfand ich es im Rahmen eines Forschungsprojektes zu dieser Thematik als sehr positiv und bestärkend, dass die Forschergruppe international zusammengesetzt war und man dort nicht eine gewisse Reserviertheit erfuhr und die Vorbehalte, wie man sie damals oft bei Wissenschaftlern aus den alten Bundesländern spürte.

Vieles war in dem neuen Umfeld, in den Sozialwissenschaften der Bundesrepublik, doch sehr anders als in der DDR. Stichpunktartig lassen sich einige Unterschiede wie folgt benennen:

- Die Themenfindung lief nach ganz anderen Kriterien ab: Hier spielten Nachfragen aus Netzwerken eine sehr große Rolle, Kooperationen und Drittmittelfähigkeit, schließlich Lücken, Nischen, Defizite – der Neuigkeitswert. In der DDR war hingegen die politische Einflussnahme auf Themen und Inhalte sehr hoch.
- Planrealisierung war in der DDR oberstes Gebot, damit waren eine gewisse Kontinuität, Langfristigkeit, aber zugleich wenig Dynamik verbunden. Heute prägen Flexibilität, Trends zu ständig neuen Themen und die aufwendige Ressourcenerschließung die wissenschaftliche Arbeit in einem starken Maße.
- Während in der DDR die institutionelle Vernetzung zentral war – ohne diese ging gar nichts –, hat heute die individuelle Vernetzung einen wesentlich höheren Stellenwert.
- Datenmangel und eingeschränkte Erhebungsmöglichkeiten zeichneten die DDR gerade in der soziologischen Forschung aus. Heute haben wir es eher mit einem Datenüberfluss zu tun – mit Geld ist alles machbar, jede Erhebung lässt sich damit realisieren. Es entsteht oft der Eindruck, dass Projekte und Befragungen gemacht werden, egal ob und inwiefern sie sinnvoll sind und neue Ergebnisse bringen.
- In der DDR hatte so gut wie jeder einen sicheren Arbeitsplatz. Die Motivation, in die Wissenschaft zu gehen, war nicht sehr hoch und es fehlte dadurch oft an qualifiziertem wissenschaftlichen Personal, was zu einem gewissen Effizienzmangel führte. Heute besteht dagegen ein Überschuss an hoch qualifizierten Wissenschaftlern, es gibt einen großen Bewerbungs- und Auswahlaufwand sowie hohen Leistungsdruck. Wer damals im Wissenschaftssystem drin war, war sicher eingebunden. Heute besteht eine große berufliche Unsicherheit im Wissenschaftsbereich, was ihn für junge Menschen zunehmend unattraktiver macht.

5 Bilanzen

Soweit mein biografischer Einblick und meine Erfahrungen. Ich bin mir der Unvollständigkeit und der Selektivität des Vorgestellten sehr bewusst. Ein Abbild der Vergangenheit liefert das Gedächtnis sicher nicht, es geht vielmehr um eine Rekonstruktion der Vergangenheit – auch immer mit Hilfe der Gegenwart.

Das wissenschaftliche Bild von der DDR erscheint mir noch immer sehr lückenhaft. Vielfach wird der einmal beschrittene Weg der Interpretationen und Deutungen unreflektiert fortgesetzt. Die starken ideologischen Auseinandersetzungen der 1990er-Jahre sind vorbei. Das bietet Chancen für eine neue Etappe in der Forschung. Neue vorurteilsfreie Einsichten und Erkenntnisse sind möglich – vielleicht auch gerade dadurch, dass die Erinnerung an die Vergangenheit bei jenen verblasst, die diese Zeit miterlebt haben.

Literatur

Berger, Horst (Hrsg.) (1990): Sozialreport Ost-Berlin. Berlin: Institut für Soziologie und Sozialpolitik.
Berger, Horst (2014): Das Institut für Soziologie und Sozialpolitik im Spannungsfeld von Wissenschaft und Politik. In: Girnus, Wolfgang/Meier, Klaus (Hrsg.): Forschungsakademien in der DDR – Modelle und Wirklichkeit. Leipzig: Universitätsverlag.
Berger, Horst/Hanf, Thomas/Hinrichs, Wilhelm/Priller, Eckhard/Rentzsch, Doris (1984): System sozialer Indikatoren der sozialistischen Lebensweise. Beiträge aus der Forschung, Heft 1. Berlin: Institut für Soziologie und Sozialpolitik.
Friedrich, Walter/Förster, Peter/Starke, Kurt (1999): Das Zentralinstitut für Jugendforschung Leipzig 1966-1990. Geschichte, Methoden, Erkenntnisse. Berlin: Edition ost.
Halbwachs, Maurice (1991) [1950]: Das kollektive Gedächtnis. Frankfurt a. M.: Fischer.
Schäfers, Bernhard (2016): DGS und GfS: Die Gesellschaften für Soziologie im Vereinigungsprozess. In: Soziologie, 45 (1), S. 24–32.
Winkler, Gunnar (1980): Zur höheren Qualität der Verbindung von Soziologie und Sozialpolitik. In: Jahrbuch für Soziologie und Sozialpolitik 1980. Berlin: Akademie-Verlag.
Winkler, Gunnar (Hrsg.) (1990a) Frauenreport 90. Berlin: Verlag Die Wirtschaft.
Winkler, Gunnar (Hrsg.) (1990b): Sozialreport 90 – Daten und Fakten zur sozialen Lage in der DDR. Berlin: Verlag Die Wirtschaft.

Personenindex

A
Ahbe, Thomas, 5, 150–151, 183, 213, 229
Andersons, Benedict, 18
Angermüller, Johannes, 22
Anton, Andreas, 4, 7, 8, 186, 193, 194
Appiah, Anthony, 127
Assmann, Aleida, 14–25, 30, 31, 42, 107, 144, 145, 149, 154, 160, 215
Assmann, Jan, 14–25, 30, 31, 42, 90, 92, 94, 96, 107, 144–145, 150, 160, 174, 197, 210
Ayim, May, 224

B
Bach, Otto, 115
Bachmann-Medick, Doris, 25, 30
Barthes, Roland, 14, 27–31
Basch, Linda, 46
Bauerkämper, Arnd, 189
Bausinger, Hermann, 149
Beck, Ulrich, 103
Beer, Mathias, 215
Behrends, Jan C., 66, 221
Belliger, Andréa, 16, 30
Berger, Horst, 241–245
Berger, Peter L., 200, 207
Bertram, Andreas, 45
Bessel, Richard, 190
Bhabh, Homi, 19
Blokland, Talja, 160, 162, 164, 168

Blume, Hermann, 18
Bock, Drago, 120
Bock, Petra, 117
Bohleber, Werner, 51
Bohnsack, Ralf, 48
Böschen, Stefan, 185
Bourdieu, Pierre, 133, 161
Brähler, Elmar, 67
Braunreuther, Kurt, 241
Bryant, Levi, 29
Buchholz, Erich, 112
Buden, Boris, 30

C
Cassirer, Ernst, 14, 23, 26–31
Chmelar, Kristina, 5, 6, 29
Cobain, Kurt, 13
Cohen, Anthony, 162, 163, 173
Connerton, Paul, 160

D
Danyel, Jürgen, 221
Dausend, Peter, 13
de Sade, Marquis, 13
Dean, Kathryn, 29
Decker, Oliver, 67
der Große, Karl, 13
Derrida, Jacques, 22, 24
Deutz-Schröder, Monika, 41

Didi-Hubermann, Georges, 31
Dienel, Hans-Liudger, 5
Dimbath, Oliver, 2, 3, 65, 119, 128, 133–136, 208
Dimitroff, Georgi, 69, 71
Dörfler, Thomas, 163
Dörner, Klaus, 114
Douglas, Mary, 142
Droysen, Johann, 18
Dümcke, Wolfgang, 112
Dürrschmidt, Jörg, 148

E
Eckert, Rainer, 45
Effner, Bettina, 41, 42
Eggers, Maureen, 206
Erll, Astrid, 19, 21, 31, 160

F
Feindt, Gregor, 18
Felsmann, Barbara, 163, 166, 173
Fentress, James, 160, 169
Fischer, Claude S., 168
Fischer, Jörg, 201
Fischer, Wolfram, 207, 232
Förster, Peter, 241
Foucault, Michel, 5, 20–31, 63, 81, 119
Franke, Kathrin, 4, 7, 111
Fried, Marc, 145
Friedrich, Walter, 241

G
Gallinat, Anselma, 118, 126, 127, 136
Gaus, Günther, 190
Geertz, Clifford, 45
Gehrmann, Manfred, 44
Geimer, Peter, 27
Geller, Uri, 189, 192
Genscher, Hans-Dietrich, 40
Gertenbach, Lars, 26
Giddens, Anthony, 91
Glatzer-Rosenthal, Bernice, 194

Glick Schiller, Nina, 46
Glinka, Hans-Jürgen, 91
Glynos, Jason, 25
Goffman, Erving, 208, 228
Goldbeck, Lutz, 44
Goudin-Steinmann, Elisa, 181
Griebel, Tim, 29
Gries, Rainer, 5, 213, 229
Groehler, Olaf, 221
Groppe, Carola, 47
Gröschner, Annett, 163, 166, 173
Gurwitsch, Aron, 225

H
Haag, Hanna, 6
Haase, Baldur, 191
Hachmeister, Lutz, 167, 168
Hacking, Ian, 113
Hagemeister, Michael, 194
Hagemeister, Ulrike, 152
Hahn, Eva, 212
Hahn, Hans Henning, 212
Hähnel-Mesnard, Carola, 181
Halbwachs, Maurice, 2, 42, 47, 64, 95, 118, 121, 122, 143, 145, 149, 160, 161, 165, 169–171, 174, 205–210, 223, 231, 232, 240
Haller, Christoph, 142, 147, 150, 152
Han, Petrus, 49
Hannemann, Christine, 147–150
Hans, Torsten, 66, 67
Harrison, Simon, 171
Hartmann, Grit, 112
Häußermann, Hartmut, 148, 164
Heidemeyer, Helge, 41, 42
Heinlein, Michael, 2, 77, 133, 134
Heitmeyer, Wilhelm, 66
Heß, Pamela, 2, 40, 65
Hess, Sabine, 46
Heydenreich, Susanne, 144, 149
Hiller, Petra, 118
Hippmann, Cornelia, 4, 7, 88, 89, 91
Hirschinger, Frank, 120
Hitler, Adolf, 69, 132, 211, 221

Personenindex

Hobsbawm, Eric J., 18, 161
Holm, Andrej, 3, 164
Honecker, Erich, 90
Horn, Klaus-Peter, 211
Howarth, David, 25
Hürtgen, Renate, 41, 44

I
Ihme, Bernd, 186

J
Jäger, Siegfried, 112
Jakubowska, Anna, 215
Jarausch, Konrad, 150
Jenkins, Richard, 163, 174
Jessen, Ralph, 190
Joost, Angela, 89

K
Kabisch, Sigrun, 152
Kain, Florian, 164
Kallmeyer, Werner, 217
Kant, Immanuel, 20, 25
Karstein, Uta, 4, 120, 189
Keller, Reiner, 63, 210
Keppler, Angela, 47, 63
Kessler, Mario, 221
Kieserling, Andre, 63
Kiess, Johannes, 67
Kinzler, Anja, 2
Kittel, Sabine, 118, 126, 127, 136
Klärner, Andreas, 67, 72
Klaus, Georg, 185
Koch, Frank, 5
Kohli, Martin, 207
Kollmorgen, Raj, 5, 64, 66, 67, 81
Konda, Winfried, 143
König, Uta, 114
Kosing, Alfred, 185
Kowalczuk, Ilko-Sascha, 42, 43
Kramer, Sebastian, 186
Krenz, Egon, 90

Krieger, David, 16, 30
Kroneberg, Clemens, 171
Krüger-Potratz, Marianne, 219
Kuck, Dennis, 74

L
Lamont, Michèle, 161, 171
Lapp, Peter, 43
Lauré al-Samarai, Nicola, 223
Lehmann, Albrecht, 58
Lehmann, René, 2, 6
Lemke, Christiane, 190
Leonhard, Nina, 4–6, 63, 80, 81
Leuenberger, Christine, 112, 118
Levy, Daniel, 42
Liebmann, Heike, 147, 148
Linde, Charlotte, 118
Lindenberger, Thomas, 192, 221
Lindner, Bernd, 222, 229
Link, Jörg-W., 211
Lokatis, Siegfried, 192
Lossau, Julia, 165
Luckmann, Thomas, 200, 207
Luhmann, Niklas, 63

M
Mänicke-Gyöngyösi, Krisztina, 112
Mannheim, Karl, 89–90, 93
Manow, Philipp, 113
Manzeschke, Arne, 17, 18
Massey, Doreen, 162
Mathiesen, Ulf, 148
Mayer, Wolfgang, 45
Mehler, Daniela, 14
Menzel, Birgit, 194
Meyer, Katinka, 4, 7, 8, 211, 213
Michalak, Udo, 115
Michelangelo, 13
Misztal, Barbara, 161, 170
Mitzscherlich, Beate, 117
Moller, Sabine, 40, 47, 79, 121
Molnár, Virág, 161, 171
Müller, Claus Peter, 65

Müller, Thomas, 117
Müller, Uwe, 112

N
Nassehi, Arnim, 197
Nave-Herz, Rosemarie, 62
Nekula, Marek, 13
Nierade, Anne, 188
Niethammer, Lutz, 1, 2, 6
Nietzsche, Friedrich, 20, 23, 25
Nowicka, Magdalena, 20

O
Öchsner, Florian, 2
Oguntoye, Katharina, 224

P
Pates, Rebecca, 5
Peter, Andreas, 148, 149
Pethes, Nicolas, 15–19
Pfeiffer, Christian, 66
Pfeiffer, Ulrich, 141
Piesche, Peggy, 221, 222
Planer-Friedrich, Jens, 45
Pohl, Georg, 116
Poutrus, Patrice G., 66, 221
Priller, Eckhard, 4, 8
Prinz, Sophia, 24

Q
Quent, Matthias, 66, 67

R
Radebold, Hartmut, 51
Radenbach, Niklas, 58
Ranger, Terence O., 161
Ransiek, Anna-Christin, 4, 7, 8, 219
Rauer, Valentin, 144
Reckwitz, Andreas, 20, 23–26
Redlow, Götz, 185

Rehberg, Karl-Siegbert, 170
Reuber, Paul, 143
Ritter, Jürgen, 43
Roder, Bernt, 163, 167
Rommelsbacher, Birgit, 226
Ronge, Volker, 45
Rose, Niklas, 114
Rosenthal, Gabriele, 58, 91, 206–209, 231
Rössner, Michael, 29

S
Sabrow, Martin, 3, 5, 6, 41, 182, 183, 197, 199, 200, 216, 217, 226
Sahrstedt, Regine, 45
Sarasin, Philipp, 19-26
Schäfers, Bernhard, 246
Schetsche, Michael, 4, 7, 8, 184, 185, 198, 199
Schmale, Wolfgang, 5
Schmidt-Lauber, Brigitta, 46
Schmidt-Lux, Thomas, 4, 120, 185, 189
Schmied-Knittel, Ina, 4, 7, 8, 184, 198, 199
Schmitt, Marco, 160
Schneider, Martin, 186, 194
Schröder, Klaus, 41, 102
Schröter, Sonja, 115
Schubarth, Wilfried, 67
Schultz, Dagmar, 224
Schultze, Henrik, 2, 4, 7, 159, 162
Schumann, Karl F., 45
Schütze, Fritz, 91, 92, 118, 208, 217
Schützeichel, Werner, 185
Schwabe, Uwe, 45
Schwartz, Michael, 212, 215
Schwochow, Maximilian, 5
Sebald, Gerd, 2, 6, 62, 68, 77, 91, 143–145, 149, 154
Sell-Greiser, Christiane, 45
Siegler, Bernd, 69
Sievers, Karen, 4, 7, 142, 143, 152
Sonntag, Ingrid, 192
Spickermann, Wolfgang, 186
Starke, Kurt, 241
Stavrakakis, Yannis, 25
Stenger, Horst, 4

Stephan, Viola, 58
Süß, Sonja, 115
Sußebach, Henning, 164
Szanton Blanc, Cristina, 46

T

Tacke, Bettina, 163, 167
Terwey, Michael, 191
Tessin, Wulf, 145
Thomas, Dirk, 143
Tschuggnall, Karoline, 40, 47, 121
Tuider, Elisabeth, 64
Turner, Victor, 16

V

Valverde, Mariana, 128
Venus, Peter, 186
Vilmar, Fritz, 112
Vollbrecht, Ralf, 45
von Bullion, Constanze, 61, 66
von Däniken, Erich, 196
von der Heide, Mathias, 167, 168
von Plato, Alexander, 1, 2, 6

W

Waldmann, Dieter, 115, 116
Waltz, Helmut, 187
Warnke, Ingo, 27
Wehr, Laura, 4, 6, 41, 44, 46, 57
Weichhart, Peter, 143, 153
Weise, Klaus, 115
Welzer, Harald, 40, 45, 47, 63, 79, 121, 160
Weyand, Jan, 2, 91, 143–145, 149, 154
Wickham, Chris, 160, 169
Wiedenroth-Coulibaly, Eleonore, 224
Wierling, Dorothee, 1, 2, 6, 14
Wight, Colin, 20
Winkler, Gunnar, 242, 245
Wippermann, Wolfgang, 65
Wittgenstein, Ludwig, 25
Wohlrab-Sahr, Monika, 120, 189
Wolff, Frank, 41
Wolle, Stefan, 149, 150
Wowereit, Klaus, 29
Wulf, Christoph, 16, 23, 29, 30
Wundrak, Rixta, 214

Z

Zahlmann, Stefan, 192
Zapf, Wolfgang, 246
Zeiher, Hartmut, 49
Zeiher, Helga, 49
Zinnecker, Jürgen, 51
Zirfas, Jörg, 16, 23, 29, 30

Sachverzeichnis

A
Akademie der Wissenschaften, 8, 240, 242, 244, 246
Antifaschismus / antifaschistisch, 69–80, 221
Archäologie, 160
Ausgrenzung
  Ausgrenzungsdiskurs, 198
  Ausgrenzungserfahrungen, 220
  Ausgrenzungsprozesse, 198
Ausreise, 45–57
Ausreiseantrag, 43–52, 125, 223

B
Bindung, raumbezogene, 7, 142–144
Biografie, 40, 53, 56, 57, 61, 95, 102, 106, 118, 119, 150, 151, 206–210, 229, 230, 232

C
Community, 162, 163

D
Delegitimierung, 4, 5, 41, 67, 194
Dememoralisierung, 7, 149–154
Dethematisierung, 205, 214, 221, 222
Deutungsmuster, 4, 63–68, 91, 93, 112, 120, 123, 128, 129, 135, 184, 187

Differenzerfahrung, 219–230
Differenzerleben, 222–233
Diktatur, 66, 69, 71, 92, 103, 107, 115, 182, 197, 218, 227
Disidentifikation, 162
Diskurs
  antifaschistischer, 69, 78, 80, 221
  Aufarbeitungsdiskurs, 118
  delegitimierend, 76, 81
  erinnerungspolitischer, 78
  hegemonialer, 5, 8, 112
  historischer, 22
  massenmedialer, 66, 67
  medialer, 7, 164
  öffentlicher, 3–5, 7, 61, 62, 66, 68, 75, 79, 115, 187, 218, 222, 230
  offizieller, 79, 181, 189, 190
  Vergangenheitsdiskurs, 118
  wissenschaftlicher, 78
Diskursanalyse, 65, 184
Diskursordnung, 23
Diskurstheorie, 210
Dissonanz, kognitive, 145

E
Emotion / emotional, 40, 62, 63, 66, 145, 148
Enthospitalisierung, 112–114, 133
Epistemologie / epistemologisch, 24–27, 31
Erfahrung

biografische, 8, 47, 206
lebensgeschichtliche, 88
lebensweltliche, 64, 70, 72
okkulte, 184, 195
paranormale, 198–200
Erfahrungsaufschichtung, 91, 104, 228
Erfahrungshorizont, 207
Erfahrungsraum, konjunktiver, 48
Erfahrungswissen, 199
Erfahrungszusammenhang, 92
Erinnerungsdiskurs, 181, 183
Erinnerungsfigur, 150, 160
Erinnerungsgemeinschaft, 40, 182, 213
Erinnerungskultur / erinnerungskulturell, 23, 29, 121, 153, 154, 182, 198, 200, 201
Erinnerungsmodi, 88–109, 217
Erinnerungspolitik, 77, 78, 197
Erinnerungsträger, 184
Erinnerungsverarbeitung, 96, 108
Erinnerungszeremonie, 232
Erzählgemeinschaft, 183

F
Familiengedächtnis, 63
Freie Deutsche Jugend/FDJ, 75, 167
Fremdenfeindlich, 70–74
Fremdenfeindlichkeit, 66–81
Fremdheit, 52, 228
Fremdheitserfahrung, 55, 206

G
Gedächtnis
　Arrangementgedächtnis, 3, 41, 182, 217
　deklarativ-reflektorisches, 119, 129
　Diktaturgedächtnis, 3, 5, 41, 182, 183, 199, 216, 217, 226, 227
　Familiengedächtnis, 6, 47, 62–81, 120, 121
　Fortschrittsgedächtnis, 3, 41, 217
　Gegengedächtnis, 6, 24, 81, 182
　individuelles, 91, 160
　informelles, 196
　inkorporiert-praktisches, 119, 128
　inoffizielles, 79
　Kollektivgedächtnis, 13–31, 42, 93, 118, 160, 161, 165, 174, 205–233
　kommunikativ, 15, 18, 42, 90, 92, 93, 107, 144, 160, 197
　kulturell, 15–19, 42, 43, 92, 107, 144, 160, 174, 182, 197
　national, 16
　öffentliches, 78, 182
　offizielles, 78
　soziales, 2, 3, 6, 8, 65, 145, 154
Gedächtnisdiskurs, 184
Gedächtnisform, 182
Gedächtnisfunktion, 154
Gedächtnisgemeinschaft, 96
Gedächtniskultur, 183, 184
Gedächtnispolitik, 6, 7
Gedächtnisstruktur, 182
Gedenken, 13–20, 29–31, 41
Gedenktag, 6, 13–29
Genealogie, 14, 23, 24
Generation, 42, 46, 47, 58, 68, 69, 72, 79, 80, 89, 90, 94, 97, 107, 120, 169, 182, 206, 211, 229, 231, 240
　Eltern-Generation, 45, 50, 56, 89
　Enkel-Generation, 51, 80, 120
　erste Generation, 72
　familiale, 47
　Großeltern-Generation, 120
　Kinder-Generation, 45
　zweite Generation, 72
Generationendifferenz, 73, 78, 80
Generationenforschung, 229
Generationenkonflikt, 4, 127
Generationenvergleich, 48
Generationseinheit, 90, 92
Generationsgedächtnis, 90
Generationslagerung, 90
Generationszusammenhang, 90, 91, 93
Geschichtspolitik, 78, 80
Geschichtswissenschaft / geschichtswissenschaftlich, 45, 160
Gesellschaft, durchherrschte, 126

Sachverzeichnis

Gewalt
 rechte, 67, 74
 sexualisierte, 212
Grenzziehung
 moralische, 171, 172
 symbolische, 161–175
Gruppendiskussion, 48, 62, 64, 65, 67, 70, 72–74, 76

H
Habitus, 133, 134
Hospitalismus, 113, 129

I
Identifikation, räumliche, 159, 162, 165, 175
Identität
 biografische, 90
 familiale, 45, 53, 57
 Gruppenidentität, 144, 229
 kollektiv, 15, 23, 181
 kulturell, 15, 17
 soziale, 8, 174
Identitätskonflikt, 104
Identitätskonstruktion, 46, 150
Identitätskrise, 105
Identitätspolitik, 175
Ideologie / ideologisch, 66, 67, 101–103, 108, 122, 123, 134, 185, 186, 188, 189, 191, 196, 198, 201, 212, 221, 230, 248
Ingroup, 174
Inoffizielle Mitarbeiter/ IM, 95, 101
Inszenierung, 18, 29, 39
Interaktion, 63, 77, 130, 144, 160, 208, 214, 220, 226
Intergenerationell, 6, 47, 50, 53, 54, 57, 68, 198
Interview
 Familieninterview, 77
 leitfadengestütztes, 48
 narratives, 62–64, 91, 100, 107, 166, 208, 211, 217, 219, 233

J
Jahrestag, 16, 18, 31, 39, 42

K
Kontingenzerfahrung, 118
Kulturwissenschaft / kulturwissenschaftlich, 25, 44, 46, 160, 181

L
Lebensgeschichte / lebensgeschichtlich, 1, 2, 88–97, 104, 105, 109, 118, 131, 150, 198, 206–219, 230
Lebenswelt / lebensweltlich, 72, 79, 80, 148, 153, 183, 184, 186, 189–191, 197, 221
Legitimation, 7, 64, 79, 92, 123, 171
Leitkultur, 198, 199

M
Machtanalyse / Machtanalytik / machtanalytisch, 20, 21, 24, 31
Marxismus-Leninismus / marxistisch-leninistisch, 99, 101, 102, 185–187, 200, 241
Massenmedien, 185, 187, 192
Materialität, 25, 26, 29, 31, 143
Medien, 18, 26, 27, 29, 42, 43, 92
Memory studies, 13, 19, 30
Migration, 45–48, 57
 Migrationserfahrung, 6, 46, 47
 Zwangsmigration, 212, 214–217, 230, 231
Migrationsforschung, 45, 46, 49
Milieu, 66, 67, 93, 144, 145, 160

N
Nachbarschaft, 154, 159, 161, 164, 168, 170, 172, 173
Narrativ, 40, 43, 49, 135, 183, 184, 192, 197
Nation / national, 16, 17, 19, 30, 42

Nationalsozialismus, 71–73, 77, 79–81, 116, 120, 211, 215
Nichtwissen, 184, 201
Nische, 43, 93, 103, 166, 190, 197, 199, 245, 247
Norm, 102, 104, 128, 135, 168, 170, 175
Normalität, 150, 160, 161, 170, 175
Normvorstellungen, 118, 159, 169, 170–172

O

Okkultismus, 183, 186, 187, 189, 193–195, 197, 200, 201
Ontologie, 25, 26, 31
Opfer, 17, 75, 77, 78, 117, 122, 216
Ost-West-Migration, 41, 44, 46, 56, 57
Outgroup, 161, 163, 174

P

Parapsychologie, 183–188, 194, 195
Pionier, 49, 89
Postkonstruktivistisch, 13, 14, 27–30
Poststrukturalistisch, 19, 20, 23, 25
Praktiken, 4, 23, 29, 77, 80, 172, 175, 183, 186, 188–191, 193, 201, 210, 214, 243, 244
Praxis, 57, 73, 80, 142, 163, 175, 192, 226
Propaganda, 191
Pseudowissenschaft, 187
Psychiatrie, 4, 7, 111–136

R

Rahmen, 2, 7, 64, 68, 93–96, 107, 112, 117, 118, 145, 160, 205, 208, 214–233
Rassismus / rassistisch, 70, 72, 74, 75, 206, 221, 222, 225–227, 231
Raum, 7, 15, 18, 23, 30, 159, 165, 170
Realismus, 26, 31
Rechtsradikalismus, 7, 61–80
Repräsentation, 6, 20–26, 44
  diskursive, 22
  historische, 14, 18, 19, 24, 29, 31

Repression, 50, 76, 183, 190, 213
Ritual, 15–17, 19, 42

S

Schwarze(r) Deutsche(r), 8, 206, 207, 219, 221, 223, 224, 225, 229–231
Schweigegebot, 214, 216
Sinnbildung, 2, 8, 80
Sozialisation, 49, 66, 89, 102, 104, 167, 239
Sozialismus / sozialistisch, 2, 49, 61, 67–69, 89, 97, 106, 108, 116, 150, 182, 187–189, 212, 217, 219, 230, 244
Sozialistische Einheitspartei Deutschlands / SED, 41, 61, 75, 77, 93, 95–108, 217
Speichermedium, 143
Sprache, 26, 29, 144, 218, 221, 230
Staatssicherheit / Stasi, 3, 43, 50, 52, 95, 96, 100, 101, 113, 114, 116, 117, 119, 125, 136, 166, 184, 195, 196, 213
Stadtentwicklung, 152–154
Stadtumbau, 7, 141, 142, 147–154
Stegreiferzählung, 92, 104, 108
Stigma / Stigmatisierung / stigmatisiert, 98, 150, 189, 191, 198, 228
Strukturwandel, 141, 148
Subalternisierung, 67, 81
Subkultur / subkulturell, 162, 164, 166–168, 172, 173, 199
Szene, 72, 96, 162–168, 173, 191, 199
Szientismus, 7, 184–186, 189, 190, 193, 201

T

Tabu / Tabuisierung, 205, 210, 213–218, 224, 227, 230, 232
Täter, 117
Tradition, 14, 15, 22, 63, 103, 161, 171, 194

Sachverzeichnis 259

Transformation, 74, 111, 117, 119, 126, 135, 142, 148–150, 173, 206, 214, 215, 223, 224, 229, 230, 233, 239
Transformationserfahrung, 149, 150, 152
Transformationsforschung, 64, 81
Transformationsprozess, 111, 112, 232
Transnational approach, 46
Traumatisch / traumatisierend, 50, 130, 131, 212, 213, 215, 218, 232

U
Übersiedler, 6, 39–58
Umsiedler, 206, 207, 212, 213, 219, 228, 230
Ungleichheitsforschung, 171
Unrecht, 112, 115, 117, 125, 182, 183
Unrechtsstaat, 40, 65, 92, 108, 123, 126, 183

V
Verdrängung / verdrängen / verdrängt, 57, 88, 104, 108, 115, 164, 185, 197, 218
Vergangenheitsaufarbeitung, 111, 112, 114, 126, 135, 136
Vergangenheitsbewältigung, 150
Vergegenwärtigung, 5, 6, 20, 30, 47, 57, 145, 149, 154, 205
Vergemeinschaftung, 16, 17, 19
Verschweigen / verschwiegen, 122, 133, 136, 218, 228, 232
Versprachlichung / versprachlichen / versprachlicht, 205–207, 215, 217, 218, 222, 224, 225, 232, 233
Volkseigener Betrieb / volkseigen, 75, 100, 148, 241

W
Wahrheitsdiskurs, 24
Wandel, 7, 8, 16, 118, 124, 142, 143, 150, 161, 162, 170, 173, 189, 205
Wandlungsprozess, 88, 100, 106, 108, 159, 161, 162, 174
Weltanschauung, 102, 184–191, 197, 200
Wende, 40, 41, 44–45, 58, 61, 73, 77, 87, 88, 90, 92, 95–108, 123, 133, 147, 164, 167, 182, 191, 206, 217, 225, 229, 223
Wirklichkeitsordnung, 185, 190, 195, 196, 199
Wirklichkeitswissen, 185
Wissen, implizites, 54, 119
Wissensbestände, 2–8, 40, 93, 119, 136, 183, 184, 198, 199
Wissensordnung, 184, 186
Wissensvorrat, 64, 206

Z
Zäsur, 4, 6, 16, 46, 47, 56
Zeitzeuge, 107, 117, 149, 191, 240
Zugehörigkeit, 4, 6, 7, 53, 54, 72, 90, 103, 104, 159–161, 165, 168, 171, 175, 206, 210, 223, 225, 228–231

Printed by Printforce, the Netherlands